16

Das Festspiel: Formen, Funktionen, Perspektiven

Herausgegeben von Balz Engler und Georg Kreis

Das Festspiel:
Formen, Funktionen, Perspektiven

Herausgegeben von Balz Engler und Georg Kreis

Theaterkultur-Verlag, Willisau

Schweizerische Gesellschaft für Theaterkultur
Schweizer Theaterjahrbuch Nr. 49–1988

Société Suisse du Théâtre
Annuaire du Théâtre Suisse no 49–1988

Società Svizzera di Studi Teatrali
Annuario del Teatro Svizzero no 49–1988

Publiziert mit finanzieller Unterstützung der Schweizerischen Akademie der
Geisteswissenschaften
Publié avec l'appui financier de l'Académie suisse des sciences humaines
Pubblicato con l'appoggio finanziario dell' Academia svizzera di scienze morali

ISBN 3-908145-120

© Theaterkultur-Verlag, Postfach 180, CH-6130 Willisau
Layout und Umschlag: Niklaus Troxler
Printed in Switzerland by Grafisches Unternehmen Willisauer Bote, 6130 Willisau

Inhalt

Vorwort   7

Einleitung (G. K.)   9

Typologie

Peter von Matt
Die ästhetische Identität des Festspiels   12
Balz Engler
Text, Theater, Spiel, Fest: Was ist ein Festspiel?   29
Charles Apothéloz
La fête et sa pratique. Douze remarques   36
Louis Naef
Festspiel als Theater der Laien: Dramaturgische Anmerkungen zu einer möglichen Praxis   40

Zur Geschichte

Dietz-Rüdiger Moser
Patriotische und historische Festspiele im deutschsprachigen Raum   50
Edmund Stadler
Das nationale Festspiel der Schweiz in Idee und Verwirklichung von 1758 bis 1914   73
Bildteil   123
Hellmut Thomke
Festspiel und Festspielentwürfe für die Schweizerische Landesausstellung Bern 1914   150
Rémy Charbon
Die Bundesfeier von 1941   166
Georg Kreis
Das Festspiel — ein antimodernes Produkt der Moderne   186

Das Festspiel als Gesamtkunstwerk

Othmar Birkner
Basler Festspielarchitektur 1844, 1892 und 1901 — *209*
Ernst Lichtenhahn
Musikalische Aspekte des patriotischen Festspiels — *223*
Werner Jehle
«Fest-stiftende» Architektur:
Das Hallenstadion Zürich-Oerlikon — *231*

Erfahrungen

Béatrice Perregaux
Genève — La commémoration
du 450ème anniversaire de la Réforme — *240*
Jean Grädel/Felix Haas
Die Erfahrungen von «Sempach 1986» — *246*
Jean-Yves Pidoux
Le Festspiel, ou l'art de la prétérition — *254*

Das Festspiel: Perspektiven (B. E.) — *271*

Materialien zum Festspiel in der Schweiz — *277*

Register — *278*

Vorwort

Dass die Schweizerische Gesellschaft für Theaterkultur ein Buch über das Festspiel publiziert (und eine Konferenz mitveranstaltete, die es erst möglich machte), ist nicht Zufall. Das Festspiel hat in der Schweiz eine besonders reiche, aber wenig beachtete Tradition – es ist für die SGTK Verpflichtung, auf sie aufmerksam zu machen. Sie knüpft dabei an ihre frühe Geschichte an, als sie noch Gesellschaft für Schweizerische Theaterkultur hiess und sich in ihren Schriften immer wieder – von einem andern Blickpunkt aus als heute – mit dem Festspiel beschäftigte. Dies war das Verdienst von Oskar Eberle, dem bedeutenden Festspiel-Regisseur, der zugleich Geschäftsführer der Gesellschaft war; aber auch von Prof. Dr. Edmund Stadler, der als Redaktor der Gesellschaft zwei wichtige Bücher zur Geschichte des Festspiels vorlegte.

Das Buch beruht auf einer Tagung, die im Herbst 1987 in Bern stattfand. Denen, die zur Tagung und zu diesem Band beigetragen haben, sei auch hier bestens gedankt; ebenso Prof. Dr. Werner Senn, dafür, dass er der Konferenz Gastrecht an der Universität Bern gewährte; den Mitarbeitern der Schweizerischen Theatersammlung, Dr. Martin Dreier und Silvia Maurer, dafür, dass sie eine Ausstellung zum Thema gestalteten und bibliographisches Material zusammentrugen; vor allem aber Prof. Dr. Georg Kreis, dem Programmleiter des Nationalen Forschungsprogramms 21 («Kulturelle Vielfalt und nationale Identität»), dafür, dass er zusammen mit dem Unterzeichneten die Tagung organisiert und nun mit ihm auch die Edition dieses Buches vorbereitet hat.

Balz Engler
Präsident der SGTK

Einleitung

Das Festspiel hat in der Schweiz eine bedeutende Tradition. Seine Blütezeit liegt im 19. Jahrhundert, seine Wurzeln reichen jedoch ins 18. Jahrhundert oder – gewissen Interpretationen zufolge – noch weiter zurück. Seine Bedeutung hat es aber auch im 20. Jahrhundert behalten. Gerade in jüngerer Zeit hat es sogar so etwas wie eine Renaissance erlebt. Diese wiederum ist allerdings auch von Meinungsäusserungen begleitet, die entschieden erklären, dass diese Gattung wenn nicht tot, so doch überholt sei.

In einem seltsamen Kontrast zur grossen Tradition und zur angeregten Debatte um die Daseinsberechtigung des Festspiels steht die Dürftigkeit der Literatur über das Festspielwesen. Es liegt keine gründliche neuere Arbeit über das Festspiel und seine Tradition vor. Edmund Stadler publizierte anfangs der fünfziger Jahre eine zweibändige (ursprünglich vierbändig geplante) Untersuchung: *Das neuere Freilichttheater in Europa und Amerika: I. Grundbegriffe, II. Die Entstehung des nationalen Landschaftsspiels in der Schweiz* in *Jahrbuch der Schweizerischen Gesellschaft für Theaterkultur,* Bd. XIX 1949/50, S. 7–64 und Bd. XXI, 1952, S. 7–139. Diese Darstellung hebt, wie ihr Titel sagt, die Beziehung zwischen Landschaft und Drama hervor, sie bricht indessen im frühen 19. Jahrhundert ab. Neuere Arbeiten liegen nur in Aufsatzform vor. Hier ist vor allem zu nennen: Martin Stern, «Das Festspiel des 19. Jahrhunderts in der Schweiz», *Jahrbuch für Internationale Germanistik,* Reihe A, Band 15, Bern 1986, S. 186–208. In weiterer Bearbeitung nochmals erschienen in: *Auf dem Weg zu einer schweizerischen Identität 1848–1914* (8. Kolloquium der Schweizerischen Akademie der Geisteswissenschaften, 1985). Freiburg 1987. S. 309–333. Dieser Aufsatz musste sich auf eine Epoche und auf die deutsche Schweiz beschränken; er leistet aber für das Verständnis der gesamten Festspielproblematik Wesentliches, indem er die kritische Auseinandersetzung mit den Funktionen des Festspiels aufnimmt. Zusätzliche *bibliographische Angaben* finden sich vor allem im Beitrag von Edmund Stadler und im Anhang.

Die weitere wissenschaftliche Beschäftigung mit dem Festspiel sollte von einem breiten Problemverständnis ausgehen. Sie sollte erstens das Festspiel in seinem *sozialen Kontext* sehen und sich nicht auf das Studium der Festspieltexte (der theoretischen Abhandlungen wie der Dramentexte) beschränken. Zweitens sollten die Auseinandersetzungen konsequenterweise *interdisziplinär* erfolgen: Zur Literatur- und Theaterwissenschaft müssen sich die Musik- und Kunstwissenschaft, die Geschichte, Soziologie und Volkskunde gesellen. Zudem wäre ein enger Meinungsaustausch zwischen Theoretikern und Praktikern erwünscht.

Am 16./17. Oktober 1987 führten die *Schweizerische Gesellschaft für Theaterkultur* und das *Nationale Forschungsprogramm 21* in Bern ein Kolloquium zum Thema «Das Festspiel – Formen, Funktionen, Perspektiven» durch. Ziel der Tagung war es, den gegenwärtigen Forschungsstand zu erfassen, die Erweiterung des Problemverständnisses zu fördern und das erwähnte Dokumentationsdefizit etwas abzubauen. Wir präsentieren im folgenden, um drei nachträglich hinzugekommene Texte erweitert, das Ergebnis dieser Tagung.

Wer sich mit dem Festspiel wissenschaftlich auseinandersetzt, dem gleitet die scheinbar leicht zu fassende grosse Festspieltradition der Schweiz leicht aus den Händen. Allzu reich ist das Material; allzu vielfältig sind die politischen und künstlerischen Impulse, die darauf einwirken und von ihm ausgehen; allzu wenig entwickelt sind die Methoden der Beschreibung. Diese Situation muss sich in der Anlage eines Buchs über das Festspiel niederschlagen: Sie führt dazu, dass das Thema von verschiedenen Seiten angegangen wird und Ansichten gezeigt werden, die sich nicht einfach gegenseitig zu einem schönen Ganzen vervollständigen. Sie führt dazu, dass Widersprüche stehen bleiben, die noch nicht haben ausdiskutiert werden können.

In einem ersten Teil, der sich mit Fragen des Genres beschäftigt, zeigt *Peter von Matt,* wie das Festspiel als «kollektive Autobiographie» seine Aufgabe erfüllt und es gegen die Vereinnahmung durch jene geschützt werden sollten, die es auf allzu einfache Weise für restaurative politische Zwecke in Anspruch nehmen wollen. *Balz Engler* stellt das Festspiel, von der sozialen Anthropologie ausgehend, als eine Grundform des Theaters überhaupt dar; als eine Form, in der sich die Beziehungen zwischen Gegenstand, Spielern und Zuschauern deutlicher artikuliert als im Theater, das wir von den öffentlichen Bühnen kennen. Den Text von *Charles Apothéloz* haben wir hier aufgenommen, weil uns die Überlegungen dieses bedeutenden Festspielregisseurs über die Ambivalenz des Festes für unser Thema wesentlich scheinen. *Louis Naef* schliesslich beschäftigt sich aus der Sicht des Dramaturgen mit dem Genre Festspiel.

Ein zweiter Teil ist der Geschichte des Festspiels gewidmet. *Dietz-Rüdiger Mosers* sehr kritischer Aufsatz leitet das Festspiel von Goethe her und zeigt seine Tradition als etwas von oben Verordnetes; er bezweifelt, ob es Theater vom Volk für das Volk überhaupt gebe. *Edmund Stadler,* der beste Kenner des Festspiels in der Schweiz, findet dagegen in seinem materialreichen Abriss, der eine Geschichte der Festspiel-Idee entwirft und einen Überblick über die wichtigsten Festspiel-Realisationen gibt, die Wurzeln des Festspiels in der Schweiz des 18. Jahrhunderts. Sein Beitrag zeigt auch, dass das schweizerische Festspiel auf ganz Europa ausgestrahlt hat. Edmund Stadler konnte an der Tagung selbst leider nicht teilnehmen – die gegensätzlichen Positionen von Moser und Stadler haben wir bewusst stehen gelassen. Die Aufsätze von *Hellmut Thomke* und *Rémy Charbon* beschäftigen sich mit bestimmten Augenblicken der nationalen Geschichte. Ihre Ausführungen über die Landesausstellung 1914 und die Bundesfeier 1941 zeigen, wie sich Festspiele in ihrem historischen Kontext verfangen können. Diesen Abschnitt beschliesst der Aufsatz von *Georg Kreis,* in dem er das Festspiel als Audruck des historischen Prozesses der Modernisierung interpretiert.

Die Aufsätze des dritten Teils wenden sich – wiederum an bestimmten historischen Beispielen – dem Festspiel als Kunstwerk, ja als Gesamtkunstwerk zu. *Othmar Birkner* setzt sich als Architektur-Historiker mit den Zusammenhängen zwischen historischer und zeitgenössischer Kunst in Festspielen auseinander. *Ernst Lichtenhahn* zeigt, welches reiche Material das Festspiel als Gesamtkunstwerk dem Musikwissenschafter bietet. *Werner Jehle* schliesslich schildert am Beispiel des Zürcher Hallenstadions, welchen Beitrag die Architektur zum Entstehen des Festes leisten kann.

Die Festspiel-Praxis der letzten Jahre steht im Zentrum des vierten Teils. *Béatrice Perregaux* schildert die Auseinandersetzungen um ein Festspiel zum Anlass der 450-Jahr-Feier der Reformation in Genf. *Jean Grädel,* der Regisseur des Sempacher Festspiels, und *Felix Haas,* der Präsident der Theatergesellschaft Sempach, schildern ihre Erfahrungen – sozusagen das Festspiel von innen. *Jean-Yves Pidoux* schliesslich schreibt über seine Erfahrung als Spieler am Théâtre du Jorat in Mézières; seinen Beitrag schrieb er nach der Tagung – die Herausgeber luden ihn dazu ein, weil er als Soziologe und Schauspieler aus der Suisse Romande eine Sicht auf das Festspiel beisteuern kann, die wichtig ist.

Das Fazit, das *Balz Engler* im letzten Beitrag des Bandes zieht, kann nicht viel mehr sein als ein Versuch, Fragen zu ordnen (insbesondere auch solche, die in den Diskussionen an der Tagung gestellt wurden) und auf Lücken hinzuweisen.

Die Herausgeber hoffen, der vorliegende Band könne zeigen, dass das Festspiel mehr Aufmerksamkeit verdient, als dies in der Forschung bisher der Fall war.   G. K.

Die ästhetische Identität des Festspiels

Peter von Matt

Singular:
«Ein Mann hat eine Erfahrung gemacht, jetzt sucht er die Geschichte dazu – man kann nicht leben mit einer Erfahrung, die ohne Geschichte bleibt, scheint es...»
(Max Frisch: Mein Name sei Gantenbein)

Plural:
Eine Gesellschaft hat Erfahrungen gemacht, jetzt sucht sie die Geschichten dazu – man kann nicht leben mit Erfahrungen, die ohne Geschichten bleiben, scheint es...

Propaganda kann Kunst sein

Das Festspiel, wenn es seinen Namen verdient, ist Propaganda-Literatur. Davon muss man ausgehen. Alles andere wäre Augenwischerei. Wenn wir uns an dem Begriff Propaganda-Literatur stossen, ist das unser Problem. Unser Kunstbegriff will sich mit einer strikt vorgegebenen Zweckbestimmung des Kunstwerks nicht mehr zur Deckung bringen lassen. Der Zwiespalt ist so alt wie die neuzeitliche Ästhetik.
Der Begriff Propaganda-Literatur stellt nur ein Wort von vielen dar, die alle auf den gleichen ästhetischen Problemzusammenhang weisen. Jede politisch aufgeweckte Phase der Literaturgeschichte hat die Fragestellung aktualisiert und einen entsprechenden Terminus geschaffen, der dann meistens sehr rasch entsprechend diffamiert wurde. Die Kriege gegen Napoleon bringen die «vaterländische Dichtung» hervor, der Vormärz die «Tendenzpoesie», der Sozialismus der 20er Jahre den «Agitprop», der antifaschistische Existenzialismus die «Littérature engagée», der installierte sozialistische Staat den «Sozialistischen Realismus»[1], die 68er Bewegung einen präzisierten Begriff von «Politischer Dichtung». So weit das alles auch auseinanderzuliegen scheint, so nah verwandt ist es sich doch im Grundsätzlichen. In allen diesen Fällen ist das literarische

Werk Funktion im Rahmen einer kollektiven Willensbildung zum Zweck kollektiven Handelns. Der Inhalt dieser Willensbildung und das Ziel dieses Handelns sind zwar von Fall zu Fall verschieden. Die vaterländische Dichtung will Napoleon totschlagen, der Agitprop will die Diktatur des Proletariats einführen. Der literarische Text aber ist hier wie dort streng funktionales Instrument. Der Begriff eines Kunstwerks, das sich frei aus sich selbst heraus entwickeln soll, niemandem untertan, nur dem eigenen Gesetz gefügig, als energischer Selbstzweck ein Ereignis autonomer Schöpferkraft, dieser Kunstbegriff und diese Kunsterfahrung sind mit jener poltischen Funktionalisierung unvereinbar. Wo das propagandistische Ziel die Rahmenbedingungen setzt, ist das Werk ein anderes, die Entstehung eine andere, das Erlebnis ein anderes.[2]

Die Gruppe will das Fest

Worin besteht nun der spezifische Propaganda-Charakter des Festspiels?[3] Das Festspiel ist integrierender Teil eines Festes. Dieses Fest hat seinerseits seine genaue Aufgabe in der Dynamik einer sozialen Gruppe. Sowohl die Klein- wie die Grossgruppe (primäre resp. sekundäre Gruppe nach der soziologischen Terminologie) braucht und veranstaltet in gewissen Abständen ihr Fest oder eine festähnliche Aktivität. Das Fest bestätigt und konsolidiert die Identität der Gruppe, indem es die Zusammengehörigkeitserfahrung für kurze Zeit intensiviert. Je kleiner und ursprünglicher die Gruppe ist, umso weniger bedarf es dabei einer eigentlichen Reflexion über sie selbst, umso mehr genügt das unmittelbare Erleben des Beieinanderseins. Für Primärgruppen wie Familien, Jugendgangs, Vereine oder Dörfer erfüllt fast jede Art von Festlichkeit die Funktion der Identitätskonsolidierung. Es sind sogenannte «Face-to-Face Groups», wo jeder den andern kennt.[4]

Das Fest will Selbstreflexion

Dennoch besteht auch da noch ein Bedürfnis nach formulierter Selbstbetrachtung. Der Wunsch äussert sich üblicherweise in Sätzen wie: «Es sött de no eine öppis säge...» Was der betreffende dann sagt, ist weniger wichtig als die Tatsache, dass der rituelle Moment sich ereignet, wo alle zuhören und einer spricht, und zwar von denen spricht, die hier zuhören, und davon, warum sie hier sind und zuhören. Die Fest-Rede ist eine Grundform der szenisch arrangierten Selbstreflexion innerhalb des Festes einer strukturierten Gruppe.

Das Bedürfnis nach entfalteteren Formen ritualisierter Betrachtung der eigenen Beschaffenheit, der eigenen Besonderheit, der eigenen

13

Notwendigkeit ist in den Gross- oder Sekundärgruppen signifikant höher. Es zu befriedigen, ist auch entsprechend schwieriger. Was in den Face-to-face-Gruppen selbstverständlich gegeben ist und nur noch besiegelt werden muss, das muss hier in seiner Existenz überhaupt erst bewiesen werden. Oder dramatischer gesagt: Was die Rede am Vereinsjubiläum bloss zu bestätigen hat, das hat die Rede am 1. August gleichzeitig zu schaffen und zu bestätigen. Das ist eine vertrackte Situation. Sie ruft, wen verwundert's?, nach Tricks. Und der landläufigste Trick besteht darin, dass man der Grossgruppe insinuiert, sie sei im Grunde eine Primärgruppe. Dadurch unterschiebt man ihr kurzerhand die naturwüchsigen Intimitäts- und Geborgenheitserfahrungen einer Familie, einer männerbündischen Vereinigung oder einer Schwesternschaft. «Wir sind doch alle eine Familie», heisst es dann, oder: «Wir sind Brüder und Schwestern», oder: «Wir gehören zusammen, als sässen wir in einem Boot» – die Stereotype sind bekannt. Je komplexer der gesamtgesellschaftliche Rahmen ist, in dem sich das abspielt, umso prekärer werden allerdings diese rhetorisch-beschwörenden Analogiebildungen. Es tönt bald einmal falsch bis zum Grotesken, und statt des angestrebten Wir-Bewusstseins[5] entspringt daraus eine verstärkte Krise der Gruppenidentität.

Das Festspiel ist szenisch arrangierte Selbstreflexion

Das politische Festspiel auf nationaler, regionaler oder lokaler Ebene stellt nun eine der ehrwürdigsten, reichsten und kuriosesten Gestalten der szenisch arrangierten Selbstreflexion grosser sozialer Gruppen dar. Seine Beschaffenheit als Kunstwerk, seine ästhetische Identität, kann nur im Zusammenhang der spezifischen Funktion in einem grösseren Funktionsgefüge, dem jeweiligen Fest, begriffen werden. Entsprechend kann auch seine Bewertung, selbst seine ästhetisch-formale Bewertung, abschliessend eigentlich nur von Leuten unternommen werden, die legitime Mitglieder der betreffenden Gruppe sind oder sich doch verbindlich auf diesen Standpunkt zu versetzen vermögen. Wo das Kunstwerk seinem Wesen nach Propaganda ist – man nehme das schnöde Wort im sachlichen Sinn –, haben die es zu beurteilen, an die sich die Botschaft richtet.

Das politische Festspiel in der Schweiz befindet sich heute in einer Krise, – in genau dem Masse, in dem es in der ersten Jahrhunderthälfte so gar keine Krise kannte. Man wird die Feststellung kaum bestreiten können. Dass die 2000jährige Stadt Zürich 1986 kein Festspiel wagte, darf als schlichter empirischer Beweis gelten. Anderseits muss man davon ausgehen, dass das kollektive Fest mit dem integrierten Element einer szenisch-rituellen Selbstreflexion zur Dynamik aller Grossgruppen gehört, also früher oder später auf irgendeine Art stets wieder ins Auge gefasst wird. Deshalb wird auch in der Schweiz die Idee des Festspiels früher oder später wieder zur Diskussion stehen. Mag das Vorhaben zu gewissen Zeiten unverwirklichbar scheinen, ersetzbar ist es grundsätzlich nicht.

Das Festspiel hat eine unabdingbare thematische Struktur

Das hängt nun mit der durchaus faszinierenden Binnenstruktur dieser Kunstform zusammen. Man kann sie idealtypisch skizzieren, ohne den Begriff der kollektiven Identität vorgängig umfassend klären zu müssen. Denn gerade weil sich das Festspiel unbedingt und propagandistisch rabiat auf kollektive Identität richtet, lässt sich diese an seinen konstanten Bauelementen selber studieren. Die Texte und Zeugnisse aus zwei Jahrhunderten schweizerischer Festspielkultur lassen ein klares Grundmuster erkennen.
Das Festspiel bewegt sich immer auf zwei Ebenen, einer diachronischen, d.h. einem Längsschnitt durch die Geschichte, und einer synchronischen, d.h. einem Querschnitt durch die Gegenwart. Quer- und Längsschnitt sind in deutlicher Logik aufeinander bezogen. Jeder Moment auf der einen Ebene entspricht einem auf der andern. Wo das nicht der Fall ist, kommt es zu blinden Stellen. Auf der einen Ebene erscheint, was wir waren, auf der andern, was wir sind. Das mag plausibel tönen oder schon fast banal. Es ist aber noch nicht präzis genug. Man muss spezifizieren: auf der diachronischen Ebene zeigt sich nur, wie wir das wurden, was wir jetzt sind. Und auf der synchronischen Ebene erscheint von dem, was wir jetzt sind, nur das – und jetzt kommt ein weiteres Element hinzu – was eine Beziehung zu dem hat, was wir wollen. Auf kollektive Willensbildung nämlich läuft das Festspiel ganz zuletzt zwingend hinaus. In ihr verlängert sich die diachronische Ebene in die Zukunft hinein.
Entscheidend aber ist, dass im Festspiel alle drei strukturellen Positionen – so wurden wir / so sind wir / das wollen wir – ineinander verschränkt sind und gegenseitig die Auswahl dessen, was überhaupt zur Darstellung gelangt, determinieren. Das Festspiel zeigt handgreiflich, wie das kollektive Bewusstsein aller grossen Gruppen verhängt ist mit ihrem kollektiven Gedächtnis und mit ihrer kollektiven Willensbildung. Das heisst: ein Festspiel, welches nur vorführt, was es früher so alles gegeben hat, greift ins Leere oder wird zum Schulfunk. Ebenso fehl geht ein Festspiel, das nur von heute redet und so tut, als gäbe es eine Aktualität ohne Vergangenheit, eine Gegenwart ohne Herkommen. Und desgleichen geht schliesslich ein Festspiel fehl, das die Verlebendigung des Vergangenen nicht zusammenschliesst mit einem zielgerichteten kollektiven Handlungswillen der Gegenwart. Das alles muss ein Festspiel leisten. Ob heute einer so etwas noch schreiben kann, ist eine zweite, ist eine ganz andere Frage.

15

Es gibt eine Parallelgattung: die Autobiographie

Von der Literaturwissenschaft aus gesehen, gibt es eine künstlerische Parallelerscheinung, die ausserordentlich aufschlussreich ist. Ich meine die Autobiographie. Die neuere Forschung hat gezeigt, dass die literarische Autobiographie viel strengeren Regeln folgt, als die spontane Lektüre vermuten liesse. Die Autobiographie berichtet nicht, was einer so alles erlebt hat, sondern integriert, was immer sie berichtet, in einen übergreifenden Sinnzusammenhang. Dieser entscheidet darüber, was überhaupt erzählt wird. Die Summe der möglichen Informationen über ein reales Menschenleben ist ja praktisch unendlich; die Summe der tatsächlich gelieferten Informationen aber ist begrenzt und hat Systemcharakter. In der Autobiographie wird das eigene Leben so rekonstruiert, dass alles Geschehene seinen Stellenwert bekommt in einem Prozess, der mit der Übernahme der definitiven sozialen Rolle seinen Abschluss findet. Man unterscheidet deshalb zwischen Autobiographie und Memoiren.[6] Die Autobiographie berichtet, wie einer wurde, was er ist; die Memoiren berichten, was einer erlebt und geleistet hat, nachdem er wurde, was er ist. Dass die beiden Kategorien in der Moderne nicht mehr immer so leicht auseinanderzuhalten sind wie noch im hochbürgerlichen 19. Jahrhundert, ändert an der Bedeutung dieser Unterscheidung und ihrem strukturellen Fundament nichts. Die Autobiographie erzählt, wie einer gesellschaftlich handlungsfähig wurde; die Memoiren erzählen, wie der Handlungsfähige gehandelt hat. Auch jene schriftstellerischen Unternehmen, die diese Differenz unterschlagen oder überspielen, gehorchen dem Grundmuster in ihrer literarisch-ästhetischen Feinstruktur. Man kann das exemplarisch studieren an den Differenzen zwischen dem ersten und den späteren Bänden von Elias Canettis Erinnerungswerk.

Festspiel und Autobiographie rekonstruieren einen Selbstwerdungsprozess

Was hat das nun mit dem Festspiel zu tun? Ist der Vergleich mit der Autobiographie wirklich mehr als ein extravaganter Einfall? Er ist mehr, weil sich aus ihm modellhaft ergibt, welche inhaltlichen Bedingungen für die Vergangenheitsdarstellung im Festspiel, für die szenisch vorgeführte Geschichte also, gelten. Das Festspiel darf nicht den Memoiren entsprechen, es muss den fundamentalen Charakter der Autobiographie haben. Das heisst: Was im Festspiel aus der Geschichte auftaucht, ist Element eines dramatischen, riskanten Selbstwerdungsprozesses. Dieser hat zum jetzigen, zum aktuellen Selbst geführt. Er hat dessen Fähigkeit zu handeln begründet und die konkreten Ziele des Handelns sichtbar gemacht. Der Übernahme einer verbindlichen sozialen Rolle am Ende der Autobio-

graphie entspricht im Festspiel die Positionsbestimmung der Schweiz gegenüber den andern Ländern, der Kantone gegenüber den andern Kantonen, des Ganzen gegenüber seinen Teilen und dieser Teile wiederum gegenüber dem Ganzen. In der Autobiographie ist grundsätzlich nur berichtenswert, was einen erkennbaren Stellenwert innerhalb des Prozesses der Selbstwerdung besitzt, handle es sich nun um einen exemplarischen Glückszustand, um eine exemplarische Verirrung oder einen krisenhaft erlittenen Durchbruch. Die charakteristischen Floskeln im Erzählfluss lauten dann jeweils: «von da an war ich...», «von da an wusste ich...», «seither habe ich...»
Nun ist auch in der Autobiographie das erreichte Selbst, die handlungsfähige, sozial intergrierte Person, keine schlechthin eindeutige Grösse, von der aus sich die Vergangenheit spielend erschliesst. Vielmehr erscheint dem Schreibenden dieses sein erreichtes Selbst als ein Rätsel, dem er sich mit dem Schreiben des Buches stellt, um es im Vollzug der Arbeit zu lösen. Dadurch kommt ein gewaltiges Spannungspotential in das Unternehmen, ein Spannungspotential, welches sich von demjenigen der Memoiren kategorial unterscheidet. In der Autobiographie konfrontiert sich das Subjekt mit dem Rätsel, das es selbst ist, und versucht, es schreibend zu lösen. Dabei findet es nicht irgendwo die verbindliche Wahrheit, wie man den Polizisten im Vexierbild entdeckt, sondern es errichtet eine Sinnkonstruktion, die in sich tragfähig ist – auch wenn sie zuletzt mehr aussagt über diesen jetzt Schreibenden als über den, der er einmal war. Alles Vergangene ist in der Autobiographie insgeheim Gegenwart. Es meint die aktuelle Wirklichkeit einer identitätsgesicherten handlungsfähigen Person.

Gedächtnis ist Voraussetzung der Handlungsfähigkeit

Das lässt sich nun präzis auf das Festspiel übertragen. Im Festspiel erscheint die Geschichte des Kollektivs als eine grosse Rekonstruktion zum Zwecke heutiger Handlungsfähigkeit. Die historischen Szenen müssen beweisen, dass man so ist, wie man heute sein will. Die wissenschaftliche Nachweisbarkeit des historischen Ereignisses wird deshalb zu einem kuriosen Bedürfnis. Sie ermöglicht den Schluss: Weil dies damals nachgewiesenermassen so war, sind wir heute nachgewiesenermassen so, wie wir sein wollen.
Hier wäre abzuzweigen in eine Betrachtung des Streits um die Echtheit der Nationalhelden, eines Streits, der so alt ist wie das Festspiel im heutigen Sinn und der von Seiten der Historiker nicht weniger naiv geführt wird als von Seiten ihrer patriotischen Opponenten. Beide verwechseln nämlich ihren Wahrheitsbegriff mit einem absoluten und übersehen angestrengt die gesellschaftliche Funktion ihrer Wahrheit.

Das Festspiel rekonstruiert die Geschichte, indem es aus dem unendlichen Material der Vergangenheit das auswählt, was dann, aneinandergereiht, als gesetzmässiger Werdegang des kollektiven Subjekts erscheint. Im Grunde waltet hier also eine Willkür, die sich als Notwendigkeit präsentiert. Das darf so sein, das soll auch so sein – denn es geht schliesslich um eine propagandistische Aktion, mittels deren ein real existierendes Kollektiv entscheidungs- und handlungsfähig gehalten werden soll. Das Gedächtnis und die Fähigkeit zu handeln sind integrierende Faktoren aller Identität. Zu beiden muss man sich, so paradox es tönt, entschliessen. Jede Handlung geht auf Kosten anderer, die nicht vollzogen werden, und jede starke Erinnerung schlägt hundert andere tot.

Der thematischen Struktur entsprechen dramaturgische Aufgaben

Aus diesen drei Positionen – so wurden wir / so sind wir / das wollen wir – ergeben sich nun dramaturgische Grundsituationen und Aufgaben. Selbst da sind die Parallelen zur Autobiographie noch greifbar. Ich verweise etwa auf den Topos, dass die Allerältesten des Volkes auftreten, die ersten Siedler der Urschweiz im offiziellen Festspiel von 1891, die uralte Richenza Hunn im von Arx-Festspiel von 1941, die Heilige Verena in Silja Walters Solothurner Festspiel von 1981. Diesem Topos entspricht in der Autobiographie das stehende Motiv der frühesten Erinnerung. Es ist dort oft genau so tendenziös bedeutungsgeladen wie die Urahnen im Festspiel es sind.[7]
Wahrscheinlich liesse sich auch das im autobiographischen Schreiben unabdingbare Element der erwachenden Sexualität und der ersten Begegnung mit dem andern Geschlecht in einer strukturellen Parallele sehen zur auffälligen Thematisierung der unterschiedlichen Geschlechterrollen im Festspiel. Der Zusammenhang würde seine eigene Untersuchung verdienen; denn das Festspiel leistet sich da gelegentlich starke Stücke.
Schliesslich bestätigen die Gestalten, die an einen Über-Vater oder eine Über-Mutter erinnern und die das Festspiel der ersten Jahrhunderthälfte besonders gern vorführte, augenfällig, dass die Phantasie der Autoren hier ähnlich arbeitet wie in der Autobiographie. Als Beispiele seien erwähnt: der «Bauherr des Schweizerhauses» und «Helvetia die Mutter der Mütter» in von Arx' Festspiel «Die Schweizer» zum Schützenfest 1924 in Aarau, der «Schweizermann» im offiziellen Landi-Festspiel 1939 von Edwin Arnet und der ganz ähnlich beschaffene «Landammann» in Felix Moeschlins Festspiel-Entwurf zum gleichen Anlass. Die «Landesmutter» im Bundesfeierspiel von 1941 ist zu diesen wiederum die weibliche Entsprechung. Wobei man vielleicht anmerken darf, dass, was die Imago einer

kollektiven Mutter betrifft, kein Festspielautor je die unmittelbar bildhafte Gewalt erreichte, die Gottfried Keller mit der «Frau Wirtin» im «Haus zum Schweizerdegen» wie spielend zustande brachte, in einem Lied, das fast wie ein Festspiel in nuce erscheint und von dem aus man die grundsätzliche funktionale Verwandtschaft von Festspiel, Festrede und patriotischem Lied zusammen mit ihren spezifischen Differenzen studieren könnte.

Für eine psychologische Analyse des Festspiels, insbesondere etwa in der Perspektive von Freuds Massenpsychologie, die hier einiges erbringen könnte, wäre der durchgeführte Bezug zur Gattung Autobiographie unabdingbar. Im Zusammenhang dieser Überlegungen braucht er nun nicht weiter verfolgt zu werden.

Das historische Nacheinander ist eine dramaturgische Crux

Die dramaturgischen Konsequenzen, die sich aus den drei Positionen – so wurden wir / so sind wir / das wollen wir – und ihrem Ineinanderwirken ergeben, könnten auf breiter Ebene systematisiert und je auf ihre Verwirklichung in der Festspielproduktion der Schweiz hin befragt werden. Ich hebe einige Aspekte hervor.

Eine dieser Konsequenzen ist aus der Optik des modernen Theaters besonders faszinierend: die Aufgabe, ganz unterschiedliche historische Epochen kurz nacheinander oder sogar simultan auf die Bühne zu bringen – die szenische Realisierung der thematischen Position: «So wurden wir». Hier berührt sich nämlich ein traditonelles Unterfangen des Festspiels mit spezifischen Verfahren des modernen Theaters, und es ist denn auch interessant zu beobachten, dass Reflexe der avantgardistischen Dramentechnik tatsächlich da und dort in der konkreten Produktion aufblitzen.

Das traditionelle Verfahren, die Geschichte auf die Bühne zu holen, besteht in der Abfolge grosser szenischer Tableaus, die je für sich stehen und sich nur im Kopf des Zuschauers verbinden. Es ist dies im Prinzip dem Fest-Umzug mit thematischen Wagen und Gruppen verwandt, den man im 19. Jahrhundert liebte und der sich im Zürcher Sechseläuten institutionalisiert hat. Schon das Sarner Festspiel von 1805[8] war den Berichten nach eine Kombination von Umzug und Aufführung. Es wurde, im Winter, auf insgesamt 16 Schlitten vorgeführt, in einer Mischung von «lebenden Bildern»[9] und dramatischen Szenen. Diese Dramaturgie der reinen Aufreihung und selbst der Wechsel zwischen Handlung und lebenden Bildern ist noch im offiziellen Festspiel von 1891 in Schwyz das Bauprinzip, wobei allerdings in einem grossen Schlusstableau «das ganze Personal der bisherigen Gruppen des Festspiels» um «Mutter Helvetia» geschart zusammen auftritt, was, mit viel allegorischem Aufwand – selbst ein paar berühmte Schweizerberge marschieren auf und äussern sich lebhaft – dann doch eine Art Simultaneität abgibt. Der Konkurrenz-Text zu dieser Aufführung, Adolf Freys «Festspiele», zeigt die gleiche einfallsarme Paternoster-Struktur.

Ebenfalls grundsätzlich traditionell, aber dramaturgisch unvergleichlich reifer ist in dieser Hinsicht Gottfried Keller kostbares kleines Festspiel «Die Johannisnacht» von 1876, eine Arbeit für die Zürcher Zunft zur Schmieden. Keller bringt die Simultaneität des Geschichtlichen dadurch zustande, dass Gespenster aus unterschiedlichen Epochen im nächtlichen Zunfthaus zusammentreffen und einander berichten, wie sie einst auf den diversen Schlachtfelder Europas ihren gewaltsamen Tod gefunden haben. Das ist geschickt, das ist poetisch schön, aber es ist noch immer eine ganz und gar vormoderne Lösung.

Das Festspiel berührt sich mit dem modernen Theater

Vormodern heisst hier: ohne Reflexion auf die Szene im Vollzug der Szene, ohne Reflexion auf das Theater während des Theaters. Zu den ersten souveränen Durchbrüchen dürfte, nun allerdings ausserhalb der Schweiz, das «Festspiel in deutschen Reimen» zählen, das Gerhart Hauptmann 1913 zur Hundertjahrfeier der Freiheitskriege gegen Napoleon geschrieben hat. Hier wird die Bühne auf der Bühne selbst grossartig ironisch thematisiert, tritt der Spielleiter im Sinne des späteren epischen Theaters (resp. des gleichzeitigen Paul Claudel) auf, wird unbekümmert Theater im Theater betrieben. Die Simultaneität der geschichtlichen Epochen und Figuren wird erreicht, indem die Spielleiterfigur einen Sack voller Puppen heranschleppt. Es sind die Grossen und Kleinen der Geschichte; man holt sie nach Belieben heraus; sie stehen plötzlich lebendig da, und die Szene lebt. Zuletzt stopft man sie wieder in den Sack zurück. Hier verbindet sich das Festspiel mit einer fundamentalen Gestalt der dramaturgischen Moderne, dem erzählenden Theater auf verfremdeter Bühne. Es macht also aus seiner traditionellen Not eine moderne Tugend. Stilbildend wurde Hauptmann damit allerdings, soweit ich sehe, nicht. Im Schweizer Festspiel dominiert weiterhin das Prinzip der Aneinanderreihung der Jahrhunderte oder aber dann ein allegorisches Rahmenarrangement, innerhalb dessen die unterschiedlichen Zeiten und deren Vertreter auftauchen. So geschieht es im Landi-Spiel von Arnet wie auch in den gleichzeitigen Entwürfen von Lesch und Moeschlin. Der eindrücklichste Wurf dieser Art ist sicher das Bundesfeierspiel von 1941 (von Arx) in seiner definitiven, also unter politischem Druck zustande gekommenen Gestalt.[10] Die riesige Bauernstube mit dem archaischen Herd, wo die Frauen in einem ungeheuren Kessel immerzu kochen, ergibt eine frappante propagandistisch-symbolische Szenerie im Sinne des Landi-Geistes. Dennoch ist das Konzept dramaturgiegeschichtlich traditionell, verglichen mit dem ersten, von Bundesrat Etter verhinderten Entwurf. Dort hätten alle, Zuschauer und Spieler, zusammen eine Art Gross-Landsgemeinde gebildet, und die herkömmliche Kluft zwischen Bühne und Publikum wäre von vornherein aufgehoben gewesen. Es ist schon eindrücklich zu sehen, wie hier die Beschneidung des politisch Mutigen und Fortschrittlichen sogleich auch einen ästhetisch-formalen Rückfall zur Folge hatte.

Max Frisch, man weiss es, hat nie ein Festspiel geschrieben, aber in einem seiner Stücke hat er formal verwirklicht, was eine Grundmöglichkeit moderner Festspieldramaturgie sein könnte: die Bühne als reiner Bewusstseinsraum, wo die Gestalten der Geschichte, der Gegenwart, der Literatur, historische und erfundene, so durcheinander schweifen, wie es im Denken und Phantasieren eines modernen Menschen geschehen mag. Als dramaturgisches Prinzip hat Strindberg das begründet. Sein «Traumspiel» ist für eine ganze Filiation moderner Theaterstücke fundamental geworden. Frisch imitiert nicht Strindberg in seiner «Chinesischen Mauer»; er nimmt dessen Muster auf als eine Möglichkeit der konsequenten Moderne. Was er im Nachhinein über die Grundstruktur des Stücks sagt, könnte, wörtlich, zum Entwurf auch eines Schweizerischen Festspiels gedient haben:

«Ein Heutiger, irgendein durchschnittlicher Intellektueller als Teilhaber am heutigen Bewusstsein, tritt den Figuren gegenüber, die unser Hirn bevölkern: Napoleon, Cleopatra, Philipp von Spanien, Brutus (...) und so fort – um diesen Figuren (das heisst: sich selbst) klar zu machen, dass wir ihre Art, Geschichte zu machen, uns nicht mehr leisten können; sein Wissen freilich, da es selbst nicht Geschichte wird, bleibt ohnmächtig...»[11]

Man sieht, es wären nur Napoleon, Cleopatra und Konsorten durch einheimische Geschichtsprominenz zu ersetzen, und man hätte eine glänzende Spielanlage zur szenischen Diskussion dessen, was uns als Kollektiv, als Gemeinschaft, als Nation mit einer zu deutenden Vergangenheit und einer zu bewältigenden Zukunft bewegt.

Von den mir bekannten Texten nähert sich einzig Silja Walters «Solothurner Chronikspiel» phantasiereich einer spezifisch modernen Dramaturgie. Ein Verrückter, Stölli, ein von visionärem Wahnsinn Geschlagener, gräbt auf der St. Ursentreppe ein Loch, immer tiefer, und holt «die Geschichte» herauf, die Vergangenheit, die unterschiedlichsten Zeiten und – in entschlossener religiöser Überformung – die Urbilder des friedlichen und gütigen, d.h. hier: heiligen Menschen. Die Gefahr einer naiven Allegorie, die mit diesem Graben und Schaufeln verbunden ist, wird von der Autorin dadurch gebannt, dass die Verrücktheit des Mannes manifest ist. Über seinen Wahn, dessen Phantasmata dann sichtbar werden, nähert sich das Stück dem Bewusstseins-Theater im Strindbergschen Sinn; durch seine dem kommentierenden Spielleiter verwandte Funktion gelangen Elemente des epischen Theaters in das Konzept. Silja Walters Arbeit ist der Beleg für die grundsätzliche Möglichkeit, modernes Theater mit den Aufgaben und Zielsetzungen eines Festspiels zu verbinden. Man kann sogar die Vermutung hegen, dass die Chancen steigen würden, je mehr sich ein Festspielautor mit den radikalsten Bühnenversuchen des 20. Jahrhunderts auseinanderzusetzen wagte. Das massvoll epische Theater im Sinne von Brechts «Galilei» oder Wilders «Wir sind noch einmal davon gekommen» reicht da heute nicht mehr aus, während die Arbeiten eines Bob Wilson, auch seines Freundes Heiner Müller übrigens, Ansätze zu wirklich innovativen Spektakeln bieten könnten. Voraussetzung wäre allerdings, dass ein Autor von eklatanter Begabung ohne Druck von oben und ohne die peinlichen Intrigen arbeiten könnte, die allem Anschein nach zur Geschichte des Festspiels hierzulande gehören.

Der Umfang der szenischen Gegenwartsanalyse hängt von der weltpolitischen Situation ab

Wenn man die thematischen Positionen: «So wurden wir» und «So sind wir» in ihrer jeweiligen Verwirklichung untersucht, zeigen sich rein quantitativ auffällige Differenzen je nach der weltpolitischen Siuation der Entstehungszeit. Während das Festspiel im 19. und frühen 20. Jahrhundert, auch das Sempacher-Spiel von 1986 übrigens, das Hauptgewicht auf die diachronische Ebene legt, arbeitet das Festspiel der Landi- und Kriegsjahre mit einem ebenso drastischen synchronischen Überhang. Die faschistische Bedrohung ist jetzt so nah, dass Gessler und Sempach zur Veranschaulichung nicht mehr ausreichen, und die Neutralisierung der sozialpolitischen Konflikte zwischen Arbeiterschaft und Bürgertum wird als so dringend empfunden, wird mit solchem Eifer propagiert, dass man stärkere Effekte braucht als nur gerade die Kutte und die versöhnenden Gesten von Bruder Klaus. Man muss, was diesen Punkt der sozialen Konkordanzpolitik betrifft, das Landi-Festspiel Arnets, insbesondere dessen «Zweites Hauptspiel» vergleichen mit Hans Sahls nur ein Jahr früher erschienenem und ebenfalls in Zürich aufgeführtem Arbeiteroratorium «Jemand».[12] Wo es bei Sahl noch heisst: «Erkenne deine Klasse / und wer zu dir gehört», ruft Arnets «Schweizermann» aus: «Satans allertiefste Lüge / War die Lüge von den Klassen.»

Die szenische Darstellung der Gegenwart, des «So sind wir», und das dazu gehörige dramaturgische Variantenspektrum erforderten eine eigene Untersuchung. Grundsätzlich kann man festhalten, dass die historischen Gestalten weit individualisierter auftreten als die gegenwärtigen. Diese werden fast durchwegs zu plakativ umrissenen Repräsentanten bestimmter Bevölkerungsgruppen schematisiert. Es ist denn auch dieser Bereich, die veranschaulichte Gegenwart, in dem das Festspiel am deutlichsten zurückgreift auf barocke Muster in der Art von «Jedermann»[13] oder dem «Grossen Welttheater» – mit der unverkennbaren Gefahr, das gesellschaftliche Hierarchiedenken des Barock und die entsprechenden Ständemuster unter der Hand wieder zu reproduzieren.

«Wilhelm Tell» widerspricht dem Modell nicht

Hier ist nun der Ort, auf einen Einwand einzugehen, der diesen Ausführungen gegenüber leicht erhoben werden könnte. Wenn immer mit den drei Positionen: «So wurden wir» / «So sind wir» / «Das wollen wir» operiert wird – widerspricht das denn nicht der Tatsache, dass das schweizerische Festspiel schlechthin, Schillers «Wilhelm Tell», ein rein historisches Geschehen umsetzt, in sich abgeschlossen, ganz ohne die kunstvolle Verzahnung einer synchronischen mit einer diachronischen Ebene? Der Einwand ist berechtigt. Man muss allerdings die Frage umgekehrt stellen: Wo und wie erscheinen die drei Positionen in diesem Schillerstück? Sobald man so fragt, zeigt sich, dass das klassische Drama dies alles tatsächlich enthält, genauer gesagt: es kann durchaus so gelesen und verstanden werden, als sei es auf diese Positionen hin geschrieben worden. Die strukturellen Parallelen zur literarischen Autobiographie sind überall zu greifen. Die Komposition des Stücks aus mehreren Handlungssträngen – Tell-Handlung, Rütli-Handlung, Rudenz-Handlung –, die doch als Einheit wirken, vermittelt den Eindruck eines kollektiven Werdeprozesses. Dies hängt vor allem damit zusammen, dass es in jedem der Handlungsstränge um schwere Krisen und ihre dramatische Lösung geht. Sie sind urbildlich prägnant ausgeformt und ergeben zusammen die volle Reihe gefährlicher Umbruch- und Entscheidungsphasen, wie sie den Werdegang eines einzelnen in den literarischen Autobiographien, den kollektiven Werdegang im üblichen Festspiel bestimmen. Dass in der Vision des sterbenden Attinghausen (IV.2) und in der Rede Stauffachers auf dem Rütli (II.2) auch die geschichtliche Diachronie von der frühesten Erinnerung[14] her bis weit in die Zukunft hinein aufgerollt wird, besiegelt den Repräsentationscharakter des Stückinhalts für die ganze Schweizergeschichte. Diese Reden, die an sich nicht viel mehr darstellen als rhetorisch-episches Ausschmückung, werden denn auch in der Umfunktionierung des Dramas zum nationalen Festspiel zu einer Hauptsache. An ihnen und insbesondere am Rütlischwur zeigt sich, wie das idealistische Modellstück von der Entstehung eines idealen Staatswesens – ein tendenziöses Stück übrigens, gegen die französische Revolution gerichtet, die als von Anfang an falsches Unterfangen denunziert werden sollte – umgebogen werden konnte zum identitätsstiftenden, identitätskonsolidierenden Gemeinschaftsritual der politisch-historisch ganz konkreten Schweiz. Dass die leibhaftigen Schweizer des 19. und 20. Jahrhunderts in ihrer Lebenswirklichkeit sich in diesem Tell-Stück erkennen konnten, dass sie hier erfahren konnten, wie sie einst wurden und jetzt waren, das ist, der Sache nach, ein Irrtum. Der Vorgang stellt eines der faszinierendsten Phänomene gewaltsam verzerrender Rezeption dar, die aus dem vitalen Bedürfnis der grossen Gruppe heraus geschieht, über szenisch-rituelle Veranstaltungen ihrer selbst gewiss zu werden. Dass hundert Jahre nach der Entstehung von Schillers «Tell» sogar ein Festspiel über dieses Drama selbst geschrieben wurde, ein veritables schweizerisches Meta-Festspiel also, von Adolf Frey, zeigt, wie selbstverständlich der Gedanke geworden war, Schiller habe den Eidgenossen quasi aufgrund eines wortlosen Auftrags ihr nationales Festspiel geschrieben. Adolf Freys Schiller sagt wörtlich, er habe sein «Werk dem Volk der Schweizer in die Hände» gelegt.[15]

Die ersten Reaktionen auf Schillers Stück waren in diesem Lande übigens gar nicht besonders begeistert. Man fühlte sich zwar geschmeichelt, aber man hatte erwartet, Tell würde ganz und gar in der Mitte stehen, auch was den Rütli-Schwur und die Staatsgründung anging[16], und nun bewegte er sich bloss in einem einzigen von drei Handlungsbereichen und schwor auf dem Rütli nicht einmal mit. Auch das aristokratische Liebespaar Rudenz und Berta irritierte eher, als dass es vaterländische Erwartungen erfüllte, und den Vorstellungen von jungen Urschweizern wollte es nur sehr bedingt entsprechen.[17]

Die Krise des Festspiels hängt mit dem Strukturelement der kollektiven Willensbildung zusammen

Was aber früher oder später alle Zweifel besiegen musste und die Eignung dieses «Tell» zum nationalen Festspiel überwältigend bezeugte, war die Szene mit dem Schwur. So grandios wie hier ist die thematische Position: «Das wollen wir» nie mehr in einem Festspiel verwirklicht worden. So dramatisch geballt und sprachlich lapidar hat sich kollektive Willensbildung auf der Bühne nie mehr gezeigt und als unmittelbar übertragbar erwiesen. Alles was später kam und bis heute in der Art beschrieben wurden, steht im Schatten dieser Szene- und «im Schatten» meint oft genug die Nachbildung bis zum wörtlichen Zitat. An den 39er Festspielen kann man das reichlich studieren.[18]

Und damit komme ich nun auch zu dem Punkt, an dem sich die formale Strukturanalyse, die Frage nach der ästhetischen Identität des Festspiels, direkt mit der Krise des Festspiels heute berührt. Die drei thematischen Positionen sind unabdingbar, mögen sie von Fall zu Fall noch so unterschiedlich grossen Raum einnehmen. Für den Akt der kollektiven Identitätsbestimmung und -sicherung aber ist der Entschluss zum gemeinsamen Handeln ausschlaggebend. In ihm erst erfüllen sich Erinnerung und Gegenwartsanalyse; auf ihn sind sie zugelaufen. Ein Festspiel, das nicht so oder anders in den Gestus: «Wir wollen...» mündet, dessen Pulver ist von Anfang an nass. Es hat keinen propgandistischen Stachel, und wenn es nicht Propaganda ist, wenn es kein Ziel als gemeinsame Aufgabe vor Augen stellen und die Zuschauer darauf hin in Bewegung setzen will, ist es kein Festspiel, und es wird nicht gebraucht. «Propaganda» ist ein störendes Wort. Wir denken dabei immer an Staaten, die wir totalitär nennen, und zu denen zählen wir uns nicht. Solange man aber grundsätzlich zugibt, dass sich einem Land wie der Schweiz Aufgaben stellen, die sich nur durch gemeimsame Anstrengungen aller Bürger lösen lassen, ist das, was das Wort Propaganda meint, legitim und notwendig. Man kann ihm ja notfalls anders sagen. Der Rütlischwur reicht heute allerdings nicht mehr aus. Mit ihm ist kaum mehr etwas anzufangen – nicht weil die Idee der Brüderlichkeit, der Fraternité im hohen Sinn der französischen Revolution, sinnlos geworden wäre, sondern weil die Beschwörung der heutigen Schweiz als harmonischer Familie, sollte sie wirklich in das Publikum durchschlagen, mit gefährlicher Realitätsblindheit zusammenginge. Das Wir-Bewusstsein muss sich auf höherem Reflexionsniveau ereignen. Literarisch gesprochen heisst das, wir brauchen andere Bilder, brauchen Metaphern, die *heute* wahr sind. Das traditionelle Festspiel in seiner Prägung durch Cäsar von Arx ist hier so lange eine Belastung, als man es nicht in seiner spezifischen Geschichtlichkeit betrachtet und von sich abrückt. Nichts ist gefährlicher als der diffuse Gedanke: «irgendwie so, wie damals, aber doch aktuell...» Wir brauchen ein neues Wir-Bewusstsein, denn das Wasser steht uns am Hals. Aber wir brauchen kein ekstatisches Wir-Bewusstsein, sondern ein zähneknirschendes – kühl, grimmig und ohne Regression zu Über-Müttern und Riesen-Vätern.

Soll ein Festspiel heute möglich sein, muss es also eigenhändig verhindern, dass es inhaltlich kurzschliesst mit dem Festspielwesen der ersten Jahrhunderthälfte, den Landi- und Bundesfeierspielen. Diese gipfelten in einem brennenden Primärgruppenglück: *eine* Familie in *einem* Haus, die Schweiz als gezimmerte Stube – Cäsar von Arx hat sie wahrhaftig vorgeführt.[19] Die historische Legitimität dieser kollektiven Phantasie ergab sich damals aus der faschistischen Bedrohung. Die faschistischen Systeme operierten selbst mit Regressionen in männerbündnische und Volkshaufen-Phantasien. Sie personalisierten die Macht im Führer. Damit hatte für die Schweiz der Feind ein Gesicht und einen Namen, die Welt wurde sehr einfach, und diese Einfachheit kam der Übersetzung ins Festspiel entgegen. Die gemeinsame Not und der gemeinsame Feind waren keine Illusion, entsprechend nötig war die gemeinsame Willensbildung zur Abwehr.

Allerdings war diese Einfachheit der Verhältnisse objektiv illusionär. Der Führer war in Wahrheit nicht das System, sondern dessen Maske. Hinter der infantil personalisierten Aussenseite steckten komplexere, anonyme Machtstrukturen. Das galt, komplementär, natürlich auch von den Familien- und Stubenvisionen in der Schweiz. Sie verdeckten eine komplexe Realität, und doch hatten sie ihre Berechtigung, so lange die faschistischen Regimes sich entsprechend plakativ präsentierten. Der Wortlaut des Rütlischwurs besass eine zeitspezifische Wahrheit, die Willensbildung, auf die er zielte, ihre Notwendigkeit. Heute liegen die Dinge anders. Es steht nicht mehr ein gemeinsamer Feind mit bekannter Adresse im Ausland. Den Luxus des gemeinsamen Hasses, die innigste Form menschlicher Zusammengehörigkeitserfahrung, können wir uns nicht mehr leisten. Er ist heute sittlich und politisch pervers. Wer ihn kultiviert – und es geschieht –, arbeitet gegen die vitalen Interessen des Landes, mag er es immer umgekehrt darstellen. An dem, was uns bedroht, sind wir alle irgendwo mitbeteiligt, und das schlechte Gewissen, das wir, wohlgenährt und ausgepolstert, der hungernden, frierenden Welt gegenüber haben, ist das beste, was an uns momentan auszumachen ist. Wer das beseitigt, vergeht sich gegen das Gemeinwohl. Die Entschlüsse, die zu fassen sind, setzen dieses schlechte Gewissen nämlich voraus. Hier hätte ein neues Festspiel[20] anzusetzen: mit einer taghellen Bühne, auf der eine aufgeklärte, zur Humanität entschlossene, den eigenen Missetaten gegenüber klarsichtige Gesellschaft in unerschrockenen Szenen über sich nachdenkt und mit wachen Augen träumt, wie sie wurde, und was sie jetzt ist, und was sie angesichts dieser Sachlage tun will.[21]

Anmerkungen
1 Der Begriff «sozialistischer Realismus» wird 1932 in der Sowjetunion von I. Gromski geprägt.
2 Man kann diese Differenz studieren, wenn man zwei für die Landi 39 geschriebene Stücke vergleicht: das offizielle Festspiel von Edwin Arnet und das Dialektstück «Steibruch» von Albert J. Welti. Das letztere gehört heute noch zu den wenigen Schweizer Dialektstücken von Rang; das erstere ist nur noch historisch interessant.
3 Auf die ebenfalls «Festspiele» genannten sommerlichen Freilichtaufführungen, resp. die diversen Kunstwochen in der Saisonpause oder um Ostern, gehe ich hier nicht ein. Es handelt sich dabei um ein grundsätzlich anderes Phänomen, für das sich übigens mehr und mehr der Begriff «Festival» durchsetzt.
4 Vgl. dazu den Artikel «Gruppe» in: Wilhelm Bernsdorf (Hrsg.): Wörterbuch der Soziologie, Stuttgart (2. Aufl.) 1969, S. 384–401.
5 Zu diesem Begriff vgl. Bernsdorf a.a.O. S. 388.
6 Vgl. dazu die Zürcher Dissertation: Madeleine Salzmann: Die Kommunikationsstruktur der Autobiographie. Bern 1987. (Reihe: Zürcher Germanistische Studien, Verlag Peter Lang).
7 Sigmund Freud hat den psychischen Mechanismus hinter der ersten Erinnerung aufgedeckt in dem Aufsatz: «Eine Kindheitserinnerung aus ‹Dichtung und Wahrheit›». In: Sigmund Freud, Studienausgabe Band X, Frankfurt a.M. 1969.
8 Vgl. die Zürcher Lizentiatsarbeit von Erich W. Fässler: «Schillers ‹Wilhelm Tell› und die deutsche Schweiz im frühen 19. Jahrhundert» (1981, S. 98ff) und die Verweise ebd.

9 Zur Tradition der «lebenden Bilder» oder «tableaux vivants» vgl. den Artikel in «Metzler Literatur Lexikon», hrsg. von G. und J. Schweikle, Stuttgart 1984, S. 247.
10 Vgl. dazu die umfassende Dokumentation in: Armin Arnold und Rolf Röthlisberger (Hrsg.): Cäsar von Arx – Philipp Etter. Briefwechsel und Dokumente 1940–1941. Bern 1985.
11 Max Frisch. Gesammelte Werke in zeitlicher Folge, Band II, Frankfurt a.M. 1976, S. 224f.
12 Vgl. dazu den Bericht von Gustav Huonker im Tages-Anzeiger, Zürich, vom 10. Juni 1987.
13 Die Zentralfigur «Jemand» in Sahls Stück trägt ihren Namen in offenkundigem Anklang – und in Abgrenzung – zu «Jedermann».
14 «Hört was die alten Hirten sich erzählen.
– Es war ein grosses Volk, hinten im Lande
Nach Mitternacht...» (= Verse 1165ff).
15 Adolf Frey, «Die Hundertjahrfeier von Schillers Wilhelm Tell» in: Adolf Frey, Festspiele. Aarau 1912, S.180.
Das Stück spielt «vor der Tellskapelle am Vierwaldstättersee». Geschehnishintergrund ist der Kampf der Innerschweizer gegen die Franzosen 1798, wobei mitten im Kriegstumult – nicht ohne ungewollte Komik – Schiller persönlich auftritt.
16 Vgl. Erich W. Fässler, a.a.O. S. 69ff.
17 So gefestigt das Stück in seiner Funktion als Nationaldrama bis heute dasteht, so auffällig ausgespart aus dem Vorrat patriotischer Denkbilder sind doch Rudenz und Berta immer geblieben. Die Schiller-Rezeption verlief selektiver, als man denken möchte.
18 Die Formel «wir wollen..» taucht da immer wieder auf, wobei gelegentlich die Reaktion des Publikums auf diese Bühnenmomente in der Bühnenanweisung vorgeschrieben wird, als beträfe sie die Schauspieler.
19 Eine Vorform dieser Stube ist der Spielort von Paul Schoecks Schauspiel in Schwyzer Mundart «Tell», das am 7. September 1920 in Zürich am Schauspielhaus uraufgeführt wurde.
20 Eine genauere Untersuchung wert wäre in dieser Hinsicht das Unternehmen von Radio DRS, zum Anlass «2000 Jahre Zürich» 1986 eine grössere Hörspielreihe schreiben zu lassen. Gesendet wurden Stücke von Andreas Vögeli und Emil Zopfi, Jürg Ammann, Rainer Bressler, Peter Jost, Hans Jedlitschka, Emil Zopfi, Alfred Bruggmann, Manfred Schwarz, Gerold Späth, Inez Wiesinger-Maggi, Hans Peter Treichler und Benedikt Loderer, in dieser Reihenfolge, vom Februar bis Dezember 1986. Die einzelnen Stücke nahmen aufeinander gegenseitig keinen Bezug. Historische Stoffe waren häufig, mit unterschiedlicher Aktualisierungstendenz. Man kann das Ganze zwar nicht als kollektives Festspiel bezeichnen, aber Elemente davon sind doch vorhanden. Aufschlussreich könnte insbesondere sein, welche historischen Gegebenheiten aufgegriffen wurden und welche herkömmlicherweise für die Lokalgeschichte unabdingbaren Figuren und Geschehnisse von niemandem bemüht wurden. – Ich verdanke die Angaben Herrn lic. phil Paul Weber, Ottikon, der an einer Dissertation über das neuere Hörspiel in der Schweiz arbeitet.
21 Dieser Satz wurde in der Diskussion als Programm aufgefasst. Der Verf. legt Wert auf den Konjunktiv: nur wenn ein Festspiel diese Bedingungen zu erfüllen imstande wäre, hätte es seine Berechtigung. Ob dies grundsätzlich möglich ist, daran sind Zweifel erlaubt. – Vgl. dazu auch: Peter von Matt: Die Schweiz hat ihr Gedächtnis verloren. Sempach oder das ungestillte Bedürfnis nach einem historisch-patriotischen Festspiel. Die Weltwoche Nr. 27, 3. Juli 1986.

Der Aufsatz stützt sich in der Hauptsache auf folgendes Textmaterial:
Arnet, Edwin: Das eidgenössische Wettspiel. Offizielles Festspiel der Schweizerischen Landesausstellung 1939 Zürich. (o.O.u.J.).
von Arx, Cäsar: Festspiel zur Gründungsfeier der Schützengesellschaft der Stadt Solothurn 1520–1922. Solothurn 1922.

ders. Die Schweizer. Historisches Festspiel zum Eidg. Schützenfest 1924 in Aarau. Aarau 1924.

ders. Das Bundesfeierspiel zum Fest des 650jährigen Bestehens der Schweizerischen Eidgenossenschaft. Schwyz 1941.

ders. Das Solothurner Gedenkspiel. Dornacher Schlachtfeier 1949. Solothurn (o.J.). Festspiel für die Eidgenössische Bundesfeier in Schwyz vom 1. und 2. August 1891. Schwyz (o.J.).

Frey, Adolf: Festspiele. Vierte durchgesehene und stark vermehrte Auflage. Aarau 1912.

Frisch, Max: Die Chinesische Mauer. Eine Farce. in: Max Frisch, Gesammelte Werke in zeitlicher Folge. Zweiter Band. Frankfurt a.M.1976.

Hauptmann, Gerhart: Festspiel in deutschen Reimen. Berlin 1913.

Keller, Gottfried: Die Johannisnacht. Festspiel bei der Becherweihe der zürcherischen Zunftgesellschaft zur Schmieden 1876. in: Gottfried Keller, Sämtliche Werke und ausgewählte Briefe. hrsg. von Clemens Heselhaus. Band III, München 1958.

Lesch, Walter: Die kleine, grosse Schweiz. Festspiel (1939). Typoskript in der Zentralbibliothek Zürich (DW 4342).

Moeschlin, Felix: Festspiel 1939. Typoskript in der Zentralbibliothek Zürich (DW 4344).

Sahl, Hans: Jemand. Ein Chorwerk. Mit den Holzschnitten «Die Passion eines Menschen» von Frans Masereel. Zürich 1938.

Schaller, Toni: Festspiel Sempach (Aufführungsbesuch).

Schiller, Friedrich: Wilhelm Tell. Schauspiel. in: Friedrich Schiller, Sämtliche Werke, Bank II, hrsg. von G. Fricke und H.G. Göpfert. München 1965.

Schoeck, Paul: Tell. Schauspiel in drei Akten in Schwyzer Mundart. Aarau o.J. (1920 oder 1921).

Schweizerische Schauspiele des sechzehnten Jahrhunderts. Bearbeitet durch das deutsche Seminar der Züricher Hochschule unter Leitung von Jakob Bächtold. Drei Bände. Zürich 1890, 1891, 1893.

Das Spiel von den alten und jungen Eidgenossen. hrgs. von Friederike Christ-Kutter. Bern 1963.

Spitteler, Carl: Fest-Spiel zur Eröffnung des neuen Stadt-Theaters in Zürich 1891. Zürich 1891.

Walter, Silja: Die Jahrhundert-Treppe. Solothurner Chronikspiel (1481–1981). Festspiel zur 500-Jahr-Feier im Auftrag des Regierungsrates des Kantons Solothurn. Zürich 1981.

Text, Theater, Spiel, Fest: Was ist ein Festspiel?

Balz Engler

Unter denen, die über Kunst reden, gilt das Festspiel meist als Randerscheinung. Vieles an ihm stimmt misstrauisch: Meist werden historische Stoffe auf Bestellung zu einem bestimmten Zweck aufbereitet (und jenen, die der Kunst Zweckhaftigkeit zugestehen, behagt oft der Zweck nicht). Leute, denen man Kunstverständnis nicht zutraut, reden bei den Vorbereitungen mit; die Spieler sind oft Laien, von denen man hohe Kunst nicht erwarten darf. Die Menschen, die sich das Festspiel ansehen, sind aus vielen Gründen da, nur nicht wegen der Theaterkunst. Und schliesslich: Das Festspiel ist schwer in die Begriffe einzuordnen, die bei der Beschreibung von Theater meist verwendet werden.

Die Skepsis gegenüber dem Festspiel beruht auf gewissen Grundannahmen, was Theater sei; diese haben auch für die Erforschung des Festspiels als Theaterform unerfreuliche Folgen gehabt. Andere Grundannahmen allerdings, die nicht bloss vom Theater der westlichen Welt in den letzten paar hundert Jahren ausgehen, rücken das Festspiel ins Zentrum dessen, was Theater ist und sein kann. Dies soll im folgenden gezeigt werden.

Beginnen wir damit, was ein Festspiel *nicht* ist: Man kann sich eine Inszenierung vorstellen, die auf eine Welt-Tournee hin konzipiert ist (etwa den *Macbeth* einer englischen Truppe); sie betrifft einen Text, dessen allgemeine Kenntnis vorausgesetzt werden kann («einen Klassiker»); sie beruht auf der Zusammenarbeit verschiedener Spezialisten in einer komplexen Organisation, von den Akteuren bis zu den Zimmerleuten, und ist von langer Hand vorbereitet worden. Sie lässt sich ebenso gut in Helsinki wie in Hongkong, in München oder Mexiko-Stadt aufführen; sie lässt sich so oft wiederholen, wie genügend Leute bereit sind, Eintrittskarten zu kaufen. Sie rechnet zwar mit dem Publikum, aber nicht mit seiner aktiven Beteiligung. Inszenierungen, die zumindest einige der genannten Züge tragen, sind uns allen aus unserer Theatererfahrung vertraut.

Dieser (zugegeben karikierten) Art, Inszenierungen zu machen, entspricht auch eine geläufige Form der Beschreibung. Sie konzentriert sich ganz auf das fertige Produkt und fragt etwa: Wie wurde in

dieser Inszenierung der Geist Banquos gezeigt? Die Video-Aufzeichnung einer Aufführung verwirklicht diese Form der Beschreibung im bisher höchsten Mass: Ein fertiges Produkt wird aufgezeichnet und kann konsumiert werden, so oft man will – genau wie ein geschriebener oder gedruckter Text. Das Theater, von dem hier die Rede ist, möchte ich deshalb «Text-Theater» nennen; es schliesst sowohl kommerzielle Theater wie subventionierte Stadttheater ein.
Der Text ist immer noch Grundmetapher unserer Kultur, die ja im wesentlichen eine Kultur des Buches ist. Sie lässt uns alles in den Begriffen des Schreibens und Lesens sehen. Sie lässt uns das Werk als autonomen Gegenstand aus der Umgebung, aus den Prozessen, deren Teil es ist, herauszulösen. Sie verleitet uns dazu, jene, die als Publikum an ihm teilnehmen, zu Rezipienten zu reduzieren. Es ist nicht verwunderlich, dass es mit einem solchen Ansatz schwer fällt, von der Idee wegzukommen, Theater machen heisse: literarische Texte auf der Bühne umsetzen.
Auch die Semiotik, die Lehre von den Zeichen und ihrer Verwendung, schafft da nicht grundsätzlich neue Verhältnisse, denn sie macht es sich geradezu zum Programm, alles in Texte zu verwandeln: Ein Band von Erika Fischer-Lichtes *Semiotik des Theaters* trägt den Titel «Die Aufführung als Text», und Keir Elam in *The Semiotics of Theatre and Drama* unterscheidet zwar zwischen «dramatic text» und «performance text», aber sieht eben beides als Texte.[1]

In den letzten dreissig Jahren hat sich nun aber neben dem Paradigma des Textes ein anderes allmählich durchgesetzt – eines, das sich nicht auf die Literaturwissenschaft, sondern auf die soziale Anthropologie stützt und damit über Erfahrungen aus unserem Kulturkreis hinausgreift. Das Paradigma des Theaters wird immer häufiger zur Beschreibung sozialer Wirklichkeit herangezogen. Es verbindet sich vor allem mit Namen wie Erving Goffman, dem Sozialwissenschafter, der mit *The Presentation of Self in Everyday Life*[2] ein Forschungsprogramm einleitete, das auf der Dichotomie zwischen wirklichem Selbst und sozialer Rolle aufbaut. Hier möchte ich aber vor allem auf die Forschung von Victor Turner eingehen, der in den späten fünfziger Jahren seinen Begriff des sozialen Dramas, von Kultur als Prozess mit theatralischen Strukturen, herauszuarbeiten begann.[3]
Turner beschreibt soziale Prozesse als Dramen, die der Lösung von Konflikten dienen.[4] Er unterscheidet vier Phasen: In der ersten bricht jemand die in seiner Gemeinschaft anerkannten sozialen Regeln und Strukturen; diese einzelne Handlung lässt schlagartig alle ungelösten Konflikte aufbrechen, welche die Gemeinschaft mit sich herumträgt. Das «Vergehen» oder ein Gegenstand, der dafür steht, werden zu einem Symbol der Dissidenz. In einer zweiten Phase – der Krise – sind die sozialen Strukturen aufgehoben; Turner spricht von Anti-

Struktur. Für die Beteiligten ist diese Phase ambivalent: Sie kann sowohl gänzliche Vereinsamung und Gefährdung, ja, symbolischen Tod, bedeuten. Sie kann aber auch als ekstatisches Gemeinschaftserlebnis erfahren werden. In einer dritten Phase setzt heilendes Handeln ein («redressive action»): Es wird vermittelt, Gesten der Versöhnung werden gemacht, man distanziert sich, usw. Diese letzte Phase führt entweder zu einer Wiederherstellung der alten Strukturen, in angepasster Form, oder, wenn der Riss sich nicht heilen lässt, zum Auseinanderbrechen und zur Bildung neuer Gemeinschaften. Was Symbol der Dissidenz war, kann dabei zum Symbol der Gemeinschaft werden. Um nur ein Beispiel zu nennen: die Armbrust Tells kann zum Zeichen von Schweizer Wertarbeit werden.

Die Verwandtschaft zwischen Turners Begriff des sozialen Dramas und dem Handlungsverlauf traditioneller Dramen ist offensichtlich; ebenso deutlich, und noch viel wichtiger, ist die Beziehung zwischen sozialem Drama und den *rites de passage,* wie Arnold van Gennep sie zuerst beschrieben hat.

Wenn es ums Theater geht, schafft eine solche Beschreibung sozialer Verhältnisse neue Voraussetzungen, unter denen traditionelle Unterscheidungen, zum Beispiel zwischen realer und fiktiver Welt, oder zwischen öffentlichem Ritual und Theater neu beschrieben werden müssen. Der Anthropologe und Theaterpraktiker Richard Schechner hat eine solche Beschreibung versucht.[5] Nicht die Aufführung als Text steht für ihn im Zentrum des Interesses, sondern die Prozesse, als deren Teil sie vorkommen kann. Schon immer, und auf der ganzen Welt, haben nach Schechner Menschen Orte und Zeiten aus ihrer Lebenswelt ausgeschieden, wo sie sich vergewissern, «was geschehen ist» und es festhalten – sei dies in der Welt des Mythos, der Realität oder der Fiktion; sei es im Tempelbezirk, im Gerichtssaal oder im Theater. Diese ausgeschiedenen Räume und Zeiten spielen eine wichtige Rolle in den sozialen Wandlungen, die Turner beschreibt – von der sozialen Struktur zur Krise (Anti-Struktur) und zurück. Dort können sich Krisen in geregelter Form abspielen.

Im Theater lassen sich diese Prozesse vor allem in drei Bereichen beobachten: in der aufgeführten Handlung, beim Publikum und bei den Schauspielern. Von besonderem Interesse ist für Schechner dabei, was mit dem Publikum und den Schauspielern geschieht; ihre Gemeinsamkeiten sind grösser, als das Text-Theater nahelegt. In einem Vorgang, der Turners «sozialem Drama» entspricht, kommen sie zusammen, nehmen an einer Aufführung teil und gehen wieder auseinander. Oder umgekehrt betrachtet: Sie verlassen die Strukturen des täglichen Lebens und kehren wieder in sie zurück. Für das Publikum beginnt die Theatererfahrung nicht – wie die «Aufführung als Text» suggeriert – mit dem Abdunkeln der Lichter oder dem Auftritt der Schauspieler (mit dem Aufschlagen des Buches). Sie beginnt schon bei den Vorbereitungen für das Ausgehen – der Begriff ist bezeichnend. Die Theatererfahrung hört auch nicht auf, wenn man zu applaudieren beginnt (wenn das Buch geschlossen wird), sondern erst, wenn man in die Strukturen des Alltagslebens zurückgekehrt ist.

Mutatis mutandis gilt das Gleiche auch für die Schauspieler. Auch hier beginnt der Prozess viel früher, während der Probenzeit. Jeder Schauspieler bereitet sich zudem mit seinen eigenen Ritualen auf die einzelne Aufführung vor und entfernt sich wieder von ihr («cooling off»).

Schechner kann, wie klar geworden sein dürfte, mit der konventionellen Unterscheidung zwischen Theater und Ritual nicht viel anfangen. Stattdessen unterscheidet er zwei Typen performativer Handlungen. Die eine «transportiert», die andere «transformiert», die eine verfrachtet die Beteiligten in eine andere Dimension – die der Fiktion – und setzt sie dann wieder am Ausgangspunkt ab (dies ist das Text-Theater); die andere verwandelt die Beteiligten über die Zeit der Aufführung hinaus: Sie sind in etwas initiiert worden, sie haben ein neues Gefühl der Gemeinsamkeit gewonnen, etc. Im Deutschen lässt sich das englische Wortspiel auf einer anderen Ebene nachbilden: Text-Theater wird aufgeführt, ein Ritual durchgeführt. Aber wie Schechner darlegt,[6] ist eine klare Trennung zwischen beiden nicht aufrecht zu erhalten. Bei den meisten Anlässen spielen beide Arten der Handlung mit; und die gleiche Handlung kann für die einen Beteiligten Verwandlung, für die andern Verfrachtung bedeuten.

Schechners (und Turners) Ansatz hat allerdings Schwächen; zwei seien hier genannt: Er beschränkt sich zu ausschliesslich auf einen Typ des Rituals und auf die Bildung von Gemeinschaft. Nur von *rites de passage* ist ist Rede, und der Begriff des *transport* wirkt wie ein untauglicher Versuch, etwas in sein System hineinzuzwängen. Vielmehr sollte neben die *rite de passage* gleichwertig auch das Ritual gestellt werden, das Zustände bekräftigt, jenes, das man «Zeremoniell» nennen möchte: Es verwandelt die Teilnehmer nicht, es verfrachtet sie aber auch nicht in eine andere Welt; sondern es bestärkt sie in bestimmten Vorstellungen und in der Beachtung gewisser, in ihrer Gemeinschaft allgemeingültiger Regeln.

Auch hier kann im übrigen derselbe Vorgang von verschiedenen Teilnehmern verschieden erfahren werden. Was Braut und Bräutigam bei der Trauung als *rite de passage* erleben, erlebt der Pfarrer als Zeremoniell, als Bestätigung seines Status und der Institution, welcher er dient.

Zweitens wird die Gemeinschaft bei Turner und Schechner ganz von innen gesehen. Wo integriert wird, werden aber immer auch Grenzen gezogen, und Menschen werden ausgeschlossen. Eugenio Barba hat auch darauf hingewiesen,[7] dass die von Schechner beschriebenen Prozesse nicht nur der Integration zu dienen brauchen, sondern für einzelne Teilnehmer geradezu die Möglichkeit schaffen können, Distanz zu gewinnen und sich bewusst von andern abzusetzten.

Theater als sozialer Prozess: Was bedeutet dieser Ansatz für das Festspiel? Antworten seien zum Schluss kurz skizziert. Das Festspiel ist nicht mehr eine Randerscheinung, sondern eine wichtige Ausformung einer anthropologischen Konstante – jener des Rollenspiels zur Einübung sozialen Verhaltens und zur Schaffung von Gemeinschaft. Andere Formen des Theaters lassen sich als Abwandlungen beschreiben, die auf veränderten Produktionsbedingungen beruhen – das Text-Theater etwa als die Theaterform einer Gesellschaft, in der Lesen und Schreiben Grundmetaphern sind und in der sich Theater auch ökonomisch rechtfertigen muss (über die Zusammenhänge zwischen den beiden Charakteristika liesse sich mehr sagen als hier möglich ist).

Beim Festspiel werden besonders deutlich ein Ort und ein Anlass ausgeschieden, bei dem festgehalten wird, «was geschehen ist». Es findet statt an einem Ort, der für die Beteiligten besondere Bedeutung hat (deshalb wird es meistens auch im Freien aufgeführt).[8] Der Anlass ist immer mit einem historischen Ereignis verknüpft, sei es heilsgeschichtlich oder aus der säkularen Geschichte. Das Festspiel ist Teil eines Festes; es kann deshalb nicht auf Tournee gehen oder aufgeführt werden über den Anlass hinaus, zu dem es geschaffen wurde. Die Parallelen zum mittelalterlichen Mysterienspiel, die sich hier zeigen, würden nähere Beachtung verdienen; ja, die allgemeine Theatersituation des späten Mittelalters wäre hier von Interesse, als – sozusagen in Umkehrung der Situation im 20. Jahrhundert – die Aufführungen fahrender («professioneller») Truppen und der Bürger in den Städten nebeneinander bestanden. Die Beziehungen zwischen Festspiel und Berufstheater sind ein Thema, das bei der Erforschung des Festspiels nicht vernachlässigt werden darf.[9]

Die Vorbereitungen sind ein wichtiger Teil des Theaters als sozialer Prozess: Aus der Sicht der Organisatoren bzw. jener, die die Durchführung des Festspiels ermöglichen, steht der Aspekt des Zeremoniells im Vordergrund. Sie können zu einem guten Teil die Bedingungen der Aufführung bestimmen. Es stellt sich deshalb die Frage, welche Haltungen vorgestellt werden sollen, wer bestärkt, und wer «verwandelt» und integriert werden soll, aber auch – und dies bleibt meist implizit – wer ausgeschlossen werden soll. Die Vorbereitungen zu Festspielen zeigen diese Probleme deutlich: Häufig werden Wettbewerbe ausgeschrieben, die allen, welche einen Plan beitragen wollen, eine Chance geben sollen; Jurys haben dann aber aus diesen den angemessensten (nicht unbedingt den besten) auszuwählen. Und oft gibt es im Laufe der Vorbereitungen Streit – Streit, der für die soziale Funktion und das Studium des Festspiels von grösserem Interesse sein kann als die schliesslich aufgeführte Fassung.

33

Der Inhalt des Festspiels betrifft die Geschichte derer, die an ihm als Zuschauer oder als Spieler mitwirken. Die Rollen sind so definiert, dass sie diesen Mitwirkenden direkt dienen können: Gestalten, die einerseits als Modelle angemessenen Verhaltens dienen können, andererseits Teil ihrer eigenen Geschichte sind; oder dort, wo historische Vorbilder abgelehnt werden, allegorische Figuren (z. B. die Verführerin, der Wächter, der Schweizergesell im *Eidgenössischen Wettspiel* von 1939).[10] Dargestellt werden Krisen (ganz im Sinne Turners) und ihre Überwindung; weil es Krisen in der Geschichte der betroffenen Gemeinschaft sind, kann es vorkommen, dass die Handlung bewusst die Grenzen der Bühne sprengt. Bei den Bundesfeierspielen zum Beispiel kann die Aufführung in eine Erneuerung des Rütlischwurs durch alle Beteiligten ausmünden.[11] Dabei wird die Trennung zwischen Aufführen und Durchführen, die das Text-Theater charakterisiert, bewusst aufgehoben.

Das Mit-Spiel des Publikums wird genauer als sonst inszeniert: Die Einstimmung darauf geschieht durch ein ganzes Ensemble von Veranstaltungen, wie Festen, Umzügen, Banketten, Gottesdiensten, Ausstellungen usw.[12] Auch beim Anlass des Festspiels selbst spiegeln sich die Strukturen der Gemeinschaft, die sich feiert: Sitzordnungen, das Auftreten offizieller Gäste, usw., können hier aufschlussreich sein.

Dies führt uns zu den erhofften gemeinschaftsbildenden Wirkungen: Auch hier lassen sich Spieler und Publikum nicht so scharf trennen wie beim Text-Theater. Oft wird mit einer sehr grossen Zahl von Spielern gearbeitet (die über weite Strecken der Handlung beiwohnen); Laien werden beigezogen – aus der Gemeinschaft derer, welchen das Festspiel dienen soll. Die Spieler werden dabei nach Möglichkeit aus allen sozialen Bereichen und Schichten rekrutiert. Beim Festspiel zur Landesausstellung 1939 zum Beispiel waren Chöre aus allen Sprachregionen beteiligt; und zum Schluss wurde nicht den Mitwirkenden gedankt, sondern dem «Festspielvolk».[13]

Alle Hinweise, die hier gegeben werden konnten, bedürfen der Präzisierung und Ausarbeitung; aber sie mögen andeuten, welche neuen Fragestellungen sich aus dem Paradigma des Theaters als sozialem Prozess ergeben, welches Material über das Festspiel gesammelt werden sollte und wie es interpretiert werden könnte – auf eine Weise, die deutlich sichtbar macht, worin sich das Festspiel vom Text-Theater unterscheidet und weshalb es bei der Erforschung des Theaters eine zentrale Stellung einnehmen sollte.

Anmerkungen
1 Elam, Keir. *The Semiotics of Theatre and Drama.* London: Methuen, 1980.
  Fischer-Lichte, Erika. *Semiotik des Theaters.* Band III: «Die Aufführung als Text». Tübingen: Narr, 1983.
2 Goffman, Erving. *The Presentation of Self in Everyday Life.* Garden City, N.Y.: Doubleday, 1959.

3 Turner, Victor. *Schism and Continuity.* Manchester: Manchester University Press, 1957. Vgl. dazu auch: Engler, Balz. «Theater als Kultur, Kultur als Theater.» *Neue Zürcher Zeitung 23./24. August 1986,* 69–70.
4 Turner, Victor. *Dramas, Fields, and Metaphors: Symbolic Action in Human Society.* Ithaca: Cornell University Press, 1974 (bes. 37–44).
5 Schechner, Richard. «Towards a Poetics of Performance.» *Alcheringa* 2 (1976, 2. 42–64. Repr. in his *Essays on Performance Theory.* New York: Drama Book Specialists, 1977.
6 Schechner, Richard. «Performers and Spectators Transported and Transformed». *Between Theatre and Anthropology.* Philadelphia: University of Pennsylvania Press, 1985, 117–50 (bes. 125–26).
7 Barba, Eugenio. «The Etymological Intellectual.» *New Theatre Quarterly 3, 10, Mai 1987, 188–91* (Rezension von Schechner, *Between Theatre and Anthropology*).
8 Vgl. dazu: Stadler, Edmund. *Das neuere Freilichttheater in Europa und Amerika* Bd. 1: *Grundbegriffe,* Bd. 2: *Die Entstehung des nationalen Landschaftsstheaters in der Schweiz.* Schweizer Theater-Jahrbuch XIX und XXI. Einsiedeln: Waldstatt-Verlag, 1951, 1953.
9 Hinweise dazu finden sich bei Naef, Louis. «Harmlosigkeit als Zeitkrankheit.» In Bachmann, Dieter, und Schneider, Rolf, Hrsg. *Das verschonte Haus: Das Zürcher Schauspielhaus im Zweiten Weltkrieg.* Zürich: Ammann-Verlag, 1987. S. 163–78.
10 Eberle, Oskar, Hrsg. *Das Büchlein vom Eidgenössischen Wettspiel.* Schriften der Gesellschaft für Schweizerische Theaterkultur, Band 5. Thalwil: Theaterkultur-Verlag, 1939.
11 Schmid, August. «Bundesfeierspiele.» In *Erneuerung des schweizerischen Theaters.* Hrsg. von Oskar Eberle. Jahrbuch VI der Gesellschaft für Schweizerische Theaterkultur. Luzern: Theaterkultur-Verlag, 1934, 77–82.
12 Dieses Umfeld wird für das Festspiel in Sempach 1986 dokumentiert im Regionalfernseh-Magazin anlässlich des Jubiläums 600 Jahre Schlacht bei Sempach, 600 Jahre Stadt und Land Luzern (Rigivision Luzern, 1986). Die Video-Aufzeichnung ist zugänglich in der Schweizerischen Theatersammlung, Bern, Signatur VK 688/1.
13 *Das Büchlein vom eidgenössischen Festspiel,* 5.

La fête et sa pratique

Douze remarques

Charles Apothéloz

Impossible de ne pas faire résonner ici la voix de Charles Apothéloz (1920–1982). Ses préoccupations d'ordre civique et politique l'ont amené, plus que quiconque, à réfléchir sur la relation du théâtre et de la société. C'est lui qui a assuré la régie artistique de la Fête des Vignerons de 1977.[1] L'article que nous republions ici est tiré des Cahiers protestants (avril 1979). Apothéloz y parle de la fête, non du Festspiel au sens strict du terme; mais les réflexions que lui suggère sa large expérience, en soulignant l'ambivalence de toute fête, anticipent singulièrement sur les conclusions de notre colloque.

1. Toute fête célèbre un événement du passé: la naissance d'un enfant, ou celle d'une nation, la constitution d'un parti politique ou d'une société de chant, un mariage, une révolution, la fin de la guerre, la vie d'un saint, du patron d'un métier, la mort d'un martyr. Cet événement est l'acte fondateur de la fête.
2. Il en va de même pour une fête sportive, une fête de gymnastique par exemple, laquelle célèbre par une rencontre, un concours et une production d'ensemble, la décision historique de fédérer des sociétés de gymnastes. Ou de la petite fête qui réunit des élèves ou des recrues au moment de quitter leur collège ou leur caserne: ils fêtent leur séparation, laquelle renvoie à la date de leur entrée à l'école et au début de leur initiation scolaire ou militaire.
3. Toute fête par conséquent se souvient: elle commémore. Mais l'événement fondateur n'est pas forcément daté historiquement. Il peut remonter dans la nuit des temps, dans la mémoire ancestrale des peuples, elle-même enfouie dans leurs mythes. Ainsi en est-il des fêtes de l'agriculture, par exemple, qui célèbrent dans notre tradition le mythe de Caïn et Abel et commémorent le passage de l'humanité de l'état de pasteurs nomades à celui de paysans sédentaires. Ou des fêtes des saisons, du passage de l'hiver au printemps, du retour éternel des solstices et des équinoxes: elles commémorent la Création et célèbrent le grand mythe de l'Harmonie Universelle du Ciel et de la Terre.
4. Toute fête est une cérémonie, civile ou religieuse. Chacune d'elles s'ordonne selon des règles qui lui sont propres. Chacune

d'elles a ses rites: discours, chants, musiques, danses, prières, défilés, cortèges, parades, processions, drapeaux, bannières, oriflammes, uniformes, costumes, attributs, offrandes, cadeaux, récompenses, agapes, collations, banquets. *Toute fête est un culte,* mêlant le plus souvent le profance au sacré.

5. *Toute fête mobilise et rassemble:* les membres d'une famille, d'une corporation, d'une classe sociale, d'une communauté, d'une cité, d'un peuple, d'une nation. Ce rassemblement implique une organisation, avec son intendance, ses propagandistes et ses officiants. Tous ses participants sont les célébrants du souvenir de l'événement fondateur qui les réunit. Quand la fête a des spectateurs, les célébrants les tiennent pour des invités, paieraient-ils très cher leur droit d'assister à la cérémonie...

6. *Toute fête est porteuse d'un message.* Même informulé: elle dit d'elle-même la joie qu'on éprouve à se retrouver, à être réunis, à participer, à dire ou faire ensemble; elle témoigne d'elle-même de la fidélité commune à une appartenance, à une pratique, à une amitié, ou à l'idée qui présida à l'acte fondateur. Par elle se manifeste une volonté commune de maintenir cette appartenance, cette pratique, cette amitié, de transmettre cette idée. Toute fête est formatrice d'une conscience collective.

7. *Toute fête est unanimiste:* elle ignore les conflits, les tensions, les tendances dissidentes; elle réduit les différences pour exalter des ressemblances et fortifier le groupe. Par là même elle exerce un puissant pouvoir d'attraction: sans même le vouloir, la fête recrute des pratiquants, suscite des vocations, convertit des prosélytes.

8. *Toute fête est conservatrice.* Les fêtes révolutionnaires de l'An II elles-mêmes célébraient certes la rupture récente d'avec l'Ancien régime, mais elles n'avaient pas pour fonction de promouvoir le changement, mais bien de préserver l'acquis de la Révolution, et de louer le régime politique censé en être le garant, serait-ce par la Terreur. Ainsi en va-t-il de toute fête, quand bien même elle serait en apparence revendicatrice, de la Fête de l'Humanité ou de la Fête du Travail, lesquelles tendent à conserver le monopole du parti communiste ou celui des syndicats.

9. Par son caractère mobilisateur, unanimiste et conservateur, *la fête peut être profondément réactionnaire.* Le culte du souvenir est souvent passéiste. Il a tendance à exalter le bon vieux temps et les vertus traditionnelles, créatrices du temps présent dans ce qu'il a, estime-t-on, de positif, et garde-fous, dit-on, de l'avenir. Sans même le savoir, la fête véhicule des valeurs collectives: l'esprit d'équipe ou de famille, le sens de la discipline, le respect de la hiérarchie, le dévouement à la cause, la vertu du service, de la fidélité, du sacrifice. Si elle privilégie ces valeurs collectives, souvent discutables, la fête est portée à l'ostracisme, à ignorer les minorités, exclure les tièdes, éliminer les contestataires, vomir les réfractaires: elle en devient répressive.

10. *La fête peut être mystificatrice:* sous des apparences égalitaires, elle peut tendre à dissoudre les individus dans le groupe (ou les classes sociales dans le corps de la nation), au bénéfice de ceux qui les manipulent (ou les exploitent). C'est ainsi que les grandes fêtes hitlériennes, par exemple extrême, ont été des agents efficaces de la gangrène nazie.
11. On parle beaucoup depuis quelques années de *fête sauvage,* par quoi on entend sous le même vocable plusieurs choses: réunir sans organiser, rassembler sans mot d'ordre et sans ostracisme, célébrer sans référence au passé ni manipulation, improviser, ou encore induire de la fête elle-même son message, voire évacuer tout message. L'inspiration des «fêtes sauvages» serait progressiste, leur objectif la libération de forces novatrices. C'est du moins ce qu'observent les sociologues dans des phénomènes tels que la Fête au Larzac, les happenings, ou les grands festivals pop, comme celui de Woodstock par exemple. La Fête au Larzac est en réalité un rassemblement politicoécologiste, une manifestation de militants hors-les-murs; il s'y développe certes un aspect festif de caractère «sauvage», mais il demeure très marginal, le fait de petits groupes de musiciens ou de comédiens ayant une fonction militante dans la manif ou de divertissement pendant les pauses. Quant aux festivals pop, ils n'ont rien de «sauvage», quand bien même ils suscitent par moment dans le public des velléités d'expression ludique, et que s'y improvisent marginalement de petites fêtes... Seul le happening pourrait être à la rigueur qualifié de «sauvage» par beaucoup de ses aspects; il se peut qu'il ait une vertu de défoulement collectif, mais il es douteux qu'il soit cathartique, comme on le prétend, créatif et libérateur de forces novatrices. Il se borne, semble-t-il, à polariser et extérioriser l'agressivité latente dans chaque individu, et à l'épuiser: conviés à célébrer l'être-ensemble par un exprimer-ensemble, à partir d'un thème et de matériaux, les participants du happening sont inévitablement conduits au détruire-ensemble, à la crise de nerfs généralisée ou au coït collectif. Ils rejoignent par la bande, si j'ose dire, les adeptes des gigantesques partouzes très à la mode dans la fine frange de la haute bourgeoisie à la page, toujours d'accord de «faire la fête». C'est en vérité le seul cas patent où le message s'induit de la fête sauvage elle-même...
12 Il n'en reste pas moins que la notion de «fête sauvage» met en évidence *les limites de la fête, et ses dangers:* la fête renforce la cohésion du groupe, mais encourt le péché d'ostracisme; elle conserve, au risque d'immobiliser, de figer et de réprimer; elle rassemble, mais peut «massifier» et manipuler. Il faut se garder cependant de tout manichéisme: comme tout phénomène social, la fête porte en elle des contradictions, des principes dialectiques de progrès et de régression, de vie et de mort. Il est significatif qu'à notre époque de relâchement du tissu social la fête retrouve par oppositon un regain de ferveur. Il appartient à ses promoteurs de

vivifier par elle des forces de changement et de progrès, en suscitant la réflexion personnelle, la remise en cause du message fondamental, sa réactualisation, son renouvellement, en favorisant en priorité la décentralisation de la préparation et l'autonomie des groupes de célébrants. Ou au contraire de dévoyer la fête, en l'utilisant à des fins détournées, pour en faire un instrument de leur pouvoir.

Note
1 Voir surtout: *Travail théâtral populaire. Rapport de Charles Apothéloz sur la mise en scène de 4 spectacles donnés par des acteurs amateurs (1975–1979); Volkstheaterarbeit. Bericht von Ch. A.* über 4 Festspielinszenierungen mit Laiendarstellern (1975–1979), Annuaire du Théâtre suisse No 43, Schweizer Theaterjahrbuch Nr. 43, 1980.

Festspiel als Theater der Laien

Dramaturgische Anmerkungen zu einer möglichen Praxis

Louis Naef

Es gibt die «grossen» Festspiele – bei den eidgenössischen Schützenfesten des vergangenen Jahrhunderts etwa, die Festspiele zur Bundesfeier, die grossen Festdramen von Arnold Ott (1840–1910), Adolf Frey (1855–1920), Carl Albrecht Bernoulli (1868–1937) oder die bekannten Beispiele von Cäsar von Arx – und es gibt die «kleinen» Festspiele, eher epigonale Nachahmungen, wie sie vor allem bei ländlichen Festen zum Zuge kamen.

Das «kleine» Festspiel

Ich bin mit diesen «kleinen» Festspielen aufgewachsen. Am Jodlerfest oder beim Jubiläum der Musikgesellschaft wurden in meiner Gegend, dem Luzerner Hinterland, solche Festspiele in der aus Holz gebauten Festhalle von Willisau oder in den Festzelten auf den Dörfern immer wieder gespielt. Hie und da passiert das auch noch heute. Ihr Stoff ist die Folklore, wie wir sie auch von den Umzügen, die bei solchen Anlässen stattfinden, kennen. Alte bäuerliche Bräuche werden dabei vorgeführt. Kostümiertes Volk und bunt geschmücktes Vieh mischt sich auf den grossen Bühnen. Bewegliche Bilder aus dem bäuerlichen Jahreszyklus ziehen an uns vorüber. Dazwischen Gesang und Musik.

Die Dramaturgie dieser Bilderbogen ist durch den Ablauf des bäuerlichen Jahreskalenders bestimmt. Im Zentrum der Darstellungen steht das alte Brauchtum, das bei diesen Anlässen wieder aus der Versenkung geholt wird. Eine folkloristische Theaterform, die Vergangenes verklärt, ohne kritischen Blick auf die Geschichte oder die Gegenwart etwa der bäuerlichen Maschinenwirtschaft. Kläglicher Rest einer ehemals patriotisch-heroischen Volkstheaterkultur.

«Etwas Eigenes und Ursprüngliches»

Nein, um diese sinnentstellende Form geht es mir nicht, wenn ich auf den ursprünglichen Zusammenhang zwischen Fest und Spiel hinzuweisen versuche als einen neuen Ausgangspunkt theaterpädagogischer oder animatorischer Theaterarbeit. Ich denke dabei nicht an die Dekadenz dieser ursprünglich politischen Theaterform, ich denke vielmehr an den archaischen Kern solcher Veranstaltungen.

Zwar hat Gottfried Keller mit seinem Aufsatz «Am Mythenstein» (1860) den Verfechtern eines vaterländischen Theaters immer wieder Auftrieb gegeben, indem er das Schau-Spiel als diejenige Kunst definiert, «in welcher das Schweizer Volk mit der Zeit etwas Eigenes und Ursprüngliches ermöglichen kann, da es die ‹Mütter› dazu besitzt, nämlich grosse und ächte Nationalfeste, an welchen Hunderttausende sich beteiligen mit dem ausschliesslichen Gedanken des Vaterlandes». Aber er hat das nicht so patriotisch gemeint, wie es sich auf Anhieb liest, und bei dem es so viele Propagandisten des Festspiels später hätten bewenden lassen wollen. Seine Gedanken zielen auf tiefere Schichten eines eigentlichen Volkstheaters: «Wer es haben kann, der gehe auch sein Jahr nach Italien, wer's aber nicht haben kann, der halte sich darum nicht für einen unglückseligen Tropf, sondern mache sich Haus und Garten zu seinem Morgen- und Abendland.» Das war sicher nicht als spiessige Rückzugsformel gemeint, sondern als Hinweis auf die spielerische Lust, die Bühne als Traumlandschaft zu begreifen.

Etwas «Eigenes und Ursprüngliches» hatten die Leute von der Feuerwehr Opfersei, einem Weiler, hinter dem Dorf Hergiswil am Napf gelegen, vor ein paar Jahren im Sinn, als sie ein «Festspiel» aufführten zur 50-Jahr-Feier des Bestehens der Feuerwehr. Kein weltbewegendes Ereignis, gewiss. Aber gerade die kleine Form ihres Festspiels hat mich damals fasziniert, weil sie darin über sich selber, über die eigene (kleine) Gesellschaft anhand einer bildhaften Chronik Rechenschaft abzulegen versuchten. Sich feiern im Bekannten, das die Gemeinsamkeiten erkennen lässt: Da wurde, wie es bei solchen Anlässen der Brauch ist, ein Festzelt gebaut mit einer Bühne, über die auch Ross und Karren gezogen werden konnten. Das war aber schon das einzige Zitat des in dieser Gegend gebräuchlichen, patriotischen Festspiels. Auf der leeren Bühne, auf die immer wieder die wichtigsten Requisiten aus dem Alltag dieser Bauern gestellt wurden, wickelten sich ganz einfach die Geschichten ab, wie es zur Gründung der Feuerwehr kam und aus welchen Gründen. Da wurde ganz naiv berichtet, was sonst noch drumherum im Dorf und im Weiler passierte – von Liebschaften und Streit, von Dorfpolitik und von Dorforiginalen, vom Milchgeld und von andern Problemen der hier lebenden Bauern. Die von der Geschichte Betroffenen erzählten über das ihnen Vertraute, aber auf eine einfache, schlichte und naive, eben im besten Sinne volkstümliche Art. Hier war das Kellersche Thema vom Haus und vom Garten in unspektakulärer, aber ehrlicher Weise erfüllt. Ein überaus gelungenes Beispiel für die «kleine» (lokale bzw. regionale) Form des

Festspiels: überschaubar in seinen Handlungen, ohne pathetisch-folkloristischen Anstrich.

Im Zentrum des Festspiels stand immer und vor allem bei seinem Ursprung – den Fasnachtsspielen, den religiösen Spielen, später im Festspiel der liberalen Aufbruchzeit – das Volk. Nicht die Heldendarstellung war das wichtigste, sondern das Ereignis, dass man an einem Ort zusammenkam, um gemeinsam zu feiern. Das Theater war nur Anlass, das Ziel der Feier die Gemeinschaft. Das festliche Spiel als spielerische Feier der Zusammengehörigkeit, der eigenen Identität. Gegensätze wurden dort nämlich auch ausgetragen – politische im Fasnachtsspiel, existentielle im mittelalterlichen Totentanz, gesellschaftliche in den Festspielen des 19. Jahrhunderts.

Angesichts der Bedrohungen, die uns bevorstehen, und der ideologischen Gegensätze auch in unserem Land können wir von Gottfried Keller immer noch lernen: Theater muss wieder zu einem Fest werden, zu dem Utopischen, das in seinem dionysischen Rausch begründet liegt. Dieser ursprüngliche Charakter des Gemeinschaftsstiftenden weist auf den Ursprung von Theater überhaupt hin. Es hat also durchaus seinen tieferen Sinn, wenn Laien sich zusammentun, um in einem nicht alltäglichen Theater die eigenen Geschichten zu reflektieren. «Ist nicht der Sinn des Festes», fragt Thomas Mann in seinem Aufsatz «Freud und die Zukunft», «Wiederkehr als Vergegenwärtigung?»

Das Festspiel als Laienspiel

Nicht-alltägliches Theater ist Theater, das sich von den Institutionen abgrenzt, weil es im besten Sinn des Wortes Laientheater ist: Es spielen die von ihrer Sache Betroffenen. Und sie spielen für ihresgleichen, für ein Publikum, das sich in dieser Sache, die da abgehandelt wird, auskennt. «Die alten Städtetheater», schreibt deshalb Gottfried Keller in dem schon zitierten Text, «können der künftigen Volksbühne nichts abgeben, als ausrangierte Kleider, eine grundverfälschte Deklamation und sonstige schlechte Sitten.»
Ähnlich wie Keller argumentiert Richard Wagner schon einige Jahre früher, in seinem Aufsatz «Ein Theater in Zürich», der 1851 als Sonderdruck erschienen ist. Mit Blick eben auf die ländlichen Feste, die Tell-Aufführungen in den Dörfern und die Festspiele ganz allgemein, weist er auf die besonderen Qualitäten solcher Laienveranstaltungen hin und gibt zu bedenken, dass der eigentliche Schauspielerstand ohnehin bald einmal zu existieren aufhören werde, und dass «jeder Fähige seine Neigung befriedigen und sein Talent ausüben würde, ohne seine gesellschaftliche Stellung zu verlassen und ohne in einen Stand einzutreten, der die Erfüllung eines bürgerlichen Berufes ihm unmöglich machte».

Wagner beschreibt in seinem Aufsatz die Utopie eines Theaters der Bürger, das zur gesellschaftlichen Vermenschlichung der Kunst und zugleich zur künstlerischen Ausbildung der Gesellschaft führen werde, ein sozusagen theaterpädagogisches Programm, das sich überaus modern anhört: «Denn am Ziele der hier eingeschlagenen Richtung in bezug auf das Theater, würde das Theater in seiner jetzigen Gestalt gänzlich verschwunden sein; es würde aufgehört haben, eine industrielle Anstalt zu sein, die um des Gelderwerbes willen ihre Leistungen so oft und dringend wie möglich ausbietet, vielmehr würde das Theater dann den höchsten und gemeinsamsten gesellschaftlichen Berührungspunkt eines öffentlichen Kunstverkehrs ausmachen, aus dem alles Industrielle vollkommen entfernt, und in welchem die Geltendmachung unserer ausgebildeten Fähigkeit für künstlerische Leistung wie für künstlerischen Genuss einzig bezweckt wäre.»

Kunst ist nicht von unserem Leben abzutrennen, sondern muss auf die gegenwärtige Gesellschaft bezogen, in sie integriert sein. In diesem Sinne ist auch das Theater der Laien als Kunst zu begreifen, wenn es sich in die eigenen Angelegenheiten einmischt.

Die Kunst der Laien liegt in der Beschränkung auf das ihnen gemässe Thema, die in ihnen liegenden (spontanen) Möglichkeiten des direkten Ausdrucks – Beschränkung also auf «Haus und Garten», die Stoffe der unmittelbar erlebten und erfahrenen Wirklichkeit: der Laie gibt sich so, wie er ist, und er spricht die Sprache, die er von Grund auf kennt. Im Dialekt liegen seine unmittelbaren, auch gestisch erkennbaren Möglichkeiten – ich rede also vom Theater der Laien in der deutschen Schweiz.

Die Verwandlung durch Rollen gehört in den Bereich des professionellen Schauspielers, würde ich sagen. Im Zentrum der Darstellung durch Laien steht die Aneignung der eigenen Realität mittels Spiel.

Diese Behauptungen widersprechen allerdings der bekannten Festspieltradition, die vor allem im Bereich der «grossen» Festspiele eher auf die hochdeutsche Tradition der institutionalisierten Bühnen zurückzugreifen pflegte. Die Gründe liegen erstens in der traditionellen «hohen», deklamatorischen Form der von den Autoren geschriebenen Festspieldramatik und zweitens in der bis vor Frisch und Dürrenmatt geltenden Tatsache, dass schweizerische Dramatiker von den Einkünften aus Aufführungen im Berufstheater keineswegs leben konnten und deshalb immer wieder auf das Schreiben von Festspieldramen angewiesen waren.

Die schweizerische Festspieldramatik basiert in der Regel auf einem geschriebenen Text, der gewissen Regeln der (heroischen und historisierenden) Dramatik zu folgen hatte. Die Autoren verbanden damit immer auch einen literarischen Anspruch (der sich allerdings, aus der historischen Distanz betrachtet, in den wenigsten Fällen erfüllt). Typisierung, Formalisierung, Symbolisierung sind ihre wichtigsten dramaturgischen Merkmale, verbunden mit Rückgriffen auf

chorische Elemente der griechischen Tragödie und das Schaugepränge barocker Veranstaltungen.
Also Kopien bekannter Muster: die Form, die Regel steht im Vordergrund. Das Festspiel, wie es mir vorschwebt, ist authentisches Theater, das Identifizierung mit der eigenen, erlebten Erfahrung schafft.
(Ich rede vom Theater der Laien, obwohl ich weiss, wie abgegriffen und auch missverständlich der Begriff «Laientheater» ist. Vor allem in Deutschland wird der Begriff des Laientheaters kaum mehr gebraucht, wegen seines idelogischen Missbrauchs durch die völkische und die Jugendbewegung. Laienspiel wird dabei als (religiöse oder kultische) Kundgebung, jedenfalls als etwas sehr Diffuses verstanden. Aber Amateurtheater und Theater der Dilettanten trifft den Kern, um den es bei dieser Auseinandersetzung geht, noch weniger. Und die Bezeichnung: nichtprofessionelles Theater wirkt auf mich zu trocken, zu vereinfachend. Der Begriff Volkstheater scheint erst recht alles und dabei nichts zu besagen, er wird je nach Standpunkt immer wieder in einem anderen Sinne benutzt.
Ich halte mich darum weiterhin an den alten Begriff in seinem ursprünglichen Sinne: das Theater der Laien ist das Theater, das vor und neben dem Berufstheater als eigenständige Theaterbewegung existiert. «Laios», griechisch, bedeutet Volk, und «laikos» heisst zum Volk gehörig.)

Das Festspiel als «kultische Handlung»

Oskar Eberle, der Hüter der vaterländischen Theatertradition, Theaterwissenschaftler und Regisseur auch von Festspielen (von Arx, Arnet, Einsiedler Welttheater), hat in seinem Aufsatz «Theaterwissenschaftliche Grundbegriffe», der im ersten Jahrbuch der SGTK mit dem Titel «Vaterländisches Theater» (1928) erschienen ist,[1] eine programmatische, Zeichen setzende Diskussion geführt eben um den Unterschied zwischen Laien- und Berufstheater. Seine Ausführungen scheinen mir schon deswegen wichtig, weil sie für die Auseinandersetzungen um das schweizerische Theater der dreissiger und vierziger Jahre, die Frage nach der Nationalisierung (damit auch der Ideologisierung dieser Diskussion) grundlegend waren. Das Festspiel dieser Zeit schaut zurück, stellt Geschichtliches dar. Aktualität liegt ihm fern – und wenn, ist sie, wie bei von Arx oder Edwin Arnet («Das Eidgenössische Wettspiel», 1939), ins historische Kostüm gekleidet. «Spiele» statt Dramen nennt Eberle solche Veranstaltungen. Im «geschichtlichen Spiel» soll den Zuschauern ein Stück Vergangenheit lebendig gemacht werden: «Spiele können geschichtliche Geschehen wieder erwecken, Dramen dagegen sind aktuell.» Die «Spiele» sind den Laien zugeordnet, das «Drama» den Professionellen, den «Mimen», wie Eberle sagt. «Im Spiel herrscht

der Stoff. Es wächst nicht aus einem persönlich gestellten Problem des Dramatikers, sondern aus einer überpersönlichen Idee, wie Vaterland, Staat, Natur, Religion, Gesellschaft, wie gegebene geschichtliche Stoffe sie eben darreichen. Das Spiel entsteht durch bühnengeschickte Anordnung solcher Stoffmassen, deren Idee sichtbar und damit wirksam gemacht wird. Das Spiel gibt darum meist keine Individuen, sondern Typen.»
Die Laienbühne vermittle «Ideen, die ein ganzes Volk bewegen», sie stelle religiöse oder staatliche Mythen dar: «Der Laienspieler will also Ideen entwickeln, religiöse Ideen in der Passion und im Heiligenspiel, staatliche Ideen im vaterländischen Drama, soziale Ideen im Volksstück der Gegenwart.»
Das Theater als kultische Handlung: das Volkstheater, sagt Eberle, habe magische Wurzeln. Dieser Hinweis auf *das Kultische* durchzieht alle theoretischen Schriften Eberles als erster Hauptgedanke.
Ein zweiter, für diese Zeit so wichtiger Punkt ist der Hinweis auf die *Gemeinschaft*, die als wichtiges Merkmal direkt aus der völkischen Ideologie abgeleitet wurde. Gemeinschaft wird nicht soziologisch begriffen, nicht in ihrer Gegensätzlichkeit verstanden, sondern idealistisch-überhöht: in einem späteren Aufsatz erklärt Eberle, es gehe um die «Begriffsbildung, Begründung und Forderung» eines «volkhaft und staatsmässig schweizerischen Theaters» («Wege zum schweizerischen Theater», 13. Jahrbuch der SGTK, 1943). Eine neue Epoche des schweizerischen Theaters kündige sich seit dem Ersten Weltkrieg an und die trage eindeutig «irrationale Züge» (sic).
Drittens versucht Eberle, in der zeittypischen Abgrenzung zum «jüdischen» Stadttheater, das Volkstheater als *nationales Theater* mit all den Folgen von Patriotismus und Heroismus zu etablieren, die für diese Zeit so typisch waren.
Es wäre natürlich zu vereinfachend, wollte man die theoretischen Forderungen Eberles einfach und unbesehen auf die Festspiele z.B. von Cäsar von Arx oder Edwin Arnet übertragen. Dennoch lassen sich aus deren Werken (u.a. «Das Bundesfeierspiel zum Fest des 650jährigen Bestehens der Schweizerischen Eidgenossenschaft» von von Arx oder «Das Eidgenössische Wettspiel» von Arnet) zeitbezogene dramaturgische Gesetzmässigkeiten ableiten, die von den Thesen Eberles gar nicht so weit entfernt sind:
(1) Heroismus: Bei Arnet äussert sich diese heroische Tendenz in der symbolträchtigen Auseinandersetzung zwischen «Tellenmut» und «Pestalozzigüte». Bei von Arx wäre etwa auf die grossen Auftritte der monumental angelegten Figuren des Tell, von Dunant oder Bruder Klaus zu verweisen, die, als eine Art «deus ex machina», immer mit einem übersteigerten dramatischen szenischen Gestus in die Handlung einbrechen.
(2) Irrationalismen: Vor allem in der sprachlichen Gestaltung dieser Festspiele ist ein irrationalistischer Zug zu entdecken: die Sprache des Festspiels lebt vom pathetischen Ausdruck und nicht von der

präzisen Aussage. Sie geht auf Gefühlseffekte aus und nicht auf das Analytische. Aber die sprachliche Form steht mehr als die gestischen Ausdrucksmöglichkeiten im Zentrum dieser Stücke: Die Figuren sitzen an Tischen oder stehen einfach herum. Der Ausdruck liegt vor allem im Chorischen (und nicht im konfliktträchtigen Dialog), im Fluss der Sprache, die aufpeitschend wirkt und ritualisiert – durch Wiederholen wichtiger Sentenzen, durch das Betonen bestimmter Lehrmeinungen. Die Sprache des Festspiels wirkt seltsam gekünstelt, was durch den Gebrauch des Hochdeutschen noch verstärkt wird. Der Dialekt kommt selten vor, bei Arnet etwas mehr als bei von Arx. Und bei von Arx erst noch in einer altertümelnden Form.

(3) Typisierung: Statt Individualisierung steht Typisierung im Vordergrund. Auf innere psychologische Entwicklungen der Figuren und der Handlung wird verzichtet zugunsten einer propagandistischen Funktionalisierung: Gefühlseffekte sind wichtiger als reflektierende Momente.
Die Spieler oder ihre Rollen sind Funktionsträger bzw. Ideenträger, wie auch sonst allegorische Elemente (Embleme, Transparente, Fahnen, Gewehre usw.) auf den eher allgemeinen Sinn dieser Veranstaltungen verweisen.

(4) Rückschau: Thema des Festspiels ist in der Regel die Geschichte, Gegenwärtiges hat nur selten Platz. Festspiele sind Geschichts-Chroniken: dieser chronistische Charakter bestimmt vor allem bei von Arx die Dramaturgie des Genres. Der Chronist steht im Zentrum des Geschehens und erklärt lehrstückhaft, was früher war und welche Konsequenzen daraus für die Gegenwart gezogen werden sollten. Also wiederum: keine auf das sinnliche Ereignis Theater bezogene Dramaturgie, sondern Deklamation. Mittels Sprache und weniger durch gestische Prinzipien wird erklärt, was der Autor meint.

Text und Aufführung

Der Text ist das eine, die Aufführung das andere. Sowohl von Arx wie Arnet hatten auf die Inszenierungen, die in beiden Fällen Oskar Eberle anvertraut waren, keinen Einfluss. Eindeutig ist, dass Eberle die monumentale Form bevorzugte und sich damit gegen die einfacheren Vorstellungen seiner Autoren stellte, was auch von der Kritik bemängelt wurde. Eberle inszenierte von Arx' Bundesfeierspiel nicht in einer «Stube mit schlichtem, bäuerlichen Charakter», sondern, wie Walter Richard Ammann kritisch anmerkte, als «heraldische Ausstattungsrevue» mit prunkvollen Gewändern und grossem szenischen Aufwand: «Über das Wort tropfte die Farbe, bis sie zur Flut wurde.»[2]
Die Suggestivwirkung des Textes versuchte Eberle – wie auch in seinen andern Inszenierungen – durch den übermässigen szeni-

schen Aufwand, die Verwendung von Emblemen, durch Prunk und monumentales Arrangement noch zu verstärken.
Wie, frage ich mich, war da noch Platz für das individuelle Spiel der Laien, die dabei mitwirkten? Es scheint, dass auch sie zu reinen Funktionsträgern im Schaugepränge der Inszenierung degradiert waren.
«Das Spiel lebt aus Idee und Stoff», schreibt Eberle in den «Theaterwissenschaftlichen Grundbegriffen». Dem hatte sich anscheinend auch der (Laien-)Spieler unterzuordnen. Er deklamierte den Text und hatte kaum weitere Ausdrucksmöglichkeiten. «Der Laie ist in erster Linie Rezitator, dann Spieler», rechtfertigt sich Eberle. «Der Laie spielt da sozusagen nur Inhalt. Er stellt magische Kräfte, im Bereich der bürgerlichen Welt also etwa *Gefühle* dar. Man könnte sagen: Der Laie projiziert mit mangelhaften Mitteln, mit unzureichender mimischer Begabung, seine Gefühle ins Publikum.»
«Gefühlsstärke» sei das wesentliche Merkmal des Laien, im Gegensatz zur «Ausdrucksstärke» des professionellen Darstellers. In dieser Reduktion des Laienspiels auf das Gestaltlose, Ungeschlachte, auf den reinen (nicht reflektierten, nicht gestalteten) Gefühlsausdruck äussert sich eine gefährliche Unterschätzung der spezifischen Qualitäten des Laienspielers.
Von den «Bemühungen der Laien um die Kunst» spricht Bertolt Brecht in seinem Aufsatz «Lohnt es sich, vom Amateurtheater zu reden?»[3]. Die Kunst selber bleibe nicht unberührt von der Art, in der sie am beiläufigsten und naivsten ausgeübt werde: «Es sind theatralische Vorgänge, die da die Charaktere bilden. Der Mensch kopiert Gesten, Mimik, Tonfälle. Und das Weinen entsteht durch Trauer, aber es entsteht auch Trauer durch Weinen. Dem Erwachsenen geht es nicht anders, seine Erziehung hört nie auf. Nur die Toten werden nicht mehr durch ihre Mitmenschen verändert. Wer das überlegt, wird die Bedeutung des Theaterspielens für die Bildung der Charaktere begreifen. Er wird begreifen, was es bedeutet, wenn Tausende vor Hunderttausenden Theater spielen. Ein Achselzucken wäre keine Anwort auf die Bemühungen so vieler Menschen um die Kunst.»
Laien sind zwar keine Künstler, aber sie bemühen sich, wie Brecht sagt, um die Kunst. Das, was Laien auszeichnet bei ihrem Spiel, ist ihre Spontaneität und ihre Unmittelbarkeit – der Ausdruck ihres direkten Empfindens, da sie im Spiel etwas nachvollziehen, was mit ihnen ganz persönlich zu tun hat. Sie haben keine Spieltechnik gelernt und sollen das auch nicht: sie spielen so, wie sie sind und täuschen nichts vor. Verkleidung ist allemal, siehe Fasnacht, auch Verstellung. Hinter der Maske verstecke ich das, was ich bin. Im Spiel aber gibt sich der Laie preis – er gibt sich so, wie er ist.
Ich denke, Theater sollte nicht verstellen, sondern kenntlich machen. Beim Spielen kann ich mich nicht verstecken, höchstens entblössen, weil ich mich selber, meine Verzweiflung oder meine

47

Verletzlichkeit, meine Angst und meine Freude preisgebe – vor einem Publikum, das mich in meinem sozialen und individuellen Umfeld kennt. Das Spiel der Laien ist etwas Eindeutiges, keineswegs etwas Ungefähres, das Eberle anspricht, wenn er sagt, der Laie spiele die «Passion», er stehe im Dienste des «Gesinnungstheaters». Wir kommen, wenn wir uns von Eberle abgrenzen wollen, um die Emanzipation des Laienspielers nicht herum.

Abschied von der grossen Form

Wir müssen Abschied nehmen von der «grossen» Form und uns beschränken auf das überschaubare Umfeld, worin Theater stattfindet: einen Ort oder eine Region. Das «nationale» Festspiel mit seinem ideologischen Ballast hat ausgedient. Das «Eigene» und das «Ursprüngliche», von dem Richard Wagner spricht, sind wieder anzustreben. Im Vordergrund haben die Geschichten zu stehen, die vor allem die angehen, die sie spielen: Welttheater, das auf den konkreten Ort, das konkrete soziale Umfeld der Spielenden bezogen ist. «Bin ich der Autor selbst und ist das Fest mein eigen», lässt Calderon (in der Übersetzung von Franz Lorinser, 1856) den Meister im «Welttheater» sagen, «So muss meine Gesellschaft ihre Künste zeigen.» Theater ist erfahrene Wirklichkeit und das Theater der Laien ist authentisch, weil es auf der Identität mit der eigenen Erfahrung aufbaut.

Was also können wir aus der geschichtlichen Entwicklung des Festspiels lernen?

(1) Das Festspiel muss radikal als Theater der Laien gesehen werden. Es muss zu den Möglichkeiten, die Laien haben, zurückkehren, in den gestischen Ausdrucksmöglichkeiten wie in der Sprache: Die Verbindung von Sprache und Gestus schaffen unsere Laienspieler nur, wenn sie ihre eigene Sprache verwenden können, also den Dialekt.
(2) Das Festspiel ist nur noch in kleineren Sozialisationen (Orten und Regionen) funktionsfähig, wo noch eine gewisse Überschaubarkeit von Geschichte und Stoff existiert.
(3) Nicht der unbefragt übernommene historische Stoff wäre wichtig, sondern unsere kritische Auseinandersetzung mit unserer Herkunft. Das Festspiel nicht mehr als Chronik, sondern als spielerische Recherche über unser Herkommen. Wir sollen aus der Geschichte lernen, sie nicht einfach übernehmen, sondern das Aktuelle, für uns heute Gültige in ihr entdecken. Wie Richard Wagner wollen wir versuchen, die Aufgabe des Theaters und vor allem des Festspiels

im konkreten gesellschaftlichen Bereich zu sehen und nicht in einem fiktiven.
(4) Das Festspiel ist Volkstheater im besten Sinne. Nicht der festgeschriebene Text und nicht die Regeln oder die Form sind wichtig. Das «kleine» Festspiel grenzt sich ab von seinen literarischen Vorläufern, indem es seine Begründung sucht in einer improvisatorisch-animatorischen Qualität, welche die Traditionen des Hanswurst, des alten Stegreiftheaters mit seinen Improvisationen und Extempores wieder aufgreift. Festspiel als ein Theater, das den Impetus des szenischen Augenblicks in den Vordergrund rückt, damit erkennbar wird, was das Theater der Laien so besonders auszeichnet: dass es direkt ist und unmittelbar und von Innen her entwickelt.

Anmerkungen
1 Oskar Eberle, «Theaterwissenschaftliche Grundbegriffe», in: «Vaterländisches Theater», Jahrbuch 1 der Schweizerischen Gesellschaft für Theaterkultur, 1928. Wieder abgedruckt in: «Theaterwissenschaft im deutschsprachigen Raum», hg. Helmar Klier, Wissenschaftliche Buchgesellschaft, Darmstadt 1981.
2 Walter Richard Ammann, «Oltener Tagblatt» vom 7. August 1941, abgedruckt im ausführlichen Kommentarteil von: Cäsar von Arx, «Werke 3 – Festspiele», Walter-Verlag, Olten 1987
3 Bertolt Brecht, «Lohnt es sich, vom Amateurtheater zu reden?», in: «Schriften zum Theater I», Gesammelte Werke 15, werkausgabe edition suhrkamp, Frankfurt am Main 1967.

Patriotische und historische Festspiele im deutschsprachigen Raum

Ein Versuch in zehn Thesen und einer Vorbemerkung

Dietz-Rüdiger Moser

Vorbemerkung

Das «Festspiel» stellt sowohl begrifflich als auch in seiner historischen Entwicklung ein vielschichtiges Gebilde dar, das nicht nur Divergentes meint, sondern auch zahlreichen Traditionssträngen verpflichtet erscheint. Dies macht es nötig, das Viele auf Weniges zu reduzieren: den Begriff auf eine definierte Grösse, die geschichtliche Entwicklung auf einzelne Hauptlinien. Zwei Grundthesen schälen sich heraus: erstens, dass diese säkularisierte, konservativ-affirmative Gattung des 19. und 20. Jahrhunderts als «Werte-Normen-Symbol» die Öffentlichkeit, in der sie sich entfaltete, auf Bekenntnis wie auf Normenerfüllung verpflichten wollte, und zweitens, dass sie ihre stärksten Antriebe aus der Tradition konfessioneller Selbstdarstellung im deutschen Protestantismus empfing. Hinsichtlich der Perspektive lautet die Analyse skeptisch: In einer informierten, pluralistisch ausgerichteten Gesellschaft kann das Massenmedium Festspiel nicht viel mehr als Hilfestellung bei der Durchsetzung fragwürdig gewordener Leitbilder oder Programme leisten, es sei denn, dass von ihm verantwortlicher Gebrauch gemacht wird.

These 1

Der Begriff «Festspiel», hier nur als Gattungsbezeichnung verstanden, bildet eine Prägung des späten 18. Jahrhunderts, die sich nach ihrer Verwendung im Untertitel zu Johann Wolfgang von Goethes Gelegenheitsdichtung «Paläophron und Neoterpe» (geschrieben zum Geburtstag der Herzogin Amalia von Weimar am 24. Oktober 1800) rasch allgemein durchsetzte.[1] Goethe verfolgte mit diesem «Festspiel» das Ziel, «den Festlichkeiten», wie es im siebenten Buch von «Dichtung und Wahrheit» über die Aufgaben eines Hofpoeten heisst, «Schwung und Zierde zu geben und eine vorübergehende Pracht zu verewigen».[2] An der Schwelle eines neuen Jahrhunderts sollte mit ihm die Versöhnung der alten und der neuen Zeit symbolisch dargestellt werden.[3] Bei der Redaktion seiner Werke im Juli

1814 vereinigte Goethe dieses und drei weitere Gelegenheitsdramen aus Anlass verschiedener Feste zu einer eigenen Gruppe von «Festspielen», die alle – mehr oder weniger deutlich, am klarsten erkennbar in der «Pandora» von 1808 – an den religiös-weihevollen Charakter der antiken Tragödie anknüpfen und das Ziel einer Läuterung des Menschen, einer Befreiung aus dem Alltäglichen, eines Höherführens zu neuen geistigen Formen, verfolgen.[4] Die einleuchtende Absicht, durch eine im Rahmen des Festes dramatisch zur Anschauung gebrachte Idee den Menschen zum Besseren, ja zum Schönen hin zu verändern, dürfte die rasche Verbreitung der Gattung und damit ihrer Benennung zur Folge gehabt haben. Während Johann Christoph Adelungs «Grammatisch-Kritisches Wörterbuch der hochdeutschen Mundart» (1774–1786) den Begriff noch nicht verzeichnet, registriert ihn das «Deutsche Wörterbuch» der Brüder Grimm und setzt ihn dem lateinischen «ludus festivus» gleich: «Die bühne wurde mit einem festspiel eröffnet».[5] Was unter dieser Bezeichnung hinsichtlich ihres Inhaltes, ihrer Intention, ihrer Form oder ihrer Funktion zu verstehen sei, wurde nicht weiter ausgeführt. In der Sekundärliteratur verbinden sich mit ihr, einer Art «Sprachhülse», die unterschiedlichsten Vorstellungen.

These 2

Eine Definition der Gattungsbezeichnung muss davon absehen, alle zu einem bestimmten Fest aufgeführten dramatischen Repräsentationen unter dem Begriff des «Festspieles» zu subsummieren. Wollte man ihm, wie bereits geschehen, jede anlässlich eines religiöskultischen oder weltlichen Festes veranstaltete, «meist der festlichen Stimmung des Publikums entsprechend prunkvoll inszenierte und ausgestattete Opern-, Dramen- und Ballettaufführung» zuweisen,[6] blieben im wesentlichen nur die Stücke des Repertoiretheaters ausgeschlossen, ohne dass damit seinem spezifischen Charakter und der Zeit seines Entstehens Rechnung getragen würde.[7] Abgesehen werden muss auch von einer Beschränkung seines Geltungsbereiches auf reine Bühnenwerke,[8] da es zu seinen Zielen gehört, an die Stelle einer vom Publikum zu rezipierenden Theateraufführung ein Gemeinschaftserlebnis zu setzen, das durch den jeweils herangezogenen Stoff seine nähere Bestimmung erhält. Wie schon Goethe gesehen hat, bezieht sich die Begriffskomponente «Fest» stets auf eine freudige, die Gemüter erregende oder doch zumindest bewegende Kundgebung gemeinsamer Anliegen.[9] «Spiel» aber erweist sich (nach Huizinga) als etwas, das «über den unmittelbaren Drang nach Lebensbehauptung hinausgeht und in die Lebensbetätigung einen Sinn hineinlegt. Jedes Spiel bedeutet etwas.»[10] Das «Festspiel» wäre demnach als eine sinn– oder bedeutungshaltige Kundgebung jener Gemeinschaft zu verstehen, innerhalb deren es sich ereignet, ohne dass damit eine bestimmte Darbietungs- oder Aufführungsform verbunden sein müsste. Sein Zweck bestünde dann gerade in dem Ziel, aus der Menge der Vielen, die zu seiner Verwirklichung zusammenkommen, eine Gemeinschaft, d.h. eine durch gleichgerichtete Erwartungen, Meinungen und Verhaltensweisen bestimmte Summe von Menschen, mithin eine substantielle Einheit, zu formen.[11] Tatsächlich zeigen die von ihren Urhebern als «Festspiele» bezeichneten öffentlichen Repräsentationen des 19. und 20. Jahrhunderts bei aller sonstigen Verschiedenheit die gleiche Tendenz, mthilfe des jeweils gewählten Gegenstandes einen emphatischen Zusammenschluss und zugleich eine ebenso nachdrückliche Abschliessung nach aussen zu bewirken. In der Terminologie Horst-Jürgen Helles[12] stellt das so umrissene Festspiel in jedem Fall ein «Werte-Normen-Symbol» dar, d.h. die Veranschaulichung eines Handlungssinnes, der zugleich auf Bekenntnis wie auf Normerfüllung ausgerichtet ist.[13] Unter dem Begriff des Symbols wird dabei die Spannung zwischen vergangenem und zukünftigem Handeln verstanden, die in ihm (als Summe aus Wertewissen und Faktenkenntnis) eingefangen ist. Eine Erziehung zum unterscheidenden Denken oder eine Hinführung zur selbständigen Urteilsbildung liegt den Intentionen des Festspiels fern. Insofern bedeutet «Festspiel», um mit Platon zu sprechen, ein «Spiel, das dem Ernst verwandt ist»,[14] weil mit ihm nichts Belangloses bezweckt wird, sondern eine tief in das Leben des Einzelnen eingreifende Bemühung um seine Anpassung an andere Menschen. Was den Gegenstand der genannten Kundgebung betrifft, handelt es sich meist um eine weltanschauliche Position, die gewöhnlich an einer exemplarischen, als Identifikationsobjekt geeigneten geschichtlichen Persönlichkeit oder an einem konkreten historischen (beziehungsweise als solchem gedachten) Geschehen erläutert und mit poetischen, theatralischen sowie oft auch musikalischen Mitteln beglaubigt und begreifbar gemacht wird. Der Appellfunktion des Festspieles als einer auf Öffentlichkeit hinzielenden Repräsentation korrespondiert sein Anspruch auf rückhaltlose Zustimmung durch alle an ihm virtuell Beteiligten. Sein Rückbezug auf Vergangenes, dessen damit verbundene zwangsläufige Idealisierung und die ihm innewohnende Erwartung bereitwilliger Akzeptanz lassen das Festspiel als eine prinzipiell affirmative und zugleich konservative Gattung erscheinen, der es eher auf Einübung ein bestehende Verhältnisse als auf eine Veränderung unbefriedigender Lebensbedingungen ankommt.

These 3

Das «Festspiel» stellt eine dramatische Gattung konfessioneller oder politischer Tendenzdichtung dar, die sich erst im 19. und 20. Jahrhundert, vornehmlich im Kontext patriotisch-nationaler Selbst-

Paul Heyse, Der Friede. München 1871.

darstellungen, breit entfaltete. Ihre Anfänge liegen im wesentlichen in den aus Anlass der Reformationsjubiläen des 17. Jahrhunderts entstandenen Dramen in der Volkssprache, zu denen es auf katholischer Seite kein nennenswertes Gegenstück gab, und in den Bemühungen der Aufklärungszeit um die Schaffung einer deutschen Nationalliteratur. Die ihm immer wieder zugerechneten älteren Formen des Schau- und Spielbrauches lieferten allenfalls formale Anregungen, lagen jedoch intentional und funktional auf einer ganz anderen Ebene. Zwar wird von der Forschung gern auf historische Vorläufer der Gattung hingewiesen, zu denen dann etwa die «Trionfi» der italienischen Renaissance, bestimmte Formen des Barocktheaters, ja sogar mittelalterliche Mysterien-, Passions- und Fronleichnamsspiele und sogar die Fastnachtsspiele des Spätmittelalters gehören sollen.[15] Zu den meisten dieser älteren Formen theatralischen Gepränges besteht jedoch darin ein entscheidender Unterschied, dass das Festspiel im engeren Sinne nicht dem liturgischen Ablauf des Jahres folgt und insofern auch nicht dazu dient, dem Glaubensvolk, der Gemeinde, die christlichen Heilslehren zu erklären oder bildlich zu veranschaulichen. Die wiederkehrenden Jahrestermine, zu denen es veranstaltet wird, liegen grundsätzlich ausserhalb des traditionellen liturgischen Heilsjahres und der ihm durch die Perikopenordnung vorgeschriebenen Thematik. Daraus folgt, dass das Festspiel dort seinen Platz hat, wo dieses Heilsjahr nicht oder nicht mehr in repräsentativer Form begangen wird, also sowohl abseits der christlichen Hochfeste als auch in säkularisierten Bereichen. Das Festspiel stellt im wesentlichen eine säkularisierte Gattung dar, die überkommene christliche Festformen (katholischer oder evangelischer Provenienz) bewusst (und unter Rückgriff auf vorchristliche, speziell antike Vorbilder) ablöste und ersetzte, allerdings nicht ohne eine religiöse Grundströmung zu bewahren.

These 4

Das auf gemeinschaftliche Kundgebung einer Idee abzielende Festspiel unterscheidet sich grundsätzlich vom Theater der griechischen und römischen Antike, das ein Publikumstheater darstellte und als solches auf die Auseinandersetzung zwischen Darbietung und Rezeption angewiesen war.[16] Zwar verfügte das antike Theater über Mittel, die ein Gemeinschaftserlebnis hervorrufen und unterstützen konnten – etwa die Chöre in den klassischen Tragödien –, und es wollte auch, Aristoteles zufolge, bei den Zuschauern eine «Katharsis» und damit zugleich ein «dionysisches» Lebensgefühl bewirken, doch verstand es sich zugleich als ein «Organon der ‹politischen Bildung›»,[17] das stets der Kritik des Publikums unterworfen blieb. Gewollte Anknüpfungen des Festspiels an die Antike konnten sich deshalb nur auf die theatralischen Mittel beziehen, nicht aber auf den Geist und die Funktion des antiken Theaters selbst. Auch das Schauspiel des christlichen Mittelalters rechnete zu sehr mit dem Gegenüber von Darbietenden und Annehmenden, als dass es stets zu einer solchen Art von gemeinschaftlicher Kundgebung gekommen wäre, wie sie für das spätere Festspiel als Norm gelten kann. Selbst wenn die Passions-, Oster- und Fronleichnamsspiele – etwa durch den gemeinsamen Schlussgesang des Osterliedes «Christ ist erstanden» – zu einer mächtigen Demonstration des Glaubens

Bühnenmanuskript

Düsseldorfer Passion

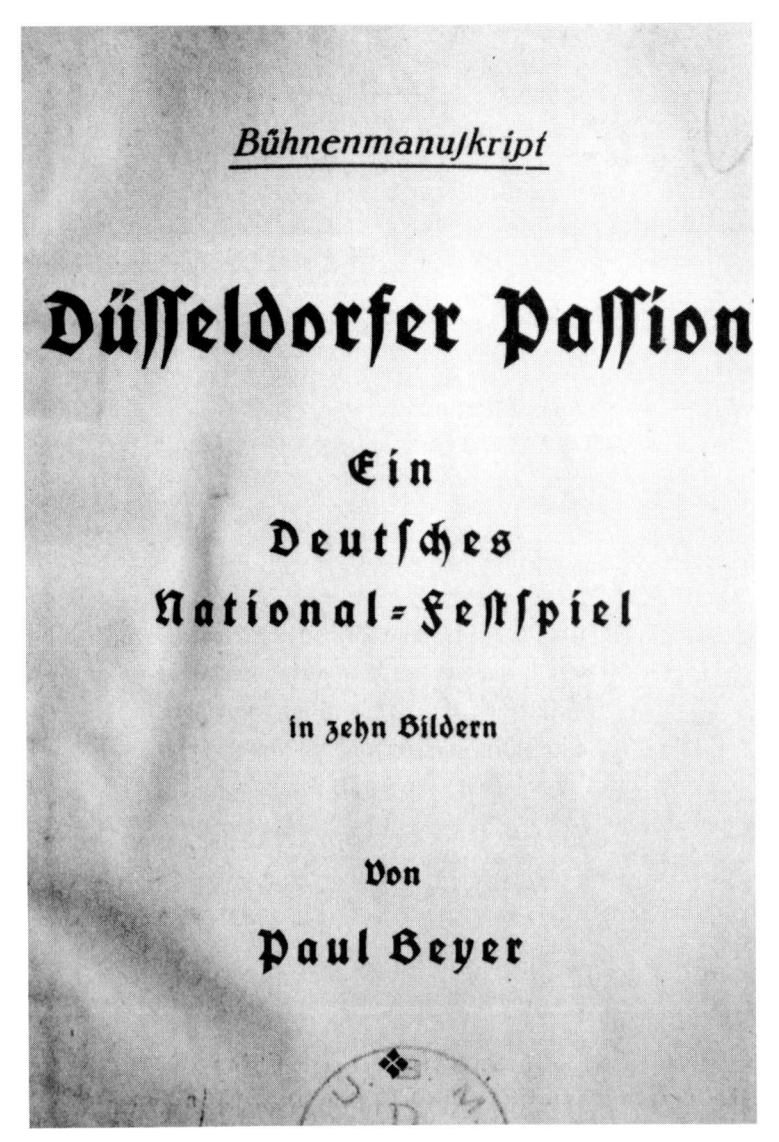

Ein Deutsches National-Festspiel

in zehn Bildern

Von

Paul Beyer

Paul Beyer, Düsseldorfer Passion 1933.

---

führten, einte hier doch nicht das Spiel selbst, sondern der Kult, aus dem es als ein didaktisches Medium hervorgetreten war.[18] Bedeutende, jedoch wieder nur formale Anregungen für das Festspiel bot dagegen die Renaissance, zu deren Wesen die Rückbesinnung auf eine glanzvolle Vergangenheit gehört. Die Darstellung antiker Pracht, etwa in den Triumphzügen altrömischer Feldherren, erwuchs zwar aus der Liturgie, nämlich aus der (im Geschichtsbild Augustins verankerten)[19] Absicht, im Karneval jene heidnische

Gegenwelt aufzuzeigen, die durch das Christentum überwunden worden war, doch lag das didaktische Moment dieser Repräsentationen nicht in dem Ziel, die Grösse des Vergangenen zu beschwören, sondern diese durch das Wissen um die eigene, zumindest moralisch höhere Pracht noch zu übertrumpfen. Im römischen Karneval z. B. zeigte man unter Paul II. den Triumph des Augustus nach dem Sieg über Kleopatra, wobei nicht nur historische, sondern auch mythologische Figuren auftraten,[20] wie hier überhaupt schon das Allegorische eine Rolle spielte, das dann im Festspiel zu einer späten Nachblüte gelangen sollte. Diese Renaissance-Repräsentationen wollten jedoch keineswegs eine Gemeinschaft stiften, die das Dargestellte als Ideal betrachtet hätte; vielmehr konstituierte das Wissen, die im Spiel zur Anschauung gebrachte «alte Welt» durch den gemeinsamen christlichen Glauben überwunden zu haben, die wiederum allein im Kult verankerte Gemeinschaft. Es ging, wenn man im Karneval des Jahres 1500 auf Geheiss Cesare Borgias den Triumph Cäsars aufführte oder in anderen Jahren die alte Weltherrschaft Roms zur Anschauung brachte,[21] nicht darum, Akteure und Zuschauer auf dieses alte Rom einzuschwören, sondern im Gegenteil darum, sich von ihm, das Augustin eine «secunda Babylon» genannt hatte, deutlich abzusetzen; was sich im Karneval als Darstellung einer irdisch gesinnten, heidnischen Welt breit entfalten durfte, wurde durch die Eingezogenheit – das «in te redi» Augustins – in der Fastenzeit überwunden. Nicht das Affirmative, sondern die Negation bildete den Anlass solcher Spiele. Diese Feststellung gilt ganz entsprechend für die immer wieder als Vorbild des Festspiels herangezogenen Ritterspiele,[22] etwa die sogenannten «Tafelrunden» oder «Artus-Höfe»,[23] die nach zahlreichen Verboten seit dem zweiten Laterankonzil 1139 entweder ganz unterdrückt oder aber zu Fastnachtsveranstaltungen umfunktioniert wurden,[24] damit der Lächerlichkeit anheimfielen und in der Folge rasch untergingen. Eine Kundgebung gemeinschaftlichen Wollens, wie sie das spätere Festspiel charakterisiert, fand hier wiederum nur in einer bewussten Abkehr von der dargestellten Ritterwelt statt, also im Negativen; von einem affirmativen, zur Identifikation auffordernden Festspiel war keine Rede.

These 5

Unmittelbare Vorläufer und Frühformen des Festspieles im engeren Sinne begegnen erst nach der Reformation, und zwar im Rahmen der Gedenk- und Erinnerungsfeste an den Thesenanschlag Martin Luthers von 1517 und an die Festlegung des evangelischen Bekenntnisses in der Confessio Augustana von 1530. Hatte es schon mit der Herausgabe des Konkordienbuches 1580, die eine Phase lutherischer Orthodoxie einleitete, den Versuch einer Halbjahrhundertfeier der Augsburgischen Konfession gegeben, bot die hundertste Wiederkehr des Reformationstages am 31. Oktober 1617 den ersten Anlass,[25] an die weltverändernden Ereignisse in Wittenberg zu erinnern und aus dieser Erinnerung neue Kraft für die Verteidigung des evangelischen Glaubens zu gewinnen. So begnügte man sich nicht damit, Fest-Gottesdienste mit Beichte und Abendmahl anzuberaumen, sondern begann eigene Spiele aufzuführen, wie das mehrfach gedruckte «Luther»-Drama des Frankfurter Rektors Heinrich Hirtzwig,[26] der ausdrücklich darlegte, dass die Feier der grossen geschichtlichen Tat der Reformation auf keine Weise würdiger begangen werden könne als durch eine Verherrlichung Luthers. Zwar habe er lange erwogen, ob die Form des Dramas für diesen Zweck geeignet sei, diese Frage aber positiv beschieden, weil es sich bei ihm um ein Bekenntnis handele, das laut und öffentlich abgelegt werden müsse.[27] Hirtzwigs Luther-Drama, das auch in einer deutschen Übersetzung herauskam und unter anderem in Speyer aufgeführt wurde, erfüllte alle Bedingungen, die man an ein «Festspiel» richten darf: es verstand sich als eine alle Beteiligten vereinende Kundgebung des gemeinsamen Glaubens, lag ausserhalb der alten, durch die Perikopenordnung bestimmten Liturgie und stellte eine exemplarische, als Identifikationsobjekt geeignete Persönlichkeit, nämlich Luther, in den Mittelpunkt der Handlung. Die Schlussworte, die Luther als Triumphator im Leben und im Tod priesen,[28] unterstrichen den affirmativen Charakter des Dargebotenen, und die hohe Zahl von 110 Mitwirkenden wies schon auf das Bestreben hin, möglichst viele Gläubige in die Repräsentation miteinzubeziehen. Die nicht wenigen ähnlichen Jubiläumsstücke, wie Heinrich Kielmanns «Tetzelocramia» oder Martin Rinckharts «Indulgentiarius confusus», beides trotz ihrer Titel deutschsprachige Stücke, die sich sehr um Volkstümlichkeit bemühten,[29] zur Verherrlichung Luthers –, legen es nahe, in ihnen die ersten Festspiele zu sehen, die diesen Namen wirklich verdienen. Sie wurden jedenfalls zum unmittelbaren Vorbild jener Luther-Dramen des 19. Jahrhunderts, die sich ausdrücklich als «Festspiel» verstanden, wie Hans Herrigs[30] für die Luther-Festspiele in Worms geschriebenen «Luther» oder das gleichnamige Stück Otto Devrients[31], das noch 1901 bei den Berliner «Lutherfestspielen» zur Aufführung gelangte, dargeboten vom «Verein zur Förderung evangelischer Volksschauspiele», der im Jahre 1900 von den «Freunden des Gustav Adolf-Festspiels» gegründet worden war.[32] Diese späteren Luther-Dramen unterschieden sich von den früheren im wesentlichen nur durch das in ihnen zum Ausdruck kommende Bündnis zwischen Protestantismus und Nationalismus, ging es doch Autoren wie Hans Herrig nicht nur um das eigene konfessionelle Bekenntnis, sondern auch um die Verherrlichung nationaler Heroengestalten. Herrigs «Kirchliches Festspiel zur Feier des 400jährigen Geburtstages Martin Luthers» (1883)[33] wollte dahin wirken, dass das

Volk, statt recht viel zu schauen, sich selber schauen sollte, und zwar nicht im Gewande des Alltages, «sondern in den Gestalten seiner grossen Männer und im Spiegel der denkwürdigen Ereignisse seiner Geschichte, wobei es dann um so natürlicher mitspielen würde, als es ja dies in Wirklichkeit auch gethan hat».[34] Die nationalistischen Tendenzen belegt Herrigs «Luther»-Festspiel dort, wo es Gott dafür dankt, dass dieser den Reformator gerade dem deutschen (und keinem anderen) Volk «beschert» habe, wo Luthers Sehnsucht nach einem deutschen Kaiser hervorgehoben und wo schliesslich der Wunsch nach «Mehrung» des Deutschen Reiches ausgesprochen wird, womit wohl auch ein gewisses Expansionsstreben gemeint war.[35] In Worms errichtete man bald ein eigenes Festspielhaus, das der Aufführung nationaler Fest- und Weihespiele dienen sollte.[36] Durch eine entsprechende Architektur wurde hier die Grenze zwischen Bühne und Zuschauerraum aufgehoben, und Laienspielchöre und Gemeinschaftsgesänge aller Teilnehmer bezogen die Zuschauer in die Handlung mit ein.

These 6

Das Festspiel als Gattung hat seine Heimat im Protestantischen Raum und bei protestantischen Autoren, die es nicht nur als Mittel zur Identitätsfindung innerhalb der eigenen Konfessionalität nutzen, sondern mit ihm zu einer Ausbreitung protestantischen Denkens über den Kirchenraum hinaus beitragen wollten. Das gilt schon für die in der Tradition der Reformationsdramen stehenden patriotischen Friedensspiele im und nach dem Dreissigjährigen Krieg – etwa für die «Irenaromachia» des evangelischen Pfarrers Johann Rist, 1630,[37] oder dessen «Friedewünschendes» und «Friedejauchzendes Teutschland», 1649 und 1653,[38] auch die «Irene» des evangelischen Pfarrers zu Kitzingen, Johann Klaj (1650),[39] die ihrerseits die jüngeren vaterländischen Festspiele vorwegnahmen, wie sie seit Klopstocks «vaterländischem Gedicht» über die «Hermann's Schlacht» im Teutoburger Wald immer wieder, etwa vor und nach der Völkerschlacht bei Leipzig 1813, hervortraten, wiederum vornehmlich in den evangelischen Landen. Und es gilt erst recht für das 19. Jahrhundert, in dem sich der Neuprotestantismus mit der Idee von einem monarchisch verfassten Nationalstaat identifizierte und ihr auf vielfältige Weise, auch in eigenen Festspielen, zum Ausdruck verhalf. Die erste Anregung, die Wiedererrichtung des Deutschen Reiches durch ein allgemeines «Deutsches Volks- und Kirchenfest» zu feiern, zu dem dann auch entsprechende Spiele gehören sollten, ging 1871 vom liberalen deutschen Protestantenverein aus.[40] Stattfinden sollte es am Sedantag, dem 2. September (Tag der Kapitulation der französischen Hauptarmee und Gefangennahme Napoleons III.), den der einflussreiche Pastor Friedrich von Bodelschwingh,

Reichsfestspiele Heidelberg 1937. Schirmherr Reichsminister Dr. Goebbels.

---

der Begründer Bethels, zum Nationalfeiertag erhoben wissen wollte, wie er dann seit 1873 auch tatsächlich begangen wurde. Für die Sedanfeiern wurden mehr als siebzig Festspiele gedichtet, teils in allegorischem Gewand – zu ihnen gehörte die Gruppe der Barbarossadramen,[41] etwa Otto Devrients «Kaiser Rotbart»[42] –, teils in der Art von Erinnerungsstücken, die sich auf bestimmte Personen oder Ereignisse bezogen. Ein typisches Beispiel der ersten Art bot

Heinrich Helmers Festspiel «Am Tage von Sedan»[43] dar: Von einer Anhöhe aus beobachtet Germania das blutige Ringen der gewaltigen Feldschlacht, doch zum Ersatz für das im Kampf vergossene Heldenblut bringt ihr nach dem Siege Borussia die einst frevelhaft entrissenen Töchter Lotharingia und Alsatia zurück, und eine Apotheose König Wilhelms und seiner Paladine bildet den Abschluss.[44] Zu der zweiten Gruppe zählte etwa Max Jähns Festspiel «Zur Heimkehr»,[45] in dem nacheinander ein Reiter des Grossen Kurfürsten, ein Dragoner Friedrichs des Grossen, ein Landwehrmann von 1813 und ein Krieger der Zeit von 1864 bis 1871 auftreten, um die Siege ihrer Heldenfürsten zu rühmen und sich am Schluss zum Preise des neuen Kaisers, der von allen Fürsten das Grösste geleistet habe, zusammenzutun.[46] Dass der Sedantag seine Wurzeln in evangelischen Kirchenkreisen gehabt hatte, sollte sich als bedeutungsvoll erweisen. Der Vizepräsident der Evangelischen Kirche der Union, Oskar Söhngen, sieht einen der Gründe dafür, warum der Nationalsozialismus die evangelische Liturgie (und, wie zu ergänzen wäre: das Festspiel) ohne Mühe adaptieren konnte, darin, dass der evangelische Gottesdienst längst säkularisiert und zur «garnierten Predigt» geworden sei. Die Liturgie habe sich zur «Feier» gewandelt, statt Gebet geblieben zu sein. Christlicher Kult konnte so bruchlos in den Heroenkult übergehen. – Das Interesse der Protestanten am Festspiel blieb übrigens nicht auf Einzelpersönlichkeiten wie Pastor Bodelschwingh beschränkt, sondern herrschte allgemein, wie etwa aus dem 1893 entstandenen Reformationsdrama «Ulrich Hutten» des evangelischen Siebenbürger Sachsen Michael Albert[47] oder dem zur Feier des vierhundertjährigen Bestehens der siebenbürgisch-sächsischen Reformation geschriebenen Festspiel «Johannes Honterus» von Traugott Teutsch (1893)[48] hervorgeht. Und 1903 folgte, ebenfalls aus der Feder eines evangelischen Siebenbürger Sachsen, Ernst Thullner, das volkstümlich gehaltene Geschichtsdrama «Das Wort sie sollen lassen stahn», dessen Hintergrund die Ausweisung evangelisch gewordener Oberösterreicher aus ihrer Heimat und die Ansiedlung in Siebenbürgen bildete.[49] Die Absicht dieser Autoren bestand darin, ihren evangelischen Glauben zu feiern, zu rechtfertigen und aus ihm sowohl religiöse als auch nationale Kraft zu finden – es ging ihnen um die Bestätigung ihrer Identität.

These 7

Die Ausbildung der Festspielbewegung des 19. Jahrhunderts erscheint nicht denkbar ohne die Entdeckung des «Volkes» als schöpferischer Quelle aller dichterischen Offenbarung, wie sie der evangelische Superintendent Johann Gottfried Herder postulierte, hierin durchaus konservativer Lutheraner, der zugleich dazu aufrief,

FESTSPIELBUCH

REICHSFESTSPIELE HEIDELBERG 1937

Das deutsche Theater ist in den Zeiten des nationalsozialistischen Aufbaues wieder in Wahrheit eine moralische Anstalt im Sinne Schillers geworden. Wir haben seine Kunst wieder zum Volk, aber das Volk auch wieder zum Theater zurückgeführt. Mögen die diesjährigen Reichsfestspiele in Heidelberg auch ihrerseits dazu beitragen, uns dem hohen Ziele der Errichtung des deutschen Volks- und Nationaltheaters ein gutes Stück näher zu bringen.

Berlin, 7. Juli 1937

Festspielbuch mit Widmung von Goebbels.

im Volk die Einheit der Nation zu suchen. Geleitet vom Bewusstsein einer europäischen Krisis, mahnte er, den «Fussstapfen der Vorfahren» zu folgen, den Weg «zum Stamm und Mark der Nation» zu finden und so das «Unheil der Zeit» zu überwinden. Herder griff damit Bestrebungen auf, wie sie in der Schweiz etwa gleichzeitig die «Helvetische Bewegung» mit ihrem Ziel der Überwindung religiöser und regionaler Konflikte vertrat, dadurch die Entwicklung eines schweizerischen Nationalbewusstseins wesentlich befördernd.[50]

Unter dem Eindruck der Französischen Revolution und der Fremdherrschaft Napoleons, die abzuschütteln ein Zusammengehen aller Kräfte erforderlich zu machen schien, fanden Herders Ideen weithin Widerhall. Es war vor allem Ernst Moritz Arndt, der für die nationale Sache Partei ergriff, nicht nur mit seinen patriotischen Liedern, sondern auch mit seinen Vorschlägen für die Gedenkfeier der Leipziger Schlacht, durch die deutsches Land und Volk vor dem gänzlichen Untergang bewahrt worden seien.[51] Drei Tage lang hätte der Jubel zu dauern, «in den Grenzen von ganz Germanien, von Stralsund bis Triest und von Memel bis Luxemburg» sollten Bergfeuer entflammt werden,[52] und vorzüglich müsse es darum gehen, das «Vaterländische, das eigentliche, echte Deutsche» voranzustellen und hervorzuheben, wie es schon am Vorabend der Ereignisse Achim von Arnim mit seinem Drama «Vertreibung der Spanier aus Wesel» getan hatte, um die Gemüter aufzurütteln und zum grossen Befreiungskampf zu stärken,[53] und wie es Theodor Körner mit seinem «Joseph Heyderich, Drama nach der Schlacht von Montebello»,[54] und später (1821) Heinrich von Kleist mit der «Hermannsschlacht»,[55] dem grössten Drama der Befreiungszeit, unternahmen. Nicht zufällig wies aus Anlass der Jahrhundertfeier 1913 der Dürer-Bund auf Arndts patriotische Schrift hin[56] und gab eine Liste der für die Gedenkfeiern geeigneten Festspiele heraus,[57] die dazu dienen sollten, «vaterländisches und nationales Empfinden *erleben*» zu lassen. Als geeignet empfunden wurde dabei auch die Rütliszene aus Schillers «Wilhelm Tell», in der jenes Ideal von Einheit und Freiheit beschworen wurde, dessen politische Verwirklichung durch einen deutschen Nationalstaat die Restauration nach dem gewonnenen Krieg verhindert hatte.[58] Schon die Halbjahrhundertfeier der Völkerschlacht, 1863, war zum Anlass geworden, im ganzen Land mit Festspielen an sie zu erinnern und so jenes Bewusstsein für die Kraft einer geeinten Nation zu fördern, das die Reichsgründung und die Kaiserproklamation in Versailles im Januar 1871 möglich machen sollte.

These 8

Entscheidende Anstösse für die Festspielbewegung des 19. Jahrhunderts gingen vom Oberammergauer Passionsspiel aus, das bis zur Unterdrückung der gegenreformatorischen Spielpraxis in der Zeit der Aufklärung eher ein Schattendasein geführt hatte, nun aber rasch zum Sinnbild nationaler Einigkeit wurde. Oberammergau, nach Wilhelm von Wymetal «das merkwürdigste Dorf seit Nazareth»,[59] bot mit seinem Spiel, das aus der liturgischen Bindung an die Karwoche herausgenommen war, einen jedermann bekannten Stoff als – wie Eduard Devrient 1850 formulierte – «Dorfschauspiel» auf einer «Volks- und Naturbühne» in völlig naiver, oft «kindischer

Römerberg Festspiele, Frankfurt am Main.

Darstellungsweise», ja in «einfältig bäuerischer Manier» als Kunstleistung «von Landleuten für Landleute» dar. Ganz im Sinne Herders sah Devrient inmitten eines übergreifenden Zersetzungsprozesses «diese kleine Dorfgemeinschaft etwas vollbringen, was sonst im ganzen Vaterland unmöglich geworden» sei: ein gemeinsames Tun um einer gemeinsamen Sache willen.[60] So plädierte er für die Einführung von «Theaterfesten», die nach dem Vorbild Oberammergaus in allen Teilen des Vaterlandes unter freiem Himmel gefeiert werden könnten, um den «nationalen Geist» zu stärken. Schon ein Jahrzehnt vorher, 1840, hatte Guido Görres das Passionsspiel von Oberammergau als Beleg für «schlichte alte Sitte und Zucht» in Anspruch genommen und es der «nackten, kalten, sogenannten Civilisation, der alles beleckenden ‹Bildung›» als nachahmenswertes Beispiel entgegengestellt.[61] Der christlich religiöse Charakter des Spieles trat für die aus ganz Deutschland herbeieilenden Gäste völlig in den Hintergrund. Die Leipziger «Allgemeine Zeitung» vom 7. Mai 1850 wünschte den Ammergauern ausdrücklich «schöne Tage zu ihren Festen», viele andächtige Gäste, viel geistliche Erbauung und viel weltlichen Erlös. «Vielleicht, wenn so ein betrübter Wanderer mit schwarz-rot-goldenem Herzen sich auch vor diese Bretter verirrt, so ein rechter Deutschtümler, wie es vor zwei Jahren noch viele gegeben hat, so denkt er dabei auch, während sie die alte

Geschichte aus Palästina aufführen, an die neue Passionsgeschichte der teuern, aber verlassenen und schutzlosen Jungfrau Germania, die auch zuerst mit Palmzweigen, mit Frohlocken und Hosianna eingeholt wurde, die aber jetzt von schnöden Schacherern von Pharisäern und Schriftgelehrten verfolgt, etwa gar von einem russischen Pilatus, wie man sagt, zum Tode verurteilt und unter hörbarem Spott und Jubel alles abgestandenen Gesindels geschändet, gegeisselt und gekreuzigt wird. Vielleicht tröstet sich aber dann einer solch bekümmerter deutscher Mann, dass sein Jugendlieb nach schmerzhaftem Leid und kurzem Schlaf eine fröhliche Auferstehung feiern wird, die uns leichtlich den Neuen Bund und seine Herrlichkeit, allen denen aber, die sich an ihr versündiget, die ewige Verdammnis bringen kann». Für Görres bildete das Oberammergauer Passionsspiel «einen wahren Seelentrost inmitten des Zersetzungsprozesses», den der «moderne Geist» mit allem Alten und Überkommenen vorgenommen habe, einen «Hort des deutschen Volksgeistes». An ihm, meinte er, müsse man ansetzen, um ein «wahrhaft historisches Volkstheater» zu erlangen, bei dem Geschichte nicht als Hintergrund für die Entwicklung von Helden, sondern das Volk selbst als Zentralfigur, als sinnliche Geschichtserfahrung für Rollenträger und Publikum, in Erscheinung trete. Ausgebildet werden müsse ein Verständnis der Nation als «überindividuelles Individuum», damit historische Dramen, in gleicher Form wie Oberammergau zur Aufführung gebracht, an vielen Orten des Bundes das deutsche Volk zusammenführen und zur Entwicklung eines Nationalgeistes beitragen könnten.[62] Gewiss bildet diese Bewertung des Oberammergauer Passionsspieles eine Projektion, die sich nur auf den Augenschein, nicht aber auf eine genaue Analyse stützte. Denn von «Naivität» oder «Einfalt», von «bäuerischer Manier» oder von «Natur- und Volksbühne» konnte bei diesem Spiel, das sich im Inhalt an franziskanischer Meditationsliteratur, in der Aufführungsform am Jesuitentheater und an der Gartenarchitektur des Barocks orientierte, kaum die Rede sein. Oberammergau bot mindestens seit der Mitte des 18. Jahrhunderts grosses Theater dar, das sich nur auf den einen Gegenstand der Leidensgeschichte Jesu Christi beschränkte und von Laien dargestellt wurde. Ein Repertoiretheater lag seinen Intentionen fern. Die Möglichkeit dazu hätte es wohl gehabt, wie kein Geringerer als Richard Wagner erkannte, der sich von Oberammergau zur Idee seines «Festspiel» – Hauses in Bayreuth mit «Gesamtkunstwerken» ganz anderer Art anregen liess.[63] Nach Wagners Vorstellung sollte sich das Kunstwerk «aus einer harmlosen Unterhaltung und Zerstreuung zu einem weihevoll reinigenden, religiösen Akt emporschwingen[64]», denn das Kunstwerk sei selbst die lebendig dargestellte Religion.[65] Für diese Auffassung bot Oberammergau ein überzeugendes Beispiel. Unmittelbar nach der Rückkehr aus Oberammergau schrieb Wagner seine Broschüre «Ein Theater in Zürich»

(1851), in der er sich für ein schweizerisches Theaterleben aussprach, das, ebenso auf Volksspielen wie auf hoher Schauspielkunst basierend, alle Teile der schweizerischen Bevölkerung erfassen sollte. Diesen Vorschlag griff dann ein Jahrzehnt später Gottfried Keller in seiner Abhandlung «Am Mythenstein» als Forderung an die Zukunft auf und erinnerte an die bestehenden «grossen Nationalfeste», an denen sich Hunderttausende «mit dem ausschliesslichen Gedanken des Vaterlandes» beteiligten.[66] Von ihnen meinte er, dass sie gewissermassen die «Mütter» solcher Festspiele abgeben könnten, die etwa alle fünf Jahre zu veranstalten wären. Die eidgenössischen Feste und die Erinnerungsveranstaltungen an die Schlachten am Morgarten, bei Sempach usw., bei denen «das Volk samt der Geistlichkeit und den Behörden der ganzen Umgebung» zusammenkam und die zu einem ganz eigenen Gemeinschaftsgefühl führten, bildeten dafür die Grundlage. Im «Morgenblatt für gebildete Leser» vom 2. und 9. April 1861 entwarf Gottfried Keller dann die Vision eines nationalen Gemeinschaftstheaters, das in der Form vaterländischer Festspiele aus oratorienmässigen Sängerchören, Aufzügen und Volksfesten entstehen sollte. Der Entwurf trug, deutlich sichtbar, kultähnliche Züge.[67]

These 9

Die irrationalen Züge, die das in der protestantischen Festfeier verwurzelte vaterländische Festspiel des 19. Jahrhunderts trug, machten es zum geeigneten Hilfsmittel jener nationalsozialistischen Propaganda, der es darum ging, sich die «im Wesen unseres Volkstums liegenden Ewigkeitswerte» als Bindemittel für die angestrebte neue «Volksgemeinschaft» in Dienst zu stellen. In seinem Grusswort zur Eröffnung der Frankfurter Römerberg-Festspiele 1938 sah Adolf Hitler deren Aufgabe nicht in der «Erfüllung der Wünsche und Hoffnungen der Gegenwart», sondern in der Beschwörung «eines tausendjährigen Vermächtnisses», das dazu mahne, dem «ewigen nationalen Genius» zu huldigen.[68] Derartige Bestrebungen, nationale, eine ruhmreiche Vergangenheit heraufbeschwörende Festspiele zu schaffen, die als Alternative zum städtischen Berufstheater mit seiner im wesentlichen aufklärerischen Tendenz gedacht waren, hatte schon vor der Jahrhundertwende die Heimatkunstbewegung der Adolf Bartels, Friedrich Lienhard und Ernst Wachler unterstützt. Wachler gründete (angeregt durch die Naturtheaterbewegung) 1903 das Harzer Bergtheater in Thale, das eine Art völkische «Kultstätte» werden sollte.[69] Beide Tendenzen, dem Bildungstheater entgegenzutreten und zugleich ein kultnahes, gemeinschaftsformendes völkisches Festspiel zu schaffen, kamen den nationalsozialistischen Machtbestrebungen deutlich entgegen.

Zum rechten Zeitpunkt, 1933, schrieb entsprechend Paul Beyer ein «Deutsches National-Festspiel», das sich ausdrücklich als Alternative zu Ernst Kreneks «Jonny spielt auf» (1927) und zu Bert Brechts «Dreigroschenoper» (1928) verstand: die «Düsseldorfer Passion», kein Theaterstück und keine dramatische Bearbeitung eines traditionellen Stoffes, sondern «ein Fetzen hinausgeschleudertes Leben allerjüngster Vergangenheit, noch blutwarm», das nun aber nicht als eine Art Dokumentarspiel gedacht war, sondern als Weihespiel, in dem «alles zum Symbol umgeformt» erschien, und mit einer bewusst einfachen «Fabel», die es auch «Millionen Menschen» verständlich machen sollte. Sein Ziel bestand nach den Worten des Verfassers in einer «Reinigung der Leidenschaften», was konkret die Ablösung der Meinungsvielfalt in der Weimarer Republik bedeutete. Den Stoff bildete die Besetzung des Ruhrgebietes bis hin zur Hinrichtung Albert Leo Schlageters durch die Franzosen, die hier zum Anlass wurde, nach einem neuen politischen Erlösungsglauben (und damit nach dem Erlöser) zu rufen.[70]

Das in verschiedenen Formen, als «Thingspiel», «Freilichtspiel», «Stadionspiel» usw. in Erscheinung tretende Festspiel der nationalsozialistischen Ära versteht sich ausdrücklich als eine «im tiefsten völkische, d.h. gemeinschaftsgeborene und stammesgebundene Angelegenheit», und es erlebt als Mittel der Instrumentalisierung in den ersten Jahren nach der Machtergreifung Adolf Hitlers einen ausserordentlichen Aufschwung; staatliche Förderung sowie wirtschaftliche, dramaturgische und weltanschauliche Betreuung durch den «Reichsbund der Deutschen Freilicht- und Volksschauspiele e.V.» in Berlin[71] lassen die Zahl der Freilichtbühnen im Deutschen Reich in der Zeit zwischen 1932 und 1936 von 43 auf 220 ansteigen, und die Besucherzahl steigt in die Millionen. Gespielt wird vor Burgruinen, auf alten Marktplätzen, an Bergabhängen, im Wald und in Steinbrüchen, aber auch auf Schlachtfeldern und an Heldengedenkstätten, um die Beziehung zu einer angeblich heroischen Vergangenheit zu unterstreichen. Im Zug eines typischen Akkomodierungsvorganges werden solche Spiele gern auf vorhandene Feste und deren Feiern aufgepfropft. So bietet 1934 das evangelische Erntedankfest, das 1773 in Preussen eingeführt worden war, den Rahmen für die Aufführung des Spieles «Aufbricht Deutschland» im Berliner Grunewaldstadion. Schon hier, fünf Jahre vor dem Beginn des Zweiten Weltkrieges, bezieht der Verfasser Gustav Goes eine Gefallenenehrung in die Darstellung der nationalsozialistischen Machtergreifung ein und lässt durch einen Rufer, der als Vertreter des «Führers» auftritt, einen allgemeinen Gefolgschaftseid ablegen, den sogenannten Blutschwur, der die Hingabe des Lebens miteinschliesst. Unmittelbar darauf erklingt die Nationalhymne, so dass Festspiel und politische Selbstdarstellung nahtlos ineinander übergehen. Die Grundtendenz des Festspieles, Menschen auf eine gemeinsame Idee hin auszurichten, wird in diesen zumeist chori-

Trenck, der Pandur, Waldmünchen 1981.

schen, auf Massensuggestion abzielenden Veranstaltungen deutlich verstärkt; das Festspiel erscheint als offizielles, ja legales Mittel einer auf Krieg hinzielenden staatlichen Propaganda. Die Folgen des angestrebten Zweiten Weltkrieges zeigen dann deutlich, in welche Katastrophen solche Massensuggestionen führen können. Zusammen mit dem «Dritten Reich» geht auch die «grosse Zeit» des Festspieles unter.

These 10

Das Festspiel der Gegenwart, d.h. der Zeit nach dem Zweiten Weltkrieg, bildet den Versuch, die durch politischen Missbrauch diskreditierte Gattung zu entpolitisieren, ohne ihre positiven Seiten, etwa als Mittel zur Veranschaulichung von Historischem oder als Weg zur Identitätsfindung, aufzugeben. Die Frage, ob eine gewissermassen wertfreie Nutzung des Festspieles überhaupt möglich sei, wird von der Forschung allgemein recht skeptisch beurteilt. Die feierliche Ostentation, die zu seinem Wesen gehöre, mache das Festspiel zwar theoretisch zum geeigneten Medium der Gewissenserforschung, ja der Läuterung, doch bekunde seine eigene Geschichte allenthalben den Verrat an solcher Intention. Tatsächlich dienen heutige Festspiele, wie etwa das «Historische Freilichtfestspiel Trenck der Pandur» in Waldmünchen, offiziell nur der Darstellung eines für die Stadtgeschichte wichtigen Ereignisses, nämlich der knapp abgewendeten Bedrohung durch die Soldaten des Oberstleutnants von der Trenck im Jahre 1742. Indessen verfolgt die jährlich stattfindende Inszenierung der einzelnen Ereignisse dieses Vorganges nicht nur den Selbstzweck der Unterhaltung, etwa der Befriedigung einer latent vorhandenen Abenteuerlust, sondern sie unterstützt ganz konkrete wirtschaftliche Absichten, nämlich die Förderung des Fremdenverkehrs, insofern das gross angelegte, von 250 Laienspielern aufgeführte Spektakel immer wieder Tausende von Zuschauern anzieht;[72] das Festspiel steht hier also zunächst ganz im Dienst des Folklorismus. Gewichtiger erscheinen indes die nicht so deutlich hervorgehobenen politischen Aspekte, die sich weniger darin äussern, dass das Heeresmuseum in Ingolstadt die benötigten Waffen und Kostüme bereitstellt oder mit staatlicher Förderung eine kostspielige Tribüne für die Zuschauer errichtet wurde, als in der ausdrücklich bekundeten Absicht, Trencks «bedingungslose Treue zu seiner Kaiserin Maria Theresia» aufzuzeigen und dadurch das Publikum ebenso begeistern zu wollen wie durch die Darstellung grosser Reiterszenen oder des Sturmes auf die Stadt, der den historischen Quellen zufolge gar nicht stattgefunden hat. Es kann kaum ein Zweifel daran bestehen, dass durch solche Absichten wieder jene nationalen und letztlich militanten Tendenzen unterstützt werden, die das Festspiel immer charakterisiert haben. Auf der anderen Seite zeigen Festspiele wie die «Landshuter Fürstenhochzeit» die integrativen Möglichkeiten solcher Massenveranstaltungen auf, die auf einer ganz anderen Ebene als die Propagandaaktionen im Stile nationalsozialistischer Reichsparteitage liegen. In Landshut gelang es, durch die seit 1906 in dreijährigem Turnus abgehaltenen historischen Festspiele, bei denen die pompöse Hochzeit Georgs des Reichen von Bayern-Landshut mit der polnischen Königstochter Hedwig 1475 nachgespielt wird, ein allgemeines historisches Bewusstsein zu schaffen, das sich konkret und positiv in der von den Bürgern selbst getragenen Stadtsanierung, d.h. der Wiederherstellung des mittelalterlichen Stadtbildes, auswirkte. Es scheint also, dass die Problematik des Festspieles nicht in der Gattung selbst liegt, sondern in seiner politischen Verfügbarkeit als Massenmedium, das einen verantwortlichen Gebrauch mit ihm notwendig macht.

Anmerkungen
1. Vgl. Dustmann, Ursula: Wesen und Form des Goetheschen Festspiels, Diss. phil., Köln 1963, S. 136–156.
2. Goethes Werke, Jubiläumsausgabe, Leipzig 1902 ff., Bd. 23, S. 31.
3. Vgl. Goethe's Werke, 11. Theil, hrsg. von G. von Loeper, Berlin o.J., S. 16–18. – «palaióphron» bedeutet «alten Sinnes», «neoterpés» soviel wie «des Neuen froh».
4. Vgl. Dustmann, Ursula (wie Anm. 1), S. 5.
5. Vgl. Grimm, Jacob und Wilhelm: Deutsches Wörterbuch, Bd. 3, Leipzig 1862, Sp. 1568.
6. Vgl. Wilpert, Gero von: Sachwörterbuch der Literatur, 6. Aufl., Stuttgart 1979 (=Kröners Taschenausgabe, 231), S. 269–270, s.v. «Festspiel», wo dem Begriff u.a. folgende Gattungen zugeordnet werden: Oper, Drama, Ballett, Mysterienspiel, Passionsspiel, Ritterturnier, Trionfo, Rossballett, Maskenzug, Gedenkfeier und Tellspiel. – Unkritisch verfährt auch die Brockhaus-Enzyklopädie (Bd. 6, Wiesbaden 1968, S. 186–187), wenn sie jede «Aufführung von Dramen, Opern, Musikwerken bei festlichem Anlass [...] im Rahmen von periodisch wiederkehrenden festlichen Tagen oder Wochen» als «Festspiel» bezeichnet. – Die Definition, dass das Festspiel «zunächst eine festliche Begebenheit» sei, «die sich über das Niveau der täglichen Programme erhebən, um das Niveau der ausserordentlichen Feierlichkeit, in einem dazu auserwählten Ort zu erreichen» usw. (Die Rolle der Festspiele im kulturellen Leben Europas. Umfrage. In: Bulletin des Europäischen Kulturzentrums 5. Jg., Genf Mai 1957, S. 1–56, hier: S. 10) erscheint allein an der Praxis der sog. Musikfestspiele orientiert und bietet einer strengen Begriffssetzung keine Grundlage.
7. Darüber hinaus würde es diese Definition trotz ihres sehr weiten Rahmens nicht gestatten, dem «Festspiel» die wiederkehrenden Musik- und Theaterfestspiele zuzuordnen, da diese sich nicht auf ein bestimmtes geistliches oder weltliches Fest beziehen, sondern dieses erst durch ihre besondere Art als solches hervorrufen.
8. Vgl. Sauer, Klaus / German Werth: Lorbeer und Palme. Patriotismus in deutschen Festspielen, München 1971, S. 9, wo unter dem Begriff Festspiel bestimmte «Bühnenwerke» verstanden werden.
9. In diesem Sinn sagt Johan Huizinga zur Charakterisierung des «Festes»: «Das Volk, das sich zu seinen Heiligtümern aufmacht, macht sich zu gemeinsamer Freudenkundgebung auf. Weihung, Opfer, heilige Tänze, sakrale Wettkämpfe, Aufführungen, Mysterien, alles ist in den Rahmen des Festes einbezogen. Auch wenn die Riten blutig, die Prüfungen der Einzuweihenden grausam, die Masken schreckerregend sind, das ganze spielt sich als Fest ab. Das ‹gewöhnliche Leben› ist stillgelegt.» Vgl. Huizinga, Johan: Homo Ludens. Vom Ursprung der Kultur im Spiel (1938, dt. 1939), 9. Aufl., Hamburg 1969, S. 28, ibid., S. 9.
10. Huizinga, Johan (wie Anm. 9), S. 9.
11. Zur Problematik des Gemeinschafts-Begriffes vgl. Bausinger, Hermann: Volkskunde. Von der Altertumskunde zur Kulturanalyse, Darmstadt 1971, S. 92–95. – Ders.: Identität. In: Bausinger, Hermann/Utz Jeggle/Gottfried Korff/Martin Scharfe: Grundzüge der Volkskunde, Darmstadt 1978, S. 204–263, hier: S. 215.
12. Vgl. Helle, Horst-Jürgen: Soziologie und Symbol. Ein Beitrag zur Handlungstheorie und zur Theorie des sozialen Wandels, Köln/Opladen 1969 (=Beiträge zur soziologischen Forschung, 4). – Des.: Zur Soziologie des Symbols. In: Kunst und

Kirche (Linz) 4, 1971, S. 163 ff. – Moser, Dietz-Rüdiger: Werte-Fakten-Symbolik und normative Kultur. Zum Beispiel: Die «Freiheitskerze». In: Zeitschrift für Volkskunde 69, Heft 2, 1973, S. 161–188.

13 Helle (wie Anm. 12) unterscheidet drei Typen «sozialer Symbole»: 1. das Werte-Normen-Symbol, 2. das Werte-Fakten-Symbol, und 3. das Normen-Fakten-Symbol. Zum Werte-Normen-Symbol führt er aus: «Das Ritter-Kreuz [...] war gemeint als Symbol für die ausserordentliche Anwendung militärischen Könnens, der Normen, im Dienst nationaler Werte. Eine entideologisierte Armee [...] kann Normen-Fakten-Symbole [...] verleihen wie ein Industriebetrieb, nicht aber Werte-Normen-Symbole» (ibid., S. 166). Die im Symbol, d. h. im vorliegenden Fall im Festspiel, dargestellte Verbindung von Werten und Normen soll zu norm- und bekenntnistreuem Handeln verpflichten.

14 Vgl. zu diesem Wort aus dem sechsten Brief Platons: Vonessen, Franz: Vom Ernst des Spiels. In: Der Mensch und das Spiel in der verplanten Welt, hrsg. von der Bayerischen Akademie der Schönen Künste, München 1976, S. 9–47.

15 Vgl. Sauer, Klaus/German Werth (wie Anm. 8), S. 10–11.

16 Vgl. Kindermann, Heinz: Das Theaterpublikum der Antike, Salzburg 1979.

17 Ibid., S. 19.

18 Vgl. Kindermann, Heinz: Das Theaterpublikum des Mittelalters, Salzburg 1980.

19 Vgl. Moser, Dietz-Rüdiger: Fastnacht – Fasching – Karneval. Das Fest der «verkehrten Welt», Graz/Wien/Köln 1986.

20 Vgl. Burckhardt, Jacob: Die Kultur der Renaissance in Italien. Ein Versuch in der Textfassung der Erstausgabe, Köln 1956, S. 210.

21 Vgl. ibid., S. 210.

22 Vgl. etwa Wilpert, Gero von (wie Anm. 6), S. 269. – Kohlschmidt, Werner: Art. Festspiel. In: Reallexikon der Deutschen Literaturgeschichte, 2. Aufl., Bd. 1, Berlin 1958, S. 458–461, hier: S. 458–459.

23 Vgl. die Nachweise für Magdeburg 1280, Hildesheim 1387, Tournai 1331 usw. bei Moser, Dietz-Rüdiger: Brauchbindung und Funktionsverlust. Zum Nachwirken der Artus-Tradition in Fastnachtsbrauch und Fastnachtsspiel. In: Göller, Karl Heinz (Hrsg.): Spätmittelalterliche Artusliteratur. Ein Symposion der neusprachlichen Philologien auf der Generalversammlung der Görres-Gesellschaft Bonn, 25.–29. September 1982, Paderborn/München/Wien/Zürich 1984, S. 23–40, hier: S. 34–35.

24 Papst Clemens V. verurteilte jene Spiele, «quae Tabulae Rotundae [...] vulgariter nuncupantur», und sprach über sie «eadem damna et pericula» aus, «quae in torneamentis praedictis», z. B. die Verweigerung der kirchlichen Bestattung. Vgl. Ostmann, Alexander: Die Bedeutung der Artus-Tradition für die englische Gesellschaft des 12. und 13. Jahrhunderts, Diss. phil. Berlin (FU) 1975, S. 300. – Weitere Nachweise bei Hefele, Carl Josef: Conciliengeschichte, 2. Aufl., Bd. 5, Freiburg i. Br. 1886, S. 441, 715, 902, 952 und bei Cline, Ruth Huff: The Influence of Romances on Tournaments in the Middle Ages. In: Speculum, Bd. 20, 1945, S. 204–211, hier: S. 206, Anm. 7. – Zu den Schwierigkeiten bei der Verdrängung des Ritterwesens vgl. Reitzenstein, Alexander von: Rittertum und Ritterschaft, 2. Aufl., München 1972, S. 32.

25 Vgl. die «Beschreibung der Feier des Jubelfestes der Reformation zu Biberach, in den Jahren 1717 und 1817», Ulm 1817, Vorwort. – Zur Geschichte der Reformationsfeiern vgl. Cyprian, Ernst Salomon: Hilaria Evangelica, oder Theologisch-Historischer Bericht vom Andern Evangelischen Jubel-Fest, Nebst III. Büchern darzu gehöriger Acten und Materien, deren das Erste, Die Obrigkeitlichen Verordnungen, und viele Historische Nachrichten, das Andere, Orationes und Programmata Jubilaea, Das Dritte Eine vollständige Beschreibung der Jubel-Medaillen begreiffet, Gotha 1719. – Ferner: Gleichmann, Johann Zacharias: Historische Nachricht Von Evangelisch-Lutherischen Reformations- und Jubel-Medaillen, Welche sowohl im Anfange als Fortgange der Evangelisch-Lutherischen Reformation; als auch insonderheit an denen grossen Lutherischen Jubilaeis, de An. 1617. 1630. und 1717. geprägt worden, nebst einer Vorrede von

dem in diesem 1730sten Jahre gefälligen grossen *Jubilaeo* der Augsburgischen Confession/an das Licht gegeben, Jena und Leipzig, Anno 1730. – usw.
26 «Lutherus. Drama M. Henrici Hirtzwigi, Gymnasii Moena-Francofurtani Rectoris. [...] Anno Jubilaeo evangelico primo, qui est a nato Christo MDCXVII. Francofurti, prostad apud Sigismundum Latomum.»
27 Vgl. Erdmann, Gustav Adolf: Die Lutherfestspiele. Geschichtliche Entwicklung, Zweck und Bedeutung derselben für die Bühne. Litterarhistorisch-kritische Studien, Wittenberg 1888, S. 32–33.
28 Vgl. ibid., S. 34.
29 Etwa durch die Einbeziehung reformatorischer Lieder, wie «Der Babst hat sich zu Tod gfalln», bei Kielmann oder der Einführung des Hofnarren «Klaus Narr» bei Rinckhart, vgl. Erdmann, Gustav Adolf (wie Anm. 27), S. 41–43.
30 Herrig, Hans: Luther. Ein kirchliches Festspiel zur Feier des 400jährigen Geburtstages Martin Luther's in Worms, Berlin 1883, 12. Aufl., ibid. 1888.
31 3. Aufl., Leipzig 1884.
32 Vgl. (Anon.:) Vom Lutherfestspiel in Berlin. In: Daheim. Ein deutsches Familienblatt, 38. Jg., Nr. 7, 16. November 1901, S. 1–2.
33 Vgl. Herrig, Hans (wie Anm. 30).
34 Ibid., Widmung.
35 Ganz ähnlich wurde Luther im selben Jahre 1883 an anderer Stelle als nationaler Heros gepriesen: «Du Deutschester der Deutschen, Du – Mann in That und Wort». Vgl. Fürer, Carl Eduard: Fest-Programm zur 4. Säkularfeier von Luthers Geburtstag, 10. November 1883, als Jubelgabe dem evangelischen Christenvolke deutscher Zunge dargeboten, Cassel 1883, S. 1.
36 Vgl. Vondung, Klaus: Magie und Manipulation. Ideologischer Kult und politische Religion des Nationalsozialismus, Göttingen 1971, S. 14.
37 Vgl. Flemming, Willi (Hrsg.): Oratorium. Festspiel, Leipzig 1933 (=Deutsche Literatur. Sammlung literarischer Kunst- und Kulturdenkmäler in Entwicklungsreihen. Reihe Barock, Bd. 6), S. 115–208, hier: S. 120–133 (mit Abdruck des Textes).
38 Vgl. Rist, Johann: Sämtliche Werke, hrsg. von Eberhard Mannack, Bd. 2, Dramatische Dichtungen, Berlin/New York 1972.
39 Klaj, Johann: Friedensdichtungen und kleinere poetische Schriften, hrsg. von Conrad Wiedemann, Tübingen 1968, S. 1–96.
40 Vgl. Vondung, Klaus (wie Anm. 36), S. 14–15.
41 Vgl. Sauer, Klaus/German Werth (wie Anm. 8), S. 70–78.
42 Vgl. Devrient, Otto: Kaiser Rotbart. Phantastisches Volksschauspiel in 2 Aufzügen, Karlsruhe 1871.
43 Helmers, Heinrich: Am Tag von Sedan. Ein Festspiel, Bremen 1877.
44 Vgl. Neumann, Rolf: Die deutsche Kriegsdichtung von 1870/71, Diss. phil. München, Breslau 1911, S. 94–95.
45 Jähn, Max: Zur Heimkehr. Ein Festspiel, Berlin 1871. – Vgl. Neumann, Rolf (wie Anm. 44), S. 96.
46 Ibid., S. 96–97.
47 Vgl. Horwarth, Peter: Der Kampf gegen die religiöse Tradition: Der Kulturkampf Österreichs, 1780–1918, Bern/Frankfurt am Main/Las Vegas 1978, S. 221.
48 Ibid., S. 221.
49 Ibid., S. 221.
50 Vgl. u.a. Hersche, Klaus: Festspiele für Patrioten. Zur Feier von historischen Gedenktagen hat sich in der Schweiz im letzten Jahrhundert eine echte Theatertradition entwickelt: das patriotische Festspiel. In: Musik und Theater, Jg. 6, 1985, Nr. 6, S. 16–18. – Stern, Martin: Das Festspiel des 19. Jahrhunderts in der Schweiz. In: Volk – Volksstück – Volkstheater im deutschen Sprachraum des 18.–19. Jahrhunderts, Bern 1986 (=Jahrbuch für internationale Germanistik, Reihe A, Kongressberichte, Bd. 15).
51 Vgl. Dürer Bund. Flugschrift zur Ausdruckskultur, München 1913, S. 12.
52 Ibid., S. 12.
53 Vgl. ibid., S. 24.

54 Vgl. ibid., S. 26.
55 Vgl. ibid., S. 25–26. Kleist, Heinrich von: Die Hermannsschlacht. Ein Drama. In: Ders.: Sämtliche Werke und Briefe, hrsg. von Helmut Sembdner, 1. Bd., 2. Aufl., München 1961, S. 533–628.
56 Vgl. Dürer Bund (wie Anm. 51), S. 12–16.
57 Vgl. ibid., bes. S. 23–29.
58 Vgl. ibid., S. 16. – Zur umfangreichen «Tell»-Literatur vgl. u. a. Mettler, Heinrich/ Heinz Lippuner: ‹Tell› und die Schweiz – die Schweiz und ‹Tell›. Ein Schulbeispiel für die Wirkkraft von Schillers ‹Wilhelm Tell›, ihre Voraussetzungen und Folgen. Mit Beiträgen von Werner Düggelin u. a., 2. Aufl., Thalwil/Zürich 1982.
59 Wymetal, Wilhelm von: Maitage in Oberammergau. Eine artistische Pilgerfahrt. Mit einem biographischen Geleitwort und einem apologetischen Nachwort von Friedrich Dolores von Wymetal, München/Leipzig 1910, S. 51. – Vgl. Moser, Dietz-Rüdiger: Das Passionsspiel von Oberammergau in der bayerischen Literaturgeschichte. In: Acta Ising, München 1987, S. 92–117, hier: S. 92.
60 Vgl. Devrient, Eduard: Das Passionsspiel von Oberammergau und seine Bedeutung für die neue Zeit, Leipzig 1850, 2. Aufl., 1880.
61 Vgl. Görres, Guido: Das Passionsspiel zu Oberammergau. In: Historisch-politische Blätter für das katholische Deutschland, hrsg. von G. Phillips und G. Görres. Sechster Band, München 1840, S. 167–192, hier: S. 178.
62 Vgl. Devrient, Eduard (wie Anm. 60).
63 Vgl. Moser, Dietz-Rüdiger (wie Anm. 59), S. 102.
64 Wagner, Richard: Gesammelte Schriften und Dichtungen, 2. Ausgabe, Leipzig 1911, Bd. III, S. 63.
65 Vgl. Adler, Guido: Richard Wagner. Vorlesungen, gehalten an der Universität Wien, Leipzig 1904, S. 19.
66 Vgl. Weiss, Richard: Volkskunde der Schweiz. Ein Grundriss, 2. Aufl., Erlenbach/ Zürich 1978, S. 221. – Weber-Kellermann, Ingeborg: Volkstheater und Nationalfestspiel bei Gottfried Keller. In: Deutsches Jahrbuch für Volkskunde 3, 1957, S. 145–168.
67 Vgl. Vondung, Klaus (wie Anm. 36), S. 14.
68 Freilicht-Aufführungen der Städtischen Bühnen auf dem Römerberg in der Goethestadt Frankfurt am Main. Amtliche Festschrift mit Theaterzettel. Vom 1. Juli bis 31. August 1938.
69 Adler, Guido (wie Anm. 65), S. 14.
70 Beyer, Paul: Düsseldorfer Passion. Ein Deutsches National-Festspiel in zehn Bildern, München 1933.
71 Vgl. den entsprechenden Anzeigentext im Anhang zum «Festspielbuch» der «Reichsfestspiele Heidelberg. 20. Juli bis 22. August 1937, die unter der Schirmherrschaft des Propagandaministers Dr. Goebbels stattfanden, S. 91.
72 Vgl. u. a. das umfangreiche Prospektmaterial, hrsg. von Trenckfestspiele Waldmünchen e. V.

Das nationale Festspiel der Schweiz in Idee und Verwirklichung von 1758 bis 1914

Edmund Stadler

Einleitung

Wenn man heute an Festspiele denkt, kommen einem meist die festlichen Aufführungen von Opern und Schauspielen in den Sinn wie die Richard Wagner-Festspiele in Bayreuth (seit 1876), die Opernfestspiele in Verona (seit 1912), die Salzburger Festspiele (seit 1920), die Sommerfestspiele in Glyndburne (seit 1934) oder die Zürcher Juni-Festwochen (seit 1936). Dazu kommen Aufführungen zu besonderen Festzeiten wie in älteren Epochen die klassischen Dramen an den Dionysosfesten im antiken Athen, die Weihnachts- und Passionsspiele im Mittelalter, die barocken Fronleichnamsspiele eines Calderon in Madrid, in der Schweiz die Osterspiele des 16. und beginnenden 17. Jahrhunderts in Luzern, die barocken Translationsspiele in St. Gallen oder das an der Fasnacht, die in der Schweiz seit dem 16. Jahrhundert auch nationale Komponenten hat, 1672 in Zug aufgeführte zweitägige «Eidgenössische Contrafeth auf- und abnehmender Jungfrauen Helvetiae» von Johann Kaspar Weissenbach, das einen im ersten Teil historischen, im zweiten allegorischen Querschnitt durch die schweizerische Geschichte gab. In der Renaissance und im Barock wurden anlässlich gesellschaftlicher Ereignisse wie fürstlicher Geburtstage, Hochzeiten oder Besuche höfische Festspiele veranstaltet, aber auch anlässlich aktueller politischer Ereignisse wie das «Friedewünschende Teutschland» (1649) und das «Friedejauchzende Teutschland» (1653) von Johann Rist oder die «Irene» von Johann Klaj (1650) im Gedenken an den Friedensschluss nach dem Dreissigjährigen Kriege (1648). Noch Goethe dichtete neben Festprologen höfische Festspiele wie das Jahrhundertfestspiel «Paläophron und Neoterpe» zum Geburtstag der Herzogin Anna Amalia von Weimar (1800) oder «Des Epimenides Erwachen» (1814) zum Einzug des Königs Friedrich Wilhelm III. von Preussen in Berlin nach dem Sieg über Napoleon, das aber erst 1815 anlässlich der Jahresfeier der Einnahme von Paris aufgeführt wurde. Daneben gibt es einen klar von all den erwähnten Beispielen zu unterscheidenden Festspieltypus, den man füglich als in der Schweiz entstanden und von ihr ausstrahlend bezeichnen darf.

1. Die nationale Festspielidee der Helvetischen Bewegung des 18. und beginnenden 19. Jahrhunderts

Die programmatische Idee von Aufführungen des Volkes für das Volk an historischen Gedenkfeiern mit Darstellung eigens dafür gedichteter Spieltexte, in denen musikalische Chöre und Tänze ein wesentliches Element darstellen, unter freiem Himmel oder ausnahmsweise in Festhallen, hat die Helvetische Bewegung des 18. und beginnenden 19. Jahrhunderts geprägt, die eine nationale Erneuerung auch auf dem Gebiete des Theaters anstrebte. Daran ändert auch nichts die erst 1982 von Rolf Max Kully gemachte Entdeckung, dass es bereits 1581 ein Festspiel zur Zentenarfeier des Eintrittes Solothurns in den Bund der Eidgenossen gegeben hat; liegt es doch zu weit zurück.[1]

Als erster ist hier der Genfer *Jean-Jacques Rousseau* anzuführen. Schon 1758 spielte er in einem offenen Briefe an den Franzosen Jean-Baptiste d'Alembert, der in einem Artikel seiner Encyklopedie Genf die Errichtung einer stehenden Bühne empfohlen hatte, das antike Theater Griechenlands als nationales Festspiel unter freiem Himmel gegen das geschlossene Theater seiner Zeit aus:

... Tous les sujets des pièces n'étant tirés que des antiquités nationales dont les Grecs étaient idolâtres, ils voyaient dans ces mêmes acteurs moins des gens qui jouaient des fables, que des citoyens instruits qui représentaient aux yeux de leurs compatriotes l'histoire de leur pays... Enfin leurs spectacles n'avaient rien des mesquineries de ceux d'aujourd'hui. Leurs théâtres n'étaient point élevés par l'intérêt et par l'avarice: ils n'étaient point renfermés dans d'obscures prisons; leurs acteurs n'avaient pas besoin de mettre à contribution les spectateurs, ni de compter du coin de l'œil les gens qu'ils voyaient passer la porte, pour être sûrs de leur souper. Ces grands et superbes spectacles, donnés sous le ciel, à la face de toute une nation, n'offraient de toutes parts que des combats, des victoires, des prix, des objets capables d'inspirer aux Grecs une ardente émulation, et d'échauffer leurs cœurs de sentiments d'honneur et de gloire.

Gewiss hat Rousseau für seine Vaterstadt Einschränkungen gemacht, da vor den Schauspielern zuerst Dichter erstehen müssten, da die Genfer Freiheitshelden Berthelier und Lévrier zu wenig Klang hätten und da man nicht Stücke aus dem Befreiungskrieg der Genfer aufführen könne, weil man heute mit dem Hause Savoyen befreundet sei. Auch äusserte er Bedenken in bezug auf die Aufführung von Komödien, die bei den vielen Parteien in persönliche Satire ausarten könnten. Immerhin möchte er in seiner Vaterstadt Schauspiele im weitesten Sinne des Wortes einführen, da sie für eine Republik unabdingbar seien:

Quoi! Ne faut-il donc aucun spectacle dans une république? Au contraire, il en faut beaucoup. C'est dans les républiques qu'ils sont nés, c'est dans leur sein qu'on les voit briller avec un véritable air de fête... Nous avons déjà plusieurs de ces fêtes publiques; ayons-en davantage encore, je n'en serais que plus charmé. Mais n'adoptons point ces spectacles exclusifs qui renferment tristement un petit nombre de gens dans un antre obscur; qui les tiennent craintifs et immobiles dans le silence et l'inaction; qui n'offrent aux yeux que cloisons, que pointes de fer, que soldats, qu'affligeantes images de la servitude et de l'inégalité. Non, peuples heureux, ce ne sont pas là vos fêtes. C'est en plein air, c'est sous le ciel qu'il faut vous rassembler et vous livrer aux doux sentiments de votre bonheur... que le soleil éclaire vos innocents spectacles, vous formerez un vous-même, le plus digne qu'il puisse éclairer.[2]

Es gibt noch heute Wissenschafter, die aus diesem Briefe eine absolute Theaterfeindschaft herauslesen. Sie übersehen völlig, dass Rousseau ganz entschieden zur Erneuerung der einheimischen Volksfeste und damit der Träger mimischen Brauchtums aufruft. Sie nehmen offensichtlich auch nicht zur Kenntnis, dass der Genfer in seinem gleichzeitig entstandenen, 1761 veröffentlichten Roman «Julie ou la nouvelle Héloïse» im 17. Brief des zweiten Teiles ganz entschieden zur Einrichtung nationaler Festspiele aufruft:

L'institution de la tragédie avait, chez ses inventeurs, un fondement de religion qui suffisait pour l'autoriser; d'ailleurs, elle offrait aux Grecs un spectacle instructif et agréable dans les malheurs des Perses leurs ennemis, dans les crimes et les folies des rois dont ce peuple s'était délivré. Qu'on représente à Berne, à Zurich, à la Haye l'ancienne tyrannie de la maison d'Autriche, l'amour de la patrie et de la liberté nous rendra ces pièces intéressantes. Mais qu'on me dise de quel usage sont ici les tragédies de Corneille... Les tragédies grecques roulaient sur des événements réels ou réputés tels par les spectateurs, et fondés sur des traditions historiques.[3]

Sie übersehen geflissentlich, dass Rousseau in seiner 1772 veröffentlichten Reformschrift «Considérations sur le gouvernement de la Pologne et sur sa réformation projetée» zu den besonderen Einrichtungen, die zur nationalen Reform eines Staates notwendig seien, neben olympischen Spielen nicht zuletzt vaterländische Festspiele unter freiem Himmel rechnet, wobei er wieder auf das Vorbild der griechischen Schauspiele hinweist:

Des spectacles qui, leur rappelant l'histoire de leurs ancêtres, leurs malheurs, leurs vertus, leurs victoires, intéressaient leurs cœurs, les enflammaient d'une vive émulation, et les attachaient fortement à cette patrie dont on ne cessait de les occuper. Ce sont les poésies d'Homère récitées aux Grecs solennellement assemblées, nons dans des coffres, sur des planches et l'argent à la main, mais en plein air et en corps de nation; ce sont les tragédies d'Eschyle, de Sophocle et d'Euripide, représentées souvent devant eux... qui, les embrasant continuellement d'émulation et de gloire, portèrent leur courage et leurs vertus à ce degré d'énergie dont rien aujourd'hui ne nous donne l'idée, et qu'il n'appartient pas même aux modernes de croire... S'ils s'assemblent c'est dans des temples pour un culte qui n'a rien de national, qui ne rappelle en rien la patrie; c'est dans des salles bien fermées et à prix d'argent, pour voir sur des théâtres efféminés, dissolus, où l'on ne sait parler que d'amour, déclamer des histrions, minauder des prostituées, et pour y prendre des leçons de corruption, les seules qui profitent de toutes celles qu'on fait semblant d'y donner; c'est dans des fêtes où le peuple, toujours méprisé, est toujours sans influence, où le blâme et l'approbation publique ne produisent rien... Ce sont les institutions nationales qui forment le génie, le caractère, les goûts et les mœurs d'un peuple, qui le font être lui et non pas un autre, qui lui inspirent cet ardent amour de la patrie fondé sur des habitudes impossibles à déraciner...

Rousseaus Forderung für Polen lautete im besonderen:

Beaucoup de jeux publics où la bonne mère patrie se plaise à voir jouer ses enfants. Qu'elle s'occupe d'eux souvent afin qu'ils s'occupent toujours d'elle. Il faut abolir, même à la cour, à cause de l'exemple, les amusements ordinaires des cours, le jeu, les théâtres, comédie, opéra, tout ce qui efféminé les hommes, tout ce qui les distrait, les isole, les fait oublier leur patrie et leur devoir, tout ce qui les fait trouver bien partout pourvu qu'ils s'amusent; il faut inventer des jeux, des fêtes, des solennités, qui soient si propres à cette cour-là qu'on ne les retrouve dans aucune autre. Il faut qu'on s'amuse en Pologne plus que dans les autres pays, mais non pas de la même manière... Rien, s'il se peut, d'exclusif pour les grands et les riches. Beaucoup de spectacles en plein air, où les rangs soient distingués avec soin, mais où tout le peuple prenne part également, comme chez les anciens...[4]

Gerade mit seinem Theaterbrief und der «Novelle Héloïse» ist Rousseau zuerst in der deutschen Schweiz bekannt geworden. Der St. Galler *Jakob Wegelin* stellte 1761 in einer Nachschrift zu seiner Übersetzung des Theaterbriefes Rousseau neben die Haller und Bodmer, Balthasar und Iselin und wünschte, dass sich solche Männer täglich vermehren möchten.[5] Aufsehen erregte aber auch Rousseaus Roman, den man als ersten schweizerischen bezeichnete. Mit diesen beiden Werken fand nicht nur Rousseaus nationales Gedankengut im allgemeinen in der deutschen Schweiz Verbreitung, sondern auch seine Idee nationaler Festspiele im besonderen. So hofften der Basler *Isaak Iselin* und der Zürcher *Salomon Hirzel*, dass gerade mit der Einführung von olympischen und anderen Spielen, wie sie einst die Griechen hatten, aus den Versammlungen der Helvetischen Gesellschaft mehr werde als nur ein Traum und man so fähig sei, das Beste des Vaterlandes zu fördern. «Ich richte zu Baden (dem eidgenössischen Tagungsort) eine Schaubühne auf, einheimische Stücke da aufzuführen», schrieb Iselin im Frühling 1762 an Hirzel, «Unsere reichen Kaufleute müssen sich um die Wette bemühen, die besten Acteurs, die schönsten Verzierungen (Dekorationen) und andere merkwürdige und nützliche Sachen zur Schau stellen.» Im gleichen Sinne antwortete ihm Hirzel, der an die alten «Gemeinschaftsschiessen» der Eidgenossen als eine Art olympischer Spiele erinnerte und die Erfindung anderer gemeinsamen Freuden in den jetzigen Zeiten des Friedens propagierte, die mit den Künsten und Wissenschaften nähere Verwandtschaft hätten, worunter er ohne Zweifel auch das Theater verstand.[6] Der Appenzeller *Laurenz Zellweger* warnte in seinem «patriotischen Abschied von der Helvetischen Gesellschaft» die Schweizer vor drohendem Untergang und wies für eine bessere Zukunft auf das griechische Vorbild hin: «Die freundschaftlichen Zusammenkünfte der griechischen Republiken in olympischen und anderen Spielen, bei welchen geistige und Leibesübungen um die Wette getrieben wurden, bewirkten die innere Kraft und Selbständigkeit des Landes.» Nur bei Wiederaufführung und Vermehrung der alten eidgenössischen Feste könne die Schweiz gesunden (1764).[7]

1770 regte der Berner *Isaak Gottlieb Walther* in einer Rede vor dem «Äusseren Stand» (der Scheinregierung der regimentsfähigen Berner Jugend) an, in den schweizerischen Republiken zwei Städte als Mittelpunkte von Leibesübungen wie Sparta und geistigen Übungen wie Athen auszuersehen, um so den Nationalsinn zur schönsten Blüte zu bringen. Unter den Übungen des Geistes verstand Walther neben Vorlesungen aus der vaterländischen Geschichte – er selber war Geschichtsprofessor an der theologischen Akademie in Bern – und eidgenössischen Kunstausstellungen vornehmlich die Aufführung von Nationalschauspielen mit Taten unserer Voreltern oder anderem. Dieses Projekt wurde 1787 erneut veröffentlicht.[8] Da ist aber in der Frühgeschichte der nationalen Festspielidee vor allem der in Winterthur geborene, hauptsächlich in Berlin wirkende *Johann Georg Sulzer* zu nennen. Er griff die nationale Festspielidee Rousseaus in ihrer Breite auf und entwickelte darüber hinaus eine eigentliche Dramaturgie des nationalen Festspiels. Schon 1760 schrieb er in seinem Jahresbeitrag «Philosophische Betrachtungen über die Nützlichkeit der dramatischen Dichtkunst» für die Königliche Akademie der Wissenschaften und Schönen Künste, dass man Grund habe zu hoffen, dass einige Umstände dem Theater die Würde wieder geben, welche es zu den schönsten Zeiten der Republik Athen besass. In diesem Sinne wandte er auch den Ausspruch des englischen Philosophen Francis Bacon an, dass in zahlreicher Versammlung die Menschen weit leichter gerührt werden, als wenn jeder für sich allein bleibt.[9] Im Winter 1762/63 vorübergehend nach Winterthur zurückgekehrt, widmete er seine ganze Musse der Ausarbeitung seiner 1756 begonnenen «Allgemeinen Theorie der Schönen Künste».[10] Es wäre möglich, dass der Artikel «Schauspiel» schon damals entstanden ist, denn er atmet ganz den Geist von Rousseaus Theaterbrief, der ja bereits 1761 in deutscher Übersetzung vorlag, und der diesbezüglichen Stelle in der «Nouvelle Héloïse», die Sulzer zitierte. Wie Rousseau in erster Linie als Genfer das Theater seiner Zeit ablehnte, aber nicht an die Beseitigung des Theaters in Paris dachte, so überliess Sulzer den grösseren Städten ihre täglichen Schauspiele für eine geringere Anzahl von Menschen und die etwas selteneren für die Menge. In kleineren Städten und Dörfern sollen jedoch feierliche und öffentliche Schauspiele veranstaltet werden, nur auf gewisse Tage beschränkt, vorzüglich auf Tage der Feier und der Erholung. Ausgangspunkte erblickte Sulzer in der Art öffentlicher Festlichkeiten in Dörfern seiner Heimat, die ohne belästigenden Aufwand und mit einiger Überlegung allmählich mehr Form und Nutzbarkeit bekommen könnten. Er war überzeugt, dass der Mensch in keinerlei Umständen lebhafterer Eindrücke und Empfindungen fähig ist als bei öffentlichen Schauspielen: «Also sind unstreitig öffentliche Schauspiele, vorzüglich aber die, welche bei Feierlichkeiten, und mit einiger in die Augen fallenden Veranstaltung oder Parade gegeben werden, die vorzüglichsten Gelegenheiten, auf ein ganzes Volk die stärksten, lebhaftesten, folglich auch wirksamsten Eindrücke zu machen, ganz im Gegenteil zum alltäglichen Schauspiel.» Wie Rousseau wies auch Sulzer auf das antike Theater als Vorbild hin: «In Griechenland und Rom wurden anfänglich die Schauspiele bloss bei Gelegenheit feierlicher Festtage gegeben. Da tun sie allerdings die grösste Wirkung. Es scheint überhaupt, dass die Gesetzgeber der älteren Welt, weit besser als es in unserer Zeit geschieht, eingesehen haben, was für einen Einfluss öffentliche Feste auf die Gemüter haben.» Sulzer resignierte keineswegs wie Bodmer, sondern forderte zur Nachahmung der Antike auf und entwickelte, von ihr ausgehend, seine Dramaturgie des nationalen Festspiels: Die einer Menge zugleich vorgestellten Schauspiele müssen nach seiner Überzeugung allgemein verständlich sein und nicht bloss wenige Menschen von besonderem Stand und Lebensart interessieren, sondern das ganze Volk. Sie müssen durch das Äusserliche die Sinne anrühren. Der Dichter dürfe die versammelte Menge, für die er arbeite, nicht einen Augenblick aus dem Gesichte verlieren. Der wesentliche Teil der Handlung müsse notwendig vor unseren Augen vorgehen und nicht bloss erzählt werden. In erster Linie kommen Schauspiele in Frage, welche die Feierlichkeit besonderer Festtage, wie sie jeder Staat habe, verstärken, wie in einem freien Staate ein Fest zur Feier der Epoche seiner Freiheit, das mit einem Schauspiel beschlossen wird. Hierzu sei schlechterdings ein Nationalstoff notwendig, und da wäre es ungereimt, einen fremden zu wählen. Nachahmenswertes Beispiel ist für Sulzer das Theater der alten Griechen: Den Pomp und das Feierliche, welche diese bei allen öffentlichen Handlungen liebten, haben sie dadurch zu unterhalten gesucht, dass sie gewisse Handlungen Chören von Sängern und Tänzern aufgetragen haben. Von Zeit zu Zeit sangen diese Chöre Lieder, deren Inhalt sich auf die Handlung bezog; bisweilen nahmen sie an der Handlung selbst Anteil durch Rat, Vermahnung oder Trost. Ja oft waren die Chöre ein Teil des Volkes selber oder Hausgenossen der Hauptpersonen. Auch die Zwischenzeit der Handlung wurde von Chören ausgefüllt, welche die Zuschauer mit Gegenständen unterhielten, die zur Handlung gehörten. Die Musik haben die alten Griechen mit grossem Vorteil nicht nur für Kriegsgesänge eingesetzt, sondern auch für politische Feierlichkeiten wie Feste zum Andenken grosser Staatsbegebenheiten. Die Musik kann für Sulzer bei solchen Festen von ausnehmend grosser Wirkung sein, vor allem, wenn dabei Gesänge vorkommen, die entweder das ganze Volk oder doch nicht gemietete, sondern aus bestimmten Ständen ernannte und durch ihre Wahl geehrte Bürger anstimmen. Der antike Chor ist demnach für Sulzers nationale Festspielidee ein Vorbild, soweit er sich natürlich in die Handlung einordnet und ihren öffentlichen Charakter betont. Sulzer erkannte auch die Sonderart der in die dramatische Handlung eingeschobenen Ballette der Antike, von denen einige nationale Handlungen oder Gebräuche vorstellten, andere Nachahmungen besonderer Begebenheiten waren. Die heutigen Zeiten vertrügen zwar das Zeremoniell der öffentlichen Feste nicht mehr. Aber trotzdem seien Tänze in allerhand Art zu erfinden, da kaum etwas in dem sittlichen Charakter des Menschen vorkomme, das nicht durch Stellung und Bewegung des

Körpers verständlich und lebhaft ausgedrückt werden könne.[11] Das hatte Sulzer schon im Artikel «Ballett» festgestellt, wobei ihm etwas ganz anderes vorschwebte als die konventionellen «künstlichen Gänge und manierlichen Schritte». Sulzer schlug also die Darstellung von Gesamtkunstwerken in der Art der griechischen Tragödien in Verbindung mit öffentlichen Feiern vor, was er bereits in der Vorrede seiner «Allgemeinen Theorie der Schönen Künste» betont hatte: «Es ist in der Welt nichts, dass die Gemüter sogar bis in den Grund öffnet und jedem Eindruck so einnehmende Kraft gibt, als öffentliche Feierlichkeiten und solche Veranstaltungen, wo ein ganzes Volk zusammenkommt.»[12]

Aus ihrer Liebe zu Vaterland und Volkstum, einem tiefen Naturgefühl und dem Vergleich der politischen und kulturellen Verwandtschaft der Republiken der Schweiz mit jenen des antiken Griechenlands sind Rousseau und Sulzer zu ihrer nationalen Festspielidee und dem Glauben an sie gekommen. In der lebendigen Anknüpfung an noch vorhandene nationale Volksfeste und Volksschauspiele erkannten sie Ausgangspunkte zu ihrer praktischen Verwirklichung. Hier setzte denn auch die Weiterbildung der nationalen Festspielidee ein, da man in der Schweiz im Gegensatz zum Ausland sofort erkannte, was Rousseau und Sulzer wollten, und in ihrer Festspielidee das beste Mittel erblickte, den nationalen Gedanken unter das Volk zu bringen. Unter den vielen Kulturpolitikern im letzten Viertel des 18. Jahrhunderts seien kurz erwähnt: der Historiker *Johannes von Müller* aus Schaffhausen, der nicht nur im öffentlichen Gespräch und in Briefen für die schweizerische Festpielidee eintrat, sondern auch in Vorworten und Anmerkungen seiner «Geschichten schweizerischer Eidgenossen», der Berner *Carl Victor von Bonstetten,* der «Briefe über ein schweizerisches Hirtenland» zur Wiederbelebung alter Sitten und Bräuche schrieb und 1786 einen flammenden Appell an die Helvetische Gesellschaft richtete; der Waadtländer Pastor *Philippe Sirice Bridel* in seinen helvetischen Almanachen und der Luzerner Pfarrer *Franz Josef Stalder,* der in öffentlichen Ansprachen als Präsident der Helvetischen Gesellschaft und in volkstümlichen Werken die Idee schweizerischer Feste und Festspiele propagierte. Selbst Zeitungen wie das «Luzerner Wochenblatt», das 1790 eine programmatische Abhandlung über das Volksspiel veröffentlichte, setzten sich für dieselben Ziele ein.[13]

In der *Helvetik* (1798–1803) wurde der Festspielgedanke nicht nur von offiziösen Gesellschaften, sondern sogar von offiziellen Regierungsstellen gefördert. So empfahl im Mai 1798 der Statthalter des Kantons Solothurn dem helvetischen Justizminister die Veranstaltung öffentlicher Lustbarkeiten und Volksfeste in Verbindung mit Theateraufführungen einer patriotischen Bürgergesellschaft. Der Grosse Rat der helvetischen Republik sagte den inzwischen in der Schweiz propagierten Festen der französischen Revolution zugunsten autochthoner schweizerischer Feste den Kampf an.[14] Selbst der helvetische Minister der Künste und Wissenschaften, *Philipp Albert Stapfer,* der eben noch einen detaillierten Festplan mit der Errichtung eines Freiheitsbaumes und eines Altares des Vaterlandes, mit Chören der verschiedenen Lebensalter und Geschlechter, sowie Wettspielen eingereicht hatte, bekehrte sich dazu und verfasste ein entsprechendes Empfehlungsschreiben an das Helvetische Direktorium.[15] Der Gedanke nationaler Feste und Festspiele tauchte auch im sogenannten «Luzerner Comödienstreit» auf, wo es eigentlich um die Zulassung einer deutschen Wandergruppe ging. So wünschte der Luzerner *Heinrich Crauer,* dass allenthalben und in allen Tälern patriotische Schauspiele aufgeführt würden, und betonte der Berner *Josef Lüthi,* dass in älteren Zeiten die Schauspiele öffentlich an grossen Festen gegeben worden seien, mit den Endzweck, das Volk und seine Führer moralisch zu bessern, in ihren Gesinnungen zu vereinen und so die Gegenstände, die sie darboten, zu bezwingen. Ganz im Sinne Rousseaus endlich rief der Waadtländer *Urbain Laflachère* aus: «Die grosse Frage, ob Schauspiele für Republiken überhaupt passend sind, ist noch unentschieden, gewiss aber taugen sie nicht für kleine und arme Republiken wie die Schweiz. Grosstaten unserer Väter, ihr zur Nachahmung erweckendes Andenken sollen unsere Feste und unsere Schauspiele sein, und diese unter freiem Himmel gefeiert werden, das gegewärtige deutsche sowohl als französische Theater passen nicht für uns.»[16] In der «Literarischen Societät» trat vor allem der in Aarau eingebürgerte *Heinrich Zschokke* für die Veranstaltung schweizerischer Nationalfeste an verschiedenen Terminen ein, aus deren Reihe hier besonders das für den Februar geplante Fest der Helden der vaterländischen Vorwelt interessiert.[17] 1802 veröffentlichte das von *Johann Jakob Horner* herausgegebene «Helvetische Journal für Literatur und Kunst» in Zürich einen Beitrag «Über den Einfluss der Künste auf den Staat und die Sitten», worin als Vorbild für die Schweiz auf die olympischen und dramatischen Spiele im alten Griechenland hingewiesen wurde.

In der *Mediation* (1803–1813) trat der ehemalige Apotheker in Biel und Bern, jetzt kulturpolitische Ziele verfolgende Journalist *Johann-Georg-Albrecht Höpfner* wiederholt für die Wiederbelebung alter Feste ein. Als 1804 Schillers «Wilhelm Tell» erschien, begnügte er sich nicht mit einer blossen Besprechung, sondern schlug zur Fünfhunterjahrfeier der Schweizer Eidgenossenschaft, die nach der damaligen Ansicht in den Herbst 1807 fiel, die festliche Freilichtaufführung an den historischen Orten vor: «Welch eine gedankenreiche Aussicht, wenn dannzumal durch Aufführung dieses Meisterwerkes nahe oder bei der Quelle der Handlungen durch gemeinschaftliches eidgenössisches Mitwirken bei einem der freudenreichsten Jubiläen den Stiftern unseres lang genossenen Wohls und deren Sänger Dank und Lob aus allen Teilen der Schweiz zufliessen würden...»[18] 1808 folgte in derselben Zeitschrift ein noch kühnerer «Vorschlag zur

Feier des fünften Jubiläums der alten Schweizerischen Freiheit»: Ende letzten Jahres sei in beinahe allen schweizerischen, deutschen und französischen Zeitungen ein Aufruf an das Schweizer Volk erschienen, das Jahr 1808 als das fünfte Jubeljahr der alten schweizerischen Freiheit durch ein allgemeines schweizerisches Nationalfest zu feiern. Leider seien bisher keine Vorschläge von Vaterlandsfreunden bekannt geworden. Höpfner schlug deswegen vor, ein Nationalfest an vier historischen Orten während vier aufeinanderfolgenden Tagen zu feiern, wobei die Teilnehmer mit Schiffen und Wagen von einem Festort zum andern befördert würden. Vorgesehen waren folgende Feiern: am ersten Tag auf einer Wiese bei Brunnen zur Erinnerung an 1315 mit alten sportlichen Spielen, Tänzen und dem Aufzug von Tell und Tellknabe inmitten von Armbrustschützen, am zweiten Tag auf dem Rütli mit vaterländischen Reden, Musik, Tänzen, Bruderkuss und Handschlag, am dritten Tag in Stans zur Erinnerung an die Vermittlung des Nikolaus von Flüe im Streit der Eidgenossen 1481 und am vierten Tag auf dem historischen Schlachtfeld bei Sempach mit pantomimischer Darstellung der Schlacht von 1386 am Vormittag, mit Turnieren und Ringelstechen der österreichischen Ritter, militärischen Aufzügen von Knaben und Reigentänzen von Mädchen am Nachmittag, mit Schiffahrten und Ruderwettkämpfen auf dem Sempachersee und, bei einbrechender Nacht, mit einem Feuerwerk über dem See mit Aufleuchten der Namen Sempach und Winkelried.[19] Noch am 12. März 1808 wurde unter dem Titel «Künftige Nationalfeste» das «Eidgenössische Jubelfest im Ct. Luzern» angekündigt. Aber leider konnte schliesslich das Aufsehen erregende Projekt Höpfners, in dem die Anregungen Rousseaus, Sulzers und ihrer Nachfolger zur schönsten Verwirklichung gekommen wären, selbst auf den letzten Teil, die Feier in Sempach, beschränkt, nicht ausgeführt werden.

2. Das Winzerfest von Vevey

Ohne Zweifel von Rousseau und Bridel mitangeregt wurde die Ausgestaltung der kostümierten Umzüge der Winzer in Vevey zu Festspielen um die Wende des 18. zum 19. Jahrhundert. 1797 fand das erste Festspiel der Vier Jahreszeiten statt. Es entspricht zwar nicht unserer Definition des nationalen Festspiels, da hier nicht ein historisches Ereignis gefeiert wurde. Aber die Verbundenheit mit dem lokalen Brauchtum und der Geschichte des Weinbaus, als deren Begründer man mittelalterliche Klöster bezeichnete, zeigte sich nicht zuletzt darin, dass der Vorsitzende der Winzerzunft als «Abbé» auftrat und einen Krummstab trug, sowie bei den gemimten Figuren aus der griechischen und römischen Mythologie des Wein- und Ackerbaus. Der Genfer François Vernes, der nach der Geissel der Uneinigkeit und des Krieges in Frankreich ein Volk ersehnte, das noch die Süsse des Friedens kostet und dessen Feste an sein Glück glauben lassen, rief bei dem Erlebnis des Festspiels von 1797 begeistert aus, dass in Vevey die Träume der griechischen Mythologie wieder lebendig geworden seien. Er fühlte sich nach Athen versetzt und erblickte am Lac Léman jene glänzenden Feste Griechenlands, welche alle Völker anzogen.[20] Die Veranstaltung der Winzer von Vevey war für ihn ein helvetisches Fest, während hundertachtzig Jahre später der Waadtländer Charles Apothéloz von einer «Allégorie voilée de liberté» spricht.[21]

Nachdem die Waadt 1803 aus einem Berner Untertanenland ein selbständiger Kanton der Schweiz geworden war, kamen nationalschweizerische Komponenten hinzu wie 1819 die Hundert Schweizer in der bunten, geschlitzten Kriegstracht des 16. Jahrhunderts, welche 1851 erstmals eine schweizerische Begrüssungshymne anstimmten, während 1865 am Schluss alle Darsteller das vaterländische Lied «O ma Patrie, ô mon Bonheur» anstimmten, ferner die Freiburger Hirten mit ihrem «Ranz des Vaches», dem Heimwehliede der Schweizer in französischen Kriegsdiensten, sowie die Gäste der Dorfhochzeit als Vertreter aller schweizerischen Kantone, was den Waadtländer Dichter Edouard Rod bewog, von einem schweizerischen Nationalfestspiel zu sprechen. Aber ganz davon abgesehen spielte das Winzerfest von Vevey eine bedeutende Rolle für die Entwicklung der grossen nationalen Festspiele der deutschen und welschen Schweiz in der letzten Jahrhundertwende.

Dank der besonderen Initiative des Abbé Louis Levade wurden die seit 1783 innerhalb der Umzüge dargestellten mimischen Einlagen 1797 zu einem eigentlichen Festspiel der vier Jahreszeiten entwickelt, das in seinem wesentlichen Aufbau alle Winzerfeste des 19. Jahrhunderts in Vevey bestimmte. Auf dem grossen Marktplatz am Genfersee, wo eine feste Zuschauertribüne für 2000 Zuschauer errichtet worden war, zogen zu Beginn die einzelnen Gruppen durch drei dekorative Triumphbogen auf den Schauplatz, durch den mittleren und grössten der Zug des Bacchus, durch die seitlichen die Züge der Ceres und der neu hinzugekommenen Pales. An der Spitze schritten der Abbé und seine Räte, gefolgt von Fahnenträgern und Musikanten. Als erste Spielgruppe trat jene des Frühlings auf mit Schäfern und Schäferinnen, einer Priesterin vor einem Opferaltar, Kinderchören und Trägerinnen vom Emblemen, der Göttin Pales und endlich Mähern und Mäherinnen. Als zweite folgte die Gruppe des Sommers mit einem Pflug, Säern und Landarbeiterinnen, Musikanten und einer Priesterin mit Kinderchören und Trägerinnen von Emblemen, der Göttin Ceres mit Schnittern und Schnitterinnen vor einem Kornwagen, ferner mit Ährenleserinnen, Dreschern und Getreideschwingern. Dann erschien die Gruppe des Herbstes mit der Schmiede des Vulkans, den Winzern mit Fahnen und Musikanten, einem Oberpriester mit Opferträgerinnen und Kinderchören, dem Gott Bacchus auf einer Tonne mit seinem Gefolge von

Bacchantinnen und Faunen, Silen auf dem Esel, die von zwei Burschen getragene Traube von Kanaan, sowie mit Winzern und Winzerinnen, Küfern und Palmenträgern. Den Abschluss macht die Spielgruppe des Winters mit der Arche Noah und einer von Musikanten begleiteten dörflichen Hochzeit. Unter den Klängen der einzelnen Musikkorps zog dieser grandiose Triumphzug auf den Festplatz ein, wo dann ein eigentliches Festspiel aufgeführt wurde. Die einzelnen Gruppen sangen nacheinander ihre Chöre und Lieder zur Verherrlichung der Jahreszeiten und führten ihre pantomimischen Reigen auf, beginnend mit der Gruppe des Frühlings über jene des Sommers zum Bacchanal des Herbstes und zu den volkstümlichen Tänzen der dörflichen Hochzeit in der Gruppe des Winters, wo selbst Noah aus seiner Arche stieg und mit seiner Frau das Tanzbein schwang. Es fanden nicht weniger als drei Aufführungen statt. Der Berichterstatter der «Züricher Monatlichen Nachrichten» schätzte die Zuschauerzahl auf 30 000.

Der ausserordentliche Aufwand, aber auch die Zeitläufe, liessen erst 1819 wieder eine Aufführung dieses im damaligen Europa einzigartigen Volksfestspiels zu, in der Folge ungefähr alle Generationen. 1833 standen bereits 5000 Sitzplätze zur Verfügung, 1851 8000, 1865 11000, 1889 12 000 und 1905 12 500. Dazu kamen unzählige Stehplätze auf dem Markte, in den Fenstern und auf den Dächern der umliegenden Häuser. 1819 traten 730 Darsteller auf, wobei die weiblichen Rollen erstmals von Mädchen und Frauen dargestellt wurden, 1851 bereits 1000 Darsteller und 200 Musikanten. Die Festkosten beliefen sich 1865 auf 144 460, 1889 auf 230 000, 1905 auf 350 000 Franken. 1819 wurde *David Constantin* als Tanzmeister beigezogen, sowie der Musiklehrer *David Glady,* der die Lieder auswählte und zusammen mit dem *Pastor Mouron* und anderen eine Art Textbuch verfasste. 1833 engagierte man wieder Contantin und beauftragte *Samuel Glady,* den Sohn von David Glady, mit der Komposition, der eine Teil-Partitur schuf. 1851 wirkte mit *Benjamin Archinard* ein eigentlicher Choreograph mit (auch 1865 und 1889) und komponierte *François Grast* aus Genf eine vollständige Partitur. Am Libretto beteiligten sich Dichter der Romandie. Der Maler *François Bocion* entwarf neue Triumphbogen und Kostüme. Vier Schimmel zogen jetzt den Wagen des Bacchus, weisse Ochsen mit vergoldeten Hörnern jene der Pales und der Ceres. Noah trat erstmals nicht mehr auf. Am Libretto von 1865 wurde auch der Genfer *Marc-Monnier,* an jenem von 1889 der Franzose *Jules Renard* beteiligt. Die allgemeine Regie führte 1865 der Maler *Pierre la Caze.* Den Dekor 1889 schuf der Architekt *Ernst Burnard* aus Vevey, die Musik komponierte der Genfer *Hugo de Senger,* dessen Partitur *Gustave Doret* als eines der ersten Monumente lyrischer Kunst in der Romandie bezeichnete.

Von Anfang an wurde das Winzerfest von Vevey inmitten der Zuschauer aufgeführt, die von drei Seiten die «Szene» umgaben, während die vierte bis 1889 von drei Triumphbogen begrenzt war. An ihre Stelle trat 1905 eine von dem Waadtländer Maler *Jean Morax,* der auch die neuen Kostüme entwarf, antikisierend gestaltete, dreitorige weisse Bühnenrückwand mit purpurenen Draperien. Das Libretto dichtete sein Bruder *René Morax,* der erstmals das Festspiel mit dem Bacchanale des Herbstes beschloss. Die Musik komponierte *Gustave Doret.* Apothéloz bezeichnete das so gestaltete Winzerfest von 1905 als einen «Triomphe d'équilibre et d'harmonie».[22] Der aussergewöhnliche Erfolg dieser Inszenierung gab den Brüdern Morax den unmittelbaren Anlass zur Eröffnung eines Festspielhauses in Mézières bei Lausanne, dem bald weltberühmten Théâtre du Jorat (1908).

3. Vaterländische Freilichtspiele als Vorformen des nationalen Festspiels

Es besteht kein Zweifel, dass es infolge der nationalen Festspielidee der Helvetischen Bewegung zwar in der deutschen Schweiz verhältnismässig sehr spät zu grossen nationalen Festspielen kam, jedoch schon früh zu einer eigentlichen Bewegung historischer Freilichtspiele, die meist mit einem Volksfeste verbunden waren. 1764 führte Naters bei Brig in Verkürzung das 1672 in Zug uraufgeführte «Eidgenössische Contrafeth der Jungfrauen Helvetiae» von Johann Kaspar Weissenbach auf, das im ersten Teil die Tellgeschichte enthält. An der Fasnacht 1774 fand in Sachseln eine Schlittenfahrt mit «vermehrter Darstellung der ersten eidgenössischen Geschichten» statt, woran 140 Darsteller beteiligt waren. Der viele Schnee führte zur Verwendung von Schlitten an Stelle der sonst üblichen Wagen. Es handelte sich also nicht um eine brauchtümliche Schlittenfahrt wie bei den «Schlittedas» mit festlich gekleideten Männern und Frauen in Graubünden. Bei verschiedenen Halten des Umzugs stellten die Schlitten die Dekorationen für die Aufführung pantomimischer Szenen aus der Gründungsgeschichte der Eidgenossenschaft dar: Die Überbringung der Freiheitsurkunde an die drei Waldstätte durch den Kaiser, die Herrschaft der Landvögte mit der Tell-, Anderhalden- und Baumgartengeschichte, die Gefangennahme des Landvogts von Landenberg und die Eroberung der Feste Rotzberg, die feierliche Verkündigung der errungenen Freiheit, sowie eine Schlussapotheose der historischen Bilder mit dem auf einem Triumphbett aufgebahrten Winkelried, dem Helden von Sempach, und mit sechs Landsleuten, welche das Tellenlied sangen. In einer letzten Gruppe sah man auf einem Schlitten die Sinnbilder von Religion, Gerechtigkeit, Einigkeit und Starkmut, umgeben von vier Fahnenträgern und acht Schutzgeistern mit den Wappenschildern der Acht Alten Orte. Die eidgenössischen Tagsatzungsgesandten

beschworen paarweise auf dem Evangelienbuch den ewigen Bund im Andenken an die Stanser Tagsatzung von 1481. Den Zug beschlossen vier Harnischmänner und drei Hanswurste.[23] Als Johannes von Müller 1767 die Innerschweiz zwecks Aufspürung alten Brauchtums bereiste, erzählte ihm der Spielleiter, Landammann Nikodemus von Flüe, von der vor zwei Jahren durchgeführten Schlittenfahrt. Der Historiker war besonders angetan von der Aufführung in historischer Landschaft und der Regie eines direkten Nachkommens des Nikolaus von Flüe.[24]
An der Fasnacht 1784 wurde in Arth ein Tellspiel aufgeführt. Es war eine Bearbeitung des ersten Teils des «Eidgenössischen Contrafeth» durch den der Helvetischen Gesellschaft nahestehenden Schwyzer Arzt Joseph Karl Zay, der auch Regie führte. Ausserhalb des Dorfes wurde ein grosser Umzug der Darsteller zusammengestellt, an der Spitze zwei Wildmänner als Zugsordner, eine Militärmusik, zwei Harnischmänner mit Schlachtschwertern, eine Schar von Alphirten und der «Genius der Eidgenossenschaft» mit den Wappenschildern der Dreizehn Eidgenössischen Orte und einem Spiesse. Es folgten zwei Gruppen von Armbrustschützen, die hintere von Kindern dargestellt, beide mit Tell und Tellknabe und den alten Eidgenossen Werner Stauffacher, Arnold von Melchtal, Walter Fürst und Konrad Baumgarten. Hinterher zogen Gessler und sein Knecht mit dem Hut auf der Stange auf, sowie die Gesandten der dreizehn Orte mit jugendlichen Fahnenträgern und Wappenherolden. Den Schluss machten ein Militärkorps mit Fahnen, Trommlern und Musikanten, sowie allerhand lustige, fasnächtlich maskierte Gesellen. Nachdem dieser prächtige Umzug auf dem Marktplatz angekommen war, stiegen die Hauptpersonen auf eine eigens errichtete Bühne unter freiem Himmel mit neutraler Vorbühne und geschlossener Hinterbühne. Nach einem Prolog des «Genius des Schweizer Volkes», einem Hymnus auf die von den Helden vom Rütli, von Morgarten und von Sempach errungenen Freiheit mit der Aufforderung, diesen Helden nachzueifern, wurden in den ersten vier Aufzügen die Tellgeschichte dargestellt, im fünften die Vermittlung des Nikolaus von Flüe an der Tagsatzung von Stans 1481, sowie die Neubeschwörung des eidgenössischen Bundes unter Musikklängen und Geschützdonner. In einem allegorischen Schlussbilde erschienen inmitten der Dreizehn Eidgenössischen Orte mit ihren Fahnenträgern und Standesweibeln die alten Befreier der Schweiz. Ein Epilog forderte die Zuschauer auf, an die alten Heldentaten zu denken und die angestammte Freiheit zu bewahren. Insgesamt fanden drei Aufführungen statt. Zay hatte selber sein programmatisches Unternehmen im «Schweizerischen Museum» seines Zürcher Freundes Johann Heinrich Füssli bekannt gemacht, worin er die Bedeutung der historischen Landschaft als Schauplatz der Aufführung besonders hervorhob. Der Waadtländer Louis Bridel wurde zu Tränen gerührt angesichts des nationalen Volksschauspiels in

Gegenden, wo sich die Geschichte der Väter abgespielt habe. Sein Bruder, der Pastor Philippe Sirice Bridel, nannte die Aufführung ein wirklich helvetisches Fest. Der Entlebucher Pfarrer Franz Joseph Stalder erblickte im Arther Tellspiel einen neuen Ausgangspunkt für die Erneuerung der nationalen Feste unter freiem Himmel.[25] An der Fasnacht 1790 wurde an dem mit vielerlei Zurüstungen dekorierten Ufer und auf dem Lowerzersee ein nationales Kampfspiel zu Lande und zu Wasser durchgeführt, in dem zwar Tell nicht auftrat, aber im Hintergrund stand, wurde doch die 1308 efolgte Eroberung der Zwingburg auf der Insel Schwanau dargestellt, wieder eine Aufführung, bei der die historische Landschaft als Schauplatz besondere Beachtung fand.[26] 1805 wiederholten die Sachsler ihre Tell-Schlittenfahrt, die sie diesmal bis nach Sarnen führte. Heinrich Zschokke stellte fest, es sei ein seltener Anblick gewesen, den ganzen Zug in seinen bunten Farben und fröhlicher Mischung auf der Strasse oder in weitem Kreise, mit Tausend und Tausend Zuschauern umgeben, in Bewegung und Spiel zu sehen. Auch er fand es bemerkenswert, dass die zahlreichen Nachkommen der Heinrich und Arnold Anderhalden die Hauptszenen ihrer Urväter selbst spielten und der Anordner dieses nationalen Volksspiels ein Ignaz von Flüe aus Sachseln war. Das Pantomimenspiel sei über alle Erwartungen gut und schön gewesen. Die Apfelschussszene mit dem wirklich schiessenden Tell, einem Meisterschützen, würde auch einem guten Theater alle Ehre machen. Im Ganzen dürfe man dreist behaupten, dass in Rücksicht des Ortes, der Personen, des Gegenstandes, der Anordnung und Ausführung in der ganzen Schweiz niemals ein schöneres Schauspiel gegeben worden sei.[27]

Als das Wallis 1803 wieder «Freie Republik» wurde, da feierte die Gemeinde Gampel im Lötschental dieses Ereignis mit einer festlichen Freilichtaufführung eines «Wilhelm Tell und seine Gespanen oder die wahre, unaussprechlich kostbare Freiheit Helvetiae», wiederum eine Bearbeitung des «Eidgenössischen Contrafeth». In der Folge wurden auch Tellspiele zeitgenössischer Schweizer Autoren aufgeführt.[28]

Seit der Restauration kam es dann zu zahlreichen Volksaufführungen von Schillers «Wilhelm Tell». Ob dies schon beim Tellspiel in Boswil 1816 der Fall war, geht aus dem Tagebuch des Zürcher Malers Ludwig Vogel, der den Telldarsteller in der bis ins späte 19. Jahrhundert[29] üblichen geschlitzten Kriegstracht des 16. Jahrhunderts in einer Zeichnung festhielt, nicht hervor. Vermutlich war es der Fall in Premier (Waadt) 1820, wo Teile des Dorfes die Szenerien hergaben. Aber erst bei einer am 25. März 1824 in Bözingen bei Biel von jungen Leuten veranstalteten Freilichtaufführung wurde ausdrücklich vermerkt, dass es sich um «Wilhelm Tell» in 5 Akten, also das Drama von Schiller, handle. Der Bieler *Adolf Perrot* bewunderte die aus Bern und Solothurn bezogenen Kostüme und fand die Harmonie der Reiter besonders bemerkenswert.[30]

In der Folgezeit können fast jedes Jahr eine oder mehrere Aufführungen des Schillerschen Tells oder anderer Naitonalschauspiele nachgewiesen werden, zum grösseren Teil an der Fasnacht, manchmal aber auch in der wärmeren Jahreszeit, so dass man von einer eigentlichen Volksspielbewegung sprechen kann. Hauptinitiatoren waren die Lehrer, die an Stelle der derben Fasnachtsbelustigung zur Aufführung nationaler Volksschauspiele aufriefen, in geringem Masse auch Ärzte und Schriftsteller. Einige gingen bis zur Forderung eines Nationaltheaters unter freiem Himmel. So schrieb der Rapperswiler Mittelschullehrer *Alois Fuchs* in einem Nachwort zu seiner Volksausgabe von Schillers «Wilhelm Tell» unter anderem:

In Griechenland und Rom wurden die grossen Ereignisse der Nation im Freien aufgeführt und die wohltätige Wirkung davon bezeichnet die Geschichte. Bei der Abdachung eines Hügels auf einer geräumigen Ebene, wie es so viele Punkte der Schweiz gibt, in einer Gegend rings herum bewohnt, da bereitet einen einfachen Schauplatz und ordnet die wenigen Szenen ohne Ängstlichkeit, aber grossartig. Auf einige sichere und sturmfreie schöne Tage lässt sich immer zählen und danach die Einladung einrichten und wenn immer tunlich mit einem Volksfeste verbinden, wo mehr auf die Stimmung der Gemüter als auf Trank und Schmaus gesehen werden soll. Wer bei solcher Darstellung mehr auf die Maschinerie als die Handlung achtet, beweist einen falschen Geschmack und mangelnde Phantasie. Ein echt dramatisches Kunstwerk bedarf gerade am wenigsten der Szenerie und des Maschinenwesens. Aber sucht frische und kräftige Gestalten mit klarer, fester Stimme und mit dem innigen Schweizergemüt für Gott und Vaterland; solche macht allen Mangel an Künstelei vergessen. Wie aber müsste ‹Wilhelm Tell› im freien Schweizerlande, auf freier Höhe unter Gottes Himmel von und vor Schweizern aufgeführt wirken! Um das eine Zentrum: Befreiung des Vaterlandes von Tyrannei mit Gotteshilfe durch Eintracht und Tat, dieses aufgeführt aus aller Seele vor aller Augen, nicht wäre es ein Theater im gewöhnlichen Sinne dieses Wortes, wie wäre es eine Nationalschule, eine lebendig gewordene Geschichte voll Lehre und Mahnung für alle Geschlechter...[31]

Der in Engelberg geborene, jetzt als Arzt in Hochdorf wirkende *M. August Feierabend,* der sich schon als Jüngling für Freilichtspiele interessiert hatte, hielt 1843 in der «Gesellschaft für vaterländische Kultur im Kt. Luzern» in Sempach einen ausführlichen Vortrag «Über Volksfeste und Volksspiele im Kt. Luzern» und ihre Veredelung. Nach dem Festspiel-Zitat aus Rousseaus Reformschrift für Polen und einer Aufzählung sämtlicher Volksfeste in Stadt und Kanton Luzern freute er sich im besondern, dass an der Fasnacht vermehrt vaterländische Volksschauspiele aufgeführt würden, wies als vorbildlich auf die diesjährigen grossen Freilichtspiele am Zürchersee, aber auch die Freilichtaufführung eines «Rütlibund» in der Luzerner Gemeinde Gelfingen hin und entwickelte eine Art Nationaltheaterplan.[32] In der Folge dichtete er selber vaterländische Volksschauspiele, die eigentlichen Festspielen nahe kommen.

Hier sollen nur einige grössere Freilichtaufführungen von historischen Volksschauspielen erwähnt werden, die entweder durch einen grossen Umzug eingeleitet wurden oder Darsteller und Zuschauer von einem Schauplatz zu den oft eine halbe Stunde entfernten anderen Schauplätzen führten, wobei beide Arten meist in einem eigentlichen Volksfeste endeten. Besonders originell war 1828 die «Grosse Vorstellung des Schauspiels Wilhelm Tell mit natürlichen Dekorationen» in Küssnacht am Rigi, dargestellt von Beamten, Kaufleuten, Bauern und Hirten in der Regie des Dorfarztes. Das Spiel begann auf dem Engelplatz, wo die Stange mit Gesslers Hut aufgepflanzt war und nach der Grussverweigerung Tells die Apfelschussszene stattfand. Nachdem Gessler den aufsässigen Tell hatte fesseln lassen, begleitete die grosse Zuschauermenge Gessler mit seinem Gefolge und Tell ans Ufer des Vierwaldstättersees. Hier begaben sich die Darsteller auf einen Nauen, darunter auch ein Jesuit, der auf Befehl Gesslers Tell Gehorsamkeit gegenüber der Obrigkeit predigen sollte. Dann fuhr der Nauen in die Mitte des Sees, wo durch Schaukeln der Sturm angedeutet wurde. Tell wurde freigebunden und setzte am gegenüberliegenden Ufer zum Tellsprung an, fiel allerdings ins Wasser und musste sich schwimmend ans Land retten. Dann zog er zusammen mit den am dortigen Ufer stehenden Zuschauern in die «historische» Hohle Gasse und legte sich in einen Hinterhalt, um auf Gessler zu warten. Dieser war inzwischen mit dem Nauen nach Küssnacht zurückgekehrt, bestieg an Land sein Pferd und ritt, begleitet von den in Küssnacht verbliebenen Zuschauern, in die Hohle Gasse, wo ihn nahe bei der Tellskapelle der Pfeil Tells fällte. Nach dem grossen Jubel der Zuschauer, in den Tell und bald auch der wieder auferstandene Gessler einstimmten, zogen Zuschauer und Darsteller gemeinsam nach Küssnacht zurück, wo das Ganze in einem vaterländischen Volksfeste endete. 1829 wurde die Aufführung wiederholt und um die Rütliszene vermehrt.[33] Während diese beiden Tellspiele an der Fasnacht aufgeführt wurden, fand die nächste Küssnachter Tell-Aufführung im Herbst 1864 statt. Dieses Mal wurde Schillers Drama, wenn auch in Verkürzung, mehr Genüge getan. Es fehlten nicht die Lyrische Eingangsszene, die von einem Mädchen gesungen wurde, das Gespräch Stauffachers mit Gertrud, die Drei Männer-Szene, die Szene vor Tells Haus, sowie in der Hohlen Gasse der Hochzeitszug und der Auftritt Armgarts. Auf dem Engelplatz war jetzt der Tellbrunnen mit einer mit grünem Schilf verkleideten «Brügi» zugedeckt, wobei aber die Tellstatue sichtbar blieb. Um dieses Spielpodium, worauf die ersten Szenen stattfanden, waren drei ansteigende Gerüste für die zahlreichen Zuschauer aus Nah und Fern aufgestellt. Was den Tellsprung anbelangt, wurden Wetten abgeschlossen, ob er diesmal gelingen würde; er gelang. Mehr als 100 Darsteller aus allen Kreisen der Bevölkerung traten auf. Regie führte der Dorfarzt Dr. Sidler. Die Harnische und Waffen stammten aus dem Aargau. Die Kostüme wurden mit wenigen Ausnahmen nach historischen Vorbildern im Dorf geschneidert. Wieder zogen nach dem Tode Gesslers, dessen «Leichnam» man diesmal in die Tellskapelle getragen hatte, Darsteller und Zuschauer nach Küssnacht zurück. Der Spielleiter hielt eine vaterländische Ansprache. Spät in der Nacht wurden noch einige Tellszenen als lebende Bilder gezeigt und fand das Volksfest auf Tanzbühnen sein fröhliches Ende.

Grosse Tellspiele fanden in den vierziger Jahren in Kaiserstuhl und Umgebung statt. Fritz Hunkeler hat nachgewiesen, dass *Gottfried Keller,* der im benachbarten, heimatlichen Glattfelden oft seine Ferien verbrachte, darauf bei aller dichterischen Freiheit im Fasnachts-Kapitel seines 1854 erstmals veröffentlichten Roman «Der grüne Heinrich» Bezug nimmt.[34] Die Freilichtaufführung begann bei Sonnenaufgang mit einem Alpaufzug und endete bei Sonnenuntergang mit einem allgemeinen Freudenfest. Die einzelnen Szenen wurden über die ganze Gegend zerstreut. Ein an der Strasse gelegenes Haus, das der auch für die historischen Kostüme besorgte Grüne Heinrich für das Tellspiel bemalt hatte, stellte Stauffachers Wohnung dar, der Marktflecken das historische Altdorf, der «breite Strom» den Urnersee, eine von ansteigendem Gehölz umschlossene Wiese das Rütli, eine auf dem höchsten Punkte einer Bergallmend befindliche Burgruine, die mit Stangen und Brettergerüsten verkleidet war, die Zwinguri, und so weiter. Dazu kamen noch Schauplätze für die Zwischenszenen. «Denn das war das Schönste bei dem Feste», stellte Keller fest, «dass man sich nicht an die theatralische Einschränkung hielt, dass man es nicht auf die Überraschung absah, sondern sich frei herumbewegte und wie aus der Wirklichkeit und wie von selbst an den Orten zusammentraf, wo die Handlung vor sich ging. Hundert kleine Schauspiele entstanden dazwischen und überall gab es etwas zu sehen und zu lachen, während doch bei den wichtigen Vorgängen die ganze Menge andächtig und gesammelt zusammentrat.[35]

Auch bei den grossen Tellspielen im industriereichen Toggenburg 1857 und 1858, wo die aus verschiedenen Gemeinden rekrutierten Darsteller meist Arbeiter waren, verteilten sich die Schauplätze auf mehrere Orte. Während Gertrud unter der Linde des einen Ortes Stauffacher aufrichtete, ritt der Landvogt Gessler mit einem grossen Gefolge von Edlen, Reisigen und Knappen mit Morgensternen, Hellebarden und dem österreichischen Reiterfähnchen ins andere Dorf ein. Auf der steinernen Treppe eines Fabrikantenhauses fand die Drei-Männer-Szene statt, auf einer auf einer Wiese errichteten «Brügi» die Rütliszene. Nach dem feierlichen Rütlischwur wurde eine Pause eingelegt, dreissig alte Eidgenossen stiegen vom Bühnenpodium herunter und sammelten das Geld ein. Die Dorfmusik holte den inzwischen eingetroffenen Gessler und sein Gefolge am anderen Ende des Dorfes ab und geleitete ihn auf die Bühne, wo die Apfelschussszene dargestellt wurde. Die tausend Zuschauer folgten dem in Fesseln abgeführten Tell zum Osteingang des Dorfes. Aber bevor dieser erreicht war, rettete sich Tell durch seinen kühnen Sprung, um beinahe unmittelbar nachher neben Gessler wieder zu erscheinen, auf einen mit einem Tannenbäumchen geschmückten Holzhaufen hinaufzuklettern und seinen Monolog zu halten. Als endlich Armgart sich vor die Hufe von Gesslers Pferd warf, da kannte die Beherrschung der Zuschauer, die bei der Rütliszene trotz des Winterwetters in stummer Andacht verharrt hatten, keine Grenzen mehr, und mit dem tausenstimmigen Ruf «Es het ne, es het ne» wurde Gesslers Fall begrüsst. Zum Schluss schwang sich der Darsteller des Stauffachers auf den Holzhaufen und sprach von dem leuchtenden Vorbild der ersten Eidgenossen für Zeiten der Not. Der Grüne Heinrich wäre allerdings mit der zusammengewürfelten Kostümierung nicht zufrieden gewesen, ebenso wenig wie bei dem 1857 in Seedorf bei Bern aufgeführten, mit der vierten Szene beginnenden und etwas gekürzten «Wilhelm» von Schiller, dessen Eingangsumzug mit einer brauchtümlichen Tannenfuhr verbunden wurde.

An grösseren Tell-Freilichtspielen seien noch erwähnt jene in Gisikon und Root 1863, in Huttwil und Umgebung 1866, in Stäfa mit Einbezug des Zürchersees 1867, in Zweisimmen 1870 und 1873, in Altstetten bei Zürich 1862. 1875 und – besonders prächtig inszeniert – 1896, in Steinen 1884, wo man Schillers Tell mit Bornhausers «Gemma von Arth» zu dem grossen Volksschauspiel «Aus den Zeiten der Gründung der Eidgenossenschaft» verband, ferner in Belp 1888, sowie die zahlreichen Aufführungen anlässlich der Sechshundertjahrfeier der Schweiz 1891, die damit Festspielcharakter bekamen. 1899 endlich sollte die schweizerische Tellspiel-Begeisterung in Altdorf zur Errichtung eines Festspielhauses für Schillers «Wilhelm Tell» führen, einem Unikum in Europa. 1912 wurden im Naturgelände am Rugen die Tellspiele in Interlaken gegründet.

Neben der Tellgeschichte wurden auch andere vaterländische Stoffe in grossen Volksschauspielen unter freiem Himmel dargestellt. In einer «Heroischen Fasnachtslust zu Fuss und zu Pferde, zu Wasser und zu Lande» brachte Küssnacht am Rigi 1813 das jüngste politische Ereignis auf die Freilichtbühne des Volkes: Einzug des Direktoriums in Bern, Vertreibung der Helvetischen Regierung und Ankunft der neuen Regierung. 1824 folgte ebendort «Bruder Klaus oder die Tagsatzung in Stans». Besonders rege in bezug auf grosse vaterländische Freilichtspiele waren auch einige Gemeinden am Zürchersee, der meist in die Aufführung einbezogen wurde. So führten Meilen 1837 «Die Schlacht bei Sempach» auf, Wädenswil 1841 «Die Schlacht bei St. Jakob an der Birs», 1842 «Die Schlacht am Stoss», 1850 «Der Königsmord in Windisch», 1863 «Der grosse Bauernkrieg», eigentlich ein Festspiel, da genau zweihundert Jahre seit dem historischen Ereignis vergangen waren, Stäfa 1843 den «Kampf der Nidwaldner gegen die Franzosen 1798», 1853 und 1873 «Karl der Kühne und die Schlachten bei Grandson, Murten und Nancy» mit über vierhundert Darstellern vor mehr als fünfzehntausend Zuschauern, 1891 den «Stäfener Handel 1795–1798», Horgen 1851 «Der ewige Bund Zürichs mit den Waldstätten 1351», eigentlich ein Festspiel, Richterswil 1869 «Die Enkel Winkelrieds» (Kampf der Nidwaldner gegen die Franzosen 1798), Rüschlikon 1843 und 1863 «Gemma von Arth», Rapperswil 1866 «Die Schlacht bei Sempach», 1885 «Die Gründung von Rapperswil» und 1890 «Die Belagerung von Rapperswil». Im Kt. Luzern fand 1864 eine Aufführung des «Christian Schybi» von Feierabend statt: In Root wurden auf einer hölzernen Bühne mitten im Ort der erste und der dritte Akt dargestellt, in einem bewaldeten Gelände bei Gisikon der zweite Akt, der «Kampf in Gisikon im Grossen Bauernkrieg 1653». In Schwyz führten die Japanesen, eine der originellsten Fasnachtsgesellschaften des 19. Jahrhunderts, 1867 chronikartige «Bilder aus Heimat und Fremde» von Ambros Eberle auf, die sich vom Einzug der Cimbern und Teutonen und der Gründung von Schwyz über die Helvetier unter Orgetorix, die Heimkehr der Schwyzer aus der Schlacht bei Laupen, die Werbung für fremde Kriegsdienste an der Kirchweih in Schwyz, die Übergabe Mailands durch die Schweizer Truppen 1511 bis zur Auswanderung nach Amerika erstreckten. Sie hatten bereits die Form späterer Nationalfestspiele und gingen mit der Aufführung auf drei, hinter- und übereinander angeordneten Spielflächen vor der Pfarrkirche auch bühnenmässig neue Wege. 1874 folgten «Historisch-romantische Bilder aus alter und neuer Zeit», die im ersten Teil die Versöhnung der Eidgenossen in Stans 1481 und die Schweizer Gesandten am Hofe Ludwig XIV. in Paris 1664 zeigten. Das nahe Steinen spielte 1878 den «Winkelried» von Feierabend. Gersau, 1390–1817 selbständige Republik, seither Schwyzer Dorf, stellte 1873 die Ortsgeschichte dar, 1890 ein Volksschauspiel zur Fünfhundertjahrfeier des Loskaufes Gersaus von den Edlen von Moos, also wieder ein Festspiel. In Altstätten im Rheintal am Fusse der Appenzeller Alpen, wo man bisher alljährlich mit Jahrzeiten der Schlacht am Stoss (1405) gedacht hatte, führte man seit 1865 alle zehn Jahre die historischen Ereignisse mit Versammlungen der Appenzeller Bauern und der österreichischen Ritter vor, sowie mit grossen Scheingefechten auf einer Anhöhe, die sehr weit von den beiden anderen Schauplätzen lag. Mit Recht sprach man 1895 von einem Festspiel, auch wenn es sich nicht um eine runde Zahl handelte wie bei der Fünfhundertjahrfeier 1905. Nach dem ausführlichen Bericht von 1895 wurde am Vormittag auf einem weiten, von Häusern umgebenen Platz ausserhalb der Altstadt, der 10000 Zuschauer fassen konnte, die historische Landsgemeinde in Appenzell mit allem Drum und Dran vorgeführt und an deren Ende, nach dem Kriegsbeschluss gegen Österreich, der Edle Rudolf von Werdenberg aus dem St. Gallischen Rheintal ins Appenzeller Landrecht aufgenommen und zum Heerführer gewählt. Nach einer längeren Mittagspause wurde am Nachmittag auf der «Breite» die Versammlung von Österreichs Adel am 16. Juni 1405 in Arbon dargestellt, mit buntem Kriegslagerleben. Dann kam es westlich der Stadt auf einer ziemlich weit entfernten Anhöhe zur simulierten Schlacht zu Fuss und zu Pferde, nach der Kritik dem eigentlichen Höhepunkt der Inszenierung. Nach der Kunde vom Siege der Appenzeller und St. Galler wurde Altstätten festlich beflaggt.

Im Thurgau trat seit den frühen achtziger Jahren das Städtchen Diessenhofen mit Freilichtaufführungen hervor wie der «Schlacht bei St. Jakob» 1882 und ein paar Jahre später der «Burgunderschlacht» von Feierabend auf einem einfachen Bühnengerüst vor der Turnhalle. Aufsehen erregte 1900 die Uraufführung des hervorragenden Dramas «Karl der Kühne und die Eidgenossen» von Arnold Ott. Erstmals war an der Inszenierung der aus Diessenhofen stammende Maler August Schmid beteiligt, der sich in der Folge hauptsächlich dem Volksschauspiel und Festspieltheater widmen sollte. Er errichtete vor den Mauern des Städtchens eine geräumige Freilichtbühne, bestehend aus zwei breiten Terrassen, einer vorderen aus gestampfter Erde für den Aufzug der zahlreichen Reiterscharen und einer erhöhten hinteren aus Holz unter dem Laubdach mächtiger Linden mit auswechselbaren, gemalten Hintergründen.

4. Die Rolle der historischen Umzüge

Eine bedeutende Rolle für die Entwicklung der schweizerischen Festspiele kam auch den historischen Umzügen zu. Sie waren keineswegs starr, sondern meist mimisch bewegt und führten manchmal zu eigentlichen Spieleinlagen. Vermehrt traten in den Umzügen an der Fasnacht, am Zürcher Sechseläuten und am Ostermontag in Bern historische Figuren auf. Da ist zuerst der Ostermontagsumzug in Bern zu nennen. In den prächtigen Aufzügen des «Äussern Standes», einer Art Scheinregierung der regimentsfähigen Berner Jugend, traten schon um die Wende des 17. zum 18. Jahrhundert neben der modekritischen Figur des Affen, im 18. Jahrhundert meist «Urispiegel» genannt, der bewehrte Bär als Berner Wappentier und die drei Gründer der Eidgenossenschaft in der Schweizer Kriegstracht des 16. Jahrhunderts auf. Nach der Mitte des 18. Jahrhunderts kamen Harnischmänner hinzu, seit 1760 Tell und Tellknabe, seit 1764 die durch Männer in der Kriegstracht des 16. Jahrhunderts verkörperten Dreizehn Eidgenössischen Orte, 1779, ebenso kostümiert, die Zugewandten Orte, wobei zu dem offensichtlichen Aufschwung zweifelsohne die Helvetische Bewegung beitrug. Mit dem Ancien Regime ging auch der «Äussere Stand», der seine Schule war, zu Grunde. Aber seit der Restauration lebte wenigstens das ursprüngliche Berner Osterbrauchtum wieder auf, wobei eine weitere Entwicklung zu Spieleinlagen erfolgte. Aus den Tellaufzügen entstand ein kleines Tellspiel in berndeutschen Knittelversen, das an Halten des Ostermontagsumzugs aufgeführt wurde. Reifentänzer stellten dazu mit ihren Laubbögen die Dekorationen dar wie für die Apfelschussszene und die Hohle Gasse. Bis 1843 fanden innerhalb des Ostermontagsumzuges solche Tellspielinszenierungen statt.

1811 wurde am Fritschiumzug in Luzern als Hauptepisode die Rettung des französischen Königs Charles IX. und seiner Mutter durch den Luzerner Ludwig Pfyffer von Altishofen, Oberst in französischen Kriegsdiensten, vorgeführt. An der Spitze der historischen Schweizer Truppen ritt der Held aus Luzern in die Stadt ein, gefolgt von dem Prunkwagen des Königshauses von Valois. An verschiedenen Plätzen hielt der Umzug an und wurde Scheingefechte ausgeführt, wonach der König dem tapferen Oberst ein Ordensband umhing wie im 16. Jahrhundert in Meaux.[38] An der Fasnacht in Basel stellte man 1819 den im Jahre 1329 in Basel erfolgten Brautzug des Grafen Otto von Thierstein und der Katharina von Klingen dar. Am Umzug des Zürcher Sechseläuten waren es 1839 historische Szenen Zürichs aus dem Jahre 1560, 1858 Zürcher «Bunte Bilder aus dem 18. Jahrhundert», 1867 und 1884 in Jugendumzügen historische Zürcher Szenen, 1880 im Hauptumzug Bilder aus der Geschichte Zürichs von den ältesten Zeiten bis zur Gegenwart. Historisch ausgerichtet waren der Basler Jugendumzug an der Fasnacht 1841, der Schaffhauser Aschermittwochsumzug 1845, der historisch-satirische Fasnachtsumzug in Glarus 1852, der der keltischen Vorzeit gewidmete Fasnachtsumzug in Zug und der Fasnachtsumzug mit Darstellung der Ortsgeschichte in Wädenswil 1881. An der Fasnacht 1886 wurden historische Szenen in Biel vorgeführt und «Der Empfang und Einzug Kaiser Ferdinands in Rheinfelden am 8. Januar 1563» in Rheinfelden, 1886 «Der letzte Huldigungs-Einzug des Fürstbischofs von Basel im Jahre 1776» in Biel und «Die Zerstörung von Pfäffikon durch die Eidgenossen» in Pfäffikon, 1889 «Der Zürcher Kirchweihfahrt nach Uri im Jahre 1487» in Altdorf. Am Ostermontag 1897 zeigte Biel den Einzug der aus der Schlacht von Grandson zurückkehrenden Bieler und ihrer Waffenbrüder aus Solothurn, Basel, Strassburg und Mülhausen, der in einem dramatischen Schlussakt sein Ende fand. Auf einer einfachen Bühne vor dem historischen Rathaus begrüsste nach feierlichen Fanfaren der Bürgermeister die siegreichen Landsleute und Verbündeten, kredenzten Jungfrauen den Ehrenwein, dankte der Hauptmann von Solothurn für den festlichen Empfang und gaben der Venner Gäuffi und sein Bruder, der Bannerherr Gäuffi, einen von Zurufen des Volkes und der Krieger unterbrochenen Schlachtbericht. Nach einem Kriegschor berichteten die Brüder Gäuffi von der feigen Ermordung von Eidgenosen durch die Burgunder, was zu Missbilligungskundgebungen der Umstehenden führte. Dann sprach der Komtur des Johanniterordens ein Gebet, während dem alle niederknieten. Schlusschor und Fanfaren beschlossen die aus dem Umzug herausgewachsene dramatische Szene. Tell mit seinem Knaben und Harnischmänner traten an der Solennität in

93

Burgdorf, einem alljährlich stattfindenden Frühlingsfest der Jugend, schon im letzten Drittel des 18. Jahrhunderts auf. 1859 waren es neben Tell und Tellknabe die drei Männer des Rütli. 1875 eine neue Tellgruppe.[36] Tell, Tellknabe und Harnischmänner machten ihre Aufwartung auch an Ehr- und Freischiessen, wie 1834 in Wiedikon bei Zürich, sowie an Eidgenössischen Schützenfesten, wie 1832 in Luzern, 1854 in Zürich, 1879 in Basel, 1885 in Thun, 1890 in Frauenfeld.

Ältere, zum Teil mit jahreszeitlichem Brauchtum verbundene, durch die Helvetische Bewegung neu belebte Umzüge zu historischem Gedenken, wie an der alljährlich am 12. Dezember stattfindenden «Escalade» in Genf zur Erinnerung an die erfolglose nächtliche Erstürmung der Stadt durch Savoyen am 12. Dezember 1602 oder die «Fête des Armourins» im Herbst in Neuenburg mit nächtlichem Fackelzuge der von Jugendlichen dargestellten Harnischmänner auf das Schloss zur Erinnerung an eine sogenannte Mordnacht[37], leiten zu den grossen historischen Festzügen an besonderen Gedenktagen hinüber. Eigentlich hätte schon 1791 zur Fünfhundertjahrfeier der Stadt Bern ein Festzug in Szene gesetzt werden sollen. Aber wegen der französischen Revolutionswirren, die sich auch hier bemerkbar machten, musste er in letzter Minute unterbleiben. Da er aber genauestens vorbereitet war, soll er auch in dieser Zusammenstellung erwähnt werden, zumal eine Programm-Broschüre bereits in der ganzen Schweiz und zum Teil auch im Ausland verbreitet worden war. Einsatzbereit waren rund 500 Darsteller. Die Regie, sowie die Beschaffung von Kriegsgerät und die Kostümierung hatte man dem Berner Maler *Nikolaus König* übertragen. Kostümentwürfe liegen vor. Als erste Abteilung war die Gründung der Stadt Bern vorgesehen, als zweite die Heimkehr des Cuno Münzer mit den Bannern, Fahnen und Soldaten der ersten vier Berner Landbezirke, sowie mit den erbeuteten Belagerungsmaschinen und Bannern der besiegten Grafen und Barone, als dritte die Heimkehr Rudolf von Erlachs und seiner Krieger aus der Schlacht bei Laupen mit einem Wagen voll Siegestrophäen, als vierte die Heimkehr der Generäle von Scharnachthal und von Bubenberg aus der Schlacht von Murten mit Kriegern zu Fuss und zu Pferde und wieder einem Wagen voll Siegestrophäen. Den Umzug sollte der «Äussere Stand» beschliessen mit seinem Wappenherold vor einem grossen Detachement von Berner Kadetten und den traditionellen alten Schweizern als Verkörperung aller Kantone und zugewandten Orte, mit der mit dem Helm der Pallas – darüber der Mütze der Freiheit – bedeckten allegorischen Figur der Freiheit auf einem mächtigen Schilde getragen, ein Szepter in der einen, ein Rutenbündel in der anderen Hand. Ohne Zweifel wirkte diese überall verbreitete Berner Zugprogramm in der Folge nach, auch wenn erst 1851 der erste historische Festzug anlässlich der Fünfhundertjahrfeier des Eintrittes von Zürich in den Bund der Eidgenossen stattfand.

In der Regie des Zürcher Metzgermeisters *Heinrich Kramer* wurden nach einer einleitenden Abteilung zu Fuss und zu Pferde in zwölf Gruppen Ereignisse aus der früheren Geschichte Zürichs dargestellt: «Walpurgisnacht» 1351 mit Bürgermeister Rudolf Brun und seinen Räten, Aufzug der im gleichen Jahre von Brun gestifteten Zünfte, Rückkehr der Zürcher aus der Schlacht bei Tätwil 1351, Auszug der Zürcher zur Schlacht bei Sempach 1386, Bauhütte Zürich, Szenen aus dem alten Zürcherkrieg 1443 und 1444, Kavalkade der aus den Burgunderkriegen (1474–1477) zurückkehrenden Zürcher mit feierlicher Begrüssung durch die Zürcher Jugend, Heimkehr der Zürcher aus den Schwabenkriegen 1499, Ehr- und Freischiessen in Zürich 1504, Auszug der Zürcher nach Marignano mit Zwingli als Feldprediger 1515, Metzgerumzug in Zürich 1675 und Empfang des zurückkehrenden Bürgermeisters Heinrich Escher 1688, den man als Gesandten nach Paris geschickt hatte.

Der nächste grosse historische Umzug fand zwei Jahre später in Bern ebenfalls zur Fünfhundertjahrfeier des Eintrittes in die Eidgenossenschaft statt, arrangiert von dem Arzt und Heraldiker *Ludwig Stanz*. Als erste Abteilung traten Stand und Stadt Bern als Gastgeber auf, der Stand mit einer Eskorte von Reitern in dunklen Kürassen und Helmen mit blutroten Federbüschen, die Pferde bedeckt mit schwarzen Schabracken, sowie mit einem von zwei Jünglingen in bunten Kostümen geleiteten Festherold, die Stadt mit einem Zuge zu Fusse, in dem der Bär, «ungeachtet seiner Lanze und seines Schwertes seine drolligen, wahrhaft bärenmässigen Sprünge nicht unterlassen» wollte, mit Spielleuten in der geschlitzten Tracht des 16. Jahrhunderts, welche den Bernermarsch erklingen liessen, mit den Trägern der Berner Fahne und des ersten Banners der Stadt Bern, gefolgt von den dreizehn Gesellschaften (Zünfte) im Kostüm des 16. Jahrhunderts und einer geharnischten Reiterschar. Als zweite Gruppe traten die «Festgäste» auf, die treuen Bundesbrüder der Acht Alten Orte mit einem Banner, auf welchem der Rütlischwur abgebildet war, sowie Musikanten mit Tell und seinem Knaben, alten Schweizern in der Kriegstracht des 16. Jahrhunderts mit Zweihändern, sowie mit Harnischmännern zu Fuss. An der Spitze der dritten Abteilung, welche die Rückkehr aus der Schlacht bei Laupen darstellte, sprengte ein Reiter mit dem Fähnlein von Laupen heran. Musikanten im Kostüm des 14. Jahrhunderts spielten den Siegesmarsch. Jünglinge in der damaligen Festtracht trugen die eroberten historischen Banner. Auf die vornehmen Heerführer in blanker Rüstung zu Pferde folgten zu Fuss die Metzger und Gerber mit ihren Schlachtbeilen und Hackmessern und Vertreter des Hasli- und des Simmentals. Stattliche Pferde zogen einen Triumphwagen mit der Siegesbeute von Laupen. An der Spitze der Hilfstruppen aus den drei Waldstätten liess der neben dem Urner Bannerträger einherschreitende Uristier ab und zu sein Horn ertönen. Den Beschluss machten die Solothurner mit langen Spiessen zu Fuss und die

Berner mit Zuzügern aus den vier Landgerichten zu Pferde. Als vierte Abteilung wurde die Heimkehr aus der Schlacht bei Murten vorgeführt. Hinter einem Reiter mit der Murtenfahne erschien das Berner Fussvolk in Kleidern und mit Waffen des 15. Jahrhunderts. Pferde zogen alte historische Kanonen. Eine prächtige Reitergruppe führte Adrian von Bubenberg mit seinen Knappen vor, es folgten die edlen Heerführer aus benachbarten und zugewandten Orten und die von Caspar von Herthenstein angeführte Nachhut luzernischer Lanzenträger. Ein Triumphwagen, auf dem Knaben die erbeuteten Fahnen schwangen, führte die Burgunderbeute mit, geleitet von einer geharnischten Reitereskorte. Bemerkenswert war an diesem, vier Stunden dauernden prächtigen Festzug, dass zum Teil Nachkommen der historischen Figuren diese darstellten.

Thema des historischen Festzuges in Winterthur 1864 waren sechshundert Jahre Stadtgründung. Im selben Jahr fand ein Festzug in Genf zur Feier des fünfzigjährigen Jubiläums als Kanton der Schweiz statt. Grosse historische Festzüge führten Stans 1881 und Bern 1891 am ersten Tag der Vierhundertjahrfeier der Tagsatzung von Stans, beziehungsweise der Sechshundertjahrfeier der Stadt durch, worauf dann am zweiten Tage Festspiele folgten.

Den Übergang vom historischen Umzug zum Festspiel zeigte besonders schön der Festzug von 1500 Mann zu Fuss und 150 Reitern in Murten 1876, an dessen festlicher Gestaltung die Stadt Bern massgeblich beteiligt war. Dargestellt wurde ein einziges historisches Ereignis: der Einzug der siegreichen Eidgenossen in das befreite Städtchen Murten. An seinem Eingang war eine Estrade errichtet, auf welcher Jungfrauen in der Tracht der Burgunderzeit beim Herannahen des Festzuges die Sieger begrüssten und mit Eichenlaubkränzen schmückten.

5. Gottfried Kellers Vision eines nationalen Festspielhauses

Ausgeprochen avantgardistisch war Gottfried Kellers Idee eines nationalen Festspieltheaters. Erste Anregung dazu gab nach unserer Überzeugung das Tellspiel, das Keller ausdrücklich als Fest bezeichnete, und damit indirekt die Aufführung als Festspiel. Dazu kamen wohl auch die historischen Umzüge am Sechseläuten und der Zürcher Festzug 1851. Unmittelbare Anregung bot dann ein Umzug zu Schiffe anlässlich der festlichen Einweihung des Mythensteins im Vierwaldstättersee zum Schillerdenkmal am 29. Oktober 1860 zur Nachfeier von Schillers Geburtstag. Fahnengeschmückte Nauen mit kostümierten Vertretern der Urkantone, gefolgt von einer Flotte kleinerer und grösserer Boote und Dampfschiffen als Zuschauertribünen, fuhren von Brunnen zu dem mit einem grossen Schiffssegel verhüllten Mythenstein am Eingang zum Urnersee. Dort angelangt kam es zum Vortrag von drei kleinen Chören. Uri eröffnete den dialogisch gedichteten Wechselgang von Pater *Gall Morel* mit der Musik von *Wilhelm Baumgartner.* Es folgten nacheinander Unterwalden und Schwyz, worauf sich alle im Chor vereinigten. Dann fiel das Segel und enthüllte die Inschrift: «Dem Sänger Tells F. Schiller die Urkantone 1859». Angeregt von dieser zeremoniellen Einweihung des Mythensteins als Schillerdenkmal entwickelte Keller in seiner 1861 im «Stuttgarter Morgenblatt für gebildete Leser» veröffentlichten «Studie am Mythenstein» seine Idee nationaler Festspiele. Er spricht hier von einer neuen Nationalbühne und ihrer zwar schwierigen, aber doch möglichen Begründung, da gerade das Schauspiel die junge Kunst sei, in welcher das Schweizervolk mit der Zeit etwas Eigenes und Ursprüngliches ermöglichen könne, da es die «Mütter» dazu besitze, nämlich grosse und echte Nationalfeste, an welchen Hunderttausende sich beteiligen mit dem ausschliesslichen Gedanken des Vaterlandes. Wie Sulzer stellte auch Keller den täglich spielenden Theatern der Städte, welche der künftigen Volksbühne nichts als ausrangierte Kleider, eine gründlich verfälschte Deklamation und sonstige schlechte Sitten geben könnten, das nur bei besonderen Gelegenheiten aufzuführende nationale Festspiel entgegen: «Ein Theater, das Jahr aus, Jahr ein wöchentlich siebenmal geöffnet ist, entbehrt jeder Feierlichkeit, das Festliche ist zum gemeinen Zeitmord herabgesunken... Schlagt die Bretter einmal vor zehntausend ernsthaften Männern auf, gleichmässig aus allen Ständen gemischt und von allen Gauen eines Landes herbeigekommen, ihr werdet mit eurer Dramaturgie bald zu Ende sein und vorn anfangen müssen.» Im Gegensatz zu den meisten anderen Vertretern der schweizerischen Festspielidee dachte Keller nicht an Festspiele unter freiem Himmel, sondern schlug die Errichtung eines Festspielhauses vor, das in seiner Modernität noch heute Aufsehen erregt:

Klima und akustisches Bedürfnis würden nun der Baukunst die Aufgabe stellen, ein bleibendes monumentales Gebäude zu errichten, welches ein solches Spiel würdig zu fassen imstande wäre. Da die innere Einrichtung jedesmal nach Bedürfnis aus Holz zu beschaffen wäre, so handelte es sich bloss um Herstellung eines hohlen länglichen Baues, dessen ganzer Aufwand auf die vier Aussenseiten sich bezöge und auf entsprechende Umgebungen, welche mit ihren Terrassen und Baumgängen sowohl zu festlichen Aufzügen, als zu fröhlicher Bewegung sich eignen und mit dem Hause zusammen ein Kunstwerk bilden müssten. In der Zwischenzeit würde der Raum für Ausstellungen und Versammlungen aller Art dienen. Entweder ein Bundesort oder verschiedene Städte in gastfreundlichem Wetteifer zugleich würden ein solches Haus bauen. Es müsste noch vorgesehen sein, dass die Lichtmassen des Tages beliebig auf einen Teil des Innern gelenkt werden könnten, so dass nur die Bühne im hellen Licht stände, oder auch umgekehrt vielleicht, dass in entsprechenden Augenblicken das Gesangsheer von dunkler Dämmerung bedeckt würde, während die Zuschauer im Hellen sässen.

Die Bühne soll nach Keller in Stufen bis zum Dache des Hauses hinansteigen, und die Tausende von Männern, Jünglingen und Jungfrauen sich auf ihr rhythmisch bewegen. Keller schloss seine Vision mit den Worten:

Wären die Farbreihen der Gewänder nach bestimmten Gesetzen berechnet, so gäbe es Augenblicke, wo Ton, Licht und Bewegung als Begleiter des erregtesten Wortes eine Macht über das Gemüt übten, die alle Blasiertheit überwinden und die verlorene Naivität zurückführen würde, welche für das notwendige Pathos und zu der Mühe des Lernens und Übens unentbehrlich wäre, denn ohne innere und äussere Achtung gedeiht nichts Klassisches.

6. Die grossen nationalen Festspiele der letzten Jahrhundertwende

Das erste offizielle Festspiel der deutschen Schweiz fand 1881 in Stans anlässlich der Vierhundertjahrfeier der Tagsatzung von Stans im Jahre 1481 statt, an der Niklaus von Flüe die zerstrittenen Eidgenossen zur Räson gebracht hatte. «Der Tag in Stans» des Kernser Pfarrers *Ignaz von Ah* war allerdings, was sowohl den Text als auch die Inszenierung im kleinen geschlossenen Stanser Theater betraf, recht konventionell.

Neue Wege gingen erst 1886 Text und Inszenierung des Festspiels der Fünfhundertjahrfeier der Schlacht bei Sempach 1386, in dem mimisch bewegte Aufzüge immer noch eine grosse Rolle spielten. Der Luzerner Musikdirektor *Gustav Arnold* hatte für das Eidgenössische Sängerfest 1873 die Winkelried-Kantate «Siegesfeier der Freiheit» komponiert. Der Zürcher Pfarrer *Heinrich Weber* aus Höngg machte daraus unter Beifügung kurzer Zwischengespräche ein «Grosses Volksschauspiel». An die Tausend Figuranten und einzelne Sprecher stellten die historischen Ereignisse vor, während und nach der Schlacht dar, ohne dass diese selber in unmittelbarer Erscheinung getreten wäre, sah man doch nur Eidgenossen, welche den verwundeten Gundoldingen auf die Bühne brachten oder vorbeisprengende österreichische Ritter verfolgten. Eröffnet wurde das Festspiel mit einer friedlichen Erntefeier. Es folgten der Einmarsch der kampfgerüsteten Eidgenossen und ihr Abschied von ihren Familien, die Siegesmeldung und der Schlachtbericht, der Aufmarsch der siegreichen Eidgenossen, ein Dankgebet und die Trauer über die Gefallen, vor allen Winkelried. Den Abschluss bildete eine prophetische Zukunftsvision. Durch den Einsatz von grossen Chören und Solisten auf einem zwischen Haupt- und Vorbühne aufgestellten Podium erhielt die Schlachtchronik den Charakter einer szenischen Kantate. *Seraphin Weingartner,* der Direktor der Kunstgewerbeschule Luzern, der auch für die historische Kostümierung besorgt war, liess von den Luzerner Architekten *Segesser* und *Crivelli* in einer natürlichen, von Wald begrenzten Mulde des historischen Schlachtfeldes, angeregt von der antiken Freilichtbühne, aber ohne einer Rekonstruktion das Wort zu sprechen, eine monumentale, auf jegliches historisches Dekor verzichtende Treppen- und Podienbühne errichten, die mit zwei im Halbkreis von der ersten

Plattform absteigenden, auf die Vorbühne (einen breiten Rasenstreifen) führenden Rampen mit dem Zuschauerraum unmittelbar verbunden war. Das einzige dekorative Element dieser Raumbühne war eine auf der obersten Plattform aufgestellte Plastik, welche den «Genius der Eidgenossenschaft» vorstellte. Im natürlichen Amphitheater gab es zehntausend Sitz- und Stehplätze.
Am 1. August 1891 wurde in Schwyz zur Sechshundertjahrfeier der Eidgenossenschaft ein Festspiel aufgeführt, das in Text und Inszenierung nicht so avantgardistisch war wie das Sempacher Festspiel. Es handelte sich hier um eine aus der Tradition der Japanesenspiele geschaffene festliche Bilderreihe aus der Schweizer Geschichte mit Musik und Chören, die von 700 Spielern aus Schwyz und 260 aus den Nachbargemeinden dargestellt wurden, wozu 400 Sänger und 120 Musiker hinzukamen. Der Festspielentwurf von *Dominik Bommer,* Lehrer am Kollegium in Schwyz, hatte zwar nicht den Beifall der Eidgenössischen Kommission gefunden, die in der Folge den Zürcher Professor Adolf Frey mit Abfassung des Textes betraute. Darauf hin drohten die Japanesen, sich an der Veranstaltung überhaupt nicht zu beteiligen. Die Kommission gab nach. Neben Brommer, der die Abteilungen Vorspiel, Murtenschlacht, Stanser Tagsatzung und Nachspiel verfasste, waren bei der endgültigen Fassung Mitautoren *Johann Baptist Kälin* (Der ewige Bund 1291), *Johann Baptist Marly* (Morgarten) und *Alois Gyr* (Pestalozzi). Die Musik wurde aus dem Repertoire der Blechmusik gewählt, so dass dreizehn Komponisten beteiligt wurden. Zuschauerraum und Bühne bildeten zwar auch hier eine Einheit. Auch nahm die Vorbühne, die nach hinten mit Vorhängen abgeschlossen werden konnte und seitlich von Türmen begrenzt war, die ganze Breite des Zuschauerraums ein, mit dem sie überdies mit einer Freitreppe verbunden war. In die von einem mächtigen Triumphbogen gefasste Hauptbühne wurden aber bei den historischen Bildern konventionelle Theaterdekorationen vor den geschlossenen Hintergrund gestellt, so dass der Eindruck einer Guckkastenbühne entstehen musste. Nur im allegorischen Schlussbild sah man in die natürliche Bergwelt.
Avantgardistisch waren wieder trotz des historisierenden Dekors, Text und Bühne der Siebenhundertjahrfeier der Stadt Bern, deren Festspiel am 15. August 1891 vor dem Dählhölzli im unteren Kirchenfeld aufgeführt wurde. Den ersten Preis für den ausgeschriebenen Text erhielt der Zürcher *Heinrich Weber.* Die Musik komponierte der aus Solothurn stammende bernische Musikdirektor *Karl Munzinger.* Das Festspiel, eine eigenartige Mischung von Aufzügen, dramatischen Szenen, Gesangssolis und betrachtenden Chören, die im Aufbau moderne Massenschauspiele vorwegnahmen, brachte in sechs Abteilungen die Gründung der Stadt Bern durch den Herzog von Zähringen, Szenen vor und nach der Schlacht bei Laupen, desgleichen bei Murten, die Einführung der Reformation in Bern, den Untergang des alten Berns und endlich Gegenwart und Vergangen-

heit in buntem Reigen, an dessen Ende in einem musikalischen Zwiegespräch die Allegorien Berna und Helvetia auftraten, und im Schlusschor unter Kanonendonner und Glockengeläute von sämtlichen Darstellern und Zuschauern die Nationalhymne gesungen wurde. Die Inszenierung des Berner Festspiels hatte der Bankier *Georg Marcuard* übernommen. 840 Männer, 125 Frauen, 122 Knaben und Mädchen wurden für die Verkörperung der Rollen ausgewählt. Namhafte Schweizer Konzertsänger wurden für die Gesangssoli der Berna, der Helvetia, des Baselwind und das Sopransolo im Chor verpflichtet. Zu den Chören vor der Mittelbühne, welche die Gesangsvereine der Stadt Bern, mit 300 Personen, und der auf 200 Mitglieder verstärkte Chor des Cäcilienvereins bestritten, kamen noch kostümierte Chöre auf der Bühne, gestellt vom Männerchor Frohsinn und vom Sängerbund Helvetia mit insgesamt 80 Personen, sowie noch 80 Knaben und Mädchen hinzu. Für den Orchesterpart wurde das Ensemble des bernischen Orchestervereins engagiert, das durch Beizug von Musiklehrern und Dilettanten aus Bern sowie die Regimentskapelle aus Konstanz auf über 100 Mann ergänzt wurde. Auf der Bühne traten zudem die kostümierte Harmoniemusik mit 50 Mann und eine Knabenmusik mit Trommlern und Pfeifern auf. Der Erbauer des Bundeshauses, der aus St. Gallen stammende Professor Hans Wilhelm Auer, hatte einen grosszügigen Festplatz entworfen, in dem Bühnen-, Zuschauer- und Restaurationsraum eine architektonische Einheit bildeten. Die insgesamt 100 Meter breite, an der höchsten Stelle 24 Meter hohe Festspielbühne war ganz aus Holz verfertigt und in Sandsteinfarbe gestrichen, damit sich die farbenprächtigen Kostüme besser abheben konnten; sie war nur ganz oben mit Fahnen und Wappen, sowie Tannzweigen geschmückt. Vor dem Zuschauerraum, der je 10000 Sitz- und Stehplätze hatte, diente ein breiter Rasenstreifen als Vorbühne für die Aufzüge. Hinter dieser stieg ein 35 Meter breites und 15 Meter tiefes Podium leicht an, auf dem das Orchester und die Chöre schräg zur Mittelbühne, die sich ungefähr mannshoch über dem Podium erhob, aufgestellt wurden. 40 Meter lange und 6 Meter tiefe Rampen führten auf gewaltigen Unterbau auf beiden Seiten zur Mittelbühne hinauf, die im Hintergrund von einer von zwei 24 Meter hohen Türmen flankierten und mit Zinnen gekrönten «Mauer» begrenzt war. In dieser «Mauer» befand sich eine von einem flachen Bogen überspannte Hinterbühne, deren unveränderliche, durch oben und seitlich angebrachte Luken vom Tageslicht zusätzlich beleuchtete, reliefartige Dekoration von romanischen Bogenstellungen je nach dem Text das Berner Münster oder den Berner Rathaussaal andeutete, wobei einige Stufen wirksame Gruppierungen ermöglichten. Das Ganze stellte symbolisch eine Stadt dar. Das Berner Festspiel, welches am 16. August 1891 wiederholt wurde, erregte eine Flut von zustimmenden Kritiken im In- und Ausland. Der Dichter *Josef Victor Widmann,* Feuilletonredaktor und Theaterkritiker am «Bund», veröffentlichte seine «Nachklänge zum bernischen Festspiel», worin er unter anderem betonte, «dass ein derartiges grosses Fest nicht ohne Festspiel bleiben dürfe, wenn es tiefer greifen soll... Erst das Bedürfnis des Volkes nach einer von passenden Worten begeleiteten Handlung, wurde Rechnung getragen und damit die eigentliche Erbauung gebracht».[38] In diesem Berner Festspiel sei wie bei den «Persern» des Aischylos das nationale Gefühl der Zuschauer in seinen innersten Tiefen erregt worden, und zwar auf eine wohltuende, weihevolle und reinigende Weise. *Max Widmann,* der Sohn des Dichters, schrieb über die Möglichkeit schweizerischer Nationalfestspiele und ihre Entwicklung aus bescheidenen Tellspielen über die Festspiele von Murten und Sempach bis zu jenen von Schwyz und Bern, denen an grossartiger Wirkung auf die Tausende andächtig horchender Schweizer und an Pracht der Darstellung keines der früher aufgeführten historischen Volksschauspiele gleichkomme. In diesen Festspielen seien die kühnen Anregungen Gottfried Kellers in Erfüllung gegangen. Und 1892 veröffentlichte er unter dem Pseudonym *Helveticus* eine beachtliche Untersuchung über «Die Frage der schweizerischen Nationalbühne. Mit Berücksichtigung der in Deutschland auf diesem Gebiete gemachten Anregungen und Erfahrungen aus der Geschichte der schweizerischen Volksbühne». Kurz vorher war als Neujahrsblatt der Literarischen Gesellschaft Bern die viel beachtete Abhandlung «Das Berner Festspiel und die attische Tragödie» von *Georg Finsler* erschienen. Der Rektor des Berner Gymnasiums verglich darin die chorischen Aufzüge und Tänze der Dionysien, aus denen die Tragödie erwachsen sei, mit den historischen Umzügen der Schweiz, aus denen sich ebenso organisch Festspiele entwickelt haben. Er stellte die Berner Architekturbühne neben die klassische Freilichtbühne. Selbstverständlich ist er sich dabei bewusst, dass das Berner Festspiel literarisch auf einer viel primitiveren Stufe steht als die Tragödie des Aischylos. Für das patriotische Festspiel seien Sempach, Schwyz und Bern jedoch gute Anfänge gewesen: Finsler schloss seine Ausführungen mit dem Wunsche: «Sollte es wirklich allzu vermessen sein, zu hoffen, dass die hehre Aufgabe, durch Schauspieler aus dem Volke und durch Bürgerchöre dem Volk seine Geschichte vorzuführen, einen Mann finden werde, der ihr gerecht zu werden vermag?». Die Athener hätten auch noch keinen Dichter gehabt, als sie bereits die jährliche Abhaltung vorordnet hätten. Ja man dachte allen Ernstes daran, die Berner Festspielbühne zu erhalten, was Victor Widmann allerdings verwarf.

Auf Bern folgten zahlreiche andere Orte mit nationalen Festspielen. Die «Bundesfeier» in Lenzburg 1891 benutzte eine Naturbühne. Eine ungedeckte Hauptbühne stellte Basel 1892 für das Festspiel zur Vereinigung von Klein- und Grossbasel von *Rudolf Wackernagel* mit der Musik von *Hans Huber* auf, aber die gedeckte Hinterbühne war

ein überdimensionaler Guckkasten mit wechselnden Kulissen, wie ihn 1896 das Festspiel der Schweizerischen Landesausstellung in Genf, die Pantomime mit chorischen Liedern, «Le poême alpestre» von *Daniel Baud-Bovy* und *Emile Jaques-Dalcroze,* organischer in eine Festhalle hineinstellten, wozu ein «Chor der Zuschauer» auf einer vor dem Vorhang liegenden Vorbühne hinzukam. Nur in ihren Dimenisonen unterschied sich 1898 die geschlossene Guckkastenbühne für das Festspiel «Neuchâtel Suisse» von *Philippe Godet* vom konventionellen Innentheater, während im gleichen Jahre das Festspiel zur Thurgauischen Zentenarfeier von *Jakob Christinger* ein Bretterpodium mit Stufen in die natürliche Hügellandschaft stellte. Eine ganze Reihe von Festspielen brachte 1899 die Vierhundertjahrfeier der Schwabenkriege. Für die Feier der Schlacht bei Schwaderloh von *Christinger* in Frauenfeld konnte die geschlossene Guckkastenbühne wenigstens im dritten Akt für die Darstellung der Schlacht im Freien geöffent werden. Solothurn, Olten, Grenchen, Luzern, Zug, Basel, Laufen und Liestal vereinten sich zur Dornacher Schlachtfeier, deren Festspiel der Solothurner *Eugen Munzinger* schuf. Solothurn stellte die Vorstadtchilbi aus dem Festspiel «Die Dornacher Schlacht» von *Adrian von Arx* mit der Musik von *Edmund Wyss* dar, das acht Tage später auf der Chantierwiese in Solothurn aufgeführt wurde. Während in Dornach die weite mit einem Vorhang zwischen zwei praktikabeln Theatertürmen versehene Bühne sich an das von Efeu umrankte, echte Gemäuer des Schlossturmes und an den wirklichen Waldhintergrund anlehnte, bildete die mit natürlichen Baumgruppen geschmückte Bühne in Solothurn, die aus einer grossen Vorbühne und einer gedeckten kleinen Hinterbühne mit wechselnden Dekorationen bestand, eine Stadtmauer mit Toren aus dem 16. Jahrhundert nach; das natürliche Amphitheater umfasste 5000 Sitz- und 3000 Stehplätze. Für das von 1450 Laien aufgeführte «Calvenspiel» von *Michael Bühler* und *Georg Luck* mit Musik von *Otto Barblan* bauten die Bündner bei Chur eine plastische Gebirgsszenerie ohne Rahmen auf, über die nicht nur ein echter Wasserfall plätscherte, sondern auch Unwetter rauschten.
Die 1901 für St. Gallen und Zürich vorgesehenen und schon weitgehend vorbereiteten Bundesfeierspiele mussten in letzter Minute wegen Uneinigkeit von Reformierten und Katholiken, beziehungsweise wegen einer Finanzkrise abgesagt werden. Hingegen fand im gleichen Jahre das «Festdrama zur Vierhundertjahrfeier des Eintritts Schaffhausens in den Bund der Eidgenossen» statt. Es bekam eine literarische Bedeutung, da zum ersten Mal ein Dichter von europäischem Rang, *Arnold Ott,* den Text verfasste. Er hat wie Weber in Sempach und Bern die besondere Dramaturgie eines nationalen Festspiels voll erfasst, wozu im Gegensatz zu Weber eine hervorragende dichterische Potenz hinzukam. Der erste Akt spielt in Konstanz, wo die Stadt jubelnd Kaiser Maximilian und die Reichsfürsten begrüsst und an Stelle des erwarteten Boten der Eidgenossen ein

witziges, Thurgauer Mundart sprechendes Mädchen erscheint, was zur Kriegserklärung an die Eidgenossen führt. Im zweiten Akt erblickt man zuerst das friedliche Bild im Winzerdorfe Hallau mit Schaffhauser Dialekt sprechenden Winzern im wirklichen Weinberg, Säern im Acker, einem Liebespaar unter Bäumen, spielenden Kindern auf einer Matte und einer Flurprozession. Dann erscheinen plötzlich die Eidgenossen. Die Männer von Hallau verschanzen sich hinter der Friedhofmauer, die Frauen und Kinder ziehen sich in die Kirche zurück und singen im Chor, unterbrochen durch den Schlachtlärm der herannahenden Schwaben, die dann von den Eidgenossen in die Flucht geschlagen werden. Mit einem Siegesjubel und einem Trauerchor endet die Szene. Der dritte Akt findet in Schaffhausen statt. Kinder spielen Schwabenkrieg. Die zwölf Zünfte ziehen auf. Nach ihren Trinksprüchen erscheinen die siegreichen Eidgenossen und werden dankbar begrüsst. Bauernmädchen, Rebleute und Schnitterinnen treten nacheinander auf, singen Lieder und tanzen Reigen. Dann reiten eidgenössische Boten durch die Stadttore. Schaffhausen schliesst seinen Bund mit den elf Eidgenössischen Orten. Das spielende und das zuschauende Volk schwören den Eid mit. Fackeln werden entzündet. Darsteller und Zuschauer begeben sich in feierlichem Umzuge bei Glockengeläute in die Stadt Schaffhausen. Regie führte der Schaffhausener *Eduard Haug.* Für die Kostümierung und das Bühnenbild besorgt war der Thurgauer Maler *August Schmid,* der bereits in seiner Heimatgemeinde Diessenhofen mit Freilichtinszenierungen von sich reden gemacht hatte. Für den ersten und dritten Akt stellte er riesige Leinwanddekorationen ohne Rahmen in die wellige Landschaft bei Schaffhausen, womit er geschickt das für den 2. Akt plastisch gebaute Dorf Hallau neben einem wirklichen Rebberg zudecken konnte, und in der grossen Distanz für eindimensionale Stadtbilder im Freien unerwartete Wirkungen erzielte. Die Masse dieser Freilichtbühne betrugen 36 auf 30 Meter.

Einen Rückschritt ins konventionelle Guckkastentheater brachte im gleichen Jahr die «Basler Bundesfeier» von *Rudolf Wackernagel* mit der Musik von *Hans Huber,* bedauerten doch die Veranstalter sogar, die riesige Hauptbühne mit Vorhang und wechselnden Kulissen aus technischen und finanziellen Schwierigkeiten nicht mit Soffitten und einem Dache versehen zu können. Auch das durch die vielen Pantomimen und folkloristischen Tänze eigenartige «Festival vaudois» von *Jaques-Dalcroze* fiel gegenüber früheren Festspielen in Bezug auf die Inszenierung zurück. Ein architektonischer Rahmen hielt die riesigen, auf den heutigen Place du Comptoir Suisse aufgestellten Kulissen zusammen. *Firmin Gémier,* den man eigens aus Paris hatte kommen lassen, betonte das Opernhafte und Ballettmässige, dem die Laienspieler nicht gewachsen waren. Die im gleichen Jahr durchgeführte «Aargauische Zentenarfeier» von *Gottlieb Fischer* mit Musik von *Eugen Kutschera* bespielte eine naturgetreu aufgebaute Freilichtbühne. Das Festspiel bestand aus vier Akten (Rutenzug der Kinder und Ermordung Kaiser Albrechts bei Windisch, Eroberung des Aargaus durch die Eidgenossen, Bauernkrieg, Revolution) und einem allegorischen Schluss mit Reigen und Liedern. 1905 wurde dann das Festspiel zur Vierhundertjahrfeier der Schlacht am Stoss auf Plätzen und in der weiteren Umgebung von Altstätten mit Wanderung von Darstellern und Zuschauern von einem Ort zum andern aufgeführt, das ja auf die seit 1865 alle zehn Jahre veranstaltete Aufführung zurückgeht, nur dass diesmal ein neuer Text, «Appenzeller Freiheitskrieg» von *Georg Baumberger* verfasst wurde.

Ganz avantgardistisch war das Festspiel «St. Jakob an der Birs» von *Carl Albrecht Bernouilli,* dem zweiten schweizerischen Festspieldichter von europäischem Rang, das 1912 anlässlich des Eidgenössischen Turnfestes in Basel aufgeführt wurde, wobei der Dalcroze-Schüler *Paul Boepple* die Choreographie übernahm. Nicht nur handelte es sich um das erste chorische Festspiel des Schweizervolkes, worin zwei gegensätzliche Sprechchöre (Krieg und Frieden) nur an Höhepunkten der Handlung sangen. Durch Symbolfarben wurden die gegensätzlichen Bilder der Schlacht (Schwarz und Rot) und des Friedens (Grau) unterschieden. In einer langgestreckten Halle mit 10000 Sitzplätzen errichtete der Basler Maler *Burkhard Mangold* eine Doppelbühne, bestehend aus einer für die Schlachtbilder bestimmten Oberbühne und einer breiten, für die Gegenbilder des Friedens vorbehaltenen Vorbühne, an deren Seiten sich Chor und Gegenchor aufstellten.

1914 wurde in Genf mit dem Festspiel «La Fête de Juin» von *Daniel Baud-Bovy* und *Albert Malche* mit der Musik und der rhythmischen Bewegungsregie von *Emile Jaques-Dalcroze* die Hundertjahrfeier der Aufnahme der schon seit dem 16. Jahrhundert mit den eidgenössischen Orten eng verbündeten Republik am Lac Léman in die Schweiz gefeiert. Man hatte dafür am Ufer des Genfersees einen geschlossenen Festsaal mit 6000 Plätzen in einer Orchestra und mit einer 60 Meter breiten, zum Teil auf Pfählen auf dem See errichteten Bühne gebaut, eine eigentliche Raumbühne, an deren Konzeption kein geringerer als *Adolphe Appia* wesentlich beteiligt war. Er hatte schon in seinem grundlegenden Werke «La Musique et la mise en scène», das 1899 erstmals in einer deutschen Übersetzung veröffentlicht wurde, nicht nur die dreidimensionale stilisierte Raumbühne und die moderne Lichtregie gefordert, sondern auch für Festspiele plädiert, an denen ein ganzes Volk teilnimmt. Er hatte 1913 seinen zögernden Freund Dalcroze angehalten, sich der grossen nationalen Aufgabe nicht zu entziehen. Jetzt schrieb er an Houston Stuart Chamberlain über die Inszenierung des kommenden Festspiels: «Ce sera d'Hellerau-Appia mitigé du Genevoisisme nécessaire. Pas de décors peints! Pas de rideau! Le public de plein fond avec l'immense scène... A la fin le fond s'ouvrira sur le lac et l'on verra venir jusque dans la scène les barques des confédérés; la scène est entièrement sur pilotis.» Appia hat zwar nicht selber Regie geführt, aber die von Dalcroze nach Überwindung einiger Widerstände wesentlich beeinflusst. Es gab tatsächlich keinen Hauptvorhang, nur Vorhänge neben einfachen Prospekten zur Abdeckung des Hintergrundes, die dann für das Schlussbild geöffnet werden konnten. Auch die Gestaltung der mit dem Zuschauerraum eine Einheit bildenden Bühne ging auf Appia zurück. Von der Orchestra führten Stufen zu einem Proszenium hinauf, auf dem zwölf plastische ionische Säulen einen Portikus bildeten. Im ersten Akt wurde in lebenden Bildern zwischen den Mittelsäulen die Genfer Geschichte von den Helvetiern bis zur Revolution abgerollt, während sich vor dem Portikus singende allegorische Figuren rhythmisch bewegten und in der Orchestra Solisten sangen. Der zweite Akt zeigte in ähnlicher Aufteilung die Vorbereitungen zum Anschluss an die Schweiz 1814, der dritte ein Volksfest vor dem Bollwerk von Saint Antoine, der vierte mit auf die Seelandschaft geöffneter Bühne die Ankunft der Eidgenossen auf einer grossen festlich geschmückten Barke und die feierliche Aufnahme Genfs als neuen Kanton. In seinem 1921 erschienenen Werke «L'Oeuvre d'art vivant» sollte Appia den grossen nationalen und patriotischen Festspielen im allgemeinen und der «Fête de Juin» im besonderen ein Denkmal setzen.[39]

7. Ausstrahlung auf die Nachbarländer Deutschland und Frankreich

Werner Kohlschmidt stellte in seinem Artikel «Festspiel» im Reallexion der deutschen Literaturgeschichte (1958) fest, dass erst unter der Nachwirkung Herders und der Romantik sich der vom Bürgertum selber getragene Nationalpatriotismus als innere Voraussetzung der Verwirklichung eines patriotisch-nationalen Festspiels bildete. Wohl spielten in Deutschland Herders Neuentdeckung des Volks und des Volkstums und die Ideen der Romantik mittelbar eine Rolle. Aber grösser scheint mir der unmittelbare Impuls zu sein, der von der Helvetischen Bewegung ausging. Rousseau, der auch Herder wesentlich beeinflusste,[40] war in Deutschland mehr als bekannt. Sulzer und Johannes von Müller lebten in Deutschland. Sulzers «Allgemeine Theorie der Schönen Künste» erschien 1771–1799 in Leipzig in nicht weniger als sieben Auflagen. *Johannes Dobai* bezeichnet ihren schweizerischen Autor als den Hauptvertreter der Ästhetik und Kunstlehre in der zweiten Hälfte des 18. Jahrhunderts, und mit seiner Verlagerung der ästhetischen Grundvorstellungen in den Bereich der Künste, die – bei ihrer richtigen Anwendung – verbessern sollten, als den Vorläufer von Schillers ästhetischen Schriften. Er hält fest, dass Herder – im Gegensatz zu

105

dem vernichtenden Urteil des jungen Goethe – Sulzer 1781 Tribut zollte und die «Allgemeine Theorie der Schönen Künste» zum allgemeinem Gebrauch empfahl.[41] *J. H. S. Forney* bezweifelte zwar in seinem anlässlich des Todes in der öffentlichen Versammlung der Berliner «Akademie der Wissenschaften und Schönen Künste» gehaltenen Vortrag «Eloge de Monsieur Sulzer», der im gleichen Jahr auch in deutscher Übersetzung erschien, die von Sulzer geäusserte Hoffnung auf die Wirkung der Antike auf den heutigen Menschen: «Tout cela est excellent dans la théorie, mais il faut ouvrir les yeux et promener ses regards autour de soi, pour voir si les hommes d'aujourd'hui sont faits pour puiser dans les spectacles le patriotisme de l'acienne Grèce, pour recouvrer par des exercices gymnastiques la force des héros d'Homère.» Aber die Entwicklung sollte Sulzer und nicht Forney Recht geben.

Der erste Deutsche, der die helvetische Idee von nationalen Festspielen aufgriff, war der von Rousseaus Schriften wesentlich beeinflusste Pädagoge und Philanthrop *Johann Reinhard Basedow*. In seiner 1768 in Hamburg veröffentlichten «Vorstellung an Menschenfreunde» betonte er, dass das Theater einen grossen Einfluss auf den Nationalcharakter habe, und propagierte Theateraufführungen an den seltenen Festen des Vaterlandes. Auch der Dichter *Friedrich Klopstock* liess sich offensichtlich von den Festspielideen Rousseaus, dessen eifriger Schüler er war, und Sulzers, mit dem er persönlich befreundet war, anregen. 1770 schrieb er seinem Freunde Ebert, wenn er der Erbprinz von Braunschweig wäre, würde er seine «Hermannsschlacht» auf einem Felsen nahe beim Schlachtfeld aufführen und lüde ausser einigen Kennern etliche Preussische Bataillone ein, die sich besonders im letzten Kriege ausgezeichnet hätten. Obschon der Dramatiker von einem Scherz spricht, den man nicht einmal im Scherze weiter erzählen sollte, hat er dieses Werk für eine Aufführung unter freiem Himmel konzipiert. Nicht nur die szenischen Anmerkungen, sondern auch die Themen der Chöre, der Tänze und der musikalischen Weisen sind Zeichen eines ersten Verständnisses für die Anforderungen einer festlichen Freilichtaufführung, wie schon mein Lehrer Arthur Kutscher festgestellt hat. Auch das nur für die Wiener Regierung bizarre Projekt des in Regensburg geborenen Emanuel Schikaneder, der seit 1780 in Österreich und Süddeutschland Freilichtspektakel aufführte, darunter 1788 in einem eigens auf einer Insel bei Regensburg errichteten Freilichttheater «Hans Dollingers Kampf mit dem Heiden Krakou», aus einer Regensburger Sage, und der 1794 die Wiener Obrigkeit um die (nicht gewährte) Erlaubnis bat, im Prater «eine neue Art von Schauspielen, Herkuliaden oder olympische Spiele nach der Weise der alten Griechen» darstellen zu dürfen,[42] bringt es den bei uns nur als Textdichter von Mozarts «Zauberflöte» bekannten Prinzipal nicht in Beziehung zu der helvetischen Idee olympischer Spiele und nationaler Festspiele?

106

Ein deutscher Reisender schrieb in seinem 1793 in Tübingen veröffentlichten «Wanderbericht des Jahres 1791» nach dem Besuche des Winzerfestes von Vevey:

Ich bin seit jeher ein sehr grosser Freund von dergleichen Festen gewesen. Daher scheint es mir immer, dass wir nach dem Beispiel der alten Griechen und Römer mehr Volksfeste veranstalten sollten, und unsere ökonomischen Politiker scheinen mir sehr Unrecht zu haben, wenn sie über die Kosten deklamieren, die solche Feste verursachen... Mir dünkt auch, dass der gebildetere und aufgeklärtere Teil der Nation seit einiger Zeit zu wenig Anteil an unseren Volkslustbarkeiten nimmt.

In seiner 1798 veröffentlichten «Schilderung der Gebirgsvölker der Schweiz» berichtete der Deutsche *Johannes Georg Ebel* von Tellspielen in Appenzell und stellte dabei fest: «Der Zulauf ist dann ausserordentlich und das Interesse so allgemein, wie es nur bei Völkern möglich ist, denen Vaterland und Freiheit keine leeren Worte sind.»[43]

Was Frankreich im späteren 18. Jahrhundert betrifft so hat *Romain Rolland* in seiner 1903 in Paris, später auch in deutscher Übersetzung veröffentlichten Programmschrift «Le théâtre du peuple» nicht nur Rousseau als Vorläufer des französischen Volkstheaters rehabilitiert:

Rousseau, dans son admirable Lettre sur les spectacles, *si sincère, si profonde, où l'on a affecté de voir un paradoxe, pour avoir le droit de ne pas tenir compte de ses rudes leçons, – Rousseau, après avoir analysé le théâtre et la civilisation de son temps, avec l'impitoyable clairvoyance d'un Tolstoy, ne conclut pourtant pas contre le théâtre en général, et il envisage la possibilité d'une régénération de l'art dramatique, en lui donnant un caractère national et populaire, à l'exemple des Grecs.*

Sondern Rolland hat auch auf Rousseau als geistigen Vater der französischen Revolutionsfeste hingewiesen: Frankreich «reprit les deux idées de Rousseau, d'un théâtre éducatif, et des Fêtes nationales». Rolland beschrieb zu diesem Zwecke die vier diesbezüglichen Projekte des Malers Jacques-Louis David aus dem Jahre 1794, von denen allerdings wegen des beginnenden Blutbades nur die allegorische «Fête de l'être suprême» am 8. Juni auf dem Marsfeld in Paris unter freiem Himmel aufgeführt wurde. Für die auf den 11. Juli 1794 angesetzte «Fête de Bara et Viala» hatte David Tänzer in düstern und militärischen Pantomimen, welche die tiefste Betrübnis nachzeichnen sollten, aber auch fröhliche und martialische Tänze vorgesehen, für die auf den 10. August anberaumte «Fête de la Réunion républicaine» Auftritte allegorischer Figuren im Umzug und auf vier Zwischenstationen, sowie die Errichtung einer weitläufigen Freilichtbühne in den Champs de Mars für die pantomimische Darstellung der wichtigsten Ereignisse der französischen Revolution. Aber auch dieses Projekt fiel ins Wasser. Die simulierte Belagerung der Stadt Lille, welche eine am Seineufer errichtete Festung vorstellte, war nur ein schwacher Trost. Im November 1793 hielt der Dramatiker *Marie-Joseph Chénier* einen Vortrag über Volksfeste und verlangte *Fabre d'Eglantine,* man solle ein Nationaltheater schaffen, um das Ensemble dieser Feste zu vervollständigen. Es wurde eine offizielle Kommission gebildet, um das Thema weiter zu studieren. Das führte dann am 10. März 1794 zu einer Verfügung, ein Volkstheater zu gründen, am 24. April, die Oper in eine Arena zu verwandeln, um dort die Triumphe der Republik und die Nationalfeste zu feiern, am 14. Mai, die Place Concorde in einen von allen Seiten zugänglichen Zirkus zur Veranstaltung von Nationalfesten zu gestalten. Aber der Mangel an guten Autoren liess diese von Rousseau inspirierten Projekte wieder einschlafen.[44]

In der deutschen Romantik griff *August Wilhelm Schlegel* 1809 in seinen Vorlesungen einen Vorschlag des Berner Kulturpolitikers Höpfner auf und erklärte, der «Wilhelm Tell» von Schiller, «diese herzerhebende, altdeutsche Sitte, Frömmigkeit und biederen Heldenmut atmende Darstellung» verdiene wegen ihrer bewunderungswürdig treuen Auffassung schweizerischer Natur und Sinnlichkeit «im Angesicht der Tells Kapelle, am Ufer des Vierwaldstättersees, unter freiem Himmel, die Alpen zum Hintergrund» als Nationalfestspiel aufgeführt zu werden. Mit Zitaten unmittelbar auf Rousseau und Sulzer Bezug nahm Turnvater *Friedrich Ludwig Jahn*, der Begründer der deutschen Turnbewegung. In seiner 1810 in Lübeck veröffentlichten Schrift «Das Deutsche Volkstum» widmete er ein ganzes Kapitel den Volksfesten, worin er für diese «nur Gegenstände aus der Geschichte des Volkes» vorsah, wie die Hermannschlacht, Friedrich den Grossen und anderes mehr, die eigens dazu bearbeitet und ausschliesslich an Volksfesten aufgeführt würden.»

August Appel sagte 1816 zu seinem Freunde *Friedrich de la Motte-Fouqué*, der im übrigen sehr stark von Müllers «Geschichten der Eidgenossen» beeinflusst worden war, zur Aufführung seiner «Hermannsschlacht» müsse sich «eine grosse Genossenschaft verbünden, unter fürstlich grandiosem Schutz, und die Bühne kein Brettergerüst sein, sondern ein freies Waldtal, etwa im Harz, keine Zuschauer erforderlich als die zufällig frei zusammenströmenden, die Darstellenden sich frei genügen lassend ohne Rücksicht am kindlich kühnen Spiele der Darstellung selbst, von Waffenübungen keck durchwoben.»

Die Tellspiele in Küssnacht am Rigi 1828 fanden das besondere Interesse der deutschen Romantiker, zu denen ja damals noch der Herausgeber der tonangebenden Berliner literarischen Zeitschrift «Der Gesellschafter», *Friedrich Wilhelm Gubitz*, gehörte. Hier erblickten sie nicht nur eine Verwirklichung des Höpfner-Schlegelschen Vorschlages einer Freilichtaufführung an historischen Orten, sondern fanden im Volksschauspiel ihre Inszenierungsideen bestätigt: grosszügige Dekorationen, welche in Küssnacht die Natur selber stellte, und Einheit von Bühnen- und Zuschauerraum, Bewegungsregie und Massenszenen, Verquickung von Theater und Wirklichkeit, romantische Ironie und Anachronismus, welche die

Illusion immer wieder unterbrechen und die Anteilnahme des Publikums aktivieren.

Der Spätromantiker *Richard Wagner,* der sich während seiner Niederlassung in Zürich im besonderen für das schweizerische Volkstheater interessierte und ihm die Reformschrift «Ein Theater in Zürich» (1851) widmete, sprach im Jahre 1850 von seinem Plan, den «Siegfried» auf einer Wiese bei Zürich aufzuführen, und prüfte 1856, angeregt durch die brauchtümliche Kreuzfahrt auf dem Vierwaldstättersee, eine Freilichtaufführung des ganzen «Ring des Nibelungen» auf einer schwimmenden Bühne bei Brunnen, nahm sich jedoch den Hinweis, dass auf dem Urnersee Gewitter ganz plötzlich auftreten und einen hohen Wellengang verursachen, nach eigenem Erlebnis eines Föhnsturmes zu Herzen und verzichtete auf seinen originellen Plan eines Seetheaters.

Angeregt von dem Bericht des Romantikers *August Lewald* über das Passionsspiel in Mittenwald aber auch von der nationalen Festspielidee der Helvetischen Bewegung, diskutierte *Karl Gutzkow,* der führende Repräsentant des Jungen Deutschlands, in seiner 1836 in Stuttgart veröffentlichten Schrift «Theater. Beiträge zur Geschichte der neuesten Literatur» (Bd. 1) die Möglichkeit nationaler Festspiele, wie sie die Griechen hatten. 1850 erlebte der Schauspieler und Regisseur *Eduard Devrient* das Passionsspiel von Oberammergau und war so begeistert von der Dramaturgie und der Inszenierung, dass er nach diesem Beispiel ein «historisches Volksschauspiel» unter freiem Himmel propagierte, mögliche Spielstoffe aus Geschichte und Sage erwähnte und verschiedene Aufführungsorte vorschlug. Brigitte Schöpel schreibt mit Recht, dass in Gutzkows Anmerkungen und Devrients grundsätzlichen Betrachtungen verspätet helvetisches Gedankengut lebendig wurde.[45] Ohne Zweifel hat auch die schweizerische Volkstheaterbewegung eine anregende Rolle gespielt.

So stellte C. F. Paldamus in seinem 1857 in Mainz erschienenen Aufsatz «Das deutsche Theater der Gegenwart» dem «falschen Freilichttheater» der deutschen Tivolis (Sommertheater mit Guckkastenbühnen an Vergnügungsstätten) das «wahre Freilichttheater» gegenüber, wie es in der Schweiz und im Tirol existiere. Am Schluss seines im «Archiv für das Studium der neueren Sprachen und Literatur» (Braunschweig 1863) veröffentlichten Artikels «Über das Volkstheater in der deutschen Schweiz» wünschte *Robert Schweichel:* «Ist es nun wahrscheinlich, dass das ältere Volksschauspiel der Schweiz nicht ohne Anregung von Deutschland her sich ausgebildet hat, so wäre es wünschenswert, dass die Schweiz gegenwärtig einen ähnlichen Dienst Deutschland erwiese, und ihr Beispiel dazu beitrüge, das Volksschauspiel von Oberammergau aus über unser ganzes Vaterland zu verbreiten. Wenn das Theater eine Erziehungs- und Bildungsanstalt für die Nation genannt wird, so verdient die Volksbühne diese Bezeichnung mit dem grössten Rechte. Der

segensreiche Einfluss der Volksbühne auf die sittliche Bildung der Massen, auf die Förderung und Kräftigung des Nationalgefühls kann unmöglich in Abrede gestellt werden.»
Otto Roquette, Lehrer für Geschichte und Literatur an der Kriegsakademie in Berlin, schrieb 1864 in den «Preussischen Jahrbüchern» ganz ausführlich über schweizerische Volksaufführungen von Schillers «Tell» und anderen Nationaldramen unter freiem Himmel und verglich sie mit den Freilichtaufführungen im alten Athen. Schon 1862 hatte er bei einem Besuche einer Freilichtaufführung der «Schlacht bei St. Jakob» an der Fasnacht in Ettingen die Bestätigung gefunden, dass es sich hier nicht um eine tolle und ausgelassene Belustigung handle, sondern um eine Festlichkeit, die mit Ernst und Würde betrieben und allgemein so aufgenommen wird. Jetzt begab er sich mit zwei Landsleuten in Zürichs Sihlvorstadt nach der «Aegerten, einem grossen Anger, weit genug, um 10000 Zuschauern mit Bequemlichkeit Platz zu gewähren», erlebte eine festliche Tell-Freilichtaufführung, wo ihn nicht nur die lebendige Gruppierung der Darsteller zu Fuss und zu Pferde faszinierte, sondern auch die Dekoration, welche «eine lebendige, grossartige Natur hergab, die gerne auf gemalte Leinwand verzichten liess». Im gleichen Jahr kritisierte die «Allgemeine Theaterzeitung» in Wien, die seit 1850 wiederholt auf grosse Freilichtaufführungen am Vierwaldstätter- und am Zürchersee aufmerksam gemacht hatte, das Zürcher Musikleben und meinte dazu: «Eine Art von naturwüchsigem Ersatz vermögen allerdings jene Volksaufführungen zu bieten, welche sich an vielen Orten der Schweiz, so auch an den lachenden Ufern des schönen Züricher Sees bei der Landbevölkerung finden.» Auch erwähnte sie lobend die prächtigen, von den Darstellern selber besorgten Kostüme beim Tellspiel in und um Küssnacht am Rigi. 1864 erbat sich die Stuttgarter Illustrierte «Über Land und Meer» von *Feierabend* einen instruktiven Beitrag über das Tellspiel in Küssnacht am Rigi und erteilte dem Luzerner Maler *Josef Balmer* den Auftrag, eine Zeichnung für den Holzschnitt zu verfertigen. Er stellte den Tod Gesslers in der Hohlen Gasse dar.
Der Berliner *Eduard Osenbrüggen* vermerkte in seinem Buche «Die Schweizer Daheim und in der Fremde» (Berlin 1874): «Unsere Aufmerksamkeit verdient auch eine Art von Volksschauspielen, welche in der neuesten Zeit in der deutschen Schweiz wieder einen bedeutenden Aufschwung genommen haben. Die Aufführungen finden regelmässig im Freien statt.»
In Frankreich schrieb der 1823 in Paris erschienene «Dictionnaire d'anecdotes suisses» unter dem Titel «Spectacle national»:
Il est impossible de trouver rien de plus patriotique que les fêtes de liberté, célébrées dans le village d'Art... un théâtre que l'on construit au milieu de la place publique afin d'y représenter divisées en plusieurs actes les différentes parties de l'histoire de la liberté chez les Suisses... les cérémonies se renouvellent pendant trois jours et chaque jour les émotions sont reçues avec un nouvel enthousiasme... et les bons Helvétiens paraissent ne composer qu'une seule famille.

In den vierziger Jahren erinnerte der Historiker *Jules Michelet* an die von Rousseau angeregten Feste der französischen Revolution und stellte in seinen Vorlesungen 1847/48 an seine Studenten folgende Forderung:

Tous ensemble, mettez-vous simplement à marcher devant le peuple. Donnez-lui l'enseignement souverain, que fut toute éducation des glorieuses cités antiques: un théâtre vraiment du peuple. Et sur ce théâtre, montrez-lui sa propre légende, ses actes, ce qu'il fait. Nourrissez le peuple du peuple... Le théâtre est le plus puissant moyen d'éducation, du rapprochement des hommes; c'est le meilleur espoir peut-être de rénovation nationale. Je parle d'un théâtre immensement populaire, d'un théâtre répondant à la pensée du peuple, qui circule dans les moindres villages... un théâtre simple et fort, que l'on joue dans les villages où l'énergie du talent, la puissance créatrice du cœur, la jeune imagination des populations toutes neuves, nous dispensent de tant de moyens matériels, décorations prestigieuses, somptueux costumes, sans lesquels les faibles dramaturges de ce temps usé ne peuvent plus faire un pas...[46]

Der Dichter *Théophile Gautier,* der das Freilichttheater dem «théâtre du carton» vorzog, siedelte in einem Feuilleton von 1839 sein Phantasietheater in einer kleinen Ecke der Schweiz an, ganz einfach beleuchtet vom nächtlichen Sternenhimmel. Und als die Anhänger der geschlossenen Kulissenbühne ihn einen Verrückten nannten, konnte er ihnen in einem ausführlichen, illustrierten Bericht über das Winzerfest von Vevey 1865 im «Moniteur Universel» dieses welsche Festspiel als ein Schauspiel vorführen, «qui donne l'idée de ce que pouvaient être les fêtes antiques». Er insistierte im besonderen auf dem Faktum , «que la nature s'était arrangée elle-même un décor d'opéra» und unterstrich, dass «la toile qu'elle avait peinte valait bien un rideau de Déspléchins ou de Cambon, chose que les Parisiens auraient peine à croire, et qui pourtant est vraie». Was die Inszenierung betrifft, so verneigte sich der erste Vertreter des «l'art pour l'art» vor der Volkskunst:

On ne saurait imaginer une mise en scène plus grandiosement pittoresque. On ne sait pas comment M. Archinard a pu obtenir un tel ensemble, une telle justesse, une telle verve d'exécution des gens qui ignoraient, il y a six semaines, les premiers éléments de la chorégraphie. La grande bacchanale qui précède le défilé est un vrai chef-d'œuvre chorégraphique. Elle n'est composée que de faunes, de satyres et de bacchantes, vêtus de peau de panthère, de pagnes, de feuillages et coiffés de pampres. Ils dansent et bondissent comme s'ils avaient sous les pieds la peau de bouc gonflée des anciennes fêtes de Bacchus. Rien ne donne plus l'idée d'une fête antique que ce ballet, d'une verve si délirante et d'une énergie si gaîment sauvage. Les danses athéniennes en l'honneur de Cérès et de Bacchus, et qu'on nommait les aloënnes, devaient avoir ce caractère.

Im späteren 19. Jahrhundert wurden die ausländischen Zeitungen und Zeitschriften nie überdrüssig, die theatralischen Manifestationen des Schweizer Volkes unter freiem Himmel als vorbildlich zu preisen. So betonte die Pariser «Illustration» 1876 anlässlich der Vierhunderjahrfeier der Schlacht bei Murten: «On sait ce que sont les fêtes de Suisse et la curiosité de ce peuple si tranquille... Résumons-nous et disons que jamais n'a été célébré avec plus de splendeur un plus splendide anniversaire.» Die Wiener «Freie Presse» schrieb anlässlich der Fünfhundertjahrfeier der Schlacht bei Sempach 1886: «Die freie Schweiz hat soeben ein erhabenes und wahrhaft grossartiges Nationalfest gefeiert, das in seinem ganzen Verlauf den Geist der Ordnung und der Gesetzmässigkeit beweist, die alle Massenfeste dieser friedlichen Republik darstellen.» Die «Indépendance belge» bemerkte dazu:

C'est cette bataille mémorable pour l'indépendance nationale que le peuple suisse entier a voulu célébrer par un éclat inaccoutumé. Des centaines de trains venus de Berlin, Rome, Paris ont dispersé à Lucerne des milliers de touristes... De l'avis de tous les étrangers, Français, Anglais, Américains, il ne leur avait jamais été donné d'assister à pareille représentation populaire.

Die «Illustrierte Zeitung» in Leipzig unterstrich: «Die Schweiz ist das Eldorado der Feste und es ist auch in Deutschland anerkannt, dass kaum ein anderes Volk in solchem Grade, das heisst mit solchem Geschmack und solch allgemeiner Begeisterung wie jenes kleine sowohl die Jahreszusammenkünfte und Wettstreite seiner grossen Vereine (Sänger, Turner, Schützen usw.) als die Gedenktage seiner Freiheit, nämlich weit in der Geschichte zurückliegenden Taten, zu feiern versteht...»

1889 stellte die Pariser Tageszeitung «Le Temps» in Bezug auf das Winzerfest von Vevey fest: «La Suisse est le pays par excellence des grandes fêtes populaires. Elle va le prouver une fois de plus en 1889.»

1891 hob die Leipziger «Illustrierte Zeitung» die Einmaligkeit der Sechshundertjahrfeier der Stadt Bern hervor:

Wenn irgend ein Land ein von der Natur verliehenes oder von den Bewohnern durch bereits abgelegte Proben erworbenes Vorzugsrecht auf Veranstaltung grosser Festlichkeiten hat, dann ist es unbedingt die Schweiz; welches Land bietet so herrliche Szenerien für die Anordnung grosser von Freude geselliger Ansammlung von Menschenmassen als die Schweiz, und welches Volk verstünde sich so meisterhaft auf die Einrichtung und Durchführung solcher in den grössten Dimensionen gehaltenen Lustbarkeiten als die Schweizer!

Und die Wiener «Neue Freie Presse» hob aus gleichem Anlass das Besondere hervor, das die Feste in «dieser friedlichen und deshalb in Bildung und Wohlstand erstarkenden kleinen Republik aufweisen», und urteilte in Bezug auf Bern: «Man wusste freilich das Nationalfest grossartig zu gestalten.» 1892 stellte die «Kölnische Volkszeitung» fest:

Es steckt im Schweizer ein lebhaftes Gefühl, ja eine besondere Vorliebe für die scenische Illusion. Sie wurzelt tief im Volke, nicht nur der Stadt, selbst des Alpendorfes, wohin das Festgeläute die Kunst nicht mehr dringt. Ohne sie wären die grossartigen Veranstaltungen, wie sie die Festspiele in Sempach, Schwyz, Bern und Basel erforderten, die Opfer an Zeit und Mühe, die sie jedem der vielen Mitwirkenden auferlegten, der warme Beifall, den sie fanden, gar nicht möglich gewesen. Und das waren nicht etwa vereinzelte Erscheinungen. Ihren Ruhm hat, wie billig, der Telegraph und der Stift des Zeichners in die Welt getragen, andere Verdienste – ‹blieben im Stillen›. Man könnte eine ganze Reihe kleinerer Städte namhaft machen, die in den letzten Jahren bei Gelegenheit eines geschichtlichen Gedenktages sich auch ihr Festspiel gönnten...[47]

Insbesondere wies die Leipziger «Tägliche Rundschau» gerne darauf hin, was für ein Bronnen für die Gesundung des deutschen Volkes im schweizerischen Volkstheater fliesse. *Julius Hart,* einer der Vorkämpfer des deutschen Naturalismus, veröffentlichte 1894 darin einen umfangreichen Aufsatz über die schweizerischen Volksschauspiele, nachdem er in Greifensee eine Freilichtaufführung der «Belagerung von Greifensee» erlebt hatte. Für ihn ist die Schweiz nicht nur «das klassische Land dieser dramatischen Volksspiele, von denen eine einzige Realisierung beweist, dass die Aufführung unter freiem Himmel die Verbindungslinie zu einer neuen Volkskunst ist. Sondern Volksschauspiele der Schweiz haben für ihn auch eine grosse Bedeutung für das deutsche Volks- und Freilichttheater. Es mache gerade «ihren grossen Wert aus, dass es keine gelehrten Literaturexperimente sind, sondern Volksspiele, die aus wirklichen Bedürfnissen des Volkes herauswachsen».[48] Der von dem Schriftsteller und Kunsterzieher *Ferdinand Avenarius* in Dresden herausgegebene «Kunstwart» unterstrich 1894: «Die schweizerischen Volksspiele, deren vorbildliche Wichtigkeit auch für uns Reichsdeutsche in diesen Blättern schon vor Jahren und mehrmals betont worden ist, findet immer mehr Beachtung in unseren besseren Zeitungen.»[49] 1901 erschien ein grosser Aufsatz über die «Schweizer Festspiele», in welchem der Autor *Adolf Keller* unter anderem feststellte, wie sehr der Sinn auch für dramatische Kunst beim Schweizer Volke vorhanden sei, und dass hier das Theater dem Volke das Volk vorführe.[50] 1902 endlich veröffentlichte der Schauspieler *Ferdinand Gregori* im «Kunstwart» einen Aufsatz über «Liebhabertheater», worin der Berufsschauspieler rügte, dass man nicht alle Aufführungen von Nichtberufsschauspielern mit dem Begriff «Dilettanten» entweihen könnte, und die Ansicht äusserte, Festspiele, Volksschauspiele wie die von Oberammergau oder auch die in ihrer Art höchst erfreulichen der Schweiz, wie sie Gottfried Keller so herrlich beschrieben habe, hätten selbstverständlich ein Recht auf eine Betrachtung unter ganz anderen Gesichtspunkten, die auch zu ganz anderen Ergebnissen führen müssten.»[51]

Ernst Wachler, der 1903 das bald berühmte «Harzer Bergtheater» in Thale eröffnen sollte, wurde neben dem antiken Theater vor allem vom schweizerischen Freilichttheater angeregt, wie es ein Aufsatz «Die Entwicklung der Volksschauspiele» von *Tony Kellen* in der von Wachler herausgegebenen «Deutschen Zeitschrift» (Berlin 1900) erweist. *Rudolf Lorenz,* der erste bedeutende Regisseur des deutschsprachigen Berufstheaters unter freiem Himmel, bekannte, dass die Schweizer lange vor ihm eifrige Anhänger der nationalen Kunst unter freiem Himmel waren. Er hatte 1903 zur Berliner Schillerfeier eine Freilichtaufführung der «Braut von Messina» mit tausendstimmigen Sprechchören auf den Terrassen des Halensees geplant, aber keine Spielerlaubnis für diese volkstümliche Feier bekommen. Angezogen von der schweizerischen Festspielbewegung mit ihren grossen Chören, richtete er seine Blicke in die Schweiz und fand nicht nur den aktiven Einsatz der schweizerischen Schillergemeinde, sondern auch die Mitarbeit der Bürger von Windisch und der umliegenden Gemeinden, so dass er neben sechs Berufsschauspielern aus Meiningen als Solisten vierhundert Schweizer Laien für die Chöre einsetzen konnte. Der Kulturgeschichtler und Schriftsteller *Karl Alexander von Gleichen-Russwurm,* ein Enkel Schillers, veröffentlichte in der von Maximilian Harden herausgegebenen Berliner Wochenzeitschrift «Die Zukunft» (1907) eine begeisterte Kritik:

Das Trauerspiel mit Chören wirkte auf die tausendköpfige Menge so gewaltig, dass ich ein Gefühl religiöser Andacht im Zuschauerraum vermuten durfte. In den ältesten Kulturgebieten deutscher Zunge [der deutschen Schweiz] wächst langsam (ist aber schon viel weiter verbreitet, als oberflächliche Beobachtung einräumt) eine aesthetische Weltanschauung heran, die dort Befreiung verleihen will, wo kirchlicher Buchstabenglaube versagt... der Kultus lebt. Nie empfand ich ihn klarer als in den Theateraufführungen für das Volk, die Etwas von der Weihe griechischer Bühne aus dem Alterthum zu uns gerettet haben...[52] 1909 sollte dann Lorenz in Hertenstein bei Luzern das erste bedeutende Berufstheater deutscher Sprache unter freiem Himmel eröffnen.

In seinem 1911 im «Türmer» veröffentlichten Aufsatz «Freilichttheater rund um Berlin» stellte ein K. St. den Freilichtspielen in Norddeutschland die schweizerischen Volksfestspiele gegenüber: «Ich habe die grösste Bewegung, die die neuere Zeit auf diesem Gebiete kennen gelernt hat, von Anfang bis zum Ende miterlebt, die lange Reihe nämlich jener grossen Festspiele, die seit 1891 an verschiedenen Orten in der Schweiz zum Gedächtnis an die Gründung der Eidgenossenschaft und den Anschluss der einzelnen Kantone an dieselbe gefeiert wurden... Alles in allem brachten doch auch die kleineren Gemeindewesen Festspiele zu Stande, die künstlerisch auf beträchtlicher Stufe standen... Wo dieser festliche Anlass fehlt, ist die Stimmung natürlich eine ganz andere...».
Zum Schluss erwähne ich für die Ausstrahlung des schweizerischen Festspiels nach Deutschland nur ganz kurz das Zeugnis des Berliner Theaterhistorikers und Dramaturgen *Julius Bab,* der 1911 in seiner, in der «Schaubühne» veröffentlichten Besprechung des Festspiels «Die Hussiten vor Berlin» auf das Vorbild der schweizerischen Tellaufführungen und Festspiele hinwies.[53]
In Frankreich nannte *Maurice Pottecher,* der 1895 in Bussang in den Vogesen sein «Théâtre du Peuple» errichtet hatte, in einem Rechenschaftsbericht (1899) als Anregungen nicht nur die jetzt realisierten Wünsche von Michelet, sondern auch die Theaterideen von Rousseau, die keineswegs veraltet und lächerlich seien, wie die meisten heutigen Zeitgenossen meinten.[54] Sein Landsmann Gabriel Boissy hat nachgewiesen, dass Pottecher, darüber hinaus in seinem Wunsche nach sozialer Erziehung und seiner Wahl von Laienspielern dem Beispiel der schweizerischen Festspiele folgte.[55] Dieser hat denn auch in seiner 1913 publizierten neuen Schrift «Le Théâtre du

Peuple» bekannt: «Ni le théâtre populaire, ni le théâtre en plein air ou de verdure n'étaient alors connus en France. Ce genre de représentations florissant en Suisse, auxquelles la population entière prend part, n'existait qu'à l'état rudimentaire...».[56]
Romain Rolland hat in seiner, 1903 erstmals veröffentlichten Programmschrift «Le Théâtre du peuple» die schweizerische Festspielbewegung voll gewürdigt, wobei er nur bezüglich der literarischen Qualität der meisten Festspieltexte Abstriche machte. Begeistert schrieb er über diese dramatischen Feste:

...ses fêtes dramatiques en plein air, où des milliers d'hommes prennent part, soutenus par l'orgueil et l'amour de la petite patrie: – représentations vraiment monumentales, qui sont peut-être à l'amour de la petite patrie: – représentations vraiment monumentales, qui sont peut-être à l'heure actuelle ce qui donne le mieux l'idée des spectacles antiques. Ces fêtes, dont la tradition n'a jamais été interrompue en Suisse depuis des siècles, ont repris un développement et un éclat surprenant depuis une dizaine d'années. A l'occasion des anniversaires des grandes actions nationales ou des centenaires de l'indépendance des cantons chaque ville a rivalisé de faste et d'enthousiasme pour se glorifier elle-même en des pompeux spectacles, et de cette émulation sont sorties des fêtes populaires vraiment uniques.[57]

Anmerkungen
 1 Rolf Max Kully: Hans Wagner und das Solothurner «Festspiel» vom Jahre 1581. In: Jahrbuch für solothurnische Geschichte. 55. Jg. 1982. S. 109–138.
 2 Jean-Jacques Rousseau: Lettre sur les spectacles. 1ère Edition. Amsterdam 1758. pp. 16, 46 sq, 140 sq, 228 sq, 259 sq, 260 sq.
 3 – Julie ou la nouvelle Héloïse. Lettres sur deux amants habitants d'une petite ville au pied des Alpes. Recueillis et Publiées par Jean-Jacques Rousseau. Amsterdam 1761.
   – Considérations sur le gouvernement de la Pologne et sur sa réformation projetée. Voir: Collection complète des œuvres de Jean-Jacques Rousseau. Paris 1782. pp. 190 sq, 196 sq, 205.
 5 Herrn *Rousseau*, Bürger in Genf, Patriotische Vorstellung gegen die Einführung einer Schaubühne für die Comödie in der Republik Genf. Aus einem Schreiben an Herrn D'Alembert gezogen nebst einem Schreiben eines Bürgers von St. Gallen an Herrn Bodmer: Von den wahren Angelegenheiten einer kleinen, freyen, kaufmännischen Republik. Zürich 1761.
 6 Veröffentlichung der Briefe von 1762 in: Verhandlungen der Helvetischen Gesellschaft 1784. S. 46 ff.
 7 Verhandlungen der Helvetischen Gesellschaft 1764. S. 47 ff.
 8 Polemon über die Ergötzungen des Umganges. In: Schweizer Journal 1770–1771. S. 33. Abgedruckt in «Schweizer Allerlei» (1787).
 9 Johann Georg Sulzers vermischte philosophische Schriften. Aus den Jahrbüchern der Akademie der Wissenschaft und Schönen Künste zu Berlin gesammelt. Leipzig 1773. S. 148 ff.
10 Ankündigung mit Proben-Zusage. In: Monatliche Nachrichten. Zürich 1756.
11 Allgemeine Theorie der schönen Künste in einzelnen nach alphabetischer Ordnung der Kunstwörter aufeinander folgenden Artikeln abgehandelt von Johann Georg Sulzer. 2 Teile. Leipzig 1771–1774. 2. Schauspiel.
12 Dsgl. 1. Vorrede.
13 Vgl. die ganz ausführliche Darstellung in: Edmund Stadler. Die Entstehung des nationalen Landschaftstheaters in der Schweiz. 21. Theater-Jahrbuch der Schweizerischen Gesellschaft für Theaterkultur. Einsiedeln 1953. S. 88–102.

14 Actensammlung aus der Zeit der Helvetischen Republik 1798–1803. Hg. von Johann Strickler. Bern 1886–1905. 1. Bd. S. 1121. – Der schweizerische Republikaner 1798. S. 275, 287, 296 f., 1799. S. 590.
15 Der schweizerische Republikaner 1799. S. 259 f., 428 ff., 590, 793 f. – Actensammlung a.a.O.
16 Der schweizerische Republikaner 1799. S. 631 f., 639 f., 646.
17 Dsgl. S. 590.
18 Gemeinnützige Schweizerische Nachrichten. Hg. von Höpfner. Nr. 80 Bern 1804. S. 129.
19 Dsgl. Beilage zu Nr. 73 1808.
20 Le voyageur sentimental en France sous Robespierre par François Vernes de Genève. Genève An VII de la République. pp. 372 sq.
21 Charles Apothéloz: Histoire et Mythe de la Fête des Vignerons. Paudex 1977 p. 35.
22 De même. p. 74.
23 Anton Küchler: Geschichte von Sachseln. In: Der Geschichtsfreund. Stans 1909. S. 114 f.
24 Johannes von Müller: Die Geschichte der Schweiz. Boston (=Bern) 1780. S. 106 ff., 206 f.
25 Vgl. Stadler: a.a.O. S. 97 ff., 121 f.
26 Philippe Sirice Bridel. Course à pied dans la Suisse intérieure en juillet 1790. Voir: Etrennes helvétiques et patriotiques 1792.
27 Das Vereinigungsfest in Obwalden. In: Der aufrichtige und wohl erfahrene Schweizer Bote. Hg. von Heinrich Zschokke. Nr. 10 Aarau 1805.
28 Stadler: a.a.O. S. 125.
29 Tagebuch und Tell-Zeichnung von Ludwig Vogel befinden sich im Schweizerischen Landesmuseum.
30 E. Bähler: Bilder aus dem alten Biel aus Tagebüchern und Familienpapieren. In: Blätter für bernische Geschichte, Kunst und Altertumskunde. 3. Jg. 1907. S. 216. (Der Vorname von Perrot heisst richtig Adolf und nicht Alexander wie bei Bähler. Siehe: Historisch-Biographisches Lexikon der Schweiz.
31 Alois Fuchs: An Freunde des Volkes. In: Schillers «Wilhelm Tell». Ein vaterländisches Schauspiel dem lieben Schweizervolk zum Nutzen herausgegeben mit einer geschichtlichen Einleitung von Johannes Müller. Rapperswil 1833. S. 252 ff.
32 M. August Feierabend: Über Volksfeste und Volksspiele im Kanton Luzern. Als Antwort auf die Frage: Was für eine Bedeutung haben bei uns die verschiedenen Volksfeste und Volksvergnügen und wie lassen sich diese veredeln? In: Verhandlungen der Gesellschaft für vaterländische Kultur im Kanton Luzern vom Jahre 1843. Luzern 1843. S. 85–162.
33 Luzerner Intelligenzblatt Nr. 7 1828, Nr. 7 1829. (Wie aus diesen Quellen hervorgeht, wurde die Rütliszene nicht schon 1828, wie Egon Schmid schreibt, sondern erst 1829 gespielt.)
34 Fritz Hunziker: Glattfelden und Gottfried Keller. Diss. phil. Zürich 1911. S. 62 ff.
35 Gottfried Keller: Der grüne Heinrich. 4 Bde. Braunschweig 1854–1855. 2. Bd., S. 341 ff.
36 H. Bigler: Solennitätschronik 1798–1926. In: 200 Jahre Burgdorfer Solennität 1729–1929. Burgdorf 1929. S. 35. – Werner Boss. Schulgeschichte der Stadt Burgdorf. Burgdorf 1930. S. 365. – Emmenthaler-Blatt Nr. 53 1859.
37 Stadler: a.a.O. S. 22, 35.
38 Josef Victor Widmann: Nachklänge zum bernischen Festspiel. In: Der Bund Nr. 228 1891.
39 Adolphe Appia: L'Oeuvre d'art vivant. Genève 1921. pp. 84, 85.
40 Herbert A. und Elisabeth Frenzel: Daten der deutschen Dichtung. 3. verb. u. verm. Aufl. Köln-Berlin 1953. S. 130, 135, 141.
41 Johannes Dobai: Die bildenden Künste und Johann Georg Sulzers Aesthetik. In: Neujahrsblatt der Stadtbibliothek Winterthur 1978. S. 9, 13, 55, 241 f., 244.

42 Egon Komorynski: Emanuel Schikaneder. Berlin 1901 und Seine Quelle: Wiener Abendpost Nr. 83 1870.
43 Johann Georg Ebel: Schilderung der Gebirgsvölker der Schweiz. 2 Bde. Leipzig 1798–1801. 1. Bd. S. 173.
44 Romain Rolland: Le théâtre du peuple. Paris 1903. pp. 67, 68, 137–146, 155–182.
45 Brigitte Schöpel: Naturtheater. Studien zum Theater unter freiem Himmel in Südwestdeutschland. Volksleben 9. Bd. Tübingen 1965. S. 25–29.
46 Rolland: pp. 82–83.
47 Theater-Liebhabereien in der deutschen Schweiz. In: Kölnische Volkszeitung, abgedruckt im «Vaterland» (Luzern) 19. Februar 1893.
48 Julius Harts Aufsatz in der Täglichen Rundschau zitiert im Artikel «Die schweizerischen Volksschauspiele. In: Der Kunstwart. 7. Jg. 2. Juliheft 1894. S. 309.
49 Die schweizerischen Volksschauspiele. In: dsgl. S. 309 ff.
50 Adolf Keller: Schweizerische Festspiele. In: dsgl. 15. Jg. 2. Oktoberheft 1905 S. 75 ff.
51 Ferdinand Gregori: Liebhabertheater. In: dsgl. 1. Maiheft 1902. S. 137 ff.
52 Karl Alexander von Gleichen-Russwurm: Vindonissa. In: Die Zukunft. Hg. von Maximilian Harden. Berlin 1907.
53 Julius Bab: Die Hussiten vor Berlin. In: Die Schaubühne. 7. Jg. 1. Bd. Berlin 1911. S. 60–65.
54 Maurice Pottecher: Le Théâtre du Peuple. Renaissance et destinée du Théâtre populaire. Paris 1899. pp. VIII sq.
55 Gabriel Boissy: Les spectacles en plein air et le peuple. Voir: Mercure de France 1907.
56 Maurice Pottecher: Le Théâtre du Peuple. Paris 1913. p. 9.
57 Rolland: pp. 146–147, annotation(1).

Bibliographie
Im Text erscheinende Quellen werden hier, von einigen Ausnahmen abgesehen, nicht mehr angeführt. Der Autor dieses Beitrages hat schon früher kürzere Abhandlungen über dasselbe Thema veröffentlicht:
Stadler, Edmund: La Suisse et la Renaissance du Théâtre en plein air. Voir: Theatre Research/Recherches Théâtrales. Bulletin de la Fédération Internationale pour la Recherche Théâtrale. Vol. 1, Nos 2 et 3. 1959.
– Zweihundert Jahre schweizerisches Festspiel. Ausstellungskatalog. Zentralbibliothek Solothurn 1969.
– Die Renaissance des Volks- und Festspieltheaters im späten 18. und 19. Jahrhundert. In: Schweiz Suisse Svizzera Switzerland. Herausg.: Schweizerische Verkehrszentrale Zürich. 51. Jg. 1978. Nr. 1. S. 12 ff.
– Entstehung, Entwicklung und Ausgestaltung des Festspiels. In: Der Bund Nr. 241, 242. Bern 1987.

Einleitung
Kohlschmidt, Werner: Festspiel. In: Reallexikon der deutschen Literaturgeschichte. 1. Bd. Berlin 1958. S. 458 f.
Stadler, Edmund: Einige Daten zur Geschichte des Festspiels. In: Schweizer Theater-Jahrbuch. Hg. vom Schweizerischen Bühnenverband. Zürich 1964. S. 255–268.
– Prolog. In: Reallexikon der deutschen Literaturgeschichte. 3. Bd. Berlin 1977 S. 275.
– Zwischenspiel. In: dsgl. 4. Bd. 1984. S. 1093.
Festspiele. In: Theaterlexikon. Hg. von Henning Rischbieter. Zürich 1983.
Schaal, Richard: Feste und Festspiele. In: Die Musik in Geschichte und Gegenwart. Allgemeine Enzyklopädie der Musik. Hg. von Friedrich Blum. 4. Bd. S. 103–137.

1. Die nationale Festspielidee der Helvetischen Bewegung
Stadler, Edmund: Die Entwicklung des nationalen Landschaftstheaters in der Schweiz. 21. Theater-Jahrbuch der Schweizerischen Gesellschaft für Theaterkultur. Einsiedeln 1953. (Ganz ausführliche Behandlung meines Themas mit umfassender Quellenangabe).

2. Das Winzerfest von Vevey
Le voyageur sentimental en France sous Robespierre par François Vernes de Genève. An VII de la République. 1797. pp. 27–31.
Vernes-Prescott: L'Abbaye des Vignerons, son histoire et ses fêtes, par un témoin oculaire des fêtes de 1819, 1833, 1851 et 1865. Vevey.
Vevey. Voir: Larousse. Grand Dictionnaire Universel du XIXe Siècle. Paris 1860–1870.
Godet, Philippe: La Fête des Vignerons à Vevey. Voir: Revue universelle. Lausanne 1889.
Rod, Edouard: La Fête des Vignerons à Vevey. Histoire d'une fête populaire. Vevey 1905.
La Fête des Vignerons de Vevey. Ouvrage collectif illustré. Lausanne 1956.
Nicollier, Jean: René Morax poète de la scène. Lausanne 1958. pp. 39–43.
Gétaz, Emile: La Confrérie des Vignerons et la Fête des Vignerons. Leurs origines – leur histoire. 2e édition revue et complétée. Vevey 1969.
Apothéloz, Charles: Histoire et Mythe de la Fête des Vignerons. Paudex 1977.

3. Vaterländische Freilichtspiele als Vorformen des nationalen Festpiels
Feierabend, M. August: Schillers «Wilhelm Tell» als Fasnachtsspiel. Ein ländliches Zeitgemälde (Toggenburg). In: Die Schweiz. Monatsschrift des literarischen Vereins in Bern. 1. Jg. Nr. 5 Schaffhausen 1858. S. 117–120.
– Schillers «Wilhelm Tell» in der innern Schweiz. In: Die Schweiz. III. Zeitschrift für Literatur und Kunst. 6. Jg. 1863. S. 11 ff., 40 ff.
– Zur Feier der Schlacht bei Sempach. In: dsgl. S. 291.
– Zur Aufführung Wilhelm Tells von Schiller in Küssnacht am Vierwaldstättersee. In: Über Land und Meer. 13. Bd. Dez. Stuttgart 1864.
– Die Schweiz in ihren Sagen, Sitten und Spielen. Manuskript (um 1868). Zentralbibliothek Luzern.
– Schweizer Volksfeste. In: Eidgenössischer Nationalkalender. Hg. von M.A. Freitag. 1870. S. 53 f., 1877. S. 51 f.
Robert, Ernst: Die Aufführung des «Wilhelm Tell» in Seedorf. In: Die Schweiz. Monatsschrift des literarischen Vereins in Bern. 1. Jg. 1858. S. 64–70.
Göbel, H.: Über schweizerisches Theater. In: Die Schweiz. III. Zeitschrift für Literatur und Kunst. 6. Jg. 1863. S. 64–70.
Osenbrüggen, Eduard: Die Schweizer Daheim und in der Fremde. Berlin 1874. S. 176–180.
Rochholz, Ernst Ludwig: Tell und Gessler in Sage und Geschichte. Heilbronn 1877. S. 200 ff.
Fischer, X.: Ursprung, Wesen, Wert und spätere Entwicklung der alten schweizerischen Volksfeste. In: Schweizerische Zeitschrift für Gemeinnützigkeit. 23. Jg. Zürich 1884. S. 421–433.
Grosses Volksschauspiel in Steinen bei Schwyz. Szenen aus der Zeit der Gründung der schweizerischen Eidgenossenschaft 1307–1308. Arth 1885.
Guillaume Tell à Premier 1820. Dans: Au foyer romand. Etrennes littéraires. Lausanne 1889.
Stocker, August: Das Volkstheater in der Schweiz. 3. verm. u. verb. Auflage. Aarau 1893.
Bodmer, G.: Chronik der Gemeinde Stäfa. Stäfa 1894. S. 258 f.
Vom Stosser Schlacht-Festspiel in Altstätten 17. Juni 1895. In: Vaterland 20. u. 21. Juni 1896.

Die Volksbühne. 1.–10. Jg. 1895/96–1914. (Berichtet sozusagen über jede Volks- und Festspielaufführung, oft sehr ausführlich, vom Ende des 19. Jahrhunderts bis zum Ersten Weltkrieg.)
Beetschen, Alfred: Das Theaterwesen in der Schweiz. Berlin 1897.
– Die dramatische Kunst in der Schweiz. In: Bühne und Welt. 1. Jg. Berlin 1898/99. S. 197 f.
Vögtlin, Adolf: Das Tell-Schauspiel in der Schweiz. In: dsgl. S. 1009 ff.
Eduard Platzhoff-Lejeune: Volksschauspiele in der Schweiz. In: dsgl. Jg. 1905. S. 66 ff.
Zollinger, Max: Eine schweizerische Nationalbühne? Eine Studie zur schweizerischen Theatergeschichte. Diss. phil. 1 Zürich 1909.
Helbling, C.: Geschichte des Schauspielwesens in Rapperswil und der dortigen dramatischen Gesellschaft während ihres 25jährigen Bestehens. Rapperswil 1917.
Schmid, August: Das Volkstheater in der Schweiz. In: Alte und Neue Welt. 63. Jg. Einsiedeln 1928/29. S. 745–749, 777–781.
– Das Volk spielt Theater. Aufzeichnungen von A. Sch., Diessenhofen. XII. Jahrbuch der Gesellschaft für schweizerische Theaterkultur. Elgg-Zürich 1940.
Das vaterländische Theater. 1. Jahrbuch der Gesellschaft für innerschweizerische Theaterkultur. Hrg. von Oskar Eberle. Basel 1928.
Eberle, Oskar: Fastnachtsspiele. 7. Jahrbuch der Gesellschaft für schweizerische Theaterkultur. Luzern 1935.
– Wege zum schweizerischen Theater. I. Grundlagen und Volkstheater. 13. Jahrbuch der Gesellschaft für schweizerische Theaterkultur. Elgg 1943.
Schmid, Egon: Der Spielplatz Küssnacht. Vaterländische Spiele im 19. Jahrhundert. In: Der Küssnachter Heimatfreund 1946/47. Heft 5/6.
Stadler, Edmund: Die Renaissance des nationalen Freilichttheaters im 18. und beginnenden 19. Jahrhundert. In: Die Entstehung des nationalen Landschaftstheaters in der Schweiz a.a.O. S. 118–139.
– Friedrich Schillers «Wilhelm Tell» und die Schweiz (bis zur Einweihung des Schillerdenkmals 1860). Bibliothek des Schweizer Gutenbergmuseums in Bern Nr. 28. Bern 1960.
– Friedrich Schillers «Wilhelm Tell» und die Schweiz (bis zur Gegenwart). In: Mimos. Mitteilungen der Schweizerischen Gesellschaft für Theaterkultur 1959–1961.

4. Die Rolle der historischen Umzüge
Nachricht von dem Militäraufzuge bei der Jubelfeier auf die Erbauung der Stadt Bern. Bern 1790. – Fête nationale ou Annonce du sixième Jubilé de la fondation de Berne pour le 17 août 1791. Voir: Etrennes helvétiennes et patriotiques 1791.
Der Festzug der Harnischmänner in der Stadt Neuenburg. In: Eidgenössischer Nationalkalender 1837. S. 57 f.
Vogel, Friedrich: Memorabilia Tigurina oder Chronik der Denkwürdigkeiten der Stadt und Landschaft Zürich. Zürich 1841. – Dsgl. 1840–1850. Zürich 1852.
– Das Maifest oder die 500jährige Jubelfeier von Zürichs Aufnahme in den Bund der vier Waldstätte Uri, Schwyz, Unterwalden, Luzern vom 1. Mai 1851. In: Memorabilia Tigurina 1850–1860. S. 448–458.
Beschreibung des Bundesfestes gefeiert zum Andenken an den Eintritt Berns in den Schweizerbund den 21., 22. und 23. Brachmonat 1853. Bern 1853.
Jenny, Heinrich: Historischer Festzug in Winterthur 1864. Winterthur 1864.
Feierabend, M. August: Schweizer Volksfeste. In: Eidgenössischer Nationalkalender 1859, S. 65 f., 1864 S. 23 f., 1869 S. 49 f., 1873 S. 40 f., 57 f., 1886 S. 48 f.
Historischer Umzug Fasnacht 1881. Wädenswil 1881.
Gedenkblatt an die Vierhundertjahrfeier des «Tages zu Stans» Festzug am 12. Oktober 1881.
Historischer Umzug Biel., 15. März 1886. Bern 1886.
Offizielles Festalbum des historischen Zuges Bern 1891.
Gyr, S.F.: Das Zürcher Sechseläuten. Zürich 1912.

Kölner, Paul: Die Basler Fastnacht. Basel 1914.
Stadler, Edmund: Die Entstehung des nationalen Landschaftstheaters a.a.O. S. 22, 32, 35, 119 f., S. 125 ff., S. 130, 132.
– Zweihundert Jahre schweizerisches Festspiel. Ausstellungskatalog a.a.O.
– Die Osterfeiern im alten Bern. In: Berner Zeitschrift für Geschichte und Heimatkunde. 48. Jg. Heft 4. Bern 1986.
Gantner, Theo: Der Festumzug. Ein volkskundlicher Beitrag zum Festwesen des 19. Jahrhunderts in der Schweiz. Führer durch das Museum für Völkerkunde und schweizerisches Museum für Volkskunde. Sonderausstellung Basel 1970.

5. Gottfried Kellers Vision eines nationalen Festspielhauses

Keller, Gottfried: Studie am Mythenstein. In: Stuttgarter Morgenblatt für gebildete Leser 2. u. 9. April 1861. (Abgedruckt in: Festspiele am Vierwaldstättersee. 10./11. Jahrbuch der Gesellschaft für schweizerische Theaterkultur. Thalwil 1939. S. 8–23).

6. Die grossen nationalen Festspiele der letzten Jahrhundertwende

Feierabend, M. August: Schweizer Volksfeste. In: Eidgenössischer Kalender. 1877 S. 50 ff. 1883 S. 40 f., 1887 S. 51 ff.
Gedenkblatt an die Vierhundertjahrfeier des «Tages von Stans». Stans 1881.
Fünfte Säkularfeier der Schlacht bei Sempach 1886. Programm, Text- und Regiebuch. Zentralbibliothek Luzern.
– Sempacher Schlachtfeier am 15. Juli 1886. Festalbum zur Erinnerung an den 500-Jahr-Gedenktag. Luzern 1886. – Besprechungen in: Der Bund Nr. 182 u. 184, Luzerner Tagblatt Nr. 156 u. 158, Journal de Genève No. 154, Neue Zürcher Zeitung Nr. 185, Schweizerische Musikzeitung. 24. Jg. Nr. 9, 14 u. 16 1886.
Eidgenössische Bundesfeier in Schwyz 1. und 2. August 1891. Schwyz 1892. – Besprechungen in: Vaterland Nr. 171, 172, 174, 175, Luzerner Tagblatt Nr. 180 u. 181, Neue Zürcher Zeitung Nr. 212–215, Der Bund 209, 210, 212, sowie in den Nrn. 217, 218 u. 220 1891: Josef Victor Widmann: Allerlei von meiner Fahrt nach Schwyz.
Die Festtage in Schwyz und Bern August 1891. Jubiläumsfeier des Bundes der Eidgenossen 1291 und der Stadt Bern 1191. Erinnerungsblätter in Wort und Bild. Bern 1893.
Jubiläums-Festalbum Schwyz 1291–1891, Bern 1191–1891.
Die 700-Jahr-Gründungsfeier der Stadt Bern. Festbericht hg. vom Organisationskomitee. Bern 1891. – Besprechungen in: Der Bund Nr. 222, 225, 227, 228, 230, 241, Neue Zürcher Zeitung Nr. 228 u. 229, Vaterland Nr. 177 u. 185 1891.
Widmann, Josef Victor: Nachklänge zum bernischen Festspiel. In: Der Bund Nr. 228 1891.
Widmann, Max: Die Möglichkeit schweizerischer Nationalfestspiele. In: dsgl. Nr. 244 1891.
Helveticus (Max Widmann): Die Frage der schweizerischen Nationalbühne. Bern 1892.
Finsler, Georg: Das Berner Festspiel und die attische Tragödie. Neujahrsblatt der literarischen Gesellschaft Bern auf das Jahr 1892. Bern 1891.
Das Festspiel zur Bundesfeier in Lenzburg. In: Schweizerische Rundschau. 1. Jg. 1891. S. 104 ff.
Baumann, Fritz: Volksfeste in der Schweiz. 1. Bd. Bern 1896.
Jäkel, Robert: Die 4. Säkularfeier der Schlacht bei Dornach. In: Die Schweiz. Ill. Zeitschrift für Literatur und Kunst 1899. S. 308 ff.
W.B.: Das Dornacher Festspiel in Solothurn. In: Neue Zürcher Zeitung Nr. 210 1899.
Das Festspiel zu Schwaderloh. In: dsgl. Nr. 207 1899.
Widmann, Josef Victor: Aesthetische Ergebnisse des Churer Festspiels. In: Der Bund 18. Juni 1899.
Bühler, M.: Die Nationalfeste. In: Die Schweiz im 19. Jahrhundert. Bern 1899.
Gessler, Albert: Offizieller Festbericht der Basler Bundesfeier. Basel 1901.
Ruf, C.: Erinnerungsblätter an das Festspiel der Basler Bundesfeier. Basel 1901.

Schwarz, G.: Die Vorbereitung zur Aufführung des Festdramas in Schaffhausen. In: Die Schweiz. 5. Jg. 1901. S. 317 ff.
– Festbericht über die Schaffhauser Centenarfeier 1901. Schaffhausen 1901.
Federer, Heinrich: Otts Festdrama. In: Die Schweiz 1901. S. 317 ff.
– Ein Appenzeller Drama. In: Dsgl. 1905. S. 286 ff.
G.E.: Das Festspiel zur aargauischen Jahrhundertfeier. In: Dsgl. 1903. S. 233 ff.
Bonnard, Arnold: Waadtländische Jahrhundertfeier. In: Dsgl. 1903. S. 227 ff., 402 ff.
Haug, Eduard: Ein schweizerisches Nationaltheater. In: Neue Zürcher Zeitung Nr. 17 u. 18 1904.
Reisser, Hermann: Volkskunst und Drama in der Schweiz. In: Veehagens und Klasings Monatshefte. 9. Jg., 2. Bd. Berlin 1905. S. 683–696.
Konrad, Falke: Schweizer Nationaldrama (Ein Brief). In: Berner Rundschau. 2. Jg. 1907/08. S. 364–369.
Baud-Bovy, Daniel; Malche, Albert: La Fête de Juin. Spectacle patriotique. Centenaire de l'entrée de Genève dans la Confédération Suisse 1814–1914. Genève 1914.
Les Fêtes de Juin. Album du centenaire Genevois. Introduction de Horace Micheli. Notices historiques de Paul-E. Martin. Genève 1922.
La Suisse qui chante. Histoire illustrée de la chanson populaire, du chant choral et du Festspiel en Suisse. Publié sous la direction de Paul Budry. – Die Schweiz, die singt. Erlenbach bei Zürich 1932. (Vgl. bes. den Beitrag: Das Schweizer Festspiel von Edouard Combe. S. 197–232).
Festspiele am Vierwaldstättersee a.a.O.
Schmid, August: Das Volk spielt Theater a.a.O.
Eberle, Oskar: Wege zum schweizerischen Theater a.a.O.
Stadler, Edmund: Le Festspiel suisse – précurseur du théâtre moderne – Die Schweizer Festspiele des 19. Jahrhunderts – Pioniere der europäischen Bühnenreform. In: Stadler. Le décor du Théâtre suisse depuis Adolphe Appia – Das schweizerische Bühnenbild von Appia bis heute. Ausstellungskatalog. Thalwil-Zürich 1954. S. 7–12.
– Zweihundert Jahre schweizerisches Festspiel a.a.O.
– Le Festspiel suisse, Adolphe Appia et Emile Jaques-Dalcroze. Dans: Revue d'Histoire du Théâtre. XV 3 Paris 1963. pp. 249–264.
– Adolphe Appia et Emile Jaques-Dalcroze. In: Maske und Kothurn. X 3–4. Wien 1964.
– Jaques-Dalcroze et Adolphe Appia. Voir: Emile Jaques-Dalcroze. L'homme, le compositeur, le créateur de la Rythmique. Neuchâtel 1965. pp. 413–459 (voir pp. 448–451).
Gagnebin, Henri: Jaques-Dalcroze compositeur. Voir: plus haut. pp. 159–288 (voir pp. 194–197, 200–206, 207–212).
Modricky, Pia: Il Festspiel e Adolphe Appia. Tesi di Laurea in Storia del Teatro. Università degli Studi di Trieste. Anno Accademico 1983–84.
Hersche, Klaus: Festspiele für Patrioten. Zur Feier von historischen Gedenktagen hat sich in der Schweiz im letzten Jahrhundert eine echte Theatertradition entwickelt: das patriotische Festspiel. In: Musik und Theater. Jg. 6 Nr. 6 1985. S. 16–18.
Stern, Martin: Das Festspiel des 19. Jahrhunderts. In: Volk – Volksstück – Volkstheater im deutschen Sprachraum des 18.–20. Jahrhunderts. Jahrbuch für Internationale Germanistik. Reihe A. Band 15. Bern 1986.

7. Ausstrahlung auf die Nachbarländer
Basedow, Johann Bernhard: Vorstellung an Menschenfreunde. Hamburg 1768. S. 98 f.
Briefe von und an Klopstock. Braunschweig 1867. S. 229.
Kutscher, Arthur: Grundriss der Theaterwissenschaft. Zweite, überarbeitete Auflage. München 1949. S. 281, 295.
Komorynski, Egon: Emanuel Schikaneder, Berlin 1901. S. 7 ff., 33.
Wild, P.: Über Schauspiel und Schaustellung in Regensburg 1901. S. 96 ff.

Rolland, Romain: Le théâtre du peuple. Paris 1903. p. 67–68, 137–139 et 142–143 (Rousseau), 139–146 et 155–182 (Fêtes de la Révolution).

Berger, Karl: Schiller. 2 Bde. München 1906–1909. Bd. 2. S. 696 f. (Schlegel).

Jahn, Friedrich Ludwig: Das Deutsche Volksthum. Bd. 3 der Quellenbücher der Leibesübungen. (Lübeck 1810). Hrg. u. eingel. von Franz Brunner o.J. S. 6 f., 196 ff., 206 f.

Geiger, Ludwig: Berlin 1688–1840. Geschichte des geistigen Lebens der preussischen Hauptstadt. Berlin 1895. S. 437 f. (Ansehen des «Gesellschafters»).

Fehr, Max: Richard Wagners Schweizer Zeit. Aarau/Leipzig 1934. S. 49, 101 f.

Die Kreuzfahrt zu der Tellenplattenkapelle im Lande Uri. In: Zuger Kalender für das Jahr 1866.

Eberle, Oskar: Theatergeschichte der innern Schweiz. Diss. phil. 1. Königsberg 1929. S. 155. (Richard Wagners Pläne einer Freilichtaufführung auf dem Urnersee).

Rolland, Romain: pp. 82–83 (Michelet).

Gautier, Théophile: Histoire de l'art dramatique en France depuis 25 ans. Choix des feuilletons 6 vol, Paris 1859.

– La Fête des Vignerons. Dans: Le Moniteur universel 2 et 3 août 1865 (reproduit dans la Revue universelle Lausanne 1888).

Eberle, Oskar: Musik und Theater der Welt (u.a. Lorenz betreffend). In: Festspiele am Vierwaldstättersee a.a.O. S. 94 ff.

Freilichtspiel von August Feierabend: Der Kampf in Gisikon im Grossen Bauernkrieg 1653. Gisikon-Root 1863. Abbildung in «Illustrierte Welt», Leipzig 1864. (Dokumentation E. Stadler)

«Wilhelm Tell» von Friedrich Schiller in und bei Küssnacht 1865. Gesslers Tod in der «historischen» Hohlen Gasse. Zeichnung von Joseph Balmer, abgebildet in «Über Land und Meer», Bd. XIII, Stuttgart 1865. (Dokumentation E. Stadler)

Fête des Vignerons in Vevey 1865. Abb. in «L'Illustration, Journal Universel», Paris 5. August 1865. (Dokumentation E. Stadler)

Sempacher Festspiel vom 5. Juli 1886. Schlussszene: Der Genius der Eidgenossenschaft. Festalbum gezeichnet von Karl Jauslin, Luzern 1886.

Sempacher Festspiel von 1886. Fotografie der gleichen Schlussszene. (Zentralbibliothek Luzern)

Festspiel zum 600jährigen Bestehen der Eidgenossenschaft, 1891 in Schwyz. Schlussszene gezeichnet von E. Limmer in «Illustrierte Zeitung», Leipzig 15. August 1891. (Dokumentation E. Stadler)

Festspiel 1891 in Schwyz. Bundesschwur vom 1. August 1291 auf dem Friedhof von Schwyz. Man beachte das Publikum.

Festspiel zum 700jährigen Bestehen der Stadt Bern von 1891, Schlussszene.

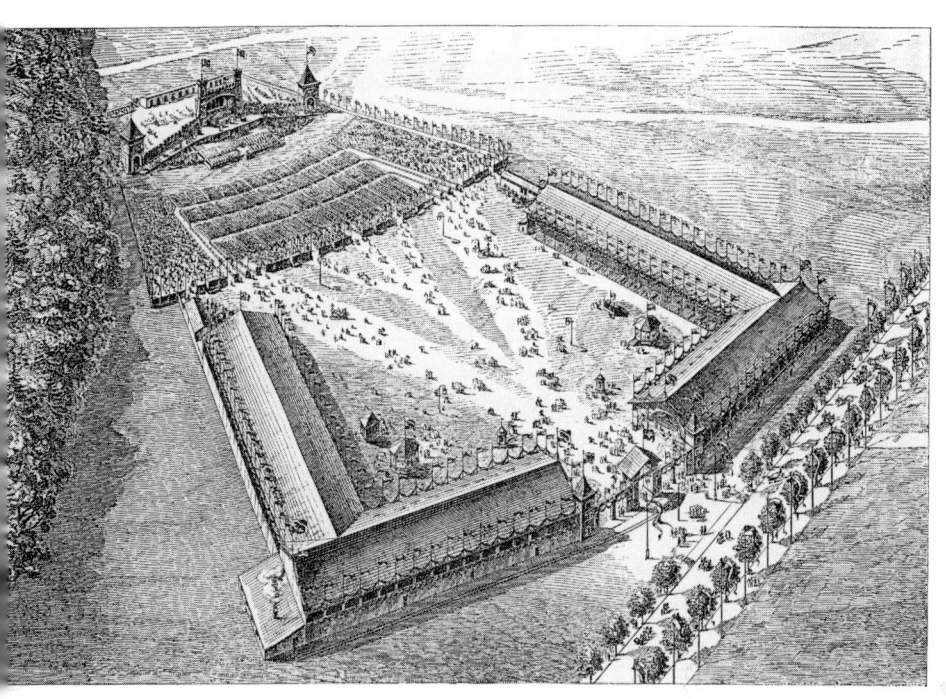

Berner Festspiel von 1891. Festplatz im Dählhölzli aus der Vogelperspektive.

Festspiel zur Landesaussstellung von Genf 1896: Le poème alpestre. Text von Baud-Bovy, Musik von Jaques-Dalcroze; Foto von Lacroix. In «Journal Officiel Illustré de l'Exposition Nationale Suisse», Nr. 24, p. 280.

Festspiel von 1898 zum 50jährigen Bestehen der Republik Neuenburg. (Dokumentation P. Hugger)

Cinquantenaire de la République neuchâteloise
neuchatel suisse

pièce historique en un prologue & 12 tableaux par **philippe godet** avec intermèdes musicaux par **joseph lauber**

Représentations à **neuchatel** les 11, 12, 13, 14 & 21 Juillet à 3 heures après midi.

600 acteurs & figurants. 500 chanteurs.

12 décors exécutés d'après les esquisses de peintres neuchatelois.
Les estrades sont couvertes d'un velum.

Textbücher der Festspiele von Neuenburg 1898 und Chur 1899.

Festspiel zur Calvenfeier von 1899, Schlussbild. (Dokumentation P. Hugger)

Großes
Vaterländ. Volksschauspiel
in
Schwaderloh (Thurgau).

1499 Jahrhundertfeier 1899

Die
„Schlacht am Schwaderloh."

Verfasser des Festspiels Herr Dekan Chrüsinger, Hüttlingen (Thurgau).

☞ **Spielpersonal: 250.** ☜

Aufführungstage:

30. und 31. Juli a. c.

Beginn jeweils 1 Uhr nachmittags, Ende zirka 4 Uhr.
Nach der Aufführung **Konzert**.

Regie: **Herr Peter Hermanns aus Zürich.**
Orchesterbegleitung des Festspiels unter Direktion des Komponisten Herrn W. Decker, Kreuzlingen.

Kapelle: **Regimentsmusik Weingarten.**
Direktion Herr B. Klein.

Preise der Plätze:
Reservierter Platz 5 Fr.
I. Platz 4 Fr.   III. Platz 2 Fr.
II. „ 3 „   IV. „ (Stehplatz) 1 „

Billetvorverkauf bei Herrn E. Hofer, Präsident des Finanzkomite, Neuweilen.

Die Bahnbillete einfacher Fahrt sind auf sämtlichen Stationen der N. O. B. auch für die Rückfahrt am gleichen Tage gültig. Abstempelung der Bahnbillete auf dem Festorte.

Bahnstationen nächst des Festortes: Märstetten, Weinfelden, Bürglen, Kreuzlingen, Emmishofen, Tägerweilen.

Gedeckte Zuschauerhalle mit 2000 Sitzplätzen.
Die Aufführung findet bei jeder Witterung statt.

☞ Stallung für zirka 200 Pferde ist gesorgt. ☜

Plakat zum Festspiel von Schwaderloh von 1899. In: Neuwilen, Ellighausen, Lippoldswilen. Dorfgeschichten von Hans Nater. Zollikofen 1971.

Erinnerungsbild zur Schwaderloh-Feier von 1899.

Szene aus «Karl dem Kühnen» von Arnold Ott, 1904/05 in Wiedikon, Zürich, aufgeführt. Regie: Eduard Haug, Spielhalle und Bühne: Albert Isler. In den beiden folgenden Jahren wurde Schillers «Wilhelm Tell» gegeben. (Dokumentation P. Hugger)

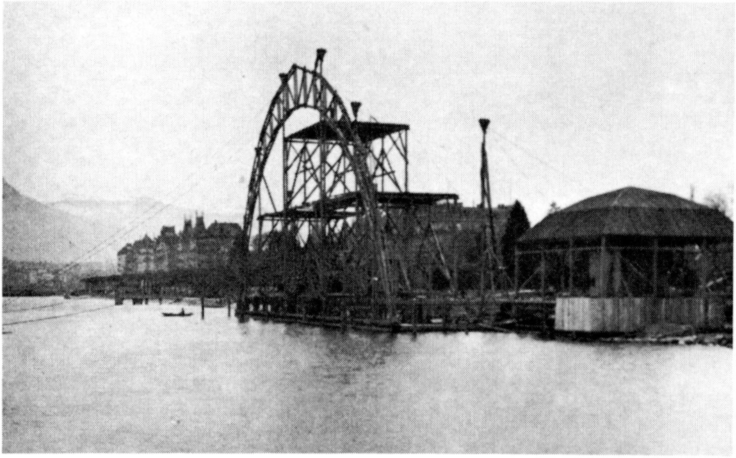

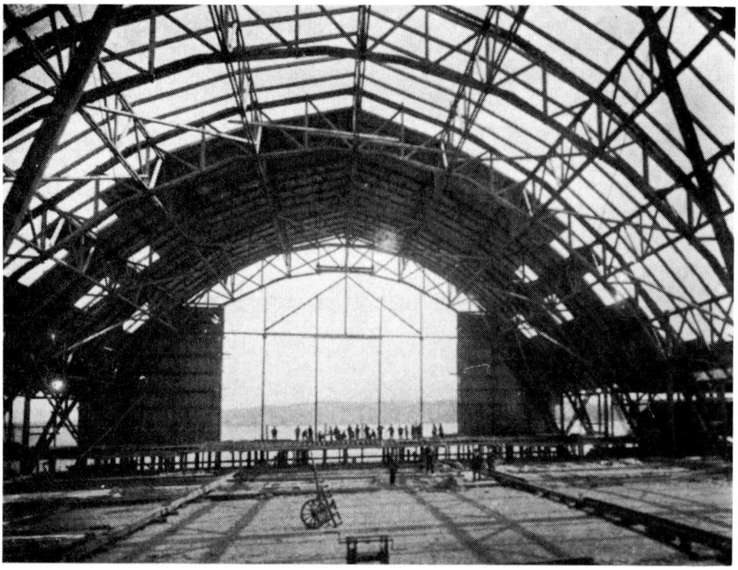

«La Fête de Juin», patriotisches Spiel Genf 1914. Text von Daniel Baud-Bovy und Albert Malche, Musik von Emile Jaques Dalcroze, Fotos von Fred Boissonnas. Montage der Festhalle. Ankunft der Eidgenossen, auf dem Seeweg wie 1814. Abb. aus dem Textbuch von 1914 und dem Erinnerungsalbum von 1922. (Dokumentation E. Stadler)

Festspiel zur Landesausstellung von 1914 in Bern: Die «Bundesburg» von C. A. Bernoulli. Schlussszene des 1. Aktes. Abb. aus dem «Illustrierten Ausstellungsalbum» von 1914, S. 549. Zu diesem Stück, vgl. Beitrag von H. Thomke im vorliegenden Band.

Festspiel zur Landesausssstellung von 1939 in Zürich: «Das eidgenössische Wettspiel» von Edwin Arnet. Herbeiströmende Kinder und der «Schweizermann». Abb. aus dem «Büchlein von eidgenössischen Wettspiel». Zürich 1939. Schriftenreihe der Gesellschaft für Schweizerische Theaterkultur, Bd. 5.

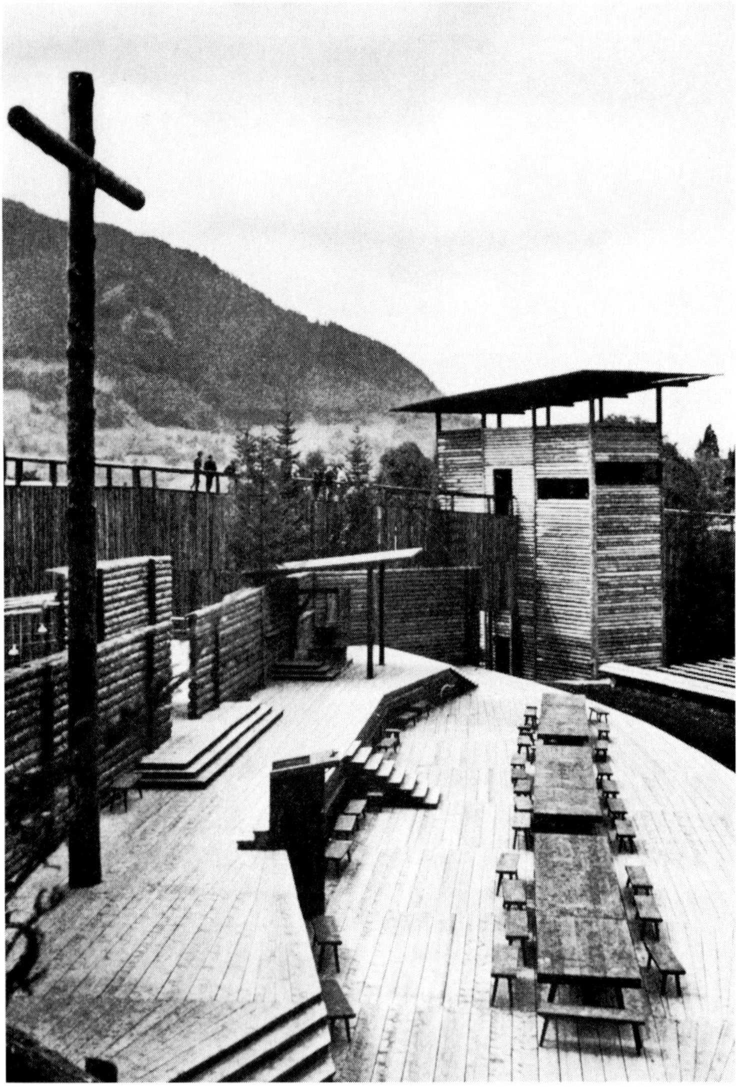

Bundesfeierspiel von 1941 zum 650jährigen Bestehen der Eidgenossenschaft. Text von Cäsar von Arx, Musik von Johann Baptist Hilber, Bühne von Hans Hofmann, Regie Oskar Eberle. Abb. aus: Die Bundesfeier. Zum Gedächtnis des 650jährigen Bestehens der Schweizerischen Eidgenossenschaft. Einsiedeln 1942.

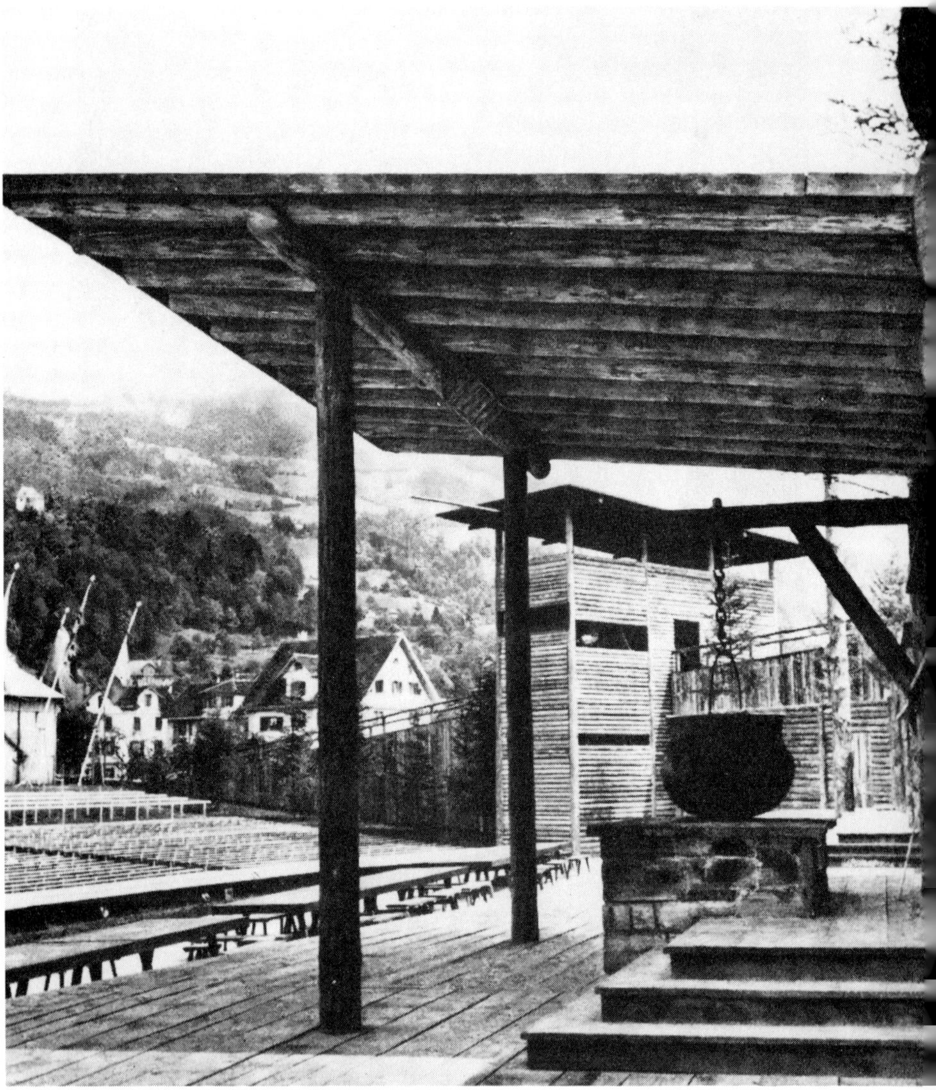

Bundesfestspiel von 1941. Der Herd als Symbol des Lebens in Familie und Staat, die Frau als Hüterin des Herdfeuers. Zu diesem Stück vgl. Beitrag von Rémy Charbon im vorliegenden Band.

Festspiel von 1981 zur 500jährigen Zugehörigkeit Solothurns zum Bund: Die Jahrhunderttreppe von Silja Walter. Eine oppositionelle Gruppe der Gegenwart dringt in die Welt des 16. Jahrhunderts ein und erhält Unterstützung aus allen in der Zwischenzeit aufgetretenen Protestbewegungen. Abb. in: 500 Jahre Eidgenössischer Stand Solothurn 1481—1981. Solothurn 1981. S. 125.

Historisches Sommerfestspiel von Stein am Rhein «No e Wili» von Heinrich Waldvogel von 1924. Vgl. die Ausführungen im Beitrag von G. Kreis, Anm. 32. Hier in der jüngsten Wiederaufführung von 1986. Städtische Ruralromantik: Kühe, welche zuerst daran gewöhnt werden mussten, einen Fuderwagen zu ziehen, erzielten laut Festspielbuch grosse Lacherfolge, wenn sie wie auf diesem Bild den Buckel machten und «es sträzen» liessen. Abb. im gleichnamigen Festspielbuch, Schaffhausen 1987, S. 152.

Freilichtspiel «Das Walserspiel» von Silja Walter, aufgeführt 1984 in Splügen. Abb. im gleichnamigen Buch. Die kapitalkräftige Moderne dringt in das Bergdorf ein. Vgl. auch die Ausführungen im Beitrag von G. Kreis, Anm. 33.

Festspiel und Festspielentwürfe für die Schweizerische Landesausstellung Bern 1914

Hellmut Thomke

Als die Planung der schweizerischen Landesausstellung von 1914 begann, war die Festspieleuphorie des ausgehenden 19. und des beginnenden 20. Jahrhunderts einer gewissen Übersättigung und Ernüchterung gewichen. Man hatte den ersten Höhepunkt in der Geschichte des historisch-patriotischen Festspiels bereits überschritten. Charakteristisch dafür war das Schicksal Arnold Otts, der um die Jahrhundertwende mit seinen Festspieldramen Triumphe gefeiert und die Volksmassen begeistert hatte, aber schon vor seinem Tode im Jahre 1910 beinahe wieder vergessen war. Zwei Jahrzehnte früher hatte der Berner Altphilologe und Gymnasialrektor Georg Finsler das Berner Jubiläumsfestspiel von 1891 mit der attischen Tragödie des klassischen Altertums verglichen und die Hoffnung ausgesprochen, das vaterländische Volksschauspiel im demokratischen Bundesstaat werde die ins ausgehende Mittelalter zurückreichende und nun ins Dramatische verwandelte Tradition des historischen Festzugs vollenden und dieses Ziel erreichen, indem es sich zugleich auf das zeitlose Ideal des Theaters in der antiken athenischen Demokratie ausrichte. Er schrieb:

Die herrlichen Festtage Berns haben in aller Herzen einen unauslöschlichen Eindruck hinterlassen und in Tausenden zugleich den Wunsch erweckt, es möchte die Krone des Festes, das Festspiel, bei uns zur dauernden Einrichtung werden. Unwillkürlich flogen dabei die Gedanken zu jener klassischen Stätte der ersten Volksfestspiele, nach Athen, dessen Dichter uns Werke von unvergänglicher Schönheit und tiefster Weisheit hinterlassen haben, Werke, die heute noch in frischer Jugend prangen, und die nicht für ein einzelnes festfeierndes Volk, sondern für die Menschheit gedichtet scheinen. Die Vergleichung unseres Spiels mit der attischen Tragödie ist von vielen angestellt worden und hat unzweifelhaft ihre Berechtigung; sie ist sogar geboten, sobald wir daran denken, das vaterländische Festspiel zu einer dauernden Einrichtung zu machen. Denn wenn wir unsere bisherige Leistung an einem unverwelklichen Ideal messen, sehen wir erst recht, wo wir stehen, und was uns zu tun übrig bleibt. Wie in allem geistigen Leben, so zeigt uns auch hier Hellas unser Ziel; unsere Aufgabe ist es, jenes Ziel anzustreben, nicht in sklavischer Nachahmung, sondern in freier Nacheiferung: Wir wollen ein vaterländisches Drama schaffen, dem sein innerer Wert eine universelle Bedeutung verleihen soll. Der Gedanke wäre vermessen, wenn wir nicht einen so prächtigen Anfang hinter uns hätten; aber wie wir heute über den Stumpf des Münsterturmes ein Gerüst wachsen sehen, das uns einen weit ins Land hinaus schauenden Turmhelm verheisst, so möge es gestattet sein, auch auf dem begonnenen Werke des Volksschauspieles ein Gerüst aufzurichten, die Fundamente zu verstärken und hoffenden Herzens den leuchtenden Bau der Zukunft unserem Geiste vorzuführen[1].

Von einer derartigen ästhetischen wie politischen Überschätzung des Festspiels war zur Zeit der Landesausstellung nur noch wenig zu spüren. Am 15. Mai 1914 fand in der Festhalle die Eröffnungsfeier statt, und am Abend des folgenden Tages veranstalteten der Cäcilienverein und die Liedertafel Bern ein Festkonzert mit Beethovens 9. Symphonie. Im «Administrativen Bericht» des Zentralkomitees heisst es rückblickend, «die Reihe der der hohen Kunst dienenden Musikaufführungen, die während der Landesausstellung stattfinden sollten, hätte mit keinem weihevolleren musikalischen Kunstgenuss beginnen können»[2]. Die erste Aufführung des Festspiels «Die Bundesburg» erfolgte erst am 27. Mai, nachdem in der Festhalle, die vielen Zwecken dienen musste, bereits zahlreiche andere Darbietungen stattgefunden hatten, welche der «Administrative Bericht» unter dem Titel «Unterhaltung und festliche Veranstaltungen» zusammen mit dem Festspiel würdigte. Allein schon daraus geht hervor, dass dem offiziellen Festspiel keine überragende und wirklich zentrale Bedeutung innerhalb der Landesausstellung zukam, auch wenn der Bericht festhält:

Der Gedanke, die Schweizerische Landesausstellung 1914 durch ein Festspiel zu schmücken, war weder von denjenigen, die ihn gefasst hatten, noch von denjenigen, die sich um seine Verwirklichung bemühten, bloss in dem Sinne gemeint, dass damit einfach eine weitere Unterhaltung geboten werden sollte, um den Besuchern der Ausstellung Gelegenheit zu bieten, sich von den Anstrengungen des Tages, von den Mühen des Schauens am Abend in der Festhalle zu erholen. Leitend war vielmehr das Bewusstsein, dass es sich um eine ernste, vaterländische Kunstsache handle. Wie an der Ausstellung nicht nur über die durch den Fleiss und die Geschicklichkeit unseres Volkes geschaffenen materiellen Güter, sondern möglichst auch über sein gesamtes geistiges Leben, über all das, was auf dem Gebiete der Wissenschaft und der Künste in unserem Lande geleistet wird, ein umfassender Überblick geplant war, so sollte hier ein Zweig der nationalen, dramatischen Dichtkunst zur Darstellung kommen, der seit etwa 25 Jahren je und je bei festlichen Gelegenheiten in den Vordergrund unseres Volkslebens getreten war: das schweizerische Festspiel[3].

Man wählte den Weg des Preisausschreibens, um dieses Ziel zu erreichen. Eine erste Ausschreibung erfolgte am 28. Oktober 1912. Sie wurde «von einer gewissen Richtung des schweizerischen Schriftstellervereins angefochten»[4]. Man überarbeitete daraufhin die Bedingungen und veröffentlichte sie am 15. März 1913 zum zweitenmal.[5] Unter anderem wurde nun bloss noch ein schweizerischer, nicht mehr ein national-schweizerischer Stoff verlangt. Die Frist für die Abgabe war sehr kurz, die Manuskripte mussten bis zum 31. Juli eingereicht werden. Wer nicht als erprobter Festpielschreiber in altgewohnten Bahnen bleiben wollte, hatte Mühe, etwas Überzeugendes zustande zu bringen. Das Preisgericht unter dem Vorsitz jenes Georg Finsler, der vom Festspiel eine Erneuerung des vaterländischen Theaters aus dem Geiste der attischen Tragödie erwartet hatte, konnte keinem der 28 eingereichten Stücke einen ersten

Preis zuerkennen. Den zweiten Preis ex aequo erhielten die folgenden Entwürfe:
«Die Bundesburg» von Carl Albrecht Bernoulli aus Arlesheim.
«Die Bergmichel» von Willi Schalch aus Basel.
«All Dir geweiht» von Richard Schneiter aus Winterthur.
Von diesen Festspielen sollte nur «Die Bundesburg» Bernoullis zur Aufführung gelangen. Allerdings verlangte man vom Verfasser eine Umarbeitung. Dieser unterzog sich der Aufgabe und verstärkte vornehmlich den dramatischen Charakter des Stückes. Die Zusammenarbeit mit den für die Landesausstellung Verantwortlichen scheint allerdings nicht reibungslos verlaufen zu sein. Es kam zu Streitigkeiten über das Honorar, ja bis zu einem Betreibungsversuch des Dichters gegen die Landesausstellung.

Offensichtlich waren die Juroren nicht gewillt, einfach der ungebrochenen Tradition des historisch-patriotischen, oft allegorisch und religiös verklärten Festspiels zu folgen. Das Stück des Basler Theologen Bernoulli (1868–1937), der mit Studien zu Overbeck und Nietzsche hervorgetreten war, zu einem bedeutenden Religions- und Kirchenhistoriker wurde und eine Reihe von Dramen, Romanen und Gedichten schrieb, bot einen Mittelweg an. Es deutete und pries die Zeit des Bundesstaates von 1848, liess für einmal die alteidgenössische Heldenzeit beiseite, ohne doch auf manches beliebte Festspielrequisit zu verzichten.

Schneiters Stück stand dem traditionellen Festspieltypus am nächsten. Die Schlacht von St. Jakob a.d. Birs im Jahre 1444 bildet den Stoff dieses historischen Festspiels, das eine archaisierende, helvetisch eingefärbte Prosa verwendet, aber auch Volksliedeinlagen und opernhafte Partien enthält. (Schneiter, von Beruf Kaufmann, entschied sich später ganz für die Schriftstellerei und schrieb Novellen und dramatische Werke, Volksstücke und Bauernkomödien, darunter auch Dialektlustspiele.)

Schalch hingegen wollte sich ganz von der Festspieltradition, deren Erstarrung im Epigonentum er durchschaute, lösen. Der Basler Sekundarlehrer, der mit späteren dichterischen Versuchen kaum Erfolg hatte, schrieb im Begleitwort zum eingereichten Entwurf folgende Worte der Rechtfertigung: «Oder sollte denn wirklich kein Festspiel ohne historische Bilderreihen, ohne Burgunder- und Mailänderkriege; ohne allzu viel Tanz, Aufzüge etc. möglich sein? Oder muss das Volk in Jamben reden? Kann es keinen Schlussakt ohne Helvetia geben?»[6] Er reichte ein realistisches Volksstück ein, dessen erster Teil in der Zeit des schweizerischen Bauernkrieges spielt und dessen zweiter Teil den Untergang des alten Staates Bern im Jahre 1798 darstellt. Der Stoff aus düsteren Zeiten bot keinen Anlass zum Festpatriotismus, der sich an den Schlachten und Taten der Heldenväter begeisterte. Im Bergmichel, einem grundehrlichen, freimütigen, freiheitsliebenden und sozial gesinnten Bauern aus den Emmentaler Bergen, wollte der dichtende Lehrer einen Menschen darstellen, dessen Vertrauen auf eine freie Zukunft über Not und Tod hinweghilft. Ebenso sollte sein Nachkomme, der zweite Bergmichel, durch seine Freiheitsbegeisterung über den Untergang Berns hinwegtrösten und den Glauben an eine fortschrittliche Zukunft stärken. Die Vision roter Wolken diente als Symbol einer freieren Zukunft. Als eigentlichen Helden betrachtete der Autor das Volk, «und zwar vorwiegend den Stand, der unserem Volkstum das Hauptgepräge gegeben und dessen Symbol: Die Ähre – ja auch für die Ausstellung sinnig gewählt wurde, unsern *Bauernstand*»[7]. So mündete der scheinbar revolutionäre Aufruf in die Besinnung auf eine altes, unzerstörbares Erbe eines Volkes von Freien und Gleichen. Das Preisgericht belohnte den guten Willen Schalchs. Dieser versuchte jedoch vergeblich, die Preisrichter zu einer Aufführung zu bewegen. Mehrere Umarbeitungen fruchteten nichts, auch nicht die Konzession, das Spiel mit dem gemeinsamen Gesang der Darsteller und Zuschauer enden zu lassen. (Gottfried Kellers Lied «O mein Heimatland» sollte vor dem Prospekt der Alpen erklingen, wie er sich dem Blick auf der Berner Schanze darbot.)

Der grösste Teil der Wettbewerbsteilnehmer hatte sich auf einen Erwartungshorizont eingestellt, der durch die schweizerische Festspieltradition aus der Zeit der Jahrhundertwende geprägt war. Das geht aus den drei nicht zurückverlangten Stücken unbekannter Autoren, aus den Mottos bzw. den Titeln der zurückgeforderten Spiele und aus der Korrespondenz ihrer Verfasser mit dem Preisgericht hervor. Dieses Material befindet sich zusammen mit den preisgekrönten Werken im Berner Staatsarchiv[8]. Wir entnehmen diesem Material unter anderem, dass der Professor für Germanische Philologie Ferdinand Vetter mit seinen zwei eingesandten historischen Stücken aus der Heldenzeit der Altvordern, «Die Gründung Berns» und «Der Schweizerbund», ebensowenig Erfolg hatte wie der jugendliche, angehende Dramatiker Cäsar von Arx mit seinem Spiel über die Schlacht von «Laupen». – Der erfahrene Festspielverfasser Vetter traf den Geschmack des Preisgerichts nicht. Die Erwartungen des Publikums hätte er vermutlich besser erfüllt als Bernoulli.

Im übrigen wollte man nicht völlig missen, was die Festspiele der vergangenen Jahrzehnte geboten hatten. Zumindest die Schülerschaft durfte sich noch in herkömmlichen Bahnen bewegen. Noch vor dem offiziellen Festspiel gelangte durch Klassen des Städtischen Gymnasiums Bern das Singspiel «Bergfahrt der Jugend» zur Aufführung. Es wurde siebenmal in der Festhalle gespielt. Verfasser war Georg Luck, Redaktor am Berner «Bund», der zuvor bereits mehrere Festspiele geschaffen hatte[9]. Auch eine «Rütlifahrt» fehlte nicht, ein Stück, das die Knabensekundarschule Bern dreimal aufführte[10]. Und schliesslich boten rund zweihundert Realschüler und Mädchen der Töchterschule aus Basel das Festspiel «Laupen» zweimal mit grossem Erfolg dar. Der achtzehnjährige Basler Oberrealschüler Cäsar von Arx hatte es in den frühen Morgenstunden vor Schulbeginn geschrieben[11]. Die Gunst des Preisgerichts gewann er mit seinem Stück nicht; doch der Rektor seiner Schule war von dem Spiel aus der Schweizer Geschichte begeistert und liess es in Basel inszenieren. Als Gastgeschenk der Stadt Basel und der Basler Jugend, die kostümiert mit Trommelschlag in Bern eintraf und jubelnd begrüsst wurde, gelangte es dann in der Festhalle an der Landesausstellung zur Aufführung[12]. Der Bundesrat, der Berner Regierungsrat und der Gemeinderat waren im Publikum vertreten. Die Musik hatte ein neunzehnjähriger Mitschüler des Dichters, Philipp Strübin, komponiert. Das Publikum war begeistert, die beiden jugendlichen Autoren erhielten einen Lorbeerkranz, und Bundesrat Ludwig Forrer begleitete sie danach persönlich zum Bahnhof[13].

Das Spiel von Cäsar von Arx verdient deswegen Beachtung, weil es uns zeigt, was damals und auch noch in späteren Zeiten die Herzen vieler Schweizer höher schlagen liess. Gemäss dem trivialen Schema, das mit der als gesamteidgenössische Tat verherrlichten Schlacht von Laupen eine sentimentale Liebeshandlung verband, standen auf der einen Seite wackere, tugendhafte und fromme Berner Bauern und Bürger samt ihren treuen Miteidgenossen. Ihnen traten lasterhafte, dekadente, blasphemische, mit der Hölle verbündete Ritter, Kriegsknechte und zigeunerhafte Lagerdirnen entgegen. Stilistisch bietet das Stück die bunteste eklektische Mischung, die man sich denken kann, enthält aber durchaus gekonnte und eindrückliche Stellen! Volkstümlich derbe Sturm- und Drang-Prosa und klassische Verse lösen einander ab. Der Wechsel von der Prosa zum Blankvers vollzieht sich jeweils, wenn es ernst wird und man sich sammelt; an pathetischen Stellen kommt der Reim zu seinem Recht. Darin folgt von Arx dem Stil der patriotischen Dramen und Festspiele Arnold Otts. Singspielromantik mit Brautreigen, aber auch Ritter- und Zigeunerromantik sorgen für Stimmung, ebenso Lieder im Volkston, Minnelyrik und religiöse Erbauungslieder. Dazwischen aber tönt dann derb in Schlachtruf und Gesang das Haarus, das Heiahan und Aberdran und Bumperlibum der bernischen und eidgenössischen Krieger. Das Festspiel schliesst – ganz anachronistisch – auf dem Schlachtfeld von Laupen mit den vier Strophen des Schweizerpsalms. Wenn es eine durchgehende Idee in diesem Spiel gibt, dann ist es wie in diesem patriotischen Choral die Einheit von Vaterlandskult und Gottesdienst.

Cäsar von Arx hatte den «Götz von Berlichingen», «Die Räuber», «Die Jungfrau von Orléans» und natürlich «Wilhelm Tell» ebenso gut gelesen wie romantische Singspiele und Ritterdramen. Und zudem war seine visuelle Phantasie durch die bunten Kataloge der Basler Kostümverleihfirma Louis Kaiser & Co. beflügelt worden. Das alles brauchte hier nicht erwähnt zu werden, wenn wir darin nur die Frucht des ungewöhnlichen Lesefleisses eines literarisch besonders interessierten Schülers und einer knabenhaften Freude am historischen

Kostüm zu erkennen hätten. Es war aber weit mehr: nämlich Zeichen einer kulturellen Situation, die durch Eklektizismus und Historismus ganz wesentlich bestimmt wurde. Ein entscheidender Bestandteil in der national-schweizerischen Festspieltradition war dabei die Überlieferung der vornehmlich deutschen klassischen und romantischen Literatur, und zwar auch der trivialen. Etwas erwies sich als ganz unvermeidlich: Wo immer das Bewusstsein schweizerischer Identität in Worte gefasst wurde – Friedrich Schiller war dabei! Obwohl der Schweizerische Schrifstellerverein gerne neue Wege eingeschlagen hätte und das Preisgericht zumindest ein gewisses Verständnis dafür aufbrachte, war das Ergebnis des Wettbewerbs höchst unbefriedigend und zwitterhaft. Bernoulli versuchte sich zwar vom vorgeprägten Festspielmuster zu lösen, und zweifellos wurde nicht zuletzt deswegen seine «Bundesburg» zur Aufführung erkoren. Dennoch war dieses Stück Ausdruck einer unausgegorenen Übergangskultur, die sich zwar modernem Geist nicht mehr entziehen konnte, ihn jedoch nur mit schlechtem Gewissen aufnahm, Kompromisse suchte und schliesslich dem frisch eingekleideten Herkommen mehr vertraute als dem wirklich Neuen.

«Die Bundesburg» sollte den schweizerischen Bundesstaat von 1848 verkörpern. Die altgewohnten allegorischen Personifikationen liess der Dichter bewusst beiseite. Er strebte nach der Leibhaftigkeit und Realität des Symbols im Sinne Goethes, erreichte aber dieses Ziel höchst unvollkommen. Das Burggebäude auf der Bühne blieb Veranschaulichung eines Begriffs und damit Allegorie. Die Burg – ein Relikt feudaler Symbolik – war im übrigen kein passendes Bild für den bürgerlich-demokratischen Staat. Doch wurde dieser Widerspruch angesichts der Burgenfreudigkeit bürgerlicher Architektur zu Beginn des 20. Jahrhunderts dem Publikum kaum bewusst. Mühe hatte es mit der Burg, weil die Idee, welche sie darstellen sollte, nicht klar genug herausgearbeitet war. Leicht konnte man den Bühnenbau als blosse Kulisse missverstehen. Unklar blieb auch die Bedeutung der beiden weiblichen Figuren, welche die Handlung des ganzen Spiels begleiteten. Noch eher mochte man begreifen, was Frau Habundgut, eine Witwe aus dem Volke, verkörperte: nämlich die Arbeit und deren Früchte. Kaum verstanden wurde hingegen Regula Sprünglein. Als ledige Person war sie recht leichtfertig und sinnenfreudig, zwar reizend, aber doch mit gewissen puritanischen Vorbehalten gezeichnet. Trotzdem erschien sie als unentbehrliche, sinnvoll wirkende Figur und sollte die Zeit darstellen, die den notwendigen Wandel der Dinge herbeiführt. Auch wenn es der Dichter nicht wahrhaben wollte: Frau Habundgut und Regula Sprünglein waren Allegorien, im Grunde nicht viel anders als die wohlvertrauten Personifikationen barocker Herkunft wie Helvetia, Berna, der Friede usw., wie man sie aus andern Festspielen kannte – nur eben weniger leicht verständlich als diese. Dieser Mangel war

zweifellos ein Hauptgrund für den verhältnismässig geringen Anfangserfolg des Festspiels. Von der sechsten Aufführung an führte ein Programmheft die Zuschauer in den geistigen Gehalt des Stückes ein. Das war die eine Konsequenz, die man aus dem geringen Interesse zog, die andere war die Ermässigung der Eintrittspreise[14].
Im Programmheft heisst es:
Der Dichter hat mit seinem Festspiel völlig neue Wege beschritten. Während man früher bei solchen Anlässen immer wieder die alten Heldenzeiten heraufbeschwor und sich unermüdlich an ihnen historisch-patriotisch berauschte, hat er sich die zu einer Ausstellung alles Neuen und Neuesten vorzüglich passende Aufgabe gestellt, einmal das Wesen unseres jetzigen Vaterlandes, unseres im Jahre 1848 geschaffenen Bundesstaates, die Hauptelemente unseres jetzigen, alltäglichen Volkslebens dichterisch zu durchdringen und in einer Reihe von Bildern, unterstützt von allen schönen Künsten, vor Augen zu führen[15].

Bernoulli wollte bewusst auch das Prosaische der modernen Verhältnisse in sein Spiel einbeziehen. Er verfolgte ausserdem das Ziel, im Zuschauer nicht nur Festfreude zu wecken, sondern ihn auch zur Reflexion über das Wesen des Bundesstaates zu veranlassen. Der Dichter müsse «die Berechtigung seines Tuns dadurch beweisen, dass seine Dichtung die Freude an unserm schönen Vaterlande erhöht, die Liebe zu unserer Heimat vertieft. Ist doch Verständnis das wahre Wesen der Liebe»[16]. Eine Saalbühne bot für diesen Zweck bessere Voraussetzungen als ein Freilichttheater. Als Schauplatz diente, wie erwähnt, die Festhalle des Landesausstellung. Sie bot 1400 Zuschauern Platz. Ein halbverdeckter Orchesterraum war für ein Orchester von ungefähr 60 Musikern vorgesehen. Die Bühne wies eine Rampenbreite von 28 m und eine Tiefe von 11 m auf. Das Bühnenbild war von einer Burg mit einem Zeitglockenturm beherrscht[17].
Das Festspiel «Die Bundesburg» besteht aus einem Vorspiel und vier Bildern. Im Vorspiel setzen sich ein Mechaniker, der Ausstellungsdirektor und ein Künstler auseinander. Mit dem Mechaniker bringt der Dichter die Arbeiterklasse auf die Bühne und bekundet seinen Willen, die Probleme der modernen Gegenwart aufzugreifen. Der Künstler beschwört zum Heil des Volkes die *Arbeit* und die *Zeit*, die sich unmittelbar darauf in den beiden Frauengestalten der Frau Habundgut und der Regula Sprünglein auf der Bühne verkörpern. Das alles vollzieht sich in Versen, die ihre Herkunft aus Goethes «Faust» nicht verleugnen können, nur dass sie mit einem modernen Wortschatz angereichert sind. Natürlich ist das Vorspiel überhaupt Goethes «Vorspiel auf dem Theater» nachgebildet. Statt sich der verbrauchten Schillerschen Diktion zu bedienen, greift Bernoulli auf den andern der grossen Klassiker zurück. Trotz einer gewissen ironischen Distanz im Umgang mit Goethes Stil verhindert diese Ausrichtung auf klassische Tradition letztlich das Unterfangen, die Schweiz der Gegenwart mit ihren politischen und sozialen Problemen auf angemessene Weise auf der Bühne darzustellen.

Das 1. Bild trägt den Titel «Die Heerschau» und bringt den Einzug von allerhand Volk in die Bundesburg, «alles in der anmutigen Biedermeierart von Disteli und von Arx»[18]. Ein Weibel sorgt für bürgerliche Ordnung, verlangt Heimatschein und Leumundschriften. Er gebietet «Ehrfurcht, wie man sie den Herrn erzeigt», als der Bundesammann einzieht[19]. Auch der demokratische Staat kennt also noch seine Herren, obwohl der Bundesammann unmittelbar darauf – wiederum ein Goethe-Wort abwandelnd – verkündet:

Am sausenden Webstuhl hat die Macht der Zeit
Dem Volk das Kleid des gleichen Rechts gewoben,
Des Bundes Ordnung und Gerichtsbarkeit
Hat unser Land der Anarchie enthoben –
Für unsre Unabhängigkeit setzt sich zur Wehr
Mit Umsicht und Begeisterung das Heer[20].

Darauf wird auf der Bühne exerziert. Veteranen aus napoleonischer Zeit ziehen ein, das Beresinalied singend; ihnen folgen ehemalige Söldner aus neapolitanischen Diensten. Doch das Waffenwerk gehört der Vergangenheit an. Der Wandel der Zeit verlangt, sich auf die Werke des Friedens einzurichten. Die Soldaten kleiden sich um. Der erste Gefreite verwandelt sich in einen Maschinisten, der zweite in einen Küher. In ihnen will der Dichter die Arbeiterklasse und den Bauernstand als tragende Schichten des Volkes darstellen. Am Schluss des 1. Bildes wird von der einen Seite im Hintergrund eine «romantische Dampfmaschine» aufgefahren und «durch blaugekleidete Maschinisten in mässigen, leise lärmenden Betrieb gesetzt», während von der anderen Seite her schönes Rindvieh zur Aufstellung gelangt, «und zwar Simmentaler Rotvieh und Freiburger Fleckvieh, sowie innerschweizerisches Braunvieh in gleicher Zahl»; Küher und Sennen warten das Vieh. Das Orchesternachspiel klingt mit dem «Ranz des vaches» aus[21]. Maschinist und Küher werden nun durch die Folge der nächsten Bilder hindurch miteinander zanken und ringen und beide um die Gunst Regulas, das heisst um die Gunst der Zeit, werben. Sie wird sie beide am Bändel nehmen. Arbeiter und Bauer stehen gleichermassen im Dienste des zeitgemässen Staates. Ihr Klassenkampf erscheint als harmloser Hosenlupf. («Der Ringkampf nimmt mit wechselnden Stellungen und Lagen seinen Verlauf, ohne dass der eine oder andere obsiegt. Hiezu Musik des Orchesters.»[22]) Der Bundesammann gebietet schliesslich Frieden. Er führt die Dialektik der Geschichte auf die fruchtbringende Polarität des Seins im Sinne Goethes zurück:

O Doppelspur des Seins – ich weiss, ich weiss –
Dass sich das Ganze immer neu erhole,
Liegt nicht am Scharfsinn und liegt nicht am Fleiss –
Das tut die Zwietracht gegenteiliger Pole.[23]

Das 2. Bild stellt einen Jahrmarkt dar. Hier wird das Erwerbsleben des Volkes im Messgetriebe gezeigt, und natürlich weiss sich dabei Frau Habundgut zu entfalten. Zürcher und Basler Seide, St. Galler

Spitzen, Emmentaler Käse und Neuenburger Uhren zeugen vom Segen der Arbeit, die Güter schafft und Landwirtschaft wie Industrie gleichermassen im friedlichen Wettstreit fortentwickelt. Das 3. Bild bringt eine Kirchweih und wird zum Spiegel des schweizerischen Festlebens. Schützen-, Sänger-, Schwinger- und Winzerfestlichkeit entfalten sich und werden da und dort mit leiser Ironie dargestellt, doch nicht ohne dass die Meinung laut wird, die Lust am Vergnügen müsse sich «dem klug erlaubten Masse» fügen[24].

Das 4. Bild trägt den Titel «Torwacht und Stundenschlag». Die beiden Frauengestalten, d.h. die Arbeit und die Zeit, werden vom Bundesammann als Torwacht und Stundenschlag am Zeitglockenturm eingesetzt. Im festlichen Schlussbild kommt der Studentenschaft besondere Bedeutung zu. Es erklingt denn auch unter anderem der studentische Festgesang des «Landesvaters». Vor dem Schlusschor steigt die eidgenössische Fahne am Flaggenmast empor, das Militär präsentiert, die Bürger entblössen die Häupter. Zum Chor wird als Cantus firmus die erste Strophe von «Rufst du mein Vaterland» gesungen. Dann stimmt das Publikum ein in den allgemeinen Schlussgesang der Landeshymne «Vaterland, hoch und schön-/Heiligtum geliebter Ahnen»[25].

Das war im wesentlichen der Inhalt des Festspiels. Offiziell wurde in der Presse verbreitet, es sei mit grosser Begeisterung aufgenommen worden[26]. Das wirkliche Urteil des Publikums stimmte jedoch nicht mit der veröffentlichten Meinung überein. Nicht nur die Kritik redaktioneller Mitarbeiter in verschiedenen Zeitungen fiel oft recht ungünstig aus. Realistische Berichte von der Erstaufführung erwähnen, dass die Zuschauer steif und eisig blieben und nur gerade einen Knabenchor und die Landeshymne am Schluss mit stürmischem Beifall aufnahmen. Bernoulli hatte seine Hymne auf eine Melodie aus einem Steichquintett Mozarts gedichtet. Das Programmheft fasst seine Absicht in folgende Worte:

Ein allgemeiner Schlussgesang, in den, angesichts der eidg. Fahne, nach der im Textbuch abgedruckten Melodie auch alle Zuhörer stehend einstimmen *sollen, preist unser Vaterland in begeisterten Worten und bildet den durch eine prachtvolle Steigerung herbeigeführten, unvergesslichen Höhepunkt des Festspiels*[27].

Hier war im Programm vorweggenommen, wie sich der Zuschauer emotional zu verhalten hatte und dass ihm der festliche Augenblick der vollen Identifikation mit dem Bühnengeschehen unvergesslich bleiben sollte: eine Art ästhetischer Nötigung zur Vaterlandsliebe. Der Komponist machte allerdings dem Dichter, der Mozarts Melodie in einfacher Form in sein Wettbewerbsmanuskript geschrieben hatte, unfreiwillig einen Strich durch die Rechnung. Er erging sich in chromatischen Melismen, die selbst einen einigermassen geübten Sänger beim spontanen Mitsingen überforderten.

Bernoulli verwendete zur Erzeugung einer vaterländischen Feststimmung die gleichen Mittel, die in andern Festspielen seiner Zeit und auch in den erhaltenen Festspielentwürfen zur Landesausstellung immer wiederkehrten. Er ging nur etwas zurückhaltender damit um und schaffte durch die leichte Ironie seiner Verse eine gewisse Distanz. Sehen wir einmal von dieser Distanz ab und fassen wir zusammen, welche Themen, Gegenstände und Formen, welche Figuren und Gruppen, welche Werke und Gattungen der volkstümlichen wie der hohen Kunst in fast allen Festspielentwürfen zur Landesausstellung ein patriotisches Identitätsgefühl stiften sollten, dann gelangen wir zu folgender Aufstellung. Die Aufzählung dieser Vehikel vaterländischen Festgefühls ist nicht als eindeutig festgelegte Reihenfolge oder gar als Rangordnung zu verstehen. Sie nennt in bunter Mischung, was den Schweizern und Schweizerinnen das Herz höher schlagen lassen sollte und ihnen als Appell diente, sich als Nation zu fühlen.

Dazu gehörten:

1. Der Bauern- und Bürgerstolz und damit verbunden ein republikanisches Staatsbewusstsein. (Das war gut eidgenössische Tradition im Drama seit dem 16. Jahrhundert. Ich erwähne das noch ganz ohne Ironie.)
2. Die schweizerische Landschaft, und zwar ganz überwiegend die sentimental und oft religiös verklärte Alpenwelt, mit Vorzug die Berge des Berner Oberlandes – in geologisch unzulässiger Verallgemeinerung erschienen sie alle aus Granit gebaut, so auch in Bernoullis Schlusschor.
3. Die Helden der alten Eidgenossenschaft. (Sogar bei Bernoulli, der sich bewusst vom üblichen Festspielstoff entfernte, fiel noch ein Abglanz der Heldenzeit auf die heimkehrenden Söldnerscharen.)
4. Die schweizerische Milizarmee, dazu die Kadetten und mehrfach auch schon die Jünglinge des militärischen Vorunterrichts.
5. Die Schuljugend, denn die Schule war die Schule der Nation.
6. Das schweizerische Brauchtum, vermittelt durch den von den Städten ausgehenden sentimentalen Folklorismus des 19. Jahrhunderts. Dazu zählen wir auch die «Alpenrosen»-Lyrik und vaterländische Gesänge im Stil von Johann Wyssens «Rufst du mein Vaterland».
7. Das Schützen-, Turner-, Schwinger- und Sängerwesen, verbunden mit den entsprechenden Festen und insbesondere mit obligaten Männerchören.
8. Waadtländer Winzerinnen und Winzer, die betörend lebensfreudig und graziös die köstliche Weinernte einbrachten und dazu sangen und tanzten. Immer wieder erschienen sie in Festspielen verschiedenster Art – Wunschbilder eines leichteren und besseren Daseins für den Deutschschweizer. Das Winzerfestspiel zu Vevey wurde sogar zum Spiel im Spiel. Hier fühlte sich die deutsche Schweiz aufs innigste mit der sonst eher stiefmütterlich behandelten Romandie verbunden, so sehr wie sonst nur noch, wenn sie das «Lioba» des Freiburger «Ranz des vaches» aus voller Kehle mitsang.

9. Nicht zu vergessen die Erzeugnisse der Landwirtschaft und des Gewerbefleisses wie Käse, Schabziger, St. Galler Stickereien und Uhren. Man konnte sie zwar an der Landesausstellung neben der Festhalle auf dem Neufeld und dem Viererfeld bewundern. Doch das genügte nicht. Im Festspiel brachte man damit das Emmental, die Ostschweiz mit dem kleinen Appenzell und den Jura (nochmals ein Stück Romandie) unter einen Hut. Vom Emmentaler Käse zum Emmentaler Lied war es im übrigen nur ein kleiner Schritt.
10. In vielen Festspielentwürfen, mehr als bei Bernoulli, kam noch ein gehöriger Schuss Romantik dazu. Mittelalterromantik, Studentenromantik, alpin-romantische Naturschwärmerei, religiöse Romantik – meist natürlich in trivialer, bestenfalls epigonaler Form. (Trivalisiert und recht verkommen wirkte ja auch der gute alte Schiller, da wo er vernehmlich in noch immer nicht ganz überwundenen Blankversen mit einhertrottete.)
Doch damit genug der boshaften Ironie! Eine wichtige Eigenart der Festspiele ist noch hervorzuheben. Es ist auffällig, wie häufig Lieder in ihnen vorkamen, so häufig, dass wir nur einen kleinen Teil erwähnen können. Neben Liedern wie «Rufst du mein Vaterland» und «Luegit vo Bärg u Tal» oder dem Emmentalerlied und nachgeahmten Volksliedern waren es auch echte Volkslieder. Der Übergang zu diesen war ohnehin fliessend. Die Festspiele demonstrierten: Wer schweizerische Volkslieder hörte und sang, gehörte zur schweizerischen Nation. Alle erhaltenen Entwürfe von 1914 enthielten sie, und die meisten dieser Lieder standen im ersten Bändchen von O. von Greyerz' Sammlung «Im Röseligarte», die 1908 in Bern erschienen war. So wurden die Festspielentwürfe auch zum Spiegel der Heimatkunstbewegung des Jahrhundertbeginns, wie die Landesausstellung von 1914 überhaupt.
Im Rückblick mutet uns manches an der Festspielherrlichkeit und an den damaligen Vorstellungen von Volkstümlichkeit unecht, verbraucht und klischeehaft an. Ihre geschichtliche Wirksamkeit darf man allerdings nicht unterschätzen. Die Heimatkunst und die Festspielbewegung lebten fort und gewannen in den dreissiger Jahren und im Zweiten Weltkrieg verstärkte Bedeutung – in der Schweiz wie vielerorts in Europa. Wer diese Zeit als Kind miterlebte – er sang weiterhin unverdrossen «Ich bin ein Schweizer Knabe» usw. Und merkwürdigerweise war es für ihn noch immer mehr als bloss eine abgedroschene Leierkastenmelodie – er hatte die Heimat wirklich lieb! Mit dieser paradox anmutenden Feststellung muss zum Schluss die Bitterkeit der Ironie in unserer Darstellung wieder aufgehoben werden. Die Einsicht in diese Paradoxie gehört zu einem wirklich historischen Verständnis der ersten Hälfte unseres Jahrhunderts.

Anmerkungen

1 Georg Finsler: Das Berner Festspiel und die Attische Tragödie. In: Neujahrs-Blatt der Literarischen Gesellschaft Bern auf das Jahr 1892. Bern 1891. S. 3.
2 Schweizerische Landesausstellung in Bern 1914. Administrativer Bericht. Erstattet im Namen und Auftrag des Zentralkomitees von E[mil] Locher und H[ans] Horber. Bern 1917. 1. Abteilung S. 14.
3 Schweizerische Landesausstellung (s. Anm. 2), 1. Abteilung S. 260.
4 Schweizerische Landesausstellung (s. Anm. 2), 1. Abteilung S. 261. – Der Schriftstellerverein war im Jahre 1912 gerade erst gegründet worden. Aus seinen Publikationen geht nichts über den Protest gegen das Preisausschreiben hervor. In einem Jubiläumsartikel «25 Jahre Schweizerischer Schriftstellerverein» im Vereinsorgan «Der Geistesarbeiter» (Nr. 11, 1937) findet sich kein Hinweis. Die Art der Beanstandungen lassen sich jedoch aus Presseberichten erschliessen. Die Oltener «Neue Freie Zeitung» meldete am 19.11.1912, der Schriftstellerverein habe an seiner Tagung in Olten einstimmig beschlossen, die Ausschreibung entspreche den Anforderungen der Schweizer Schriftsteller nicht und eine Beteiligung am Preisausschreiben sei nicht zu empfehlen. Verhandlungen zwischen dem Präsidenten des Schriftstellervereins und dem Zentralkomitee der Landesausstellung führten jedoch zu einer Einigung, nachdem man den wirtschaftlichen und geistigen Interessen der Schriftsteller weitgehend entgegengekommen war. Das Preisgericht sollte um vier Mitglieder, die Schriftsteller sein mussten, vergrössert werden. Durch die Prämierung erwarb die Landesausstellung ein Stück nicht mehr als Eigentum, sondern erhielt nur das Aufführungsrecht für die Dauer der Ausstellung. Den Dichtern wurde grössere Freiheit in der Gestaltung gewährt, indem an der Bedingung, dass das Stück ein Festspiel mit Chören, Tänzen und Aufzügen sein müsse, nicht mehr strikt festgehalten wurde. Damit rückte man von den Bestimmungen der Festspielstiftung, welche die Preise zur Verfügung stellte, ab. Die Stiftung war aus der Begeisterung für das Festspiel zur Berner Gründungsfeier von 1891 hervorgegangen und hatte dieses Spiel zum Vorbild genommen. Dem Preisgericht gehörten an:
Rektor Dr. Georg Finsler, Bern.
Dr. Hans Bodmer, Zürich (Sekretär der Schweizerischen Schillerstiftung und Präsident des Lesezirkels Hottingen).
Prof. Philippe Godet, Neuenburg (Professor an der Universität Neuenburg, Dichter, Kritiker, Literarhistoriker und Verfasser des Neuenburger Festspiels von 1898).
Alfred Huggenberger, Gerlikon-Frauenfeld (Landwirt und Dichter).
Dr. Theodor Im Hof, Bern (Gymnasiallehrer).
Prof. Dr. Harry Maync, Bern (Professor für deutsche Sprache und Literatur an der Universität Bern).
Prof. Dr. Edmund Milliet, Bern (Nationalökonom, Honorarprofessor an der Universität Bern, Direktor der eidgenössischen Alkoholverwaltung).
In der Neuenburger Zeitung «Feuille d'Avis de Neuchâtel» erschien am 13. April 1913 eine Polemik des Berner Korrespondenten gegen die Mitgliedschaft von Harry Maync: Er führte aus, es sei überflüssig festzustellen, dass die Landesausstellung ihr Festspiel haben werde. «Il en faut partout, en ce bienheureux siècle, et il n'y a pas de tir de district qui n'y aille de son petit drame patriotique. C'est fort bien. Mais ce qui est moins bien et qui paraît tout au moins déplacé, c'est que les Bernois chargés de constituer le jury du dit Festspiel aient trouvé moyen d'y fourrer un étranger, M. Heinrich Maync, Prussien par sang, et dont on se demande, en vérité, ce qu'il vient faire là. N'a-t-on pas, dans notre Suisse allemande, assez d'écrivains et de poètes capables d'apprécier et de choisir une œuvre dramatique... et, avant tout, patriotique et nationale, sans doute, pour que l'on soit obligé de recourir aux bons offices d'un Berlinois égaré chez nous?»
5 Der Wortlaut ist abgedruckt in: Schweizerische Landesausstellung (s. Anm. 2), 2. Abteilung, Beilage 53, S. 254f. Art. 2 enthielt nun doch wiederum folgenden Passus: Sofern es sich nicht um eine vollständig zur Vertonung bestimmte

Dichtung handelt und es der Aufbau erlaubt, ist auf die Einführung von orchestraler Musik, Einzelgesängen, Chören und Tänzen Bedacht zu nehmen.»

6 Staatsarchiv Bern. S.L.A.B. 1914, 8302, Nr. 18.
7 Brief Schalchs vom 9. Dezember 1913. Staatsarchiv Bern. S.L.A.B. 1914, 8302, Nr. 18 (7).
8 Neben zahlreichen anderen Dokumenten zur Landesausstellung befinden sich unter der Signatur Staatsarchiv Bern S.L.A.B. 1914, 8302, folgende Materialien zum Festspiel, die hier zusammengestellt und charakterisiert werden.

Nr. 12: Carl Albrecht Bernoulli: Die Bundesburg. Festspiel für die schweizerische Landesausstellung in Bern 1914. Es liegen zwei nur geringfügige voneinander abweichende Druckfassungen vor. Bei der einen handelt es sich um das gedruckte Bühnenmanuskript; die andere erschien im Verlag des Zentralkomitees der schweizerischen Landesausstellung in Bern und wurde für 50 Rappen ans Publikum verkauft.

Nr. 13: Bernoullis Typoskript mit erläuternden Bemerkungen.

Nr. 14: [Michael Bühler und Georg Luck:] Die Hochzeit von Unspunnen. Festspiel in drei Akten. – Gedruckt eingereicht. Der Name des Verfassers ist aus dem Umschlag und aus dem Titelblatt ausgeschnitten. Das Stück spielt in der Zeit Berchtolds V. von Zähringen, der am Schluss Burgund und Alemannien versöhnt und ganz Helvetien zum Hochzeitsfest lädt. Neben dem Bischof von Lausane und den Rittern des Landes erscheinen auch Abgesandte der Städte sowie die Winzerbruderschaft von Veytaux und Rebleute von Oberhofen und Spiez, die zugleich ein Ernte- und Winzerfest feiern. Das historisierende Spiel wirkt ausserordentlich epigonal. Der Schlusschor ruft die Geister der Heimatflur an und fordert die «Volksgenossen» zur Einigkeit auf. Ein Klavierauszug mit der Musik des Bündner Kantonsschulprofessors Wilhelm Steiner erschien o.O.u.J.).

Nr. 15: Eidgenössische Truppenschau. (Verfasser unbekannt.) Das Stück vereinigt Figuren von der Gründungszeit der Eidgenossenschaft bis zum Bundesstaat. Neben allegorischen treten mythische und historische Figuren auf; zum Uristier und zu den obligaten kriegerischen Ahnen gesellen sich Friedens- und Geisteshelden. Darunter befinden sich auch H. Pestalozzi, G. Keller und K. Escher. Gruppenweise erscheinen auf der Bühne Kadetten, Schüler des Vorunterrichts, Soldaten, Lehrer mit Schulklassen, Älpler, Turner, Schützen, Sänger, Bauern, Fischer, Winzer, Handwerker, Kaufleute, Studenten, aber keine Arbeiter! Das Stück sollte mit Programmusik beginnen – sonntags früh, «leise rauschen die Fluten des Urnersees». Für die Turner waren Freiübungen mit Musikbegleitung vorgesehen.

Nr. 16: Helvetien's Sonnenschein. (Verfasser unbekannt.) Auf der Szenerie einer ideal erdachten Alpengegend im Berner Oberland sollen sich die Volksgruppen der verschiedenen Landesgegenden vereinigen. Mönch, Eiger und Jungfrau bilden ein singendes Terzett. Auch in diesem Stück erscheint nebst Uristier H. Pestalozzi mit Waisenkindern. Kadettenkorps, Gruppen des militärischen Vorunterrichts, Schulklassen und Vereinigungen der akademischen Jugend sind ebenfalls vertreten. Eine Winzergruppe aus dem Waadtland fehlt nicht (es sollte gar zu einer Art Spiel im Spiel kommen, indem der Auftritt einer Mädchengruppe aus dem Winzerfestspiel von Vevey vorgesehen war). Mönch und Eiger verkünden im Duett die Werte, denen das Stück huldigt:

«Der Arbeit die Ehre
Dem Wissen, der Kunst,
Dem Können, Vollbringen,
Dem Streben und Ringen,
Dem Handel, Verkehre,
Des Landes Wehre!
Dem redlichen Wollen
Des Himmels Gunst!»

Bürgerliche Werte, überhöht durch einen Rest Religiosität und romantisch verklärt durch die Jungfrau, welche die Elfen aus den Eispalästen zum Ringelreihen ruft! Mit dem Lobpreis der Mutter Helvetia schliesst das Spiel, das nur Aufzug ist und keine Handlung kennt: «Heil, Mutter, Heil!» «Während den Schlussakorden [sic!] beginnt ein intensives Alpenglühen, dessen Glut namentlich die Denkmäler übergiesst.» Es mag müssig erscheinen, auf einen derart wertlosen Festspielentwurf einzugehen. Er repräsentiert jedoch Züge von Festspielen, die in der Zeit häufig vorkamen. Aufgrund der Titel dürften andere Entwürfe, die nicht mehr erhalten sind, ähnlich ausgesehen haben. Als Dokument des Zeitgeistes sind die lächerlich anmutenden Verse und Szenen aufschlussreich.

Nr. 17: Richard Schneiter: All Dir geweiht. – Das Stück erschien unter dem Titel «Die Helden von St. Jakob» 1914 bei Sauerländer in Aarau.

Nr. 18: Willi Schalch: Die Bergmichel. – Mit dem ersten Entwurf sind unter dieser Nummer eine ganze Reihe von umgearbeiteten Fassungen und Briefe des Verfassers vereint.

Nr. 19: Quittungen für ausgehändigte oder zurückgeschickte Entwürfe. Aus den Titeln bzw. den Mottos dieser Stücke geht hervor, dass ganz überwiegend traditionelle, historische Festspiele eingereicht worden sind.

Nr. 21: Korrespondenz mit einzelnen Verfassern.

9 Schweizerische Landesausstellung (s. Anm. 2), 1. Abteilung Tabelle 28, S. 244ff., und S. 258. – Das Singspiel von Georg Luck war zuerst 1912 erschienen. Eine 2. Auflage wurde 1914 bei H. Jent in Bern veröffentlicht. Die Musik stammte von Wilhelm Steiner aus Chur, dem Komponisten der «Hochzeit von Unspunnen» (s. Anm. 8).

10 Schweizerische Landesausstellung (s. Anm. 2), 1. Abteilung Tabelle 28, S. 244ff., und S. 259.

11 Cäsar von Arx: Laupen. Ein Bühnenspiel aus der Schweizer Geschichte. Basel 1914. – Zur Entstehungsgeschichte und zu den Aufführungen Rolf Röthlisberger: Die Festspiele des Schweizer Dramatikers Cäsar von Arx (1895–1949). Euthal 1984. – Historisch-kritische Ausgabe des Stückes in: Cäsar von Arx: Werke in vier Bänden. Hrsg. von Armin Arnold, Urs Viktor Kamber und Rolf Röthlisberger. Bd. 3: Festspiele 1914–1949. Bearbeitet von R. Röthlisberger. Olten und Freiburg i. Br. 1987.

12 Über die Begrüssung der mit einem Extrazug angereisten Basler Schüler berichtete «Der Bund» am 1. Juli 1914, Nr. 301 Abendblatt, S. 4. Am nächsten Tag fand die gleiche Zeitung überschwengliches Lob für die Aufführung: «Dass am Schluss des Ganzen ‹Trittst im Morgenrot daher› gesungen wird unter dem Schwenken der Berner- und der Schweizerfahne, das erhöht die patriotische Wirkung des Spiels um vieles. Vor Beginn des ersten Aufzuges wurde ein schöner, edler Prolog (von Frau Dr. A. Rothenberger-Klein verfasst) gesprochen, ein hinreissendes Hoch Basels auf Bern. Dieser freundschaftliche Gruss spannte die Stimmung des Publikums, das die Festhalle bis zum letzten Plätzchen füllte, gewaltig empor, so dass am Schlusse der beiden Akte mächtige Beifallsstürme ertosten.» («Der Bund» vom 2. Juli 1914, Nr. 303 Abendblatt, S. 2)

13 Rolf Röthlisberger: Die Festspiele (s. Anm. 11), S. 75. – Philipp Strübin (1894–1962) wurde Musiker und trat auch als Komponist hervor. Er war lange Zeit am Konservatorium in Mühlhausen tätig und wirkte später auch in Paris.

14 Schweizerische Landesausstellung (s. Anm. 2), 1. Abteilung S. 262. – Ursprünglich waren zwanzig Aufführungen des Festspiels geplant, verteilt auf zwei Spielzeiten. Nachdem der Publikumszustrom grösser geworden war, dehnte man die erste Spielzeit aus und spielte das Stück am 12. Juli zum dreizehnten und letzten Male. Die zweite Spielzeit, die für den September und Oktober vorgesehen war, musste wegen der Grenzbesetzung nach dem Ausbruch des Weltkrieges ausfallen.

15 Abgedruckt in: Schweizerische Landesausstellung (s. Anm. 2), 2. Abteilung, Beilage 52, S. 253f.

16 Programmheft, a.a.O. (s. Anm. 15).

17 Photographie in: Schweizerische Landesausstellung (s. Anm. 2), 3. Abteilung, S. 20.

18 Carl Albrecht Bernoulli: Die Bundesburg. Bern 1914. S. 9.
19 A.a.O. S. 11.
20 A.a.O. S. 11f.
21 A.a.O. S. 21.
22 A.a.O. S. 51.
23 A.a.O. S. 62.
24 A.a.O. S. 55.
25 A.a.O. S. 70f. – Die Musik zum Festspiel komponierte Karl Heinrich David (1884–1951), der damals Lehrer am Basler Konservatorium war. Der Klavierauszug erschien 1914 bei Hug & Co., Zürich und Leipzig. Wie der Text Bernoullis zahlreiche literarische Reminiszenzen nicht verleugnen konnte, so spiegelte sich auch in der Musik eine ganze Reihe von musikalischen Einflüssen, z. B. aus bekannten Opern, wider. Über die vom Dichter verlangten Lieder hinaus brachte der Komponist weiteres volkstümliches Musikgut ins Spiel, so z. B. das Volkslied «Kaiser der Napoleon» beim Einzug der Veteranen aus dem Russlandfeldzug. – Die Regie lag in der Hand von Willi Schrader vom Berner Stadttheater. Für den Bühnenbau sorgte Architekt Eduard Joos, der Erbauer der Festhalle und Mitglied des Zentralkomitees. Als Maler standen Wilhelm Balmer und Rudolf Münger zur Verfügung. Die Kostüme lieferte die Firma Louis Kaiser in Basel. Insgesamt wirkten rund 350 Personen mit. Das Stadttheater Bern stellte das technische Personal zur Verfügung. Die Aufführung dauerte rund zwei Stunden. – Die genannten Namen zeigen, dass man sich um Spitzenkräfte bemüht hatte. Architekt Eduard Joos z. B. hatte am Bau der Universität Bern mitgewirkt und u. a. auch die Gebäude der Nationalbank und der Spar- und Leihkasse am Bundesplatz errichtet.
26 Die meisten Schweizer Zeitungen brachten lobende Berichte über das Festspiel. Sie stimmten im Wortlaut grösstenteils überein. Das gilt auch für einige ausländische Blätter. Zweifellos handelte es sich dabei um Berichte, die das Pressekomitee verbreitet hatte. Die selbständigen Kritiken in der Presse fielen, unabhängig von der politischen Richtung, sehr viel negativer aus. Durchgehend wurde als Hauptmangel die fehlende Deutlichkeit des ideellen Gehalts und die Unklarheit der allegorischen Figuren getadelt. Verhältnismässig wohlwollend blieb die Beurteilung (unter der Sigle G.) in der «Gazette de Lausanne» vom 31. Mai 1914, wie überhaupt die Presse in der Romandie das Festspiel insgesamt recht günstig aufnahm. Sehr ablehnend äusserte sich -st am 31. Mai im «Vaterland». Auch der Berner «Bund» (Rz. im Abendblatt vom 28. Mai) und die sozialdemokratische «Berner Tagwacht» (J.A. am 29. Mai) mochten sich nicht zu einem wirklichen Lob aufschwingen. Charakteristisch war die folgende Feststellung der «Berner Tagwacht»: «Dem militärischen Stand schenkt der Verfasser überhaupt eine grosse Sympathie, die zu seiner starken Betonung des Fortschrittes in einem grossen Widerspruch steht. Immerhin hat sich nach seiner eigenen Veranschaulichung der Wirklichkeit das ökonomische, materielle Gedeihen der Schweiz in der Epoche des Friedens, da die Gewehre nur zum Schmucke der Wände dienen, vollzogen.»
Als Beispiel einer sehr wohlüberlegten und differenzierten Kritik mag ein Ausschnitt aus dem Artikel von W.R. im Morgenblatt der «Neuen Zürcher Zeitung» vom 29. Mai dienen.
«Wo C. A. Bernoulli der Tradition der Festspiele treu bleibt, da erreicht sein Werk eine flotte Wirkung: mit den bunten, wechselvollen Aufzügen von Volksmengen, Veteranen, Soldaten, Winzern, Studenten im Wichs, Kadetten usw. Da hat man immer etwas zu schauen; hier ein Stückchen Schützenfest, dort einen Schwinget; hier ein strudelndes Marktleben mit verschiedenen Ständen, dort eine kleine komische Nachfeier eines kranzgekrönten Gesangsvereins usw. Das ist ein wirres, farbiges Nebeneinander und Nacheinander. Und doch! Eine wirkliche, und wäre es nur eine ganz kleine Handlung, die die vier Szenen innerlich aneinanderfügt, – kann ich nicht herausspüren. Zwei Stunden lang nichts Greifbares erleben, nur immer sehr schöne, wohlgegliederte und frohfarbige Bilder, – eben nur Bilder

schauen, das macht einen bald müde. Soll ich gestehen, dass ich mehreremal an meine Uhr sah während der Aufführung? Ich musste mir oft sagen: ich begreife nicht, wie man gerade diese «Bundesburg» als Festspiel der Landesausstellung wählen konnte! Es steckt ein grosser, lebhafter Wille darin, ein Wille, der möglichst viel, ja alles unternehmen möchte, – der sich dabei aber zersplittert, sich seines ersten planvollen Weges nicht bewusst bleibt und damit die feste Sammlung seiner Kräfte und seiner Gebilde versäumt.

Wie gesagt, was Bernoulli aus andern Festspielen herübernimmt: die reichen Aufzüge und die geschmackvoll und farbenfreudig aufgestellten Bilder, das verfehlt seine starke, anreizende Wirkung keineswegs. Doch was er Neues, Eigenes geschaffen hat, dem mangelt es an sinnfälliger Klarheit und geht somit vollständig verloren. Der Gedanke, die Arbeit und die Zeit, diese beiden in gewissem Sinne unzertrennlichen Begriffe, durch leibhafte Gestalten zu symbolisieren, ist an sich sehr schön und auch glücklich; seine Ausführung aber muss man ohne Zweifel als verunglückt erklären. [...]

Die Musik, die Karl Heinrich David zu einzelnen Teilen der Dichtung schrieb, hat dem Festspiel ohne Zweifel zum vollständigen Siege verholfen. David hat – und das ist vielleicht gerade sehr gut gewesen – sich aller Eigenart begeben. Man könnte seine Komposition beinahe eine äusserst geschickt und reizvoll ausgeführte Paraphrase über eine grosse Reihe von bekannten Themen nennen. Wir glauben bald «Carmen», bald den «Freischütz», bald die Celestapartien im «Rosenkavalier» und noch so manches andere zu hören; dazwischen eine bewusste Anlehnung an ein Thema eines Mozartschen Streichquintetts; dann Anklänge an alle möglichen Chorlieder.»

Im voraus hatten am 19.4.1914 unter der Sigle E. die «Basler Nachrichten» Bernoullis Stück sehr ausführlich besprochen. Sie zollten dem Basler Landsmann höchstes Lob. Nur ein einziger kleiner Ton der Kritik war herauszuhören. Der Mitarbeiter meinte, das geistige Leben der Schweiz hätte vielleicht noch etwas mehr herausgearbeitet werden dürfen.

27 Schweizerische Landesausstellung (s. Anm. 2), 2. Abteilung, Beilage 52, S. 254.

Für die Mithilfe bei der Sichtung der Pressestimmen habe ich Herrn cand. phil. Niklaus Bartlome zu danken.

Die Bundesfeier von 1941

Rémy Charbon

In der Geschichte der schweizerischen Fest- und Festspielkultur bilden die Feierlichkeiten zum 650jährigen Bestehen der Eidgenossenschaft zugleich einen Höhepunkt und einen Endpunkt. Nie zuvor und nie danach beging die Schweiz eine staatliche Feier mit derartigem Aufwand; nie wurde aber auch das Anachronistische solcher Veranstaltungen derart deutlich. Was angesichts der Zeitumstände ursprünglich als einfache Feier in schlichtem Rahmen geplant war, geriet schliesslich zu einem Spektakel von geradezu monströsen Ausmassen. Fast pausenlos folgte vom späten Abend des 31. Juli bis zum Nachmittag des 2. August eine Veranstaltung der andern: ausser den obligaten Reden und mehreren Gottesdiensten eine nächtliche Feier der Urkantone auf dem Rütli, eine Stafette quer durchs Land in alle Kantonshauptorte, ein Festzug der Honoratioren, die feierliche Enthüllung eigens aus Anlass der 650-Jahr-Feier geschaffener Kunstwerke, ein Défilé, die eigentliche Bundesfeier, die Uraufführung des Bundesfeierspiels, eine zweite Feier auf dem Rütli mit der Aufführung der Schwurszene aus Schillers «Tell» und der Erneuerung des Schwurs durch alle Anwesenden.[1] Das Radio übertrug fast alle Etappen der Feierlichkeiten ins hinterste Bergtal. Auf Anweisung des Generals wurde sogar die Verdunkelung für eine Nacht aufgehoben – an ihrem 650. Geburtstag sollte die Schweiz ihr Licht nicht unter den Scheffel stellen müssen.

Aber nicht nur ihr Gigantismus unterscheidet diese letzte und in ihrer Weise auch grossartigste nationale Manifestation im traditionellen Stil von den üblichen patriotischen Anlässen. Philipp Etter, als Vorsteher des Departementes des Innern zuständig für die Gesamtleitung der Feiern, begnügte sich nicht damit, deren einzelne Komponenten mehr oder weniger beliebig aneinander zu reihen; sein Bestreben war es vielmehr, den eidgenössischen Gedanken im Wortsinn zu inszenieren, ein ‹nationales Gesamtkunstwerk› zu gestalten. Theater, Musik, Malerei, Bildende Kunst, patriotische Embleme, gemeinsamer Gesang und gemeinsamer Schwur sollten die tragenden Werte und Ideen sinnlich erlebbar machen, d. h. auf theatralische Weise vermitteln und bei aller relativen Selbständigkeit der einzelnen Elemente stets das Ganze gegenwärtig halten. Die Festspieldramaturgie bestimmte Anlage und Durchführung der Feier, wie umgekehrt in dem in sie integrierten Festspiel Mittel der politischen Rhetorik die Botschaft vermitteln halfen. Das Neben- und Ineinander staatlicher, militärischer und kirchlicher Akte gab der Einheit von Volk, Behörden, Armee und Geistlichkeit Ausdruck.

Das Motto hatte Philipp Etter bereits in einer Radioansprache vom 21. Februar 1941 genannt: «die gleichen geistigen Kräfte, die vor 650 Jahren den Bund der Eidgenossen schufen», gelte es zu erwecken, an das «heilige Vermächtnis» der Väter zu erinnern und den Bund in ihrem Geist zu erneuern.[2] Die Feier war somit nicht Selbstzweck; mit der Erinnerung an die Gründung des Bundes von 1291 verbanden die Organisatoren handfeste tagespolitische Wirkungsabsichten.

Von einer Analyse der Hauptetappen, vor allem des Bundesfeierspiels ausgehend, sollen im folgenden die offen dargelegten und die mehr verborgenen Intentionen und die mit ihnen verbundene politische Strategie herausgearbeitet werden.

1. Feuer vom Rütli

Die eigentliche Bundesfeier erstreckte sich über fast 24 Stunden. Am späten Abend des 31. Juli fuhren die Landammänner der Urkantone in drei wappengeschmückten Nauen zum Rütli. Beim Schlag der Mitternachtsglocke von Seelisberg entzündeten sie auf der Rütliwiese ein Feuer, an welchem Abgeordnete aller Kantone Fackeln in Brand setzten. Nach der Rückfahrt und einem Zwischenhalt in Brunnen, wo ihnen eine Abschrift des Bundesbriefs von 1291 überreicht wurde, machten sich Dreierstafetten mit Fackel, Kantonsfahne und Bundesbrief auf den Weg, um «Glut und Idee des ewigen Rütli durch alle unsere Landschaften»[3] in die Kantonshauptorte zu tragen. Auf mehr oder minder langen Umwegen trafen sie dort zum Beginn der abendlichen Augustfeiern ein. Den ersten Teil aller kantonalen Feiern bildete die Radioübertragung der Feier in Schwyz mit der Botschaft des Bundesrates in den drei Amtssprachen. Nach dem Gesang des Schweizerpsalms (gleichzeitig in allen Hauptorten) entfachten die Fackelträger von Schulkindern bzw. der ganzen Bevölkerung vorbereitete Holzstösse; die Aufforderung erfolgte wiederum durchs Radio. Beim Schein des Rütlifeuers schlossen sich die kantonalen Feiern an.

In nonverbaler Form vermittelten Inszenierung und Ablauf der Feier bereits deren leitende Intentionen und Ideen: Gründung und Ausstrahlung des Rütlibundes (Nachtfeier/Stafette), dessen religiöse Fundierung (Schweizerpsalm), solidarisches Handeln (Zusammentragen der Holzstösse) und eidgenössische Verbundenheit über Sprach- und Kantonsgrenzen hinweg (‹gemeinsamer› Gesang). Mit der Wahl der Festorte erwiesen die Repräsentanten der neuen

Schweiz der Wiege der Eidgenossenschaft ihre Reverenz, die Verbindung von zentraler und lokaler Feier rief die Unterordnung der kantonalen unter die eidgenössische Souveränität im Bundesstaat in Erinnerung. Entsprechend kurz konnte die von Philipp Etter redigierte bundesrätliche Botschaft ausfallen; sie brauchte nur noch stichwortartig die politisch-moralische Nutzanwendung in Worte zu fassen. Nach dem Dank an Gott, der Fürbitte um weiteren Schutz und der Erinnerung an «das Erbe und das Vermächtnis» «unserer Väter und Mütter und all unserer Vorfahren» und die in ihm beschlossene «heilige Verpflichtung» richtete Etter einen Appell an die «Soldaten und Bürger, Männer und Frauen, Eidgenossen», sich durch Opferbereitschaft, Pflichterfüllung und Unterordnung persönlicher Wünsche und Ansprüche unter das Wohlergehen des Landes dieses Erbes würdig zu erweisen.[4]

Diese Thematik zog sich leitmotivartig durch die ganze Feier. Wie präzis die einzelnen Etappen aufeinander abgestimmt waren, zeigt eine Gegenüberstellung der Veranstaltungen vom Nachmittag des 1. August mit dem am selben Abend uraufgeführten Bundesfeierspiel.

Nach dem festlichen Einzug in Schwyz und der Einweihung der «Feierstätte» mit Musik, Reden und Fahnenhissung zogen die Spitzen der eidgenössischen und kantonalen Behörden und der Armee, die schweizerischen Bischöfe, Abgeordnete des Bundesgerichts, die Rektoren der Hochschulen und weitere Repräsentanten des öffentlichen Lebens zur feierlichen Übergabe der zur 650-Jahr-Feier geschaffenen Kunstwerke vor das Bundesbriefarchiv. Zwei vom Bundesrat in Auftrag gegebene Wandgemälde stellen Rütlischwur und Bundesgründung (von Walter Clénin) und Bruder Klaus (von Maurice Barraud) dar; eine Gruppe von Auslandschweizern schenkte Hans Brandenbergers Plastik «Wehrwille» (einen Bronzeabguss der für die Landesausstellung 1939 geschaffenen Skulptur); Vertreter der Kantone überreichten Wappenscheiben für den grossen und kleinen Ratssaal von Schwyz.

An die Vernissage schloss sich ein Defilé an. Auf der Freitreppe vor dem Bundesbriefarchiv nahmen General und Bundespräsident die Parade ab – ein symbolträchtiges Bild für die Werte, die es zu beschützen galt.

Nur formal variiert finden sich alle wesentlichen Elemente im Festspiel wieder. 1291/1477–1481/1941 sind dessen Episoden überschrieben, eine Regieanweisung zitiert sogar die Pose von Brandenbergers Wehrmann[5]. Zu Beginn des dritten Teils zieht der Grenzwachtring auf, im Schlussbild bevölkern Trachten aller Kantone die Szene, das (Rütli-) Feuer lodert auf, und selbst das Bundesbriefarchiv steht symbolisch – als «Bundeslade» mit dem Bundesbrief – auf der Bühne.

Diese Verzahnungen sind nicht nur mit dem beschränkten Formenrepertoire patriotischer Feiern zu erklären. Die gegenseitigen Verweise und die Vielfalt der hiefür eingesetzten optischen und akustischen Mittel liessen den Zuschauer das Geschaute und Gehörte als überwältigende Fülle erleben und darob vergessen, dass ihm lediglich ein und dieselbe Botschaft in immer neuen Abwandlungen vorgesetzt wurde – und eben dies war die Absicht der Veranstalter. Zur Perfektion brachten dieses Verfahren die Zürcher. An die Bundesfeier schloss sich die Aufführung von Hermann Ferdinand Schells Spiel »Feuer vom Rütli»[6] auf dem Münsterhof an. Thema des Spiels war die soeben erlebte Feier.

Vertreter verschiedener Volksgruppen streiten sich über die Sendung der Schweiz anno 1941, den Sinn patriotischer Feiern, über Anpassung und Widerstand und den Widerspruch von geschäftlichem Interesse und Moral. Was kann aber die Schweiz tun, wenn draussen Gewalt, Lüge, Rechtsbruch herrschen? Kann sie sich dem Chaos und der Not entziehen? Die «eidgenössische Frau» und ein Soldat preisen das stille Heldentum. Fast kommt es zur handgreiflichen Auseinandersetzung. Gerade noch rechtzeitig treffen die Boten von der Nachtfeier auf dem Rütli ein. Sie schildern deren Hergang, und der Fackelträger mit dem «edlen Feuer reiner Menschlichkeit»[7] führt die Zerstrittenen auf den rechten eidgenössischen Weg zurück. Als Stauffacher, Fürst und Melchthal reichen sich die drei Chorführer die Hand zum Schwur. Das ganze Volk stimmt ein und findet sich zur Bundesfeier.

Beachtung verdient schliesslich die Funktionalisierung des Radios. Bereits an der Landesausstellung 1939 hatten Arthur Welti und Jakob Hengartner für die Sender Beromünster und Sottens aus den in die Festhallen der LA übertragenen Augustfeiern von Les Rangiers, Schuls–Tarasp, Carona, Martigny und Zürich eine «Radio-Bundesfeier» zusammengestellt.[8] 1939 war das Radio lediglich Medium; 1941 wurde es als Instrument gouvernementaler Meinungsäusserung und selbständiges formales Element in die Dramaturgie der Feier einbezogen.

2. Die Landesstube

Als spiritus rector und oberster Regisseur wachte Philipp Etter darüber, dass sich in den Dreiklang von Treue zu den Vätern, Erneuerung des Bundes aus ihrem Geist und Hingabe an eine ideale Schweiz keine Disharmonien einschlichen. Das bekam insbesondere Cäsar von Arx zu spüren. Etter erteilte ihm nicht nur den Auftrag, das Bundesfeierspiel zu schreiben, er kümmerte sich auch so intensiv um dessen Ausgestaltung, dass er rechtens als Mitautor genannt werden müsste.[9]

In einem ersten Szenarium vom Juni 1940 gedachte von Arx die Flüchtlingsfrage und die schweizerische Flüchtlingspolitik in den Vordergrund zu stellen.[10]

Das Spiel beginnt mit der Bundesgründung von 1291. Danach erscheinen zwei Chöre auf der Bühne. Der Chor der Feiernden trägt eine Wiege mit dem Bundesbrief herbei, der Chor der Trauernden einen Sarg mit einem Schwert, Bild für den Verzicht auf Machtpolitik. Zwischen den Chören entbrennt ein Streitgespräch über die Frage, ob die alten Tugenden im heutigen Schweizervolk noch lebendig seien. Es folgt die Probe aufs Exempel: An den Toren begehren Flüchtlinge aus Tyrannien und Despotia Einlass. «Wo fände der also Verfolgte Zuflucht, wenn nicht im Lande Tells? Hier, wo die Wiege der Freiheit steht, wo das Verbrechen, dessen wir schuldig, höchste Tugend des Bürgers ist?»[11] Helvetia lässt die Seitentore öffnen; die Schutzflehenden preisen die Schweiz «als die Stätte der Freiheit, des Friedens, der Gerechtigkeit, als das Refugium der Menschenwürde.»[12] Abgesandte aus Tyrannien und Despotia verlangen die Auslieferung der Flüchtlinge. Die Landsgemeinde (Bühne und Zuschauerraum sollten zusammen einen Landsgemeindering bilden) lehnt das Ansinnen mit grosser Mehrheit ab. Da drohen die Abgeordneten mit wirtschaftlichen Sanktionen. In der Landsgemeinde erhebt sich ein heftiger Disput; materielle Vorteile werden gegen moralische Grundsätze ins Feld geführt. Die Schemen des Hungers führen die Konsequenzen einer entschiedenen Haltung vor Augen. In der zweiten Abstimmung herrscht Stimmengleichheit. Die beiden Mächte stellen ein Ultimatum. Nun erheben sich die zuvor gespaltenen Spielergruppen einmütig von den Sitzen, «reissen das Publikum mit»[13], sprechen die Landeshymne und jubeln Helvetia zu. Helvetia ruft «zum Kampf auf für die Freiheit und der Menschen Würde»[14]. Unter den Klängen der Vaterlandshymne «marschieren von allen Seiten und aus allen Gängen *Schweizer Soldaten* in den Landsgemeindering und besetzen ihn in konzentrischen Kreisen, so dass der Eindruck erweckt wird, als stünde das gesamte Volk in Waffen»[15] Nach Fahnenmarsch, Fahneneid und Gebet erscheint über dem Mitteltor der Bote Gottes. «Er spricht zu Helvetia: Dein Flehen ist erhört – es hat dein Volk den schwersten Sieg errungen, den Sieg über sich selbst! Bezwungen hat es die Despotie der Selbstsucht und die Tyrannei der Feigheit. Ein Volk, das bereit ist, für seine Ideale zu sterben, muss für sie leben!»[16] Die Schutzflehenden legen ihre grauen Mäntel ab und erscheinen als Genien der Freiheit. Mit dem Gesang des Schweizerpsalms, einem Feuer über dem Sarg, dem Geläute der Glocken von Schwyz und gemeinsamem Gesang der Landeshymne endet das Spiel.

Auf Etters Intervention hin veränderte von Arx ein erstes Mal seine Konzeption. Nun war, in mittelalterlichem Gewand, aber mit deutlichen Anspielungen auf die Gegenwart, die Bereitschaft, für die Ideale der Schweiz in den Kampf zu ziehen, das Hauptthema.[17] Auch diesen Vorschlag wies Etter zurück. Am 26. Dezember 1940 diktierte er von Arx schliesslich seine eigenen Vorstellungen; sie entsprechen im wesentlichen der endgültigen Fassung des Bundesfeierspiels.[18] Dass ‹Bern› nicht darauf erpicht war, durch sprechende Namen wie Despotia oder Tyrannien Proteste der anvisierten Regierungen herauszufordern und nach der teilweisen Schliessung der Schweizer Grenzen und der Einweisung der arbeitsfähigen Emigranten in Arbeitslager auch die Flüchtlingsfrage nicht auf die Bühne gebracht wissen wollte, leuchtet ein. Etters Änderungswünsche gingen jedoch weiter, und von Arx fügte sich nach anfänglichem Widerstreben[19] nicht nur den Forderungen seines Auftraggebers, sondern machte sie sich in geradezu beängstigendem Masse, bis die Sprachgebung der Regieanweisungen hinein, zu eigen. Aus dem ursprünglich vorgesehenen, Bühne und Zuschauerraum umfassenden Landsgemeindering mit Rede, Gegenrede und Abstimmung wurde die Schwurgenossenschaft in der Landesstube, aus der

Mobilmachung aus der Mitte des Volkes heraus und dem Volk in Waffen der beschützende Grenzwachtring, aus der Verstrickung in die Not der Zeit die Igelstellung. In der definitiven Fassung ist die Aussenwelt nur noch akustisch präsent, dies freilich in eindrücklicher Weise: Während des ganzen dritten Teils ertönt von draussen, nur einmal durch die Hilferufe der Gefangenen, Verwundeten und Geflüchteten unterbrochen, der monotone «Gleichschritt marschierender Heere»[20].

Am hartnäckigsten hielt von Arx an der Flüchtlingsthematik fest. Noch im letzten Szenarium, das er wenige Wochen vor der Aufführung zuhanden des Bundesfeierkomitees an Etter sandte, findet sich nach dem Auftritt Dunants die folgende Episode:

Jetzt rennen von beiden Seiten Schweizerbuben und Schweizermädchen über die Rampe auf die Bühne in die Stube zum Herd, fremde ängstlich-zurückhaltende Kinder mit sich ziehend – diese sind einförmig in Grau gekleidet, im Gegensatz zu den Schweizerkindern, von denen die Mädchen frohfarbige Sommerkleidchen tragen, die Buben helle Hemden und Hosen. Die Schweizerkinder bestürmen die Mütter am Herd, mit den fremden Kindern ihr Essen teilen zu dürfen. Die Mütter gewähren es freudigen Herzens und schöpfen emsig die Schüsseln voll Habermus. Die Kinder setzen sich, immer zwei Schweizerkinder mit einem fremden Kind in der Mitte, auf die Herdstufen und essen mit ihren Schützlingen aus gemeinsamer Schüssel.[21]

In der Endfassung liest stattdessen der Pfarrer das Gleichnis vom barmherzigen Samariter vor. An die früheren Fassungen erinnern nur noch seine abschliessenden Worte: «Und Jesus sprach zu ihm: ‹Geh hin und tue desgleichen.›»[22]

Zwar blieben bei der Umarbeitung die Werte und Ideale scheinbar dieselben: Freiheit (im Sinne von Unabhängigkeit), Eintracht und Solidarität im Innern, Humanität, Verteidigungswillen. Sie erscheinen aber bis zum Unverbindlichen diffus und ihres konkreten Inhalts entleert.[23] Der zentralen Frage der ersten Szenarien, ob und wie die Ideale, aus denen die Schweiz ihre staatliche Legitimation herleitet, in der Welt von 1941 zu verwirklichen seien, weicht der schliesslich aufgeführte Text ängstlich aus; anstelle des Appells, mit ihnen Ernst zu machen, bleibt als Botschaft des Spiels Tells Ermahnung an den jungen Soldaten, die Personifikation der Schweizer von 1941: «Gedenket der Väter und wahret ihr Erbe!»[24]

Künstlerisch bedeutet die Umarbeitung eine Rückkehr zu der für die Festspiele des 19. Jahrhunderts charakteristischen Bilderbogenstruktur. Was das Bundesfeierspiel dennoch aus der gängigen Festspielproduktion heraushebt, ist die kunstvolle Verklammerung und Parallelisierung der drei Teile. Bis auf die Kostüme und wenige Requisiten bleibt das Bühnenbild von Anfang bis Ende unverändert. Um drei mächtige Tische gruppieren sich in wechselnder Anordnung die Männer. Vor der Rückwand steht links ein riesiges Holzkreuz, in der Mitte das Pult des Chronisten, rechts der Herd, auf dem die Frauen unaufhörlich kochen: Habermus, die Speise des einfachen Lebens, im ersten und dritten Teil, Fleisch, Geflügel und Wild als Zeichen der Ausschweifung im zweiten. Auf drei Seiten zieht sich eine begehbare Galerie um die Bühne; sie wird im dritten Teil ins Spiel einbezogen. In der «Landesstube» mit Tischen, Kreuz und Herd – dem Heim einer quasi-familiären, christlich geprägten Gemeinschaft – spielt sich ein und dieselbe Auseinandersetzung in drei Varianten ab. Die Schweiz ist bedroht, die Männer wissen nicht mehr aus noch ein oder sind (im zweiten Teil) gar im Begriff, übereinander herzufallen. Da erscheint ganz unvermittelt eine charismatische Figur; die Szene erstarrt für einen Moment zum historischen Tableau, und schon ist auch der Umschwung vollzogen, eine eben noch in Resignation versinkende oder heillos zerstrittene, zu Aktion und Reflexion gleichermassen unfähige Menge zur Volksgemeinschaft zusammengeschweisst. Der historische Vorgang gerinnt zum suggestiven Bild.

Dass nicht so sehr künstlerische Überlegungen als tagespolitische Wirkungsabsichten Anlass für diese Enthistorisierung der Geschichte waren, wird im dritten Teil des Spieles evident. Von Schulden und wirtschaftlicher Not geplagt, ob bürokratischer Schikanen verärgert, sitzen die Männer in der Landesstube. Der zunächst realistische – für ein Festspiel sogar erstaunlich realistische – Dialog bricht in dem Moment ab, wo eigentlich ein Gespräch über die Ursachen der Not und mögliche Abhilfe durch eidgenössische Solidarität von Wohlhabenden und Notleidenden fällig wäre. Stattdessen tritt die Landesmutter – das Sprachrohr Philipp Etters[25] – zu den Verzagenden und tröstet sie mit dem Hinweis auf höhere Werte:

Gesegnet sei [...] die Not, die uns not tut, die uns befreit aus der Knechtschaft des Unnötigen – [...] Die uns schenkt, was wir verloren! [...] Die uns zwingt, uns zu verständigen! [...] Die uns gebietet: Einer für alle, alle für einen! [...] Die uns zurückführt zu den Quellen des Bundes![26]

Wie ein vorweggenommener sarkastischer Kommentar zu dieser Szene lesen sich die ersten Seiten einer im Juni oder Juli 1941 illegal erschienenen Broschüre:

A défaut d'un ravitaillement plus abondant et en attendant la hausse des salaires, on va nourrir le peuple suisse de discours patriotiques: feu de ‹joie›, pélerinages au Grütli, harangues aux écoliers, «grands ancêtres, glorieuse histoire, farouche volonté d'indépandance, communauté nationale, solidarité de tous les Suisses», ... nous entendrons répéter tout cela à l'occasion du 650 me anniversaire de la Confédération suisse.[27]

Man braucht nicht so rabiat zu denken und zu formulieren wie der anonyme Verfasser des Pamphlets, um bei den Worten der Landesmutter Unbehagen zu verspüren. Wie die Männer in der Landesstube empfanden viele; soziale Spannungen schwelten mindestens untergründig, und Zweifel an der militärischen, wirtschaftlichen und geistigen Landesverteidigung waren weit verbreitet. In der durch «Zensur und Selbstzensur»[28] in ihren Meinungsäusserungen eingeschränkten Presse verlautete davon wenig. Aufschlussreich für die Stimmung jener Zeit sind hingegen die Aufzeichnungen Bernard

Barbeys. Als Chef des Persönlichen Stabes von General Guisan verfügte er über unbeschönigte Informationen, und in seinen privaten Notizen – sie wurden erst nach Kriegsende veröffentlicht – brauchte er kein Blatt vor den Mund zu nehmen. Im April 1941 notierte er: «Moral bas dans les troupes mobilisées, bas ou très bas dans le pays, chez les gens qui réfléchissent.»[29] An der Bundesfeier konnte Barbey wegen Krankheit nicht teilnehmen; die folgende Eintragung datiert vom 20. August 1941:

Campagne de Russie à l'extérieur, affaire Däniker à l'intérieur: voilà le climat, assez malsain, de cette fin d'été. Qu'on y ajoute [...] la difficulté de trouver les effectifs nécessaires au plan de relève; celle de maintenir le moral de la grande majorité des hommes mobilisés; la crainte, enfin, de ne pouvoir conserver intacte, à la longue, cette volonté de défense affirmée, il y a plus d'un an, au Rütli.[30]

Geschickt bedienen sich Bundesfeier und Bundesfeierspiel des Appels an emotionale Defizite der Zuschauer, um Klagen über wirtschaftliche Benachteiligung und defaitistische Anwandlungen als ‹unschweizerisch› zu diffamieren.[31] Zu Beginn des dritten Teils bilden (reale!) Soldaten auf der hinter der Bühne umlaufenden Galerie einen Grenzwachtring. Nachdem sie längere Zeit «mehr zu ahnen als zu sehen»[32] waren, melden sie sich mit der «wie Orgelklang»[33] gesprochenen zweiten Strophe der Nationalhymne zu Wort. Dank der Aufklärungsarbeit von ‹Heer und Haus› war den Zuschauern sehr wohl bekannt, was sie im Fall eines Angriffs erwartete[34]: «Da wo der Alpenkreis nicht dich zu schützen weiss» würde auch die Schweizer Armee nicht «den Felsen gleich» stehen: der *wirkliche* Grenzwachtring sollte gerade so lange standhalten, bis das Réduit bezogen war. Gegen das Wissen der Zuschauer um die mögliche «Aufopferung der blühendsten Teile des Landes und die Preisgabe des grössten Teils der Bevölkerung»[35] entwirft das Bundesfeierspiel das idyllische Bild einer kleinen, solidarischen, sich aus den Händeln der Welt heraushaltenden Gemeinschaft. In die heimelige, beschützte und beschützende Landesstube passte selbstverständlich auch ein als Wachtmeister einer Territorialkompagnie wiedergeborener Tell besser als ein schneidiger Infanterist oder der Offizier einer Réduitbrigade.

Gemütskräfte mobilisieren sollten auch die zahlreichen Reminiszenzen an die Landesausstellung 1939, genauer: den Ausstellungsteil auf dem rechten Seeufer mit Dörfli und Höhenstrasse. Vorentscheidungen fielen bereits bei der Berufung der künstlerisch Verantwortlichen. Oskar Eberle, der Regisseur des «Eidgenössischen Wettspiels»[36], inszenierte auch das Bundesfeierspiel; Landi-Chefarchitekt Hans Hofmann entwarf die «Feierstätte»[37]; Otto Baumberger, der Schöpfer des momumentalen Geschichtsfrieses, gestaltete das Umschlagbild zum Bundesfeierspiel, einen gewaltig ins Horn stossenden urchigen Bergler. Die Anknüpfungen reichten bis zum direkten Zitat. Aus dem emblematischen Fundus der Höhenstrasse stammten die Wandelhalle mit den 3000 Gemeindefahnen, die drei

Kreuze, die auf Vorschlag Etters[38] das Schlussbild dominierten – das Schweizer Kreuz, das Rote Kreuz und das christliche Kreuz[39] – sowie die bereits erwähnte Zweitauflage von Brandenbergers «Wehrwille». Um die Zusammenhänge vollends deutlich zu machen, strahlte Radio Beromünster – seit Kriegsbeginn Staatsradio – einige Tage vor der Bundesfeier Robert Faesis Landi-Kantate «Tag unseres Volks»[40] aus; am Nachmittag des 2. August folgten, zur Einstimmung auf die abendliche Übertragung des Bundesfeierspiels, Ausschnitte aus den Festspielen der Landi.[41] Offenkundig sollte mit den Erinnerungen an diese letzte grosse nationale Manifestation – unter völlig veränderten weltpolitischen Voraussetzungen und ohne das Korrektiv der Industrieausstellung auf dem linken Seeufer – der legendäre «Landigeist» wiederbelebt werden.

Enthistorisierung der Geschichte, Umdeutung einer komplexen industriellen Gesellschaft zur familiären Gemeinschaft, das Bestreben, potentiell zentrifugale Kräfte durch einen mythisierenden Vaterlandskult zu diskreditieren: das waren die leitenden Prinzipien der Bundesfeier von 1941.

3. «Sagen, *worin* das wahrhaft Schweizerische bestehe»[42]

Die Festspiele, meint Oskar Eberle, eine in ihrer Tradition angelegte Möglichkeit als Gattungsgesetz ausgebend, seien «eine Funktion der Volksseele und liegen der Sphäre des Unbewussten näher als der Verstandeshelle des Bewussten.»[43] Bundesfeier und Bundesfeierspiel bedienen sich des Appells an irrationale Bereiche nicht nur, um zukurzgekommenen seelischen und gemüthaften Kräften kompensatorisch zu ihrem Recht zu verhelfen; er muss darüber hinaus dazu herhalten, manipulativ ein verfälschtes Realitätsbild zu suggerieren. Zu kohärent ist das Bild der Schweiz und der Schweizer, zu sehr von einem einheitlichen Stilwillen bestimmt, als dass es als Ergebnis eines naiven Griffs in die Requisitenkiste patriotischer Feiern abgetan werden könnte. Was also bewog die Organisatoren, einen Zerrspiegel zu präsentieren? An dem Wunsch breiter Kreise der Bevölkerung, ein demonstratives Bekenntnis zur Schweiz abzulegen, ist nicht zu zweifeln; die Ergriffenheit, mit der Tausende am Nachmittag des 2. August die Worte von Schillers Rütlischwur nachsprachen[44] – unter ihnen bemerkenswert viele Westschweizer[45] –, war gewiss nicht gespielt. Nur: zu welchen Idealen und Zielen sollten die Schweizer sich bekennen? Aussenpolitische Rücksichten einerseits, die Befürchtung, latente innere Spannungen könnten staatsgefährdende Dimensionen annehmen, andererseits liessen die Behörden vor jeder entschiedenen Stellungnahme zurückschrecken. Die «mystische Union»[46] des Volkes von 1291 und 1481 mit dem Volk von 1941, das Unisono freudiger Zustimmung zur nationalen Schicksalsgemeinschaft (im Spiel durch den Sprechchor auch formal realisiert[47]), schien geeignet, die Diskussion über einen konkreten Staat in einer konkreten historischen Situation zu vermeiden und dennoch den Eindruck zu erwecken, es stünden die brennenden Fragen der Zeit zur Debatte.

Bei allem Gepränge war die Bundesfeier letztlich Ausdruck geistiger Immobilität; die heroische Pose muss den Mangel an politischen Impulsen kompensieren. Weil der junge Soldat auf der Bühne weder wie Tell noch wie Dunant *handeln,* weder «Tellenmut» noch «Pestalozzigüte»[48] beweisen darf, steht er in der Schlussszene mit Tell und Dunant als lebendes Bild «in gesonderter Gruppe im Vordergrund der Bühne»[49]: Allegorie statt dramatischer Aktion.

Bedenklicher als die innenpolitischen Wirkungsabsichten muten formale und inhaltliche Affinitäten zu Feierlichkeiten der Nationalsozialisten und ihrer schweizerischen Nachahmer an. Die Nachtfeier auf dem Rütli war die ziemlich getreue Kopie einer erst vier Jahre zurückliegenden «Fahnenweihe» der Nationalen Front [50], und die Schwurszene aus Schillers «Tell» stand bis zum Verbot des Dramas (1941) gelegentlich auf dem Programm nationalsozialistischer Feiern. Zumindest auf eine gewisse Nähe zu faschistischem Gedankengut deuten die Annullierung aller Konflikte in der Schwurgenossenschaft, die antizivilisatorischen Affekte (Wohlstand als Ursache moralischer Verderbnis), der Lobpreis der Hingabe an ein diffuses Volksganzes und die Diffamierung abweichender Ansichten als ‹unschweizerisch›.[51] Indessen dürfen weder formale und inhaltliche Parallelen noch das völkische Vokabular der Festspielideologen (Oskar Eberle, Paul Lang) zu voreiligen Schlüssen verleiten. Ideologisch stehen die Dramen Max Eduard Liehburgs[52] und selbst Arnets «Eidgenössisches Wettspiel» den NS-Spielen wesentlich näher als Bundesfeier und Bundesfeierspiel. Verwandtschaft in Struktur und Dramaturgie lässt sich weitgehend mit gemeinsamen Wurzeln in den Festspielen des 19. Jahrhunderts und der Freilichttheaterbewegung zu Beginn des 20. sowie der Orientierung an Mysterienspielen und barocken Theaterformen begründen[53] und verbindet Feiern und Festspiele unterschiedlichster Provenienz.[54] Nicht zu vergessen sind auch grundlegende Unterschiede. Die Schweizer Festspiele verzichten durchwegs auf den Aufmarsch uniformierter Massen und heben noch in den Massenszenen Einzel- oder Gruppenindividualitäten (z. B. Kantonstrachten) hervor; aggressiv sind sie gegen ‹Unschweizerisches›, nicht jedoch nach aussen.

Zwei Beispiele mögen erläutern, wie fliessend die Grenzen verlaufen. Im ersten Teil des Bundesfeierspiels erscheint Tell, nachdem er Gessler getötet hat, von irgendwoher als Licht- und Retterfigur unter seinen in dumpfer Resignation brütenden Landsleuten.[55] Dieser Tell, «wie Ferdinand Hodler ihn gemalt hat»[56], ist ein polemischer Gegenentwurf zu Schillers Tell-Deutung. In Schillers Drama folgt der Rütlischwur auf Beratung und demokratische Abstimmung («Es ist ein Mehr von zwanzig gegen zwölf»[57]); er bekräftigt die gefassten

Beschlüsse und stellt sie unter den Schutz Gottes. Tells Tat wiederum ist durch den zuvor in der Rütliszene ausgedrückten kollektiven Willen legitimiert: obwohl Einzelgänger, handelt Tell in Übereinstimmung mit dem Ganzen. Von Arx' Tell dagegen erlöst seine Landsleute zur rettenden Tat. Ihn als Führergestalt zu deuten liegt nahe. Von Arx übernahm den ganzen Auftritt jedoch fast wörtlich einem bereits 1924 verfassten Festspiel.[58] Die Szene gehört somit zunächst in den Kontext der allmählichen Verdrängung von Schillers aufklärerischem und Kisslings bäurisch-heroischem Tell durch den mythischen Hodlers.[59] Bei diesem historischen Hinweis darf es aber nicht sein Bewenden haben. Indem er diesen Tell 1941 als Eigenzitat ins Bundesfeierspiel einbaute und einen nahezu identischen Auftritt Niklaus von Flües hinzufügte,[60] erweckte von Arx nicht nur ganz andere Assoziationen beim Zuschauer; er begab sich, absichtlich oder unabsichtlich, in die Nachbarschaft jener Vertreter der Volkstumsideologie, die den Hodlerschen Teil inzwischen für sich reklamiert hatten. «Wie eine Erscheinung»[61] tritt auch Liehburgs Tell in die Stube. Auf dem Schutzumschlag von «Hüter der Mitte» ist vorn Hodlers Tell, hinten ein Ausschnitt aus «Einstimmigkeit» abgebildet. Hochgeschätzt wurde Hodler auch im nationalsozialistischen Deutschland[62] – und nicht nur Hodler: die «Bausteine zum deutschen Nationaltheater» bezeichneten «Verrat von Novara» als «starkes – vielleicht *das* Schollenstück unserer Zeit»[63]. Von Arx seinerseits wies zwar die Avancen der Reichsschrifttumskammer scharf zurück (und ruinierte sich damit), setzte aber gleichwohl, an eine Episode aus dem Bundesfeierspiel anknüpfend, die Tradition des «Schollenstücks» ohne äussere Nötigung mit «Land ohne Himmel» fort (1943).

Ebenso ambivalent ist die Verschmelzung von nationaler und religiöser Symbolik. Fast selbstverständlich begann und schloss jede Rede mit einem Dank an Gott und der Bitte um weiteren Beistand; die Gottesdienste am Morgen des 2. August wurden als «Feldgottesdienste» angekündigt und von Feldpredigern abgehalten; der General verband Dank und Fürbitte mit einem «Glaubensbekenntnis vor dem Altar des Vaterlandes»[64], und die Schlussapotheose des Bundesfeierspiels war ganz und gar als «weltliche Liturgie»[65] gestaltet.

In einen Mantel mit den Schwyzer Farben gehüllt, der ihr Alltagsgewand verdeckt, vor sich die «Bundeslade», im Rücken das «in überirdischem Licht»[66] strahlende Holzkreuz, flankiert vom Schweizer Kreuz und vom Roten Kreuz, verliest die Landesmutter den Bundesbrief und erneuert mit allen Anwesenden den Schwur. Auf dem von allen profanen Gerätschaften befreiten Herd flackert das «heilige [Rütli-]Feuer» hoch empor. Nach dem «Amen» der Landesmutter beginnen die Glocken von Schwyz zu läuten, «die Musik rauscht in mächtigen Akkorden auf»[67], und das Schweizervolk (Spieler und Zuschauer) singt die Landeshymne.[68]

Ursprünglich sakraler Formen bedienten sich auch die Nationalsozialisten bei der Gestaltung ihrer Feiern. Von der Unvereinbarkeit von germanisch-deutschen Wesen und Christentum überzeugt, *substi-

tuierten sie jedoch religiöse durch nationalistische und rassistische Symbolik und vermieden jede Kontamination.[69] Pointiert ausgedrückt: Der NS-Staat setzt sich an die Stelle des Gottesstaates, der schweizerische sieht sich als dessen irdischen Repräsentanten. Ein direkter Einfluss der NS-Feiern auf die Bundesfeier ist nicht nachweisbar. Dennoch liess man sich in der Absicht, den von aussen hereindrängenden Mythen eine «Mystik der ewigen Schweiz»[70] entgegenzusetzen, recht weit auf Denkformen und propagandistische Strategien der potentiellen Gegner ein.

Zweifellos aber war die Bundesfeier eine Manifestation der seit 1918 an Bedeutung und Einfluss gewinnenden Antiliberalen, die dem Staat von 1848 skeptisch oder gar ablehnend gegenüberstanden.[71] Von den demokratischen Traditionen der Schweiz und der Notwendigkeit, sie zu bewahren und zu beschützen, war während der ganzen dreitägigen Feierlichkeiten nur ein einziges Mal die Rede.[72]

Welche Alternativen hätten sich angeboten?
Gleichfalls aus Anlass der 650-Jahr-Feier meldete sich Karl Barth zu Wort. An einer «Landsgemeinde» der Jungen Kirche in Gwatt (an Parallelveranstaltungen in Frauenfeld und Zürich sprachen Georg Thürer und Emil Brunner) brachte er all das zur Sprache, worüber sich die Behörden ausschwiegen oder wovor sie sich in patriotische Phrasen flüchteten:

– Die trotz Lohnausfallentschädigungen, Kündigungsschutz usw. noch immer prekäre Situation der Arbeiterschaft und der Bauern, «die man weder zur militärischen noch zur geistigen noch zur wirtschaftlichen Landesverteidigung wirksam aufrufen kann, wenn sie nicht überzeugt sind, dass das zu ihrem besonderen Schutz Nötige und Mögliche getan» werde.[73]

– Die Einschränkung der Presse- und Redefreiheit, die lediglich die innerschweizerische Kommunikation behindere, da schweizerische Druckerzeugnisse ja ohnehin nicht mehr über die Grenze gelangten.

– Die Diskriminierung bestimmter Kategorien von Flüchtlingen, die dazu führe, dass potentielle Feinde der Schweiz am ehesten zu einer Aufenthaltsbewilligung kämen, während jene,

die in hoffnungsvollem Vertrauen auf jenes ‹freie Angebot› der freien Schweiz zu uns gekommen waren [...] sich nun gerade in der Schweiz mehr oder weniger ausdrücklich dafür bestraft fanden, dass sie Gegner und Opfer des Systems sind, dessen Sieg die Schweiz in Verteidigung ihrer Neutralität bis zuletzt ihren Widerstand entgegensetzen müsste.[74]

– Die Art und den Umfang der Wirtschaftsbeziehungen mit dem Dritten Reich, die die Schweiz zu dessen *«Kriegshelferin»* machten. Dies bedeute, dass sich die Schweiz «damit genau auf den Weg» begebe, «auf den sich vor uns Rumänien, Bulgarien, Jugoslawien verlocken liessen».[75]

An die Adresse der für die Organisation der offiziellen Bundesfeier Verantwortlichen gewandt, schloss Barth:

Will man, dass wir widerstehen, wie kann man den jetzigen Lauf dieser Dinge wollen? Wenn man doch am 1. August bei der Bundesfeier statt alles historischen Theaters offen über diese Dinge mit uns reden wollte![76]

Selbstverständlich wurde «über diese Dinge» nicht gesprochen; stattdessen griff die Zensur ein. Sie wartete mit dem Verbot allerdings so lange zu, bis 16000 Exemplare von Barths Vortrag abgesetzt waren.[77] Bemerkenswert ist ein Satz aus dem Zensurgutachten von Gustav Keckeis:

Die ganze Schrift, die ich in der Grundhaltung voll und ganz anerkenne, ist im Sinne der Zensur «gefährlich», weil sie – von Einzelheiten abgesehen – kampfmutig-wahr und somit das ist, was jeder Unangekränkelte denkt und empfindet.[78]

Philipp Etter und Karl Barth waren geistige Antipoden. Der Theologe vertraute auf Aufklärung und Diskussion, der Bundesrat auf die Unio mystica mit dem Geist der Ahnen. In einem aber stimmten sie überein: In der grundsätzlichen Bejahung der Geistigen Landesverteidigung. Barths zornige Auslassungen über dieses «Spottgebilde eines neuen helvetischen Nationalismus»[79] galten nicht der Sache, sondern der Art und Weise, in der sie betrieben wurde. Über die Notwendigkeit, die staatliche und kulturelle Unabhängigkeit der Schweiz gegen die faschistische Propagandamaschinerie zu verteidigen, herrschte in allen politischen Lagern – von ganz extremen Positionen abgesehen – Einigkeit. Der Geistigen Landesverteidigung im aufklärerischen Sinn verpflichtet waren auch das Cabaret Cornichon, der Nebelspalter, die Aktion Nationaler Widerstand (der Karl Barth als Gründungsmitglied angehörte) sowie die Sektion Heer und Haus. Schon früh machten sich jedoch Bestrebungen bemerkbar, die Geistige Landesverteidigung im Namen eines «ewigen Schweizertums» zu einem Instrument der Antiliberalen, der Antisozialisten und der Anhänger einer autoritären Demokratie umzufunktionieren. Schon die Bundesratsbotschaft «über die Organisation und die Aufgaben der schweizerischen Kulturwahrung und Kulturwerbung» vom Dezember 1938[80] enthält neben sachbezogenen Vorschlägen bereits Elemente jenes «discours patriotique normatif»[81], der zwar aus lauter altbekannten Versatzstücken des Schweizer Mythos besteht, nun aber mit offiziellem Segen als innenpolitisches Palliativ und ideologischer und terminologischer Überbau einer im wesentlichen antidemokratischen Politik dienen musste.[82]

Von den Vertretern dieser Art von Geistiger Landesverteidigung usurpiert wurde auch das Festspiel. Die Renaissance des Festspiels in den 1920er Jahren[83] ging mit einer Verstärkung der politisch-tendenziösen Ausrichtung und einer ideologischen Polarisierung einher[84]: Arbeiterfestspiele (und festspielähnliche Verantaltungen) einerseits, Festspiele traditioneller Art zu Jubiläen andererseits. Im Zusammenhang mit der Annäherung der Sozialdemokraten und selbst der Kommunisten an die bürgerliche Mitte, der Absage an den

Klassenkampf im sozialdemokratischen Parteiprogramm von 1935 und vor allem der Burgfriedenspolitik seit Ende der dreissiger Jahre verzichteten die Arbeiterorganisationen auf klassenkämpferisch-agitatorische Festspiele. Das, soweit ich sehe, letzte Beispiel dieser Art ist wohl Hans Sahls «Jemand»[85] (verfasst wurde es 1935/36); es stammt bezeichnenderweise von einem aus Deutschland Emigrierten. Ehrismann/Frühs «Neuer Kolumbus»[86] – die Uraufführung war an der Landi! – redet bereits einer zukünftigen Klassenversöhnung das Wort. «Klassenversöhnung» war freilich auch ein Leitthema der anderen Festspieltradition, doch bedeutete es dort nicht Solidarität und Aufbruch zu neuen Ufern, sondern Zementierung des Bestehenden und Kompensation sozialer Ungerechtigkeiten durch gemeinsame Hingabe an vaterländische Ideale.[87] Den Höhepunkt dieser Richtung bilden die Festspiele von 1939 und 1941: Arnets «Eidgenössisches Wettspiel», Denis de Rougemonts «Nicolas de Flue»[88], Gonzague de Reynolds «La Cité sur la Montagne»[89] und das Bundesfeierspiel. Bestimmt nicht zufällig lehnten die Verantwortlichen beider Manifestationen Spieltexte ab, die sich kritisch mit der «Sendung des Kleinstaats» auseinandersetzten: Werner Johannes Guggenheims «Erziehung zum Menschen»[90] und Cäsar von Arx' erste Szenarien.

Ob der rasche Niedergang des Festspiels nach dem Zweiten Weltkrieg mit dessen Inanspruchnahme zu tagespolitischen Zwecken zusammenhängt, ob die ideologische Ausrichtung also das Festspiel als Gattung diskreditierte, wäre einer eigenen Untersuchung wert.

Anhang

Das Programm der Bundesfeier 1941

31. Juli / 1. August
Rütli
Die Regierungen der Urkantone fahren in der Nacht des 31. Juli von Flüelen, Brunnen und Buochs in Nauen, auf denen die Wappensegel der Urkantone gehisst sind, aufs Rütli.
Die Landammänner der Urkantone entzünden um Mitternacht das Bundesfeuer.
Ansprache des Landammanns von Uri.
Volksgesang: «Rufst du, mein Vaterland».
Feuerträger aus allen Kantonen entzünden am Bundesfeuer ihre Fackeln.
Abmarsch der Fackel- und Standartenträger der Kantone Wallis, Waadt und Genf.
Rückfahrt nach Brunnen.

Übergabe einer Kopie des Bundesbriefs von 1291 an die Stafetten vor der Kapelle in Brunnen.
Abmarsch in die Kantone.

1. August

Brunnen
Die Stafetten der Kantone bringen das Bundesfeuer vom Rütli, empfangen vor der Kapelle in Brunnen eine Kopie des Bundesbriefs von 1291 und starten in ihre Kantone. Die Startzeiten sind so angesetzt, dass sämtliche Stafetten um 21 Uhr in den Kantonshauptorten eintreffen.

Schwyz
07.00 Uhr	Kanonenschüsse. Die Glocken von Schwyz. Militärische Tagwache.
07.30 Uhr	Turmmusik.
08.45 Uhr	Die Regierungen der Urkantone besammeln sich im Rathaus. Anschliessend Einzug in die Pfarrkirche.
09.00 Uhr	Gottesdienst mit Predigt und Pontifikalamt. Messe «Pro Patria», von Johann Baptist Hilber.
10.45 Uhr	Militärkonzert auf der Feierstätte. Musik schweizerischer Tondichter.
12.00 Uhr	Mittagessen der Ehrengäste im Kasino.
14.45 Uhr	Ankunft und Begrüssung der Abordnungen des Bundes, der übrigen Kantone und der Armee durch die Regierungen der Urstände beim Bahnhof Schwyz-Seewen. Bundespräsident und General schreiten die Front der Ehrenkompagnie ab. Einzug nach Schwyz. Empfang auf der Feierstätte: «Bundesfeier 1941». Heroischer Marsch von G. B. Mantegazzi. Hissen der Kantonsfahnen und der Schweizerfahne. Ansprachen des Landammanns des Kantons Schwyz und des Generals.
Anschliessend:	Zug zum Bundesbriefarchiv. Daselbst: Übergabe der neuen Fresken und des Wehrdenkmals. Défilé der Truppen.
19.00 Uhr	Abendessen der Ehrengäste im Kasino.
20.45 Uhr	Glockengeläute zur Bundesfeier.
21.00 Uhr	Bundesfeier auf dem Rathausplatz: Ankunft der Schwyzer Stafette vom Rütli. Verlesung einer Botschaft des Bundesrates in den drei Amtssprachen durch drei Mitglieder des Bundesrates. Entzünden des Bundesfeuers (gleichzeitig in allen Kantonshauptorten). Schweizerpsalm.
21.45 Uhr	Uraufführung des Bundesfeierspiels.
23.30 Uhr	Zapfenstreich.

2. August

Schwyz
07.00 Uhr   Kanonenschüsse, Militärische Tagwache.
08.00 Uhr   Turmmusik.
09.00 Uhr   Feldgottesdienst: für Katholiken auf der Feierstätte, für Protestanten in der Gartenanlage des Bundesbriefarchivs.
11.00 Uhr   Mittagessen der Ehrengäste im Kasino.
13.30 Uhr   Abfahrt nach Brunnen.

Brunnen
14.00 Uhr   Zug der Ehrengäste vom Bahnhof zur Schifflände.
             Fahrt aufs Rütli.

Rütli
15.00 Uhr   Aufführung der Rütliszene aus Schillers «Wilhelm Tell» durch die Tellspielgesellschaft Altdorf. Erneuerung des Bundesschwures durch das ganze Volk.
             Ansprache des Bundespräsidenten.
             Schlussgesang: «Rufst du, mein Vaterland».
Anschliessend: Rückfahrt und Heimreise.

(Paul Reichlin: Harter Zeit zum Trotz. In: Die Bundesfeier. Zum Gedächtnis des 650jährigen Bestandes der Schweizerischen Eidgenossenschaft. Hrsg. v. Organisationskomitee der Bundesfeier 1941 Schwyz. Einsiedeln 1942, S. 21 f.)

Anmerkungen
1 Programm im Anhang.
2 Text der Ansprache in: Cäsar von Arx/Philipp Etter: Briefwechsel und Dokumente 1940–1941. Hrsg. v. Armin Arnold und Rolf Röthlisberger. Mit einem Nachwort von Urs Viktor Kamber. Bern/Frankfurt/New York 1985 (Texte und Studien zur Literatur der deutschen Schweiz 4), S. 144–148. Zitate S. 144–145.
3 Josef Niederberger: Ein Feuer – Tausend Brände. In: Die Bundesfeier. Zum Gedächtnis des 650jährigen Bestandes der Schweizerischen Eidgenossenschaft. Hrsg. v. Organisationskomitee der Bundesfeier 1941 Schwyz. Einsiedeln 1942, S. 45–61. Hier S. 47.
4 Text der Botschaft: NZZ 3.8.1941 (Sonntagsausgabe, Sonderbeilage «Die Bundesfeier 1941»).
5 «Die Soldaten ziehen die abgelegten Waffenröcke an und fassen ihre Gewehre.» Cäsar von Arx: Werke III. Festspiele 1914–1949. Bearb. v. Rolf Röthlisberger. Olten 1987. Darin: Das Bundesfeierspiel zum Fest des 650jährigen Bestehens der Schweizerischen Eidgenossenschaft, S. 329–383. Hier S. 373.
[Im folgenden wird das Bundesfeierspiel mit der Sigle Bf, gefolgt von der Seitenzahl, zitiert.]
6 Hermann Ferdinand Schell: Feuer vom Rütli. Ein Festspiel. Elgg o. J. [1941].
7 Schell, Feuer vom Rütli (wie Anm. 6), S. 38.
8 Die Schweiz im Spiegel der Landesausstellung 1939. Bd. 5: Administrativer Bericht. Vorgelegt vom Liquidationskomitee [...] Zürich 1942, S. 403.
9 Vgl. Briefwechsel von Arx/Etter (wie Anm. 2). Der Band enthält ausser dem Briefwechsel von Arx' Szenarien, eine Auswahl von Kritiken sowie mehrere Ansprachen Philipp Etters.

10 Text des Szenariums: Briefwechsel von Arx / Etter (wie Anm. 2), S. 92–109. Die folgende Zusammenfassung beschränkt sich auf die für unsere Fragestellung relevanten Gesichtspunkte.
11 Briefwechsel von Arx/Etter (wie Anm. 2) S. 101.
12 Ebd.
13 Briefwechsel von Arx/Etter (wie Anm. 2), S. 106.
14 Ebd.
15 Ebd.
16 Briefwechsel von Arx/Etter (wie Anm. 2), S. 107.
17 Text des Szenariums: Briefwechsel von Arx / Etter (wie Anm. 2), S. 109–123. Nach Röthlisberger sollten die Soldaten, die durchs Mitteltor ins Feld ziehen, Uniformen von 1941 tragen. Der Text des Szenariums ist nicht ganz eindeutig. Vgl. Rolf Röthlisberger: Die Festspiele des Schweizer Dramatikers Cäsar von Arx (1895–1949). Eine Nachlass-Dokumentation mit einleitender Biographie. Bern/Frankfurt/New York 1984 (Texte und Studien zur Literatur der deutschen Schweiz 1). – Briefwechsel von Arx / Etter (wie Anm. 2), S. 12 (Einleitung von Rolf Röthlisberger) und von Arx, Festspiele (wie Anm. 5), S. 513.
18 Etters Diktat: Briefwechsel von Arx/Etter (wie Anm. 2), S. 123–127 (Niederschrift eines Bundesstenographen sowie von Arx' Notizen).
19 Vgl. z. B. die Briefe an Walter Richard Ammann vom 24. Juli 1940, 13. September 1940 und 23. September 1940. In: Cäsar von Arx/Walter Richard Ammann: Briefwechsel 1929 bis 1949. Hrsg. v. Armin Arnold. Bern/Frankfurt/New York 1985 (Texte und Studien zur Literatur der deutschen Schweiz 3), S. 89–93 (wütende Ausfälle gegen Etters angebliche Abhängigkeit von den «Herren auf der deutschen Gesandtschaft»).
20 Bf 367, 369, 377 (zur Zeit des deutschen Vormarschs in der Sowjetunion!).
21 Briefwechsel von Arx / Etter (wie Anm. 2), S. 136f.
22 Bf 379. Anlehnung an Luk. 10, 37.
23 Der Berichterstatter der NZZ, der die Vorgeschichte nicht kannte, betrachtete das Gleichnis vom barmherzigen Samariter als entbehrliche Länge: «Es wird nötig sein, noch da und dort Streichungen anzubringen (z. B. kann unbedenklich die Samaritererzählung des ohnehin zu langen Schlussaktes geopfert werden) [...]» C. S.: Das Bundesfeierspiel in Schwyz. NZZ 3.8.1941 (Sonntagsausgabe, Sonderbeilage «Die Bundesfeier 1941») – Einen anderen Eindruck gewann der spätere Bundesrat Ernst Nobs: «Sie alle [das Festspiel des Schweizerischen Arbeitersängerverbandes vom Jahre 1938, das Landi-Festspiel, das Bundesfeierspiel] sind erfüllt vom Gedanken, dass es so nicht weitergehe, dass die Schweiz unserer Zeit in einer Bewährungsprobe stehe, die mit den alten Mitteln und Methoden nicht bestanden werden kann. Ein Gedanke wie Bruderliebe schlägt wie eine helle Lohe empor. Noch geht es bloss um das Gefühl, um dichterisches und prophetisches Sehen. Aber man sage nicht, es gehe nur um ein Gefühl. Gefühle werden zu weltbewegenden Mächten, und Dichter deuten den Sinn einer Zeit früher als Politiker und Wirtschafter.» Ernst Nobs: Helvetische Erneuerung. Zürich 1943, S. 69f.
24 Bf 380.
25 Noch kurz vor der Aufführung, am 13. Juni 1941, schrieb Etter an von Arx: «Im ersten Teil des dritten Aktes kommt das, was ich durch die Landesmutter dem Schweizervolk sagen möchte, zu kurz. [...] Die Landesmutter sollte an jener Stelle einen eindringlichen Aufruf an das Schweizervolk richten zur Zufriedenheit, zu Vertrauen, zur Opferbereitschaft, zur Einigkeit in gegenseitiger Hilfe. [...] Dieser Aufruf der Landesmutter braucht nicht lange zu sein, – aber in einem Dutzend inhaltsschwerer Kernsätze sollte er desto eindringlicher zu dem aufrufen, was ich bürgerliche Disziplin und Opferbereitschaft nenne.» Briefwechsel von Arx/Etter (wie Anm. 2), S. 45.
Ganz ähnliche Töne finden sich noch im «Zivilverteidigungsbuch», das 1969 im Auftrag des Bundesrates an alle Haushaltungen verteilt wurde. Albert Bachmann/Georges Grosjean: Zivilverteidigung. Hrsg. vom Eidg. Justiz- und Polizeideparte-

ment im Auftrag des Bundesrates. Aarau 1969 (vor allem S. 187, 190f. «Aus dem Tagebuch einer Schweizerin»).
26 Bf 372.
27 [an:] Va, découvre ton pays. o. O., o. J. [1941]. Die Broschüre stammt aus dem Kreis der im Mai 1941 aufgelösten Fédération socialiste suisse. Die Erwähnung des Verbots erlaubt eine Datierung. Der Titel spielt auf die damals verbreitete Parole «Gang, lueg d'Heimet aa!» an.
28 Georg Kreis: Zensur und Selbstzensur. Die schweizerische Pressepolitik im Zweiten Weltkrieg. Frauenfeld/Stuttgart 1973.
29 Bernard Barbey: P. C. du Général. Journal du Chef de l'Etat-major particulier du Général Guisan 1940–1945. Neuchâtel 1948, S. 79.
30 Barbey, P. C. du Général (wie Anm. 29), S. 84. Barbey bezieht sich auf General Guisans «Rütlirapport» vom 25. Juli 1940.
31 Vgl. dazu: Georg Kreis: Helvetischer Totalitarismus. Basler Magazin Nr. 4/1979, S. 1, 2, 15.
32 Bf 367.
33 Bf 377.
34 Oskar Felix Fritschi: Geistige Landesverteidigung während des Zweiten Weltkrieges. Der Beitrag der Schweizer Armee zur Aufrechterhaltung des Durchhaltewillens. Diss. Zürich, Dietikon 1972, S. 164–177.
35 «le sacrifice, surtout, des régions les plus prospères du pays; l'abandon de la plus grande partie de la population.» Barbey, P. C. du Général (wie Anm. 29), S. 18 (Eintragung vom 13.6.1940, Übersetzung von mir, R. Ch.).
36 Edwin Arnet: Das eidgenössische Wettspiel. Offizielles Festspiel der Schweizerischen Landesausstellung 1939 Zürich. o. O. o. J. [Zürich 1939].
37 Dass Eberle und Hofmann ihre ursprünglichen Vorstellungen nicht rein verwirklichen konnten, ist dem Widerstand Cäsar von Arx' zu verdanken. (Brief an Ammann vom 25.4.1941). Briefwechsel von Arx/Ammann (wie Anm. 19), S. 102 f.
38 Etters Diktat vom 26.12.1940. Briefwechsel von Arx/Etter (wie Anm. 2), S. 125, 127.
39 Die drei Kreuze zieren auch die Schutzumschläge des offiziellen Erinnerungswerkes: Die Schweiz im Spiegel der Landesausstellung 1939. 5 Bde. Zürich 1940–1942.
40 Robert Faesi: Tag unseres Volks. Eine Schweizerdichtung. Frauenfeld 1939. Die Musik stammt von Albert Möschinger.
41 Schweizer Radio-Zeitung Nr. 30, 27. Juli bis 2. August 1941, unpaginierte Programm-Einlage. Seit dem Frühjahr 1941 brachte die in allen Volksschichten verbreitete Radio-Zeitung jede Woche einen Beitrag zur Vorbereitung auf die 650-Jahr-Feier. Faesis Landi-Kantate wurde am 28. Juli als Sendung für die Schweizer im Ausland ausgestrahlt.
42 Edwin Arnet: Der Dichter über die Entstehung seines Festspiels. In: Das Büchlein vom Eidgenössischen Wettspiel. o. O. o. J. [1939] (Schriften der Gesellschaft für Schweizerische Theaterkultur 5), S. 41–47. Hier S. 42.
43 Oskar Eberle: Wege zum schweizerischen Theater. I: Grundlagen und Volkstheater. Elgg 1943 (XIII. Jb. d. Ges. f. schweiz. Theaterkultur), S. 144.
44 S. die Fotos Nr. 197 und 199 in Richard Weiss: Volkskunde der Schweiz. 2. Aufl., Erlenbach-Zürich 1978.
45 NZZ 4.8.1941 (Morgenausgabe).
46 Edmund Stadler: Zweihundert Jahre schweizerisches Festspiel. Solothurn 1960 (Veröff. d. Zentralbibliothek Solothurn 8), S. 22 (die zitierte Äusserung bezieht sich auf das Bundesfeierspiel ist anerkennend gemeint).
47 Bf 373.
48 Die Leitworte von Arnets «Eidgenössischem Wettspiel» (wie Anm. 36), S. 5 und 49 («des Tellen Mut und Pestalozzis Güte»).
49 Bf 381.
50 Zur Fahnenweihe der Nationalen Front: Beat Glaus: Die Nationale Front. Eine Schweizer faschistische Bewegung 1930–1940. Einsiedeln 1969, S. 227f.
51 Bf 378.

52 Max Eduard Liehburg [eigentl. Max Eduard Meyer]: Schach um Europa. Europäisches Drama. Zürich/Leipzig 1930 – ders:. Hüter der Mitte. Zürich/Leipzig 1934.
53 Zum Vergleich müssen nicht nur die eine Zeitlang (1933 bis 1937) staatlich geförderten Thingspiele, sondern auch Parteitage, Gedenkfeiern, Feiern zu Führers Geburtstag, SS-Aufmärsche usw. herangezogen werden.
Die folgenden Ausführungen stützen sich auf:
Henning Eichberg / Michael Dultz / Glen Gadberg / Günther Rühle: Massenspiele: NS-Thingspiel, Arbeiterweihespiel und olympisches Zeremoniell. Stuttgart / Bad Canstatt 1977 (problemata 58). – Erwin Bresslein: Völkisch-faschistoides und nationalsozialistisches Drama. Kontinuitäten und Differenzen. Frankfurt 1980. – Hans Jochen Gamm: Der braune Kult. Das Dritte Reich und seine Ersatzreligion. Hamburg 1962. – Uwe-K. Ketelsen: Völkisch-nationale und nationalsozialistische Literatur in Deutschland 1890–1945. Stuttgart 1976 (Slg. Metzler 142) – Klaus Vondung: Magie und Manipulation. Ideologischer Kult und politische Religion des Nationalsozialismus. Göttingen 1971.
54 S. Eichberg (wie Anm. 53) Kap. III: Fest- und Weihespiele in der Arbeiterkulturbewegung (S. 71ff.), Kap. V: Weihespiele und olympisches Zeremoniell (S. 143ff.). Dennoch bleibt es irritierend, dass die (an sich selbständige) Weiterbildung derselben Traditionslinien zu so unterschiedlichen Zwecken dienen kann.
55 Bf 341–343.
56 Bf 342.
57 Friedrich Schiller: Wilhelm Tell, V. 1418 bzw. 1419 (in Ausgaben, die der Säkularausgabe folgen).
58 Cäsar von Arx: Die Schweizer. Historisches Festspiel zum Eidgenössischen Schützenfest 1924 in Aarau. In: C. v. A.: Festspiele (wie Anm. 5), S. 95–151. Hier S. 101–103. Auch im Aarauer Spiel wird die Landeshymne *gesprochen* (ebd. S. 147f.).
59 Zur Ablösung von Schillers und Kisslings Tell s. Peter Utz: Die ausgehöhlte Gasse. Stationen der Wirkungsgeschichte von Schillers «Wilhelm Tell». Königstein 1984 (Hochschulschriften Literaturwissenschaft 60), bes. S. 173–191 und 269–294.
60 Bf 362f.
61 Liehburg, Hüter der Mitte (wie Anm. 52), S. 89.
62 Utz, Die ausgehöhlte Gasse (wie Anm. 59), S. 276f.
63 Bresslein, Völkisch-faschistoides und nationalsozialistisches Drama (wie Anm. 53), S. 345. Bresslein erwähnt ferner, «Der Verrat von Novara» sei von der NS-«Zentralstelle für geistigen Aktionismus» für würdig befunden worden, «NS-Gedankengut verbreiten zu dürfen» (ebd.).
64 Ansprache des Generals vor dem Bundesbriefarchiv, NZZ 2.8.1941, Morgenausgabe.
65 Rafael Häne: Das Bundesfeierspiel. In: Die Bundesfeier (wie Anm. 3), S. 99–125. Hier S. 106.
66 Bf 379.
67 Bf 382f.
68 Vgl. das Festspiel zur 700-Jahr-Feier Bern 1891; dazu und zur ganzen Tradition des ausgehenden 19. Jahrhunderts: Martin Stern: Das historische Festspiel – Integration um den Preis scheinhafter Identität. In: Auf dem Weg zu einer schweizerischen Identität 1848–1914. Probleme – Errungenschaften – Misserfolge. Hrsg. v. François de Capitani und Georg Germann. Freiburg 1987 (8. Kolloquium der Schweiz. Akad. d. Geisteswiss.), S. 309–335, bes. S. 322–324.
69 Vgl. die Gegenüberstellungen von christl. Liturgie und NS-Feiern bei Vondung, Magie und Manipulation (wie Anm. 53), S. 117 und die Schemata S. 100, 113, 114, 115, 116.
70 General Henri Guisan: Unser Volk und seine Armee. Zürich 1939, S. 45. Es handelt sich um einen Vortrag, den Guisan, damals noch nicht General, am 9.12.1938 an der ETH hielt. Der letzte Satz lautet: «Wir wollen allen diesen Mystiken, die bei uns Fuss zu fassen versuchen, die *Mystik der ewigen Schweiz* entgegenstellen, wie wir es am 1. August 1291 die Bergbauern von Uri, Schwyz und

Unterwalden taten, allein auf sich selbst gestellt, aber voll Vertrauen auf sich und auf Gott.» (S. 45).
71 Zu ihnen gehörten Mitglieder und Sympathisanten der Katholisch-Konservativen, der Liberalkonservativen, der westschweizer Föderalisten, des Landesrings, des Gotthardbundes und anderer Gruppierungen. Ausser der Abneigung gegen den liberalen Staat hatten sie wenig gemeinsam.
72 In der Ansprache des Bundespräsidenten Ernst Wetter auf dem Rütli. Text: NZZ, 4.8.1941 (Morgenausgabe).
73 Karl Barth: Im Namen Gottes des Allmächtigen! 1291–1941. In: K.B. / Emil Brunner/Georg Thürer: Im Namen Gottes des Allmächtigen 1291–1941. Zürich 1941 (Kirche und Jugend 3), S. 5–30. Hier S. 20.
74 Barth, Im Namen Gottes (wie Anm. 73), S. 23.
75 Barth, Im Namen Gottes (wie Anm. 73), S. 25. Hervorhebung im Original.
76 Ebd.
77 Erland Herkenrath: Die Freiheit des Wortes. Auseinandersetzungen zwischen Vertretern des schweizerischen Protestantismus und den Zensurbehörden während des Zweiten Weltkriegs. Diss. Zürich 1972, S. 146–149. – Die genannte Auflagenzahl bezieht eine zweite, ohne die Beiträge von Thürer und Brunner erschienene Ausgabe von Barths Vortrag (St. Gallen 1941) mit ein. Ausserdem zirkulierten vervielfältigte, um die politisch brisanten Passagen gekürzte Abzüge des Vortrags (vgl. das in der Zentralbibliothek Zürich, Signatur DW 3496, aufbewahrte Exemplar samt beigeheftetem Begleitbrief Franz Steinbrüchels).
78 Zit. nach Herkenrath, Freiheit des Wortes (wie Anm. 77), S. 149.
79 Karl Barth: Die Kirche und die politische Frage von heute. Zollikon 1939, S. 16.
80 Botschaft des Bundesrates an die Bundesversammlung über die Organisation und die Aufgaben der schweizerischen Kulturwahrung und Kulturwerbung. (Vom 9. Dezember 1938.) In: Bundesblatt, 90. Jg. 1938, Bd. II, S. 985–1033.
81 Jean-Claude Favez: Tu m'as dit d'aimer, j'obéis... Quelques remarques sur les relations entre Alémaniques, Romands et Tessinois durant la Seconde Guerre mondiale. In: Union et division des Suisses. Hrsg. v. Pierre du Bois. Lausanne 1983, S. 93–112. Hier S. 105. Favez spricht im weiteren von einer «sorte de revanche idéologique des vaincus du Sonderbund» (S. 106).
82 Botschaft des Bundesrates (wie Anm. 80), Abschnitt IV: «Sinn und Sendung der Schweiz», S. 997–1001.
83 Paul Lang: Das Schweizer Drama 1914. Elgg 1944, S. 55ff.
84 Vgl. Stern, Das historische Festspiel (wie Anm. 68), S. 321f.
85 Hans Sahl: Jemand. Ein Chorwerk. Zürich 1938 (geschrieben 1935/36).
86 Albert Ehrismann/Kurt Früh: Der neue Kolumbus. Eine dramatische Erzählung. Zürich/New York 1939.
87 Paradigmatisch ist das Zweite Hauptspiel in Arnets «Eidgenössischem Wettspiel». Arnet, Eidgenössisches Wettspiel (wie Anm. 36) S. 21–28.
88 Denis de Rougemont: Nicolas de Flue. Légende dramatique en trois actes. Neuchâtel 1939. Die Uraufführung war für die Neuenburger Tage an der Landi vorgesehen, konnte damals aber wegen des Kriegsausbruchs nicht stattfinden.
89 Gonzague de Reynold: La Cité sur la Montagne (La Route et la Cité). Version nouvelle. Drame en 4 actes. Lausanne 1941. De Reynolds Drama war der offizielle Beitrag der Armee zur 650-Jahr-Feier. Mit Philipp Etter war de Reynold auch an der Redaktion der Bundesratsbotschaft (wie Anm. 80) beteiligt (nach Favez, Tu m'as dit d'aimer (wie Anm. 81), S. 107).
90 Werner Johannes Guggenheim: Erziehung zum Menschen. Schauspiel in fünf Akten. 2. Aufl., Elgg 1944. Zur Ablehnung: Karl Naef: Dichtung, Theater, Tanz. In: Die Schweiz im Spiegel der Landesausstellung (wie Anm. 39), Bd. 2, S. 731–738. «Obschon dieses Schauspiel sich auf einer hohen geistigen Ebene bewegt, wurde die Aufführung von den zuständigen Instanzen der Landesausstellung nicht gestattet. Die Mehrheit war der Ansicht, dass die Festlichkeit der Landesausstellung durch die Diskussion politischer Probleme [es geht um Antisemitismus und die Beziehung zu Deutschland] nicht zu stören sei.» (733)

Das Festspiel – ein antimodernes Produkt der Moderne

Georg Kreis

Festspiele sind in der Regel Historienspiele. Der folgende Beitrag geht von dieser einfachen Feststellung aus und versucht zu erklären, warum das so ist[1]. Die Vergangenheitsorientierung könnte man freilich schnell mit einer weiteren Feststellung zu erklären versuchen: dass nämlich Festspiele in der Regel Jubiläumsspiele sind, dass sie eben zur Vergegenwärtigung bestimmter historischer Vorgänge verfasst und aufgeführt werden. In der Tat: Festspiele sind zumeist Geburtstagsspiele, ob sie nun die Gründung einer Stadt[2], eines Vereins[3], eines Bundes[4], einer Firma[5] oder das Überstehen bestimmter Schlachten (als Gründungsmomente kollektiver Heldentaten) feiern.[6] Diese Erklärung führt jedoch nur zu einer Verschiebung der Fragestellung, sie führt uns aber zur zentralen Frage nach den Ursachen dieses allgemeinen Erinnerungsbedürfnisses und nach den Fuktionen dieses vielfältigen Erinnerungskultes. Und vor dieser Frage nimmt das Festspiel keine Sonderstellung ein, es ist ein Medium neben anderen und lebt zum Teil von diesen anderen Medien: von der Architektur, den Denkmälern und Museen, der Malerei und ihren Reproduktionen, der Literatur und dem Liedgut.

Wir können die Frage nach dem Erinnerungsbedürfnis anthropologisch, das heisst mit einem Hinweis auf das bestehende Grundbedürfnis des Menschen nach ritualisierter Pflege der Vergangenheit erklären. Ein solches Bedürfnis mag permanent gegeben sein. Wir können aber gerade an der Geschichte des Festspiels leicht feststellen, dass es nicht zu jeder Zeit gleich intensiv ist. Fragen wir uns nach den Faktoren, welche zu einer Intensivierung des Festspielkultes führen, sollten wir auch eine Antwort auf die Frage nach der Funktion dieses Kultes erhalten. Darum sei zunächst vor allem von der Zeit die Rede, die nach übereinstimmender Meinung als die hohe Zeit der Festspielkultur bezeichnet wird: die Zeit des ausgehenden 19. Jahrhunderts.[7]

Bevor wir die aufgeworfenen Fragen weiterverfolgen, soll zunächst ein 1895 veröffentlichtes Festspiel kurz vorgestellt werden. Das wenig bekannte Spiel und ist vom ziemlich bekannten Festspielautor Pfarrer Heinrich Weber verfasst worden und trägt den Titel «Helvetia».[8] Aus welchen Anlässen und von wem es aufgeführt wurde, ist unbekannt und für unsere weitere Analyse auch nicht wichtig, obwohl die Funktion solcher Spiele doch eigentlich eher an Hand ihrer Rezeption studiert werden sollte. Das Spiel ist insofern auch kein typisches Festspiel, als es offenbar nicht zu einem bestimmten Jubiläumsanlass verfasst worden ist. Doch gerade dieser Umstand zeigt, dass sich die Vergangenheitsorientierung nicht einfach aus den Jubiläen erklären lässt, dass vielmehr hinter diesen Anlässen ein bestimmter Historismus steckt, der erklärt werden muss.[9] Das Stück bietet nicht wie die klassischen Festspiele eine längere Reihe von «tableaux», und dennoch weist auch es die für diese Gattung typische Bilderbogenstruktur auf, ohne einheitliche Handlung und innere Dramatik. Der erste Teil zeigt zuerst die Tagsatzung von 1481 in Stans und dann ein Treffen personifizierter Laster gleichsam in der Unterwelt. Der zweite Teil bildet in jeder Beziehung das Gegenstück: Er spielt in der Gegenwart, er spielt nicht gerade im Himmel, aber in dessen Vorhof, nämlich in einer «anmutigen Alpengegend». Der Genius der Freiheit präsentiert der verängstigten Helvetia als Gegenstück zu den vier Lastern aus der Schweizergeschichte fünf vorbildliche Persönlichkeiten und überlässt Helvetia das Schlusswort an das Publikum. Die Botschaft des Stücks: Sie besteht im Appell an die Zuschauer, die durch Neid, Rauflust, Herrschsucht und Fanatismus genährte Zwietracht, wie sie zu Beginn des Tages zu Stans geherrscht hatte, zu überwinden und sich an den Idealen der Tapferkeit, Selbstlosigkeit, Enthaltsamkeit, Friedfertigkeit, Wahrhaftigkeit und Barmherzigkeit zu orientieren.

Ob diese Art von Schauspiel einen eigenen, erst in der zweiten Hälfte des 19. Jahrhunderts geschaffenen Typus bildet oder in der Tradition der Reformationsspiele und der Jesuitendramen steht, muss uns nur bezüglich des Historisierungsgrades der dramatischen Botschaft interessieren. Webers «Helvetia»-Stück von 1895 ist ohne Zweifel eine direkte Weiterentwicklung des Barockstückes «Eidgnossisches Contrafeth» von Johann Caspar Weissenbach aus dem Jahre 1673.[10] Der wesentliche Unterschied besteht darin, dass in der Adaptation des 19. Jahrhunderts nur die Laster ihre allegorisch-zeitlose Gestalt behalten, die propagierten Tugenden dagegen mit Auftritten von Winkelried, Zwingli, Schultheiss Wengi und Pestalozzi historisiert werden.

Im Bereich der Bildenden Kunst ist der Vorgang der Historisierung noch deutlicher zu fassen. An Stelle der zeitlosen Idealfiguren traten, wie beispielsweise die Mutation des Zofinger Brunnenstockes zeigt, historischen Realfiguren, die aber ebenfalls Idealcharakter haben. Die 1590 geschaffene Zofinger Justitita wurde 1893 durch eine Gestalt mit scheinbar historischer Authentizität ersetzt. Fortan prangte nämlich als Ausdruck für Tapferkeit und Selbstlosigkeit der Schultheiss Nikolaus Thut auf dem Brunnenstock. Von Thut heisst es, er habe in der Schlacht von Sempach von 1386 das Banner seiner Stadt gerettet, indem er, zu Tode verwundet, es sich in den

Auffnemmende HELVETIA,

Das ist:

Kurtzer Entwurff/ welcher gestalten ein hochlobliche Eydgnoßschafft an Freyheit/Macht/und Herrlichkeit zugenommen/ und durch sondere Hilff/ und Beystand GOttes in einen gantz sovrainen Stand/ und freye Republic erhebt worden.

Vorgestellt

Auff offentlichem Theatro von einer loblichen Burgerschafft der Statt Zug den 14. und 15. Sept. 1672.

Dem Liebhaber der theür-erworbnen Freyheit zu sonderem Respect, auff sein Verlangen widerumb in offentlichen Truck gegeben/ Anno 1702.

※❀❀:❀❀❀❀❀❀❀ ❀❀❀

In Zug zufinden bey Carle Frantz Haberer/ Burger daselbst.

Gedruckt/
Zu Lucern bey Gottfrid Hautten seeligen Wittib.

Helvetia.

Festspiel in zwei Gruppen

von

Heinr. Weber,
Pfarrer.

„Hominum confusione et Dei providentia Helvetia regitur".

Aarau,
Druck und Verlag von H. R. Sauerländer & Cie.
1895.

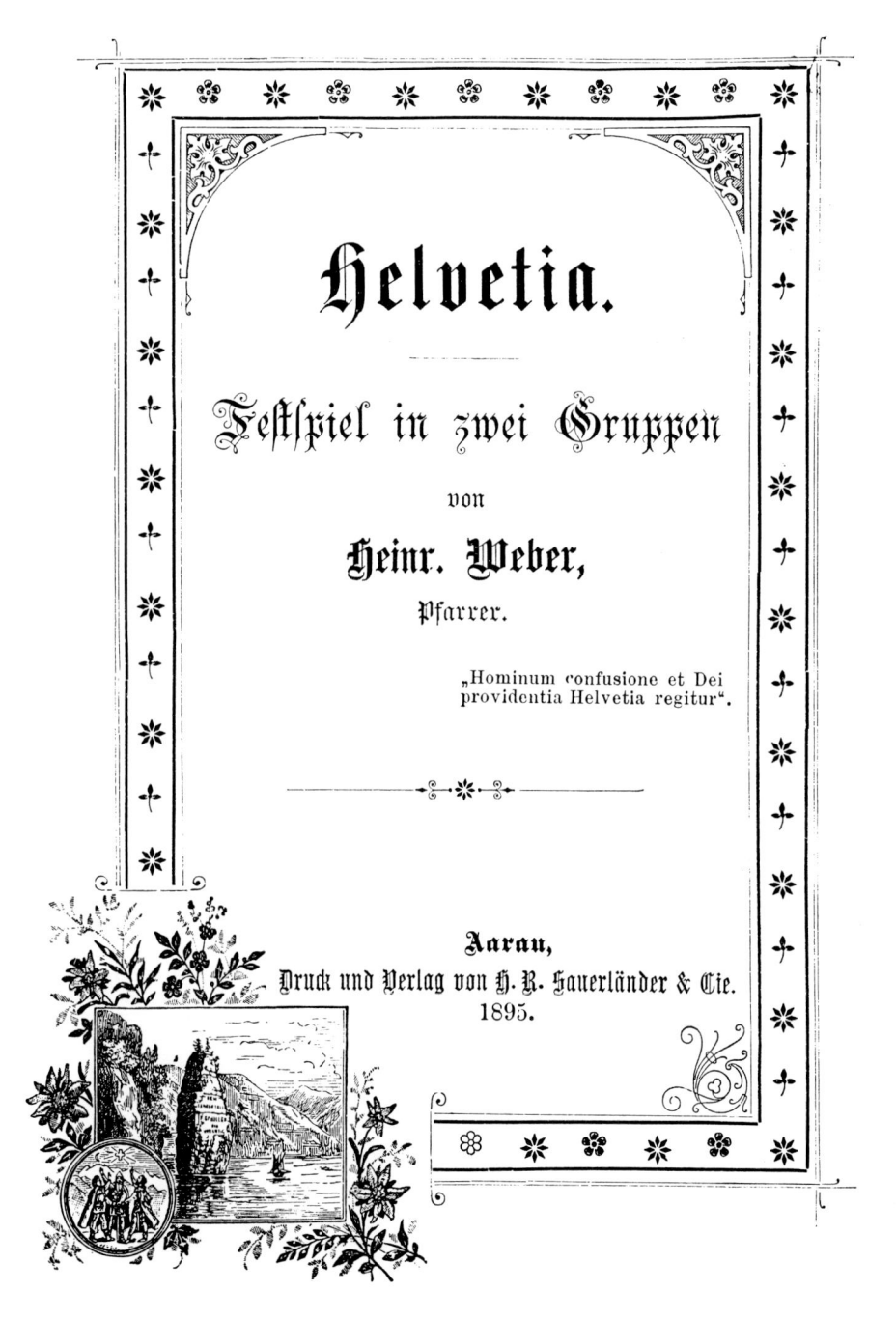

Mund gesteckt habe.[11] Die Fortitudo in der Gestalt eines Thut oder eines Winkelried, die Caritas in der Gestalt eines Pestalozzi und später eines Dunant, die Temperantia in der Gestalt eines Dufour – diese Fleischwerdungen, diese erneute Geschichtwerdung der Idealwelt gilt es zu erklären.[12]

Historisierungen von Idealen sind allerdings kein Phänomen des 19. Jahrhunderts. Die hohe Wertschätzung, die der Antike stets entgegengebracht worden ist, bildet ebenfalls eine Art von Vergangenheitsorientierung. Zudem werden Tell, Winkelried und Bruder Klaus schon im 17. und 18. Jahrhundert als historische Vorbilder propagiert. Die Antike hat aber weniger die Bedeutung einer bestimmten historischen Epoche als vielmehr einer universalen und letztlich auch zeitlosen Instanz. Und was die schweizerischen Vorbilder im Zeitalter des Barock betrifft, sie blieben unpersönliche und darum ahistorische Figuren, auch wenn sie wie die meisten nicht rein allegorischen Idealgestalten von ihren Anhängern nur mit Hilfe eines historischen Diskurses erfasst und geglaubt werden können. (Auch die Bibel kommt nicht ohne Geschichten aus.) Mit dem Beginn des 19. Jahrhunderts setzt aber ein anderer Zugriff auf die Vergangenheit ein. Man kann das an der einfachen Tatsache ablesen, dass in diesem Jahrhundert «historische Daten» Anlässe zu grossen Festen bilden, während die gleichen Tage (wenn man von den schlichten Schlachtjahrzeiten absieht) zuvor weitgehend unbeachtet geblieben sind. Geschichte ist in diesem Fall (wie in den meisten Fällen) nicht als Nachleben von Vergangenheiten zu verstehen, sondern als Produkt eines aktuellen Bedürfnisses, das für eine bestimmte Gegenwart mit Hilfe historischer und pseudo-historischer Motive einen benötigten Sinn herstellen will.

Der Historismus des 19. Jahrhunderts pflegt die Geschichte gewiss, wie dies zuvor schon der Fall gewesen ist, als *magistra vitae*.[13] Seine Vergangenheitsorientierung ist jedoch in doppelter Hinsicht neu: der Historismus des 19. Jahrhunderts lebt zum Teil vom Bestreben, die Welt der Ideen parallel zum Ausbau der Naturwissenschaften ebenfalls faktisch, also historisch zu untermauern. Diesem Bestreben kommt die wachsende Verfügbarkeit historischer Kenntnisse entgegen.[14] Das ist die eine, die positivistische Seite des neuen Historismus; sie hat die Etablierung der Geschichtswissenschaft als scheinbar autonome Disziplin ermöglicht. Daneben gibt es die religiöse Seite; sie ist vor allem durch die Kunst und – soweit dies zu separieren ist – durch das Festwesen gepflegt worden. Die Bezeichnung «religiös» ist mit Bedacht gewählt; diese Spielart des Historismus praktiziert eine säkularisierte Religiosität, stellt Verbindung mit einer entfernten, halb physischen, halb metaphysischen Welt her. Heisst das aber auch, dass sie nur als zivile Fortsetzung eines permanenten Grundbedürfnisses an höherer Sinngebung zu verstehen sei? Auch in der religiösen Variante erhält die Pflege der Geschichte eine neue Bedeutung: Der Historismus ist ein antimodernes Ergebnis der Moderne. Diese Formulierung klingt paradoxer, als sie ist, drückt doch «anti» nicht einfach das Gegenteil aus. Dieses Präfix bedeutete ursprünglich auch «dem Gegenstück entsprechend». So ist der Historismus gegen die Moderne gerichtet und unterstützt diese zugleich, indem er mit seinem ausgleichenden Antimodernismus die Moderne erträglich macht.[15] Geschichtlichkeit gewinnt offensichtlich in dem Masse an Gewicht als Technik und Industriealisierung das herkömmliche Leben verändern. Mit Odo Marquard können wir davon ausgehen, dass die Menschen einen Grundbedarf an Farbigkeit, Vertrautheit und Sinngebung in sich tragen, dass die Moderne dagegen farblos macht und entzaubert, dass sie versachlicht und denaturiert, dass sie desorientiert und (proportional?) zur Wandlungsbeschleunigung die Illusionsbereitschaft erhöht.[16] Die Geschichten aber, die in Form von Geschichte zelebriert werden, bieten einen Ersatz für das Ermangelte: Sie vermitteln – wenn auch nur zum Schein – Farbigkeit, Verzauberung, Beharrungsvermögen, Orientierung, Sinn.

Die historisierende Reaktion auf die Moderne ist schon als Fluchtbewegung gedeutet worden.[17] Dies stimmt nur teilweise, haben doch die meisten Zeitgenossen zur Idee des zivilisatorischen Fortschritts selbst ein positives Verhältnis. Die spätbürgerliche Gesellschaft schafft indessen mit der Kultivierung eines historischen Gartens, gemäss der auch in anderer Hinsicht praktizierten Segmentierung des Lebens, eben ein romantisches Gegengewicht zu einer eingestandenermassen unromantischen rauhen Gegenwart.[18] Die zivilreligiöse Dimension des Historismus des 19. Jahrhunderts ist aus einem weiteren Umstand zu erklären: Geschichte wird in dem Masse ein selbständiges und darum als eigene Grösse gepflegtes Element, als die Gesellschaft ihre Traditionsverbundenheit verliert, wie die Natur vor allem dann zum Thema und einem schützenswerten Objekt wird, wenn die ursprüngliche Einbettung in sie verloren gegangen ist.[19]

Dazu zwei Beispiele, beide entstammen nicht der Festspielkultur, sind aber wie diese als Produkte historisierender Sinnstiftung zu verstehen. In einem Beispiel werden die Fabrik- und Tunnelarbeiter des ausgehenden 19. Jahrhunderts gerne als die Krieger der modernen Schweiz besungen. Das Heldentum der Ahnen sei ins Blut der Arbeiterschaft übergegangen. Aus harten Fäusten seien aber kluge Hände geworden, man würde jetzt mit anderen Waffen und auf anderen Bahnen kämpfen. Die industriellen Leistungen seien patriotische Heldentaten, auf die man sogar stolzer sein könne als auf Morgarten und Murten. Diese Gleichsetzung erschien besonders sinnvoll, wenn es wie beim Bau des Gotthardtunnels auf dem «Schlachtfeld der Moderne» immer wieder Tote gab.[20] Im zweiten Beispiel nimmt 1891, wenige Tage nach dem Eisenbahnunglück von Münchenstein, in dem 73 Menschen den Tod fanden, der offizielle Redner der St.-Jakobs-Feier eine ähnliche Gleichsetzung vor: «Die 1444 an der Birs gefallenen Eidgenossen haben unsere Unabhängigkeit, die dieses Jahr daselbst durch ihren Tod Vielen unter uns das Leben gerettet.» Die Eisenbahntoten wurden darum als patriotische Opfer gedeutet, weil es offenbar ihres Todes bedurfte, um das

heutige Menschengeschlecht von der Höhe seiner Selbstüberschätzung herunterzuholen.[21]
Wir sehen, Geschichte soll Bewältigungshilfe bieten; im Normalfall beim Verrichten der Industriearbeit, im Unglücksfall bei der Trauerarbeit. Es ist eine säkularisierte Bewältigungshilfe aus dem Geschichtsbuch, statt der anspornenden oder tröstenden Worte aus der Heiligen Schrift.

In den Historienspielen wird nicht auf irgendeine Geschichte verwiesen. Bilder aus der älteren Geschichte werden als Vorbilder oder als romantische Gegenbilder bevorzugt. Im Berner Jubiläumsspiel von 1891 spielt – was den Bezugsraum betrifft – kein einziges Bild im 19. Jahrhundert.[22] In archaischen Zeiten angesiedelte Bilder sind offenbar besonders geeignet, den in der irritierenden Moderne gesuchten Halt zu gewähren, können sie doch mit der Veranschaulichung der Anfänge zugleich das scheinbar Wesentliche und noch Unverdorbene sichtbar machen und mit der Reinszenierung der Pionierzeit den damaligen Impetus neu entfachen.

Dass je nach Zeitumständen in unterschiedlicher Weise auf die Geschichte zurückgegriffen wird, lässt sich eigentlich nicht feststellen. Wo dennoch Varianten auftreten, sind die Abweichungen vielleicht unerheblich. Zuweilen macht man aber auch die Beobachtung, dass die Stoffauswahl ziemlich unwichtig sein kann. Wichtig ist einfach, dass Geschichte produziert bzw. Vergangenheit rekonstruiert wird, mit möglichst viel Aufwand, aber auch mit dem Ziel, ausser dem oberflächlichen Sinneskitzel auch die Gemüter so zu bewegen, dass das Festspielpublikum gemeinsam einen Hauch Tiefsinn und eine Prise bürgerlicher Ekstase erlebt. Die allgemeine Erfahrung von etwas Höherem (oder Tieferem) gehört wie die prächtigen Kostüme und die Reiterparaden zu den Erinnerungswerten des Spektakels.

In allen Schlussszenen wird bekanntlich ein Zusammenfallen von Geschichte und Gegenwart und von Schauspielern und Zuschauern angestrebt und erreicht (Regieanweisung: «Das ganze Personal»). Mit den Historienspielen wird Integration vorgeführt und zugleich vorübergehend auch hergestellt. Sie haben sicher über den Moment hinaus die nationale Kohäsion gefördert, soweit sie *bereits* bestand oder *noch* bestand. Dies in dreifacher Hinsicht: Sie stellten ein Ritual zur Verfügung, mit dem die Kantone ihre Selbstdarstellung im Rahmen des nationalen Bundes zelebrieren konnten; sie veranschaulichten die aus anderen Gründen eingetretene Versöhnung zwischen den Bürgerkriegsparteien von 1847, und sie inszenierten die scheinbare Verschmelzung von Hirten- und Bauernkultur mit der Industriekultur der Moderne.[23]

Ist die Hochkonjunktur der Historienspiele in den Jahren 1885–1914 auch als Reaktion auf die Desintegration zu verstehen, die infolge der sich verschärfenden sozio-ökonomischen Gegensätze gerade in diesen Jahren in wachsendem Masse drohte? Das Bürgertum setzte den vaterländischen Kult mitunter tatsächlich ein, um die von der sozialistischen Opposition infragegestellte Einheit der Nation zu demonstrieren und die Opponenten als Zerstörer der nationalen Gemeinschaft und Schänder eines historischen Werkes zu disqualifizieren. Im Zusammenhang mit Festspielen sind solche Ausgrenzungen zwar nicht vorgekommen, weil die Arbeiterbewegung dazu kaum Anlass gab und weil dies die gerne hochgehaltene Fiktion der nationalen Einheit beeinträchtigt hätte. Wie man den Sozialismus mit patriotischen Bekenntnissen bekämpfte, können wir beispielsweise den Reden entnehmen, die 1893 zum 75jährigen Bestehen des Zofingervereins gehalten wurden. Der bereits erwähnte Bannerherr Nikolaus Thut wurde als Pendant zu Arnold Winkelried und beide wurden als Vorbilder der Selbstlosigkeit vorgestellt, welche die Devise «Einer für alle» treu erfüllt hätten. Diesen Tugendfiguren wurde die Lasterbewegung gegenübergestellt, welche sich nur die Devise «Alle für einen» zunutzen machen wolle. Die Schweiz werde von neuen Gefahren bedroht, im Innern durch eine egoistische Interessenpolitik und von aussen durch das blutrote Banner der internationalen Sozialdemokratie. Es erging die Klage, der «Grütli»-Verein habe das Wort «vaterländisch» aus seiner Bezeichnung gestrichen und sich der internationalen Arbeiterbewegung angeschlossen. Ein schweizerischer Führer dieser Bewegung habe die verächtliche Bemerkung fallen lassen, der Patriotismus stehe «auf gleicher Stufe wie der Kultus des Vitzliputzli in Mexico». Was die Bezeichnung «Arbeiter» betreffe, dürfe sie nicht nur von einem Bruchteil des Volkes beansprucht werden; es sei die Pflicht aller, fürs gemeinsame Wohl zu arbeiten, darum sei «Arbeiter» ein Ehrenname, «auf den jeder Bürger mit Recht und Stolz Anspruch erheben will und darf». Es erging aber auch der Appell, Verständnis für die Not des Ärmsten zu zeigen, damit dieser sich nicht in seiner Verzweiflung «dem fremden Schmeichler, der mit eitlen Vorspiegelungen und täuschenden Luftgebilden ihn an sich lockt, in die Arme wirft.»[24] Diese Äusserungen fallen in den zeitlichen Kontext des Bundesfeierspiels von 1891, des Berner Gründungsfestspiels von 1891, der Basler Vereinigungsfeier von 1892, des Festspiels zur Einweihung des Telldenkmals in Altdorf 1895 und der Genfer Landesausstellungskantante von 1896 und zahlreicher anderer patriotischer Manifestationen. Sie stehen aber auch im Kontext der erfolgreichen Gründung einer Schweizerischen Sozialdemokratischen Partei 1888, der erfolgreichen Durchführung der Zweiten Sozialistischen Internationale 1889, der ersten 1.-Mai-Feiern 1890, der Lancierung und Ablehnung der Initiative «Recht auf Arbeit» 1893/94, der Nationalratswahlen von 1893, die erstmals den Charakter von Klassenkämpfen annahmen[25], und der sich häufenden Arbeitskonflikte, zu deren Bewältigung mitunter sogar Truppen der Schweizer Armee eingesetzt wurden: 1899 in Bern und Basel, 1896 in La Chaux-de-Fonds, 1889 in Luzern.

Die These, dass das Bürgertum mit dem patriotischen Kult im allgemeinen und mit dem Festspiel im besonderen die antibürgerliche Dissidenz entweder verhindern oder überspielen wollte, muss insofern etwas relativiert werden, als die vaterländischen Veranstaltungen von der organisierten Arbeiterschaft zunächst gar nicht abgelehnt wurden, wie man auf Grund des «Vitzliputzli»-Diktums annehmen müsste. (vgl. Anhang) Wahrscheinlich ging es aber weniger darum, mit den vaterländischen Historienspielen potentielle oder aktuelle Dissidenz einzubinden oder ganz zu vermeiden, es ging vielmehr darum, sich gleichsam der eigenen Zuversicht zu vergewissern: einer Zuversicht, die ja nicht nur wegen der sozialdemokratischen Agitation beeinträchtigt war. Ebenso irritierend waren andere Erscheinungen der Moderne. 1893 stellte man sich in Zofingen, um bei diesem Beispiel zu bleiben, die bange Frage, ob die «aufs denkbar höchste gesteigerte Technik des Abendlandes» die Selbständigkeit der kleinen Schweiz bedrohe – «unsere Grenzsteine als eitle Hindernisse im gewaltigen Völkerverkehr verrückt». Oder die Frage, ob nicht die Wissenschaft, einem entfesselten Ballon gleich, über die engen Grenzen der Länder hinausführe und die einzelnen Völker zusammenschrumpfen lasse, wie vor dem Bundesstaate der Schweiz die Souveränität der einzelnen Kantone.[26] Die Hochkonjunktur der Festspiele fiel zudem mit einem massiven Anstieg des ausländischen Bevölkerungsanteils zusammen.

Die Festspielkultur des ausgehenden 19. Jahrhunderts ist verschiedentlich einer kritischen Beurteilung unterzogen worden. Martin Stern ebnet mit seiner Frage, ob die Festspiele eine zeitgemässe Identität zum Ausdruck brächten, der Auffassung den Weg, die Eidgenossen von damals seien einem falschen Bewusstsein verfallen gewesen.[27] Und Hellmut Thomke sagt von einem Historiendrama, es habe kaum einen Beitrag zur Lösung der damaligen politischen Probleme beigetragen.[28] Diesen Einschätzungen kann man sich anschliessen. Nach dem bisher Gesagten muss man aber beifügen, dass das Festspiel des späten 19. Jahrhunderts gar nicht die Funktion hatte, die Gegenwart in einem modernen Sinn nüchtern zu analysieren. Es ging ihm eben darum, mit seinem Antimodernismus einen Ausgleich zur Moderne zu bilden.

Die Auseinandersetzung speziell mit den Festspielen des ausgehenden 19. Jahrhunderts ist eingangs damit gerechtfertigt worden, dass deren Funktion in der Blütezeit besonders deutlich in Erscheinung trete. Die These vom modernitätsbedingten Bedürfnis, mit Historienspielen einen benötigten Lebenssinn zu gewinnen, könnte auch für andere Zeiten gelten. Für die Zeit, die der beschleunigten Modernisierung vorausgeht, müssten nach dem bisher Gesagten keine Entsprechungen gesucht und geprüft werden. Dennoch könnte unsere Erklärung auch für die *erste* Festspielkonjunktur Geltung haben, sagt doch Hellmut Thomke vom Bürgerspiel des

16. Jahrhunderts, es habe «in politisch und geistig bewegter Zeit der dramatischen Vergegenwärtigung politischer Kräfte und Ideen und der Selbstfindung am Beispiel der vaterländischen und der römischen Geschichte» gedient.[29] Könnte nicht ähnliches auch von der *zweiten* kleineren Festspielkonjunktur der zweiten Hälfte des 18. Jahrhunderts gesagt werden? Carl Victor von Bonstettens Wort von 1786, dass nur Nationalspiele die Wunden der alten Zwietracht heilen könnten, scheinen dieser Annahme Recht zu geben.[30] Eine Bestätigung erhalten wir sodann durch die *vierte* Konjunktur der Zwischenkriegszeit (nach der *dritten* Konjunktur von 1885–1914). Sie brachte eine Wiederbelebung der Festspielkultur und führte unter anderem dazu, dass Paul Lang, der 1924 diese Art Schauspiel totgesagt hatte, 1944, wie bereits Martin Stern bemerkt hat, sein Urteil revidierte.[31]

Die allgemeine Krisenhaftigkeit der Zwischenkriegszeit des 20. Jahrhunderts muss hier nicht weiter dargelegt werden. Hingegen sei an zwei Beispielen illustriert, wie eng Festspielproduktionen mit dem Erlebnis von Modernitätskrisen zusammenhängen können. 1924 kam es in Stein am Rhein zur Erstaufführung des Festspiels «No e Wili» (Noch ein Weilchen). Die Bevölkerung setzte gemeinsam ein Stück in Szene, das die im 15. Jahrhundert angesiedelte Legende von der Vertreibung eines autoritären und mit dem Ausland konspirierenden Stadtregimes durch die mutige Bürgerschaft zum Inhalt hat. Ihren Sieg verdankt das Bürgertum in diesem Stück unter anderem der Aufmerksamkeit eines einfachen Bäckergesellen. Die Aufführung fand vor dem Hintergrund des Bankrotts der Spar- und Leihkasse Stein am Rhein statt und soll in dieser Situation einiges zur Erholung des angeschlagenen Selbstbewusstseins dieses Städtchens beigetragen haben.[32]

1974 wollten die Bewohner des oberen Hinterrheintales (Rheinwald) unter Berufung eines heute in Mailand aufbewahrten Schwörbriefes von 1274 eine 700-Jahr-Feier durchführen und beauftragten durch die Vermittlung des Dorfpfarrers von Splügen die Schriftstellerin und Ordensschwester Silja Walter mit der Ausarbeitung eines Festspiels. Das Jubiläum kam aus verschiedenen Gründen nicht zustande. Der Festspieltext «Das Walserschiff» blieb aber in Erinnerung, 1982 wurde er von jungen Lehrern wieder hervorgeholt und so bearbeitet, dass er vier Jahre später, diesmal mit Bezug auf eine Pachturkunde aus dem Jahr 1286, als Jubiläumsspiel realisiert werden konnte. Das Beispiel zeigt, dass der historische Bezugspunkt sekundär, das kollektive Selbstdarstellungsbedürfnis das primäre Bedürfnis ist. Dieses Bedürfnis bedient sich des historischen Vorwandes und regeneriert das brüchig gewordene Selbstbewusstsein einer Talschaft, die heutzutage mit der schleichenden Krise der Abwanderung und der kulturellen Verarmung konfrontiert ist. Der aktuellen Problematik wird im Spiel ein historisches Beispiel eines anderen – erfolgreich bestandenen – Kampfes gegen eine andere Krise gegenübergestellt. Die Bewährungsgeschichte spielt aber nicht im Mittelalter, sondern in den Jahren 1930–1946, und die Gegner sind nicht korrupte Stadtregenten, sondern Lobbyisten der Elektrizitätsindustrie, welche das Tal mit einem Stauwerk unter Wasser setzen wollen. In diesem Ringen um Sein oder Nichtsein werden den materiellen Lockungen ein ideelles Bekenntnis zur Heimat entgegengehalten.[33]

Wir haben in den letzten Jahren eine weitere Festspielrenaissance erlebt und können dieses Phänomen mit dem seit Mitte der siebziger Jahre sich verschärfenden Krisengefühl in Zusammenhang bringen. Das Festspiel befindet sich überhaupt nicht in einer Krise, weil sich die Gesellschaft in verstärktem Mass in einer Krise befindet. Wenn trotzdem vernehmbar von einer Krise des Festspiels die Rede ist, hat das seinen Grund darin, dass die Zahl derjenigen grösser geworden ist, die diese vielleicht hilfreiche, aber unkritische Art momentaner Scheinbewältigung ablehnen. Heute wünschen wir uns eine andere, qualifiziertere Art des Ausgleichs; ein Reagieren auf Modernisierung, dass diese nicht bloss als autonomen Prozess erträglich macht, sondern auf den Wandel prägend zurückwirkt; eine gestaltete Wechselwirkung, statt eine gefährliche Segmentierung von Lebenswelten.

Anmerkungen

1 Dieser Beitrag verzichtet auf eine Wiederholung oder Zusammenfassung der gültigen Analysen der Festspielkultur der Jahre vor 1914, die kürzlich veröffentlicht worden sind: Vgl. dazu *Martin Stern,* «Die Festspiel-Integration um den Preis scheinhafter Identität». In: Auf den Weg zu einer schweizerischen Identität 1848–1914. Freiburg 1987. S. 309–335. (Kolloquium der SAGW 1985). Ebenda *Hellmut Thomke,* «Patriotische Dramatiker des ausgehenden 19. Jahrhunderts, der junge Rudolf von Tavel und Arnold Ott». S. 337–352.
2 Das bekannteste Spiel in Erinnerung an eine Stadtgründung ist das 1891 in Bern aufgeführte. Vgl. Anm. 22. 1957 wurde in Basel ein Festspiel zum (angeblich) 2000jährigen Bestehen der Stadt inszeniert, 1986 zum gleichen Anlass eines in Vindonissa. Die Basler Vereinigungsfeier von 1892 (vgl. Anhang) gehört auch in diese Kategorie. In diesen Tagen ist bekanntgegeben worden, dass 1992 zum gleichen Anlass wieder ein Festspiel aufgeführt werden soll (vgl. Basler Zeitung vom 29. September 1987).
3 1922 wurde zum 100jährigen Bestehen der Solothurner Stadtschützengesellschaft und 1924 zum 400jährigen Jubiläum des ersten Eidgenössischen Schützenfestes in Aarau Festspiele aufgeführt (vgl. Cäsar von Arx, Werke III, Festspiele 1914–1949. Bearbeitet von Rolf Röthlisberger. Olten 1987).
4 Die Bundesfestspiele sind zusammen mit den Schlachtfestspielen die häufigsten. Aufführungen wurden gegeben 1891 zum 600jährigen Bestehen der Eidgenossenschaft, 1898 zur 100jährigen «Zugehörigkeit» der nachmaligen Kantone Thurgau und Neuenburg, 1901 zur 400jährigen Bundeszugehörigkeit von Basel und Schaffhausen, 1903 die 100jährige Bundeszugehörigkeit der Waadt, des Aargaus und St. Gallens, 1914 das 100jährige Jubiläum des Genfer «fête de juin», um nur die Bundesjubiläen der Zeit vor dem Ersten Weltkrieg aufzuzählen.
5 Schweizerische Festspiele zu Firmenjubiläen des 19. Jahrhunderts sind mir keine bekannt. Hingegen kann auf ein deutsches Beispiel verwiesen werden: 1862 erhielt Rudolf Löwenstein, Redaktor des «Kladderadatsch», von der Berliner

Maschinenbau-Anstalt Borsig den Auftrag, zu ihrem 25jährigen Jubiläum ein Festspiel zu verfassen. Das Spiel stellt in einem mythologischen Götterreigen die Figur des «Hans Dampf» als die alles bewegende Macht der Neuzeit vor. Vgl. den Katalog «Literatur im Industriezeitalter. Eine Ausstellung des Deutschen Literaturarchivs im Schiller-Nationalmuseum.» Marbach am Neckar 1987. Bd. 1, S. 63ff. In diesem Buch findet man ebenfalls die Abbildung eines allegorischen Festumzuges, der 1858 von der gleichen Firma anlässlich der Fertigstellung der 1000. Lokomotive veranstaltet wurde. Beides, Spiel und Umzug, soll ein historisierendes Gegengewicht zur Gegenwart bilden. Dabei besteht dieses Gegengewicht nicht aus einem beliebigen «Quantum» Geschichte, sondern aus einem säkularen Entwicklungspanorama, das in diesem Fall gewissermassen mit der Erdgeschichte beginnt, das heisst die Gegenwart auf den ersten Schöpfungsakt zurückführt. – Als schweizerisches Beispiel kann man für das 20. Jahrhundert die Festveranstaltung nennen, die 1958 von der Basler Chemiefirma J. R. Geigy AG zu ihrem 200jährigen Bestehen inszeniert worden ist. Die offizielle Feier wurde mit der Aufführung eines Musikwerkes eröffnet, das zur Zeit der Firmengründung entstanden ist (eine Sinfonie von Johann Stamitz). Den Schluss bildete ein Auftragswerk der Jubilarin: das von Rolf Liebermann komponierte *«Geigy Festival Concerto»*.

6 Wenn man von gewissen Vorläufern absieht (J. T. Zimmermann 1779 zu Sempach, J. J. Hottinger 1811 zu Morgarten, W. Bion 1844 zu Schwaderloh und A. von Salis 1876 mit einer Kantate zu Murten) setzen die Schlachtfestspiele 1886 mit H. Weber zu Sempach ein. Es folgen Spiele 1899 zu Schwaderloh, Calven und Dornach, 1905 zur Schlacht am Stoss, 1912 zu St. Jakob an der Birs (kein Jubiläum, Eidg. Turnfest), 1926 zu Murten, 1939 zu Laupen, 1949 zu Schwaderloh und Dornach, 1965 zu Morgarten, 1986 zu Sempach. – Vgl. auch Guy P. Marchal, Geschichtsbild im Wandel 1782–1982. Historische Betrachtungen zum Geschichtsbewusstsein der Luzerner im Spiegel der Gedenkfeiern zu 1332 und 1386. Luzern 1982. – Die Erinnerung an andere, friedliche «Schlachten» wurde ebenfalls mit Festspielen gefeiert: zum Beispiel Stans 1781, 1881, 1981 oder der Gotthardtunnelbau 1932 (50 Jahre), ferner zum Durchbruch der Reformation (eventuell zum Geburtstag von Reformatoren, z. B. Zwingli 1794, 1904). – Eine letzte Kategorie bilden die Festspiele zu Denkmaleinweihungen (z. B. 1895 in Altdorf, 1908 zum Zuger Morgartendenkmal), zu den Landesausstellungen von 1896, 1914, 1939. Die vor dem «take off» der Festspieleuphorie von 1886 (Sempach) 1883 durchgeführte erste Landesausstellung kam ohne Festspiel aus. Desgleichen die in voller Hochkonjunktur (vgl. die Bemerkungen zum Krisenkonnex im Nachwort) durchgeführte Landesausstellung von 1964.

7 Paul Lang (Bühne und Drama der deutschen Schweiz im XIX. und beginnenden XX. Jahrhundert. Zürich 1924. S. 129) analysiert diese Frage nicht und übernimmt unkritisch Josef Nadlers Meinung: «Ein Volk, das so ausschliesslich geschichtlich denkt und denken kann, weil es die Entwicklungen später Jahrhunderte vorweggenommen hat und also von ihnen nicht überholt werden kann, ein solches Volk kann nur ein Schrifttum von geschichtlichem Geist erzeugen.» (Von Art und Kunst der deutschen Schweiz. Leipzig 1922. S. 91). Diese Erklärung übersieht den epochaltypischen Charakter des Historismus, der auch bei Erzeugnissen anderer «Völker» zum Ausdruck kommt. Lang erklärt das Phänomen des Historismus historisch, wenn er schreibt: «Die durch die Historie gegebenen Tatsachen leuchteten in goldener Glut und lockten zur Gestaltung ...» (ebenda, S. 130).

8 Von Heinrich Weber (1821–1900), Pfarrer in Höngg, stammen vor allem die Texte für «Die Schlacht bei Laupen. Epische Dichtung in neun Gesängen» von 1853, das Sempacher Festspiel von 1886 und für das Schwyzer Festspiel von 1891, aber auch die Schauspiele «Zürichs Frauen im Sommer 1292» von 1876, «Zwingli» von 1883 und «Waldmann» von 1899. «Helvetia» ist 1895 bei Sauerländer in Aarau erschienen.

9 Zum Begriff des Historismus und den verschiedenen Schulen am besten: Karl Heussi, Die Krisis des Historismus, Tübingen 1932. Heussi schliesst sich

197

weitgehend Ernst Troeltsch (Der Historismus und seine Probleme, Tübingen 1922) an, d. h. einer Auffassung, die den Historismus als konsequente Anwendung der Kategorien des geschichtlichen Werdens und Gewordenseins und damit als Denken des Relativierens im Gegensatz zum Spekulieren auf prinzipielle Erkenntnismöglichkeiten versteht, analog zum Naturalismus, der die gesamte Körperwelt nach den allgemeinen naturwissenschaftlichen Prinzipien der Naturkausalität erforscht. Vgl. auch Friedrich Nietzsche, Vom Nutzen und Nachteil der Historie für das Leben (1873/74), und Friedrich Meinecke, Die Entstehung des Historismus. 2 Bde. (1936). Aus jüngerer Zeit: W. Götz, Historismus. Ein Versuch zur Definition des Begriffs. In: Zeitschrift des Deutschen Vereins für Kunstwissenschaft XXIV 1970. – Thomas Nipperdey, Historismus und Historismuskritik heute. In: T. N., Gesellschaft, Kultur, Theorie. Göttingen 1976. S. 59–73.

10 Johann Caspar Weissenbach, Eidgnossisches Contrafeth auff- und abnemmender Jungfrauen Helvetia. Zug 1673.

11 Felix Staehelin, Bericht über das 75. Jubiläum des Zofinger-Vereins. Basel 1894.

12 Auch Eckart Vancsa sieht diesen Vorgang, allerdings ohne ihn zu erklären, wenn er von der Historienmalerei sagt, sie ersetze die idealisierende Überhöhung durch «Steigerung der Unmittelbarkeit, das heisst durch Kostüm- und Potättreue» (Überlegungen zur politischen Rolle der Historienmalerei des 19. Jahrhunderts. In: Wiener Jahrbuch für Kunstgeschichte XXVIII 1975, S. 149).

13 Reinhart Koselleck, Historia Magistra Vitae. Über die Auflösung des Topos im Horizont neuzeitlich bewegter Geschichte. In: R. K., Vergangene Zukunft. Zur Semantik geschichtlicher Zeiten. Frankfurt a. M. 1979. S. 38–66. – Vgl. ferner: Vom Sinn und Unsinn der Geschichte. Hrsg. von Oskar Köhler. Gesamtwerk: Christlicher Glaube in moderner Gesellschaft. Quellenband 4. Freiburg i. Br. 1986.

14 Ekkehard Mai spricht von einer «enormen Steigerung des Wissens und seiner Vermittlungsformen» und von einem «Bewusstseinsrausch von Bildung, die mit Stolz errungenen Besitz versprach». (Ein ‹neuer Historismus›? Von der Gegenwart der vergangenen in der jüngsten Kunst. Phänomene und Symptome. In: Das Kunstwerk 3 XXXIV 1981, S. 4).

15 Eine genaue Definition des Begriffs der Moderne wird in der Fachliteratur meist umgangen. Gemeint sind damit gesellschaftliche Verhältnisse, die im Gegensatz zum eher statischen Leben des Feudalzeitalters einem starken permanenten Wandel ausgesetzt sind. Die Moderne setzt grosso modo mit der Industrialisierung ein. Zur allgemeinen Orientierung Günter Wiswede und Thomas Kutsch, Sozialer Wandel. Zur Erklärungskraft neuerer Entwicklungs- und Modernisierungstheorien. Darmstadt 1978.

16 Odo Marquard, Von der Unvermeidlichkeit der Geisteswissenschaften! In: *Neue Zürcher Zeitung* vom 8./9. März 1986. Vgl. auch Marquards Beitrag des Kolloquiums zum 60. Geburtstag von Hermann Lübbe «Wandlungsbeschleunigung und Illusionsbereitschaft», zusammengefasst in der *Neuen Zürcher Zeitung* 21./22. Februar 1987. Zur gleichen Problematik: Hermann Lübbe, Fortschritt als Orientierungsproblem. Freiburg i. B. 1975.

17 Günter Hess sagt vom Bildgedächtnis des Historismus um 1880, es sei «auch als Fluchtbewegung zu analysieren, die auf politische, wirtschaftliche und soziale Veränderungen, vor allem aber auf die mit den Gründerjahren geradezu explosiv expandierende Technisierung und Industrialisierung aller Lebensbereiche reagiert.» (Allegorie und Historismus. Zum ‹Bildgedächtnis› des späten 19. Jahrhunderts. In: Verbum et Signum, Bd. I. München 1975. Festschrift für Friedrich Ohly. S. 583).

18 Bea Mesmer, Die Gesellschaft im späten 19. Jahrhundert. Porträt und Familienbild. In: Damals in der Schweiz. Frauenfeld 1980. Speziell S. 64, wo von der Nutzungsdifferenzierung der Räume die Rede ist.

19 Das Heraustreten aus der historischen Kontinuität kann man am Beispiel etwa des Schloss Chillon erkennen: Das Schloss wurde mit einer gewissen Selbstverständlichkeit bis 1887 als Gefängnis verwendet, dann aber in ein historisches Monument umgewandelt, über dessen Pflege ein eigens dazu gegründeter

Verein wachte. Vgl. die soeben erschienene Erinnerungsschrift von Jacques-David Chausson, Montreux.
20 Vgl. etwa Conrad Ferdinand Meyers Festgedicht zur Eröffnung der Landesausstellung von 1883 oder die Interpretationen des dort ausgestellten Entwurfes von Vincenzo Velas Relief «Le vittime del lavoro». Im offiziellen Band zur Landesausstellung von 1896 lesen wir: «Ce Palais contient les trophées des plus grandes victoires que la Suisse ait remportées et dont nous pouvons nous énorgueillir plus que de Morgarten ou Morat. (...) Il semble que l'héroïsme et la fougue de nos ancêtres aient passé dans le veines de nos ouvriers.» (L'Exposition nationale suisse, Genf 1896, S. 123).
21 *National-Zeitung* 201/28. August 1891. Die Rede hielt der Gerichtspräsident Albert Huber. Das Eisenbahnunglück vom 14. Juni 1891 (im Zusammenhang mit einem Sängerfest!) forderte 73 Tote und 131 Verletzte und war mit Abstand das bisher schwerste Unglück in der europäischen Eisenbahngeschichte. Den Hinweis auf Hubers Rede verdanke ich Max Burckhardt, Basel.
22 Der Festspieltext stammt wiederum von Heinrich Weber (vgl. An. 8).
23 Stern, op. cit., S. 326.
24 Vgl. Anm. 11. Reden von Nationalrat Paul Speiser, Gerichtspräsident Jean Berthoud, Professor Albert Burckhardt-Finsler, Pfarrer G. Ris.
25 Die Wahlen in den Schweizerischen Nationalrat 1848–1919. Hrsg. v. Erich Gruner. Bern 1978. Bd. 1, S. 732.
26 Vgl. Anm. 11, S. 77ff.
27 Stern, op. cit. S. 326.
28 Thomke, op. cit., S. 342.
29 Thomke, op. cit., 339.
30 Zit. nach Stern, op. cit., S. 315.
31 Stern, op. cit., 321. – Paul Lang, Das Schweizer Drama 1914–1944. Elgg 1944.
32 Festspielautor war Heinrich Waldvogel, der Stadtschreiber von Diessenhofen und spätere Kustos des Klostermuseums St. Georgen. 1930 wurde die Aufführung ein erstes Mal wiederholt, 1957 ein zweites Mal anlässlich der 500-Jahr-Feier des Loskaufs aus der Herrschaft der Klingenberger, 1986 sodann ein drittes Mal. Der unerwartet grosse Erfolg ermuntert die Veranstalter eine weitere Aufführung bereits für 1991 ins Auge zu fassen. Vgl. das Festspielbuch «No e Wili», herausgegeben vom Festspielverein Schaffhausen, 1987. 183 Seiten.
33 Theater in Rheinwald. Das Walserschiff von Silja Walter. 1984. Die gleiche Autorin hat das Stück «Die Jahrhunderttreppe» zur 500-Jahr-Feier von Solothurn 1981 verfasst. Das «Walserschiff» wurde von Gian Gianotti inszeniert.

Anhang:

Die Pressestimmen der Basler Sozialdemokraten zu den patriotischen Festen der Jahre 1891–1901

Die sozialdemokratische Presse beurteilte die patriotischen Feste, die in den Jahren zwischen dem Fest zum sechshundertjährigen Bund der Urschweiz von 1891 und dem Fest zum vierhundertjährigen Bund der Basler von 1901 veranstaltet wurden, sowie ihre konkrete Durchführung grundsätzlich positiv.[1] Die vaterländischen Feste wurden immer als wahre Volksfeste gepriesen im Gegensatz zu nicht näher bezeichneten Herrenfesten, die wesentlich kostspieliger seien.[2] Die junge Opposition drängte aus heute einsichtigen Gründen[3] sogar auf eine aktive Teilnahme an diesen Festen, und zwar in «imposanter Zahl».[4] Dann und wann wurde daran erinnert, dass das Leben nach den Festen weitergehe und sich im Alltag die wahren Verhältnisse zeigten. Einmal fiel auch der Vorschlag, das patriotische Fest mit einem guten Zweck zu verbinden, gemeint war die Unterstützung eines Altersasyls oder eine andere Form sozialer Hilfe. Die Feste wurden tout simplement als «frohe Abwechslung» begrüsst, und dazu gehörte auch das ungestörte Verhältnis zu den historischen Kostümen, dem «malerischen Plunder», der den prosaischen Umzug der Zivilisten etwas auflockere.[5] Die an diesen Festen kultivierten Bilder der alten Schweizergeschichte beeinträchtigten offenbar in keiner Weise den Kampf für die sozialdemokratischen Parteiziele, im Gegenteil. Im Rahmen der Novemberfeier von 1891 wurde einerseits die Überführung von Grund und Boden in den Besitz der Gesamtheit gefordert und andererseits, wie der Bericht betonte, «in verdankenswerter Weise» von Mitgliedern des Arbeiterinnenvereins ein lebendiges Bild zum Thema «Helvetia und die 22 Kantone» aufgeführt.[6] 1894 wurden zum 50jährigen Bestehen des lokalen Grütlivereins zwei lebendige Bilder gegeben: Eines zeigte Ueli Rotach, den legendären Helden vom Stoss, der von zwölf Feinden umgeben, deren fünf erschlägt und erst überwältigt werden kann, nachdem seine Hütte in Brand gesteckt worden ist. Das andere Bild veranschaulichte den «Sieg der Arbeit».[7] 1896 wurde anlässlich der St. Jakobs-Feier die alteidgenössische Geschichte im «Vorwärts» als glorreiche Zeit des Heldenkampfes gegen die Tyrannen in Erinnerung gerufen, um dann dem Leser, das heisst dem «um Lohn arbeitenden Schweizer» zu erklären, die Vögte und Gessler seien von ihren Burgen ins Tal gestiegen und würden dort als Kapitalisten mit rücksichtsloser Gewalt herrschen. Die Sozialdemokratische Partei wird als die einzige Kraft bezeichnet, die jedes Aufpflanzen eines Gesslerhutes mit aller Energie zu verhindern suche. Das Schweizervolk solle sich seiner Vorfahren würdig zeigen und wie diese die Fesseln sprengen.[8] Noch 1899 rekapitulierte der «Vorwärts» lang und breit die Geschichte von der Schlacht bei St. Jakob; er gab sie mit der Lektion an die Leser weiter, «dass auch ein kleines Häuflein, wenn es mutig und entschlossen ist und auf seine gute und gerechte Sache vertraut, Grosses zu leisten vermag.» Die sozialdemokratischen Kämpfer dürften sich in einer analogen Situation gesehen haben. Darum war es für sie kein Problem, mit den Worten des freisinnigen Historikers Karl Dändliker zu bekennen, dass man sich als Nachkommen von Helden glücklich fühlen dürfe.[9]

Auch die von den bürgerlichen Festrednern gehaltenen *Ansprachen* wurden weitgehend gebilligt. Das musste allerdings nicht schwerefallen sein, pflegten diese Redner doch Formulierungen, die leicht auf allgemeine Zustimmung stiessen. 1894 erntete der freisinnige Regierungspräsident und nachmalige Bundesrat Ernst Brenner vom Redaktor des «Vorwärts» einiges Lob speziell für die folgenden Passagen, die auch darum nochmals zitiert seien, weil in ihnen die

Harmonisierungsfunktion der vaterländischen Manifestationen deutlich zum Ausdruck kommt. Brenners Rede kulminierte in der Aufforderung: «Und wenn die Wogen der socialen und politischen Kämpfe hoch gehen in der Welt und die Brandung derselben auch uns ergreift, so wollen wir getrost die alte Schweizerfahne hochhalten als einen Hort der Freiheit und der Ordnung, als einen Schutz der Schwachen und Gedrückten, als ein Wahrzeichen der Brüderlichkeit und der Gerechtigkeit. In diesem Zeichen wollen wir nicht bloss andächtig schwärmen, sondern unsere Pflicht thun und den Glauben an den kommenden Völkerfrühling in Gewitternacht und Grauen allezeit bewahren.»[10]

Diese sehr allgemeine Festrhetorik wurde offenbar auch von der Arbeiterpresse weit mehr geschätzt als konkrete Bezugnahmen auf die Tagespolitik, und dies nicht nur aus der berechtigten Befürchtung, dass diese Bezüge nicht in ihrem Sinn hergestellt würden. Erwartet wurden Gedanken, «die vor allem das Volksgemüt ausspannen nicht nur aus dem Wagen der Tagespolitik, sondern auch aus seinen Sorgen.» Reden an kantonalen und eidgenössischen Festen dürften und sollten, wird in einem Artikel aus dem Jahr 1894 erklärt, nationale Begeisterung wecken. «Aber es gilt zu diesem Zwecke, denn doch nicht an der Oberfläche des politischen, faden Tagesgeschwätzes zu bleiben, sondern tiefere, gemeinsame Saiten anzuschlagen und einzugehen auf den in der Geschichte angesprochenen Genius der Eidgenossenschaft wie der einzelnen Kantone und Ortschaften.» Der eidgenössische Geist wurde allerdings vor allem angerufen, weil sich daraus die Mahnung zur Brüderlichkeit, zur Solidarität mit der «niedrigen Volksklasse» ableiten lasse.[11]

Wie wurden nun aber die beiden Basler Festspiele beurteilt? Das Spiel zur Vereinigung von *Gross- und Kleinbasel im Jahre 1392* kündigte der «Basler Volksfreund» im Juni 1892 als Schauspiel an, wie es Basel noch nie gesehen habe; als einen Genuss für Auge und Ohr, wie nur etwas ganz Seltenes es bieten könne. Es wurde einzig kritisiert, dass selbst der dritte Platz (zu 3 Franken) für den grössten Teil der Arbeiterschaft viel zu teuer sei und zudem auch diese Plätze von den Mitwirkenden und Zünften allesamt aufgekauft würden. Das Blatt forderte darum ausser den beiden vorgesehenen eine dritte Aufführung zu stark ermässigten Preisen. Nur unter diesen Umständen würde die Vereinigungsfeier statt ein Herrenfest ein Volksfest werden.[12]

Die zweite Voranzeige griff, was die Bewertung des Anlasses betrifft, weniger hoch und war im Gegenteil eher bestrebt, die Begeisterung etwas zu dämpfen. Die Vereinigung von Gross- und Kleinbasel sei keine «heroische That» gewesen, nur ein Geldgeschäft. Das Blatt bemängelte, dass Basels Geschichte überhaupt an heroischen Zügen nicht gerade reich sei, und es beanstandete, dass Basel keinen autochthonen Festwillen in sich trage: «Ohne die grossen Feste vom Vorjahr in Schwyz und Bern und ohne den Mangel anderer allgemeiner Feste (abgesehen vom St. Jakobs-Fest) wäre der Gedanke an diese Feier auch schwerlich aufgetaucht.»[13] Zwar wurde anerkannt, dass öfters durchgeführte Volksschauspiele einem allgemeinen Bedürfnis entsprächen, dem unmittelbar bevorstehenden Fest wurde als möglicher Hauptgewinn jedoch nur zugebilligt, es könnte dazu beitragen, dass auch die Feste der Arbeiter besser respektiert und insbesondere der Feier des im Vorjahr erstmals begangenen 1. Mai keine Hindernisse mehr in den Weg gelegt würden.[14] Die Veranstaltung selbst wurde nach wie vor positiv beurteilt. Auf Grund von Probeeindrücken wurden die Pracht der Kostüme und der Wohllaut des Gesanges als «seltene Augen- und Ohrenweide» gepriesen. Auch der Text des Festspiels, der wegen der ungenügenden Stimmbildung der Schauspieler die meisten Zuschauer zwar nicht erreichen werde, erhielt eine gute Note; er pflege eine markige Sprache und halte sich ziemlich frei «von dem süsslichen, fälschlich als ‹patriotisch› sich ausgebenden Gedudel, das uns bei den meisten Festen auf Schritt und Tritt verfolgt.»[15] Beanstandet wurde noch immer die Kostenseite des Unternehmens, obwohl inzwischen drei Aufführungen geplant und ausser den 6500 Sitzplätzen 3000 Stehplätze zu 1 Franken eingerichtet worden waren. Der Artikel machte darauf aufmerksam, dass eine Anzahl Personen auch ausserhalb des Zuschauerraumes etwas vom Festspiel gratis erhaschen könne, und stellte in Aussicht: «Erst das sozialistische Gemeinwesen wird Feste für Alle kennen.» Das Blatt hiess denn auch folgerichtig den von bürgerlicher Seite gemachten Vorschlag gut, dass der Staat das prächtig gelegene Festspielgelände kaufe, damit dort öfters solche Spiele durchgeführt werden könnten. Kritisiert wurde dagegen das Selbstdarstellungsbedürfnis der Behörden, für die ein offizieller Aufzug im Rahmen der Festlichkeiten vorgesehen war: Volksfeste sollten keine Behörden, sondern nur Bürger kennen.[16]

Auch der Rückblick vermittelte einen zwiespältigen Eindruck. Gesamthaft wurde das Fest als «vortrefflich» beurteilt. Es habe «ein weitaus demokratischeres Gepräge» gehabt als die meisten sogenannten Volksfeste. Die vorgängigen Reklamationen des «Arbeiterfreundes» hätten doch gefruchtet. Das Festspiel sei an den verschiedenen Hauptproben wie an den Festtagen jeweils Tausenden gratis zugänglich gewesen. Das Spiel sei von den Gratisplätzen teilweise sogar besser zu sehen gewesen als von den priviligierten. «Praktisch hat sich somit die Klasseneintheilung überlebt; sie dürfte beim nächsten Anlass füglich ganz beseitigt werden.» Halb mit Genugtuung, halb mit Bedauern wurde von der patriotischen Dimenison der Veranstaltung gesagt, sie sei fast ganz in den Hintergrund getreten. Das Fest sei (bloss) eine Äusserung heiterer Lebensfreude gewesen. Das Volk, das sich trotz des Mangels an ästhetischer Bildung am Schönen erquicken wolle, sei auf seine Rechnung gekommen. Nochmals erhielt der Festspielautor Dank dafür, «dass es sich nicht von jenen, ‹patriotischen› Dichterlingen anstecken liess, die unsere Vorfahren, aller historischer Wahrheit zuwider, übermässig verherrlichen und so unser Volks mehr einschläfern als zum Guten anspornen.» Damit sich die sozialdemokratischen Freunde und die bürgerlichen Festspielveranstalter keinen Illusionen hingäben, hält der «Arbeiterfreund» abschliessend kategorisch fest, dass man mit vaterländischen Festen keine soziale Harmonie herstellen könne: «Von einer Aussöhnung der Klassen, von der einzelne, aufrichtige oder berechnende Optimisten sprachen, sind wir freilich nach wie vor recht weit enfernt. Die sozialen Gegensätze sind zu gross, die Geister zu gespalten; erst werden Stürme brausen, bis wieder Friede herrschen kann im Lande!»[17]

In der Beurteilung des *Bundesjubiläums von 1901,* mit dem die 400jährige Zugehörigkeit Basels zur Eidgenossenschaft gefeiert wurde, nahm der «Vorwärts» dieselbe zwiespältige Haltung ein wie der «Arbeiterfreund» im Jahre 1892: Einerseits hiess er Feierlichkeiten gut; er unterstützte sie mit der Veröffentlichung der über sechs Wochen beinahe täglich an die Stadtbevölkerung gerichteten Bekanntgaben über das Festprogramm, den Parcours des Festumzuges, die Zugsordnung, die Dekoration der Strassen, die Festwirtschaften, den Billettvorverkauf, den Fortgang der Probearbeiten usw. Andererseits stellte das Blatt – vor allem im Rückblick – bitter fest, dass das Fest die sozialen Missstände des Alltages nicht behoben habe.

Den offiziellen Pressetext zum Festspiel druckte es brav in seiner vollen Länge ab. Aus parteipolitischer Sicht wäre dagegen auch gar nichts einzuwenden gewesen, betonte doch die Ankündigung, das Festspiel werde nicht mächtige Einzelgestalten oder einen hervorragenden Helden auf die Bühne stellen, sondern «gewissermassen die ganze Volksgemeinschaft».[18] Aufgrund eines Leserbeitrages wurde wie 1892 wieder darauf hingewiesen, dass die Eintrittspreise «für die sogenannte untere Schicht des Volkes» zum Teil unerschwinglich sei und die Plätze ohnehin weitgehend ausverkauft seien. Wenn schon der Staat im Namen des ganzen Volkes das Festspiel mit 100000 Franken subventioniert habe, solle eine zusätzliche Aufführung zu ermässigten Preisen angeboten und der Verkauf dieser Billette den Arbeitervereinen überlassen werden. Von redaktioneller Seite wurde noch beigefügt, schliesslich hätten die Arbeiter von einst und jetzt indirekt sehr viel zu Basels Wohlstand beigetragen.[19]

Die Aufführung selbst wurde, wie einem Hauptprobebericht zu entnehmen ist, ausgesprochen positiv beurteilt: die Bilder seien recht packend und malerisch, die Kostüme ein Hochgenuss; einzig die Aufführungsdauer sei etwas lange, drei Stunden würden genügen, den 4. Akt hätte man kürzen können. «Sonst sind wir vom Festspiel vollkommen befriedigt.»[20]

Die gespaltene Haltung kam in der Gestaltung der Titelseite zum eigentlichen Festtag deutlich zum Ausdruck. Einerseits wurde an erster Stelle und in grossen Lettern ein kurzes Gedicht veröffentlicht, das den sozialdemokratischen Standpunkt markieren sollte und im zweiten Teil folgende Verse enthielt: «Nicht alle Volksbedränger sind besiegt, Nicht alle Burgen sind gefallen, Drum, vorwärts Volk! bis auch die letzte Burg in Trümmer liegt, Der schöne Kampf, er gilt den Volksgenossen allen!» Andererseits wurde lang und breit ein historischer Überblick entfaltet, in dem bürgerliche Autoritäten wie der «Herr Professor» Andreas Heusler und ein weiterer Professor, nämlich Albert Burckhardt-Finsler zu Worte kamen. Gegenüber Heuslers Ausführungen muss der Redaktor doch gewisse Vorbehalte gehegt haben. Er ging aber nicht näher darauf ein und begnügte sich mit der Bemerkung: «Wenn man auch nicht überall gleicher Meinung sein konnte, so spornte doch die Fülle reicher Gedanken mächtig zu ernstem Nachdenken an, was im Hinblick auf die festlichen Tage nicht unerfreulich ist.» Dieser versöhnlichen, aber auch (wie der Tag es gebot) etwas verschwommenen Haltung ging ein klares Bekenntnis zum angesetzten Fest voraus: «Die Klage über eine allgemeine Festseuche darf uns jedoch nicht abhalten, die Bundesfeier froh und heiter zu begehen, denn historische Feste sind immer von bleibendem Werte.»[21]

Über den Festverlauf veröffentlichte das Blatt eine durch und durch anerkennende Berichterstattung: alles war sehr eindrucksvoll, effektvoll, geschmackvoll, prunkvoll, gewaltig, prächtig, vorzüglich, ja auch herr-lich![22]

Der sozialpolitische und klassenkämpferische Standpunkt kam in der Frage der Feiertagregelung und der vorgeschlagenen Amnestie zum Ausdruck. Das Blatt sprach sich für eine Begnadigung von Häftlingen mit kürzeren Freiheitsstrafen und für eine Rehabilitierung von unschuldig im Konkurs geratenen Bürgern aus. Das von bürgerlicher Seite vorgebrachte Argument, dass der Vorschlag zu spät komme, liess es nicht gelten. Und auch nach der Feier bedauerte der «Vorwärts», dass ausser dem schönen Fest nicht die Amnestie als konkrete Tat in Erinnerung bleiben könne. Er hob vor allem die Schwierigkeiten hervor, denen die entlassenen Häftlinge begegneten, und beklagte, dass es immer noch «zweierlei Eidgenossen» gebe.[23]

Klagen darüber, dass gewisse Arbeitgeber ihren Betrieb trotz des Festes weiterführten, mithin den Arbeitnehmern nicht freigeben wollten, und dass andere Patrons ihre Geschäfte zwar schlossen, ihren Arbeitern und Angestellten jedoch nur einen unbezahlten Urlaub gaben, solche Klagen waren schon vor dem Fest zu vernehmen, aber in Verbindung mit ebenfalls namentlichen Nennungen von vorbildlichen Firmen (z. B. Geigy), die bezahlte Arbeitspausen anordneten.[24] Die nach den Festlichkeiten veröffentlichten Klagen waren besonders bitter. Nicht einmal eine kleine Vergütung sei von der Maschinenfabrik A. Burckhardt «für die zwei aufgezwungenen patriotischen Feiertage» gegeben worden, hiess es in einer Veröffentlichung vom 23. Juli 1901. Und weiter: «Keiner für alle heisst die Losung der Protzen hinterm Champagnerglas, und wir Arbeiter mussten wieder einmal die Staffage am St. Margreten-Hügel bilden, um die Bezeichnung ‹Volksfest› zu rechtfertigen.»[25] Eine weitere Zuschrift bemerkte im Zusammenhang mit der Salärfrage sarkastisch, es seien wirklich «herrliche» Feiertage gewesen.[26]

Vielleicht war der Redaktor – vom Alltag eingeholt – selbst wieder nüchterner geworden, vielleicht glaubte er einer allzu hoch gestiegenen Festeuphorie im Kreise seiner Leserschaft entgegenwirken zu müssen – jedenfalls ertönten nach dem Bundesjubiläum Stimmen, wie man sie aufgrund der vorfestlichen Publizistik nicht für möglich gehalten hätte. Am 26. Juli 1901 erschien auf der Titelseite ein Text von Leo Tolstoi, in dem der Patriotismus als Sklaverei, als grausames Erbe einer überlebten Zeit und als Waffe der herrschenden Klasse im Dienste ihrer selbstsüchtigen Ziele bezeichnet wird. Am 28. Juli 1901 übernahm die Redaktion einen Artikel des «Grütlianer», der nochmals auf die Verweigerung der Amnestie zurückkommt und zum Fest selbst bemerkt: «Alle Prachtentfaltung der Besitzenden konnte denn auch das Gefühl, dass man es mit einer engherzigen, kalt berechnenden egoistischen Gesellschaft zu thun habe, nicht verwischen.» Auch das staatliche Geburtstagsgeschenk, das alle am Heinrichstag Geborenen erhielten, wurde jetzt kritisiert. Das neue Zwanzigfrankenstück sei einige gar zu knausrige Noblesse einer Gesellschaft, die in ihrer Mitte mehrfache Millionäre zu Dutzenden zähle. Und am 31. Juli 1901 schliesslich konnte man lesen: «Das Volk wird weiter ausgebeutet – das geniert die Herren nicht, die patriotische Feier zu veranstalten, Tausende und Tausende von Franken werden an einem Tag herausgeschmissen. Das Volk applaudiert selbst noch dazu! Das gleiche Volk, welchem erklärt wurde, es gebe kein Geld für das Volkshaus. Tausende Franken werden herausgeschmissen! Macht nichts! Wir werden auch Franken wieder aus dem Volksblute und Schweiss auspressen.»[27] Inzwischen war aber – auch im Blatt der organisierten Arbeiterschaft – bereits wieder das bevorstehende St. Jakobs-Fest angekündigt worden.

Der letzte Artikel unterschied sich allerdings in einem wesentlichen Punkt von den anderen Äusserungen: Zunächst wurde nur über das Fest an sich berichtet und allenfalls die Frage gestellt, wie es aus sozialdemokratischer Warte zu beurteilen sei. Jetzt bildete eine sozialpolitische Fragestellung (bzw. die allgemeine These von der Ausbeutung durch das Kapital) den Ausgangspunkt des Artikels, und das Fest bildete lediglich einen Referenzpunkt, den man im Dienste der eigenen Argumentation einsetzen konnte. Wie sich das vaterländische Fest von 1901 auf die Anhängerschaft der sozialdemokratischen Opposition auswirkte, ob von ihm eine aus der Sicht der Parteiaktivisten unerwünschte Versöhnungswirkung ausging, kann aufgrund der eingesehenen Unterlagen nicht gesagt werden.

Auf der Ebene der offiziellen Parteiargumentation führte das Basler Bundesjubiläum eher zu einer stärkeren Abgrenzung (vielleicht aus Furcht von der Vereinnahmung), und das heisst zu einer Verschärfung des Gegensatzes zwischen den bürgerlichen Regierungsparteien und der sozialdemokratischen Oppositionspartei.
Ist in dem Jahrzehnt zwischen 1891 und 1901 eine Evolution in der sozialdemokratischen Haltung gegenüber vaterländischen Feiern zu beobachten? Die etwas schärferen Beanstandungen, die im Zusammenhang mit dem Fest von 1901 festgestellt werden können, rechtfertigen die Annahme, dass es der sozialistischen Opposition in diesen Jahren gelungen sei, sich vom vaterländischen Kult der Bürgerlichen etwas zu lösen, ohne sich allerdings ganz von ihm zu distanzieren. Dies bestätigen die beiden Haltungen zum Bundesjubiläum vom 1. August 1891 und zur ersten offiziellen Jahresfeier vom 1. August 1899. 1891 veröffentlichte der «Arbeiterfreund» einen begeisterten Aufruf zur Beteiligung am Bundesjubiläum. Die Leserschaft wurde sogar aufgefordert, die Gesinnungsgenossen aus dem benachbarten Ausland (Baden und Elsass) und natürlich auch aus dem Baselland aufzubieten. Eine eigene Festrede, eine venetianische Nacht, die Aufführung lebender Bilder, Musik- und Gesangsvorträge wurden in Aussicht gestellt. Das Blatt sprach den Wunsch aus: «Mögen alle Arbeiter an der einfachen Feier ihre Freude finden und auf diese Weise ohne Pracht und hochtönende Phrasen ihren mit unverfälschtem Freiheitsdrang erfüllten Herzen Luft machen.»[28]
1899 sucht man vergeblich nach einer entsprechenden Ankündigung. Es fiel nicht einmal eine zustimmende Bemerkung zur schlichten Offizialisierung der 1.-August-Feier durch den Bundesrat. Hingegen findet man in drei Ausgaben je eine kritische Äusserung im Zusammenhang mit dem neu eingeführten Nationalfeiertag. Zunächst wurde der Vorschlag gemacht, am Tag der Bundesfeier verurteilte Wehrmänner zu begnadigen, und dies mit der schnippischen Bemerkung verknüpft: «Wir haben uns nicht zu schämen, wenn wir dem Auslande auch diesen Usus nachahmen.» Wenige Tage später folgte die Bekanntgabe: «Eine höhere Weihe erhielt die Bundesfeier durch den Rücktritt des eidg. Bundesanwalts, der auf diesen Tag fiel.» Und als dritte Äusserung erging der Hinweis darauf, in Lugano sei ein wenig gestreikt worden. Die Spitalkirche habe nicht zum 1. August geläutet, weil der freisinnige Bürgermeister damit gegen die Haltung des Bundesrates im sogenannten Kirchenstreit habe protestieren wollen.[29] Ein Vergleich mit 1891 ist allerdings problematisch, weil es 1899 keinen runden Geburtstag zu feiern gab und allgemein die Begeisterung nicht sehr gross war.

Anmerkungen
1 Zur allgemeinen Entwicklung : Wilfried Haeberli, Die Geschichte der Basler Arbeiterbewegung von den Anfängen bis 1914. Bd. I. Basel 1986 (164. Neujahrsblatt der GGG). – Systematisch berücksichtigt wurden die Presseäusserungen zu den jährlich wiederkehrenden St. Jakobs-Feiern, zu den Novemberfeiern des

Grütli-Vereins, zu den 1. August-Feiern von 1891 und 1899, zur Basler Vereinigungsfeier von 1892 und zum Basler Bundesjubiläum von 1901. – Vgl. auch Hans Trümpy, Die «Novemberfeiern» der Grütlianer. In: Gesellschaft und Gesellschaften. Festschrift für Ulrich Im Hof. Bern 1982. S. 341–368. Sowie Beat Junker, Die Bundesfeier als Ausdruck nationalen Empfindens in der Schweiz um 1900. In: Geschichte und Politische Wissenschaft. Festschrift für Erich Gruner. Bern 1975. S. 19–32.

2 Der *Basler Arbeiterfreund* sprach sich 1891 dagegen aus, dass die St. Jakobs-Feier wegen des Eisenbahnunglücks von Münchenstein abgesagt werden solle: «Wir sind mit der Verminderung der Festanlässe an sich sehr einverstanden, glauben aber, die Verminderung sollte bei den kostspieligen Festen gesucht werden und nicht gerade bei einem solch' einfachen, den Geldbeutel kaum in Anspruch nehmenden Feste wie die St. Jakobs-Feier.» (Ausgabe vom 1. August 1891).

3 Nach den neuesten sozialwissenschaftlichen Erkenntnissen erstaunt die Teilnahme der jungen Sozialdemokratie an den vaterländischen Veranstaltungen nicht: Zunächst periphere Bewegungen neigen weniger dazu, die Institutionen des etablierten Zentrums zu beseitigen als sie zu belassen, aber zu okkupieren und auf diese Weise ihre eigene Existenz zu bekräftigen. Vgl. etwas S. N. Eisenstadt, Tradition, Wandel und Modernität. Frankfurt a. M. 1979 (dt. Übersetzung).

4 «Die Genossen selbst sollen nicht, wie dies leider schon oft zum Schaden unserer Sache der Fall gewesen, Zuschauer, sondern Theilnehmer des Zuges sein. Wenn Alle nur den Festzug anschauen wollen, dann gibt es keinen Festzug! Also seien die Genossen ihrer Pflicht eingedenk!» (*Basler Arbeiterfreund* vom 1. August 1891). Unmittelbar darunter erklärte das Blatt dagegen, der Arbeiterbund beteilige sich seit zwei Jahren nicht mehr an der offiziellen St. Jakobs-Feier und werde es auch inskünftig nicht tun, solange er nicht Satisfaktion erhalte für das Unrecht, 1889 «in frivoler Weise» wegen seiner roten Fahne angegriffen worden zu sein. Zu einem ähnlichen Vorkommnis anlässlich der St. Jakobs-Feier 1868 vgl. Wilfried Haeberli, Der erste Klassenkampf in Basel (Winter 1868/69) und die Tätigkeit der Internationalen Arbeiter-Association (1866–1876). In: Basler Zeitschrift für Geschichte und Altertumskunde 64 1964. S. 145f.

5 Zum Beispiel *Vorwärts* vom 28. August 1897. (Der *Vorwärts* ist seit 1893 das Nachfolgeorgan des *Basler Volksfreundes*.)

6 *Basler Arbeiterfreund*, 14. November 1891.

7 *Vorwärts* vom 22. August 1894.

8 *Vorwärts* vom 26. August 1896, «Gedankenspähne bei Anlass der St. Jakobs-Schlachtfeier, den schweizerischen Lohnarbeitern gewidmet», J. M. – Gute zwei Jahrzehnte später unterzog Robert Grimm diese Rückgriffe einer rigorosen Kritik, weil er in ihnen weniger einen Stimulus für neue Freiheitskämpfe und eher eine einschläfernde Droge sah: «So gelingt es, eine Tradition grosszuziehen, die einer schmetternden Freiheitsfanfare gleicht, das Geschichtsbild mystisch verklärt, es mit dem Hauch der Gottähnlichkeit umgibt und im biderben Schweizer Patrioten jenes berauschende Selbstgefühl weckt, das ihn die Unfreiheit und Knechtschaft der Gegenwart in dem Masse vergessen lässt, als er sich in die ersten Freiheitskämpfe der Vergangenheit versenkt und sein staatsbürgerliches Glück in demutsvoller Ehrfurcht vor den Altvordern statt im eignen Wohlergehen.» (Geschichte der Schweiz in ihren Klassenkämpfen. Bern 1920. Neuauflage: Zürich 1976. S. 8).

9 *Vorwärts* vom 26. August 1899; Leitartikel, der zunächst ausführlich die Schilderung von Wilhelm Wackernagel aus dem Jahr 1844 wiedergibt und dann abschliessend eben Karl Dändliker das Wort überlässt. – Daneben gab es freilich schon früh auch das Bestreben, den personalistischen Heldenkult abzubauen. Vgl. etwa Karl Bürklis Artikelserie «Unsere fingierten Helden» *(Tagwacht 1874)*, die das Volk als den wahren Helden feierte, aber einen alten durch einen neuen Mythos ersetzte. Die alteidgenössischen Mythen wurden nicht nur von sozialde-

mokratischer Seite in Frage gestellt. Bürkli zum Beispiel konnte sich mit seiner 1886 erschienenen Arbeit «Der wahre Winkelried» auf Vorarbeiten bürgerlicher Historiker abstützen.
10 *Vorwärts* vom 28. August 1894, Eugen Wullschleger. – Eher ungnädig wurde dagegen die Festrede von Pfarrer Rothenberger aufgenommen, weil sie sich gegen das «gottentfremdete Evangelium einiger atheistischer Propheten» wandte. Denn an beide Seiten des Klassenkampfes gerichteten Anruf, mehr Vertrauen und gegenseitiges Entgegenkommen zu zeigen, hielt das Blatt die Bemerkung entgegen: «Gerednert, gesungen und verklungen. Die *Thaten* werden uns dies demnächst wieder lehren.» (*Vorwärts* vom 28. August 1896). Und fünf Jahre später, als Bundespräsident Brenner am eidgenössischen Schützenfest erneut vom sozialen Ausgleich sprach, den herbeizuführen des neuen Jahrhunderts vornehmste Aufgabe sei, konnte man im *Vorwärts* vom 11. Juli 1901 die Bemerkung lesen: «Es ist gut, dass wir noch Feste haben, um hie und da das Verdingkind ‹Socialreform› sonnen zu können.»
11 *Vorwärts* vom 15. August 1894, ein aus dem *Bündner Volksmann* übernommener Artikel.
12 *Basler Arbeiterfreund* vom 25. Juni 1892. – Vgl. auch: Basler Vereinigungsfeier 1892. Offizieller Festbericht. Basel 1892. 178 S.
13 Wenn das Fest von 1892 durch die Feste von 1891 massgeblich angeregt worden ist, dann bereits durch die Vorbereitungen auf das gesamtschweizerische Jubiläum. Der Gedanke, 1892 eine Vereinigungsfeier zu begehen, wurde erstmals öffentlich im Februar 1890 ausgesprochen, eine erste Sitzung fand auf Veranlassung des Verkehrsvereins im März 1891 statt.
14 Georg Kreis, Der Triumph des 1. Mai. Zur Offizialisierung des Arbeiter Feiertages im Jahre 1923. In: Basler Zeitschrift für Geschichte und Altertumskunde Bd. 84, 1984. S. 207–236.
15 Festspielautor war der damalige Regierungsratssekretär und spätere Staatsarchivar Rudolf Wackernagel, Halbbruder des im Zusammenhang mit der St. Jakobs-Feier von 1844 erwähnten Wilhelm Wackernagel. Er verfasste auch die Festspieltexte zur Arnold-Böcklin-Feier von 1897 und zur Bundesfeier von 1901.
16 *Basler Arbeiterfreund* vom 9. Juli 1892.
17 *Basler Arbeiterfreund* vom 16. Juli 1892.
18 *Vorwärts* vom 1. und 2. Juni 1901. – Vgl. auch: Offizieller Fest-Bericht der Basler Bundesfeier 1901. Basel (1901). 277 S.
19 *Vorwärts* vom 9. und 10. Juni 1901. Eine spezielle «Volksaufführung» scheint nicht durchgeführt worden zu sein.
20 *Vorwärts* vom 12. Juli 1901. Die Freude an den schönen Kostümen verband sich mit einem Bedauern, dass die heutigen Kleider trotz der hochentwickelten Färberei so prosaisch seien.
21 *Vorwärts* vom 13. Juli 1901. Der erste Teil des von W. Arnold verfassten Gedichts lautet: «Der Kranz der Schweizer Eidgenossen ist geschlossen, Die Marken sind gesteckt mit vielen bunten Pfählen, Doch harret jenseits ein grosses Heer noch von Genossen, Von Freiheitsdrang beseelt – wer wollte es verhehlen?»
22 *Vorwärts* vom 16. Juli 1901.
23 *Vorwärts* vom 22. Juni und 17. Juli 1901.
24 Zum Beispiel *Vorwärts* vom 12. und 13. Juli 1901.
25 *Vorwärts* vom 23. Juni 1901. Der Artikel schloss mit dem Aufruf: «Ihr Gerupften, seht, wie es gemeint ist, haltet zusammen mit euern Arbeitsbrüdern, tretet in die Organisation!»
26 *Vorwärts* vom 2. August 1901.
27 Verfasser: N. Allmend.
28 *Basler Arbeiterfreund* vom 1. August 1891. Vgl. auch die Zitate aus dem gleichen Aritkel in Anm. 2 und 4.
29 *Vorwärts* vom 26. Juli, 4. und 11. August 1899.

Basler Festspielarchitektur 1844, 1892 und 1901

Othmar Birkner

Der Fall Basel-Stadt ist innerhalb der Schweizer Festgeschichte und Festarchitektur besonders aufschlussreich. Hier an der Dreiländerecke wollte man nicht nur die Schweiz repräsentieren, sondern der Besucher der Basler Feste sollte zugleich die eigenartige, nicht zuletzt die politische Stellung der Stadt erkennen. Für Basel-Stadt war dies von 1833 an ein wichtiges Anliegen. Andreas Heusler empfand die Ereignisse von 1833 «als Unterdrückung der alten Bundesstadt» und beklagte in seiner 1839 erschienenen Schrift «Die Trennung des Kantons Basel» einen Kampf, durch welchen die «Bürgerschaft... gedemütigt, beraubt» wurde. Er prophezeite schliesslich eine lange Zeit der Spaltung und gegenseitigen Entfremdung.[1] In der grossen Jakob Burckhardt-Biographie stellte Werner Kaegi fest, wie die Bürger in einer aufwallenden Leidenschaft und Bangnis um den Fortbestand des Staates ein neues Staats-Bewusstsein entwickelten.[2] Ebenso wuchs das Bewusstsein um die städtische Kultur. Werte des Geistes erlebten eine neue Einschätzung. Für Persönlichkeiten wie Jakob Burckhardt waren die Jugenderlebnisse von 1833 für das ganze Leben prägend. So musste dieses Erlebnis gepaart mit einer neuen Selbsteinschätzung auch in den Festen der Stadt zum Ausdruck kommen. Als 1844 Basel-Stadt zur vierten Säkularfeier der Schlacht bei St. Jakob und zum eigenössischen Ehr- und Freischiessen einlud, öffneten sich die Stadttore (auch das neue Eisenbahntor), um Eidgenossen und ausländische Gäste zu einem Verbrüderungsfest einzuladen. Die zahlreichen Festreden spiegelten nicht nur die Bereitschaft zur Versöhnung, sondern oftmals auch eine Verletzlichkeit, die bei Toasten die Gemüter erhitzte. Neugierig kamen die ausländischen Korrespondenten angereist. Die in Leipzig erschienene «Illustrierte Zeitung» zog den Schluss, man müsse nun «von einem neuen Basel» schreiben. Diese Stadt zeige keinen verschwenderischen Reichtum und den Besitzlosen verhöhnenden Luxus, welcher in so vielen europäischen Grossstädten die Not nur übertünche. Basel-Stadt zeige «Ruhe und Stetigkeit im Schaffen und Geniessen.»[3] Das war genau der Eindruck, den die Basler als Gastgeber anstrebten. Die Stilwahl, der vom Basler Bauinspektor Amadeus Merian entwor-

Gabentempel des eidg. Ehr- und Freischiessens und der vierten Säkularfeier der Schlacht bei St. Jakob. Bildquelle: Illustrirte Zeitung, Bd. 3, (1844), S. 73. Abb. 1

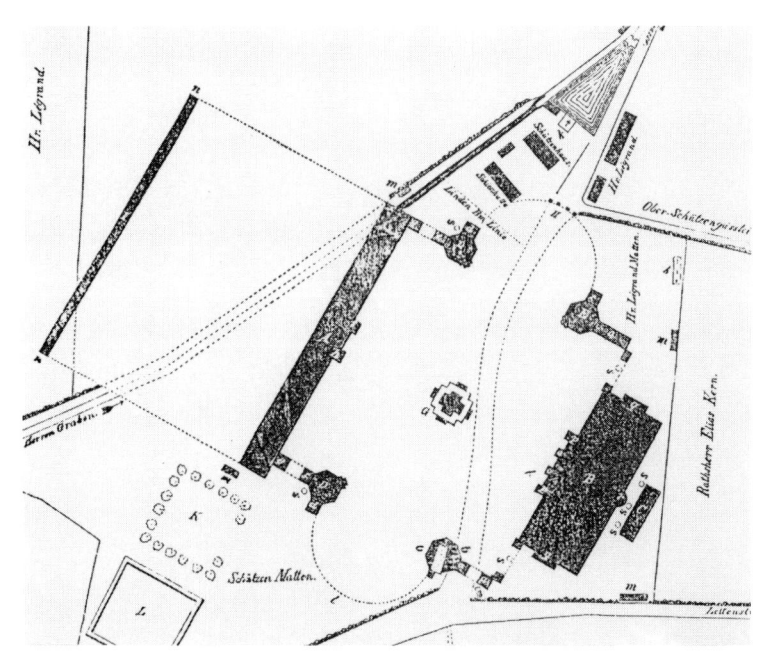

Lageplan des Festplatzes. Bildquelle: Illustrirte Zeitung, Bd. 3, (1844), S. 71.   Abb. 2

fenen Festbauten, sollten ein weiteres Auskunftsmittel über die Eigenart des neuen Stadt-Kantons sein. Der Stil wurde «englisch – gotisch» bezeichnet. Damit wollte man die mittelalterliche Tradition bekunden, anderseits die reformfreudigen stets erneuerungsfähigen Kräfte. Die ganze Anlage und der symmetrisch disponierte Festplatz atmete sogar barocke Grosszügigkeit (vgl. Abb.2). Am interessantesten war das Zentrum des Festplatzes, ein «Gabentempel», in dem die besten Leistungen des Gewerbes als Ehrengaben für die siegreichen Schützen ausgestellt wurden. Er ähnelte einem verglasten Pavillon, im Grundriss aus fünf Quadraten bestehend, die sich zu einem Schweizer Kreuz zusammenfügten (Abb. 1). Das mittlere Quadrat erhob sich turmartig, bekrönt von der Figur des Henman Sevogel, Oberhauptmann der Basler bei der St.-Jakobs-Schlacht 1444. Diese Figur zeigte auch auf Festbechern, Illustrationen usw. eine bewegte, lebensnahe Gebärde (Abb. 3). Auf gotische Stilisierungen verzichtend, überspielte sie den etwas sperrigen Charakter einer Dekoration, die mit aditiven Elementen sich gerne der Laubsägetechnik oder des Gusseisens bediente. Die Schützen sahen sich in diesem Helden verkörpert, der sich im reichen Fahnenschmuck erhob. Diese Figur war nicht nur Denkmal, sondern eine lebensnahe durchaus noch aktuelle Manifestation des Kämpfenden. Vergleichen wir damit die Revolutionsschilderungen von

Darstellung von Henman Sevogel, Oberhauptmann der Basler bei der St.-Jakobs-Schlacht 1844. Bildquelle: Illustrirte Zeitung, Bd. 3, (1844), S. 13.   *Abb. 3*

1848. Der Held stand aufrecht, siegend oder sterbend, Fahne und Waffe schwingend (Abb. 4). Hier sei zum besseren Verständnis ein waffentechnisches Detail hinzugefügt. Erst in der 2. Hälfte des 19. Jahrhunderts erlaubte der neue Hinterlader das schnelle Schiessen in liegender Stellung. Zur gleichen Zeit verlor die alte Kampftechnik mit Hieb- und Stichwaffe an Bedeutung (man erinnere sich, welche Rolle bis dahin das Bajonett gespielt hatte). Umsonst klagten Strategen alter Schule, der «waagrechte Anschlag» des Hinterladers demoralisiere den Kämpfer und mache ihn zum feigen Mörder.

Sterbender Barrikadenkämpfer. Bildquelle: Illustrirte Zeitung, Bd. 10, (1848), S. 251. Abb. 4

Spätestens nach dem Krieg 1870/71 wurde die Kampfweise eines Sevogels oder eines Revolutionärs von 1848, zur Reminiszenz. Wohl übten auf Denkmälern und Bauten die Künstler weiterhin gerne die theatralische Darstellung des furchteinflössenden, exponiert erhobenen Kriegers. Der Soldat konnte sich damit aber nicht mehr identifizieren. Im Jahrzehnt der Bürgerkriege, als die Eidgenossen ähnliche Prüfungen wie 1444 unterworfen wurden, genoss ein Sevogel eine besondere Aktualität. Eine Aktualität, die den einzelnen Schützen direkt ansprach. Dieses Fest wurde deshalb mit grossem Ernst vollzogen. Es war ein fast heiliger Ernst, der jedes Abgleiten ins Theatralische, das Abgleiten des Kultischen ins Komödienhafte fürchtete. So kritisierte Andreas Heusler das «rethorische Pathos», welches zur Schauspielerei abglitt: «Man begann, die Schützenfahne anzureden, ihr zu huldigen, ihr Blumen auf den Weg zu streuen...»[4] Jene, die bei solchen Szenen von einem Spiel sprachen, wo spontan Rollen übernommen wurden, die keines Bühnenbodens bedurften, wo mit Inbrunst artikuliert wurde, was momentane Gefühle diktierten, taten dies mit beissendem Spott. Wer sich in solch peinliche Gefühlsäusserungen abgleiten lässt, macht die Schützenfahne zu einem lächerlichen «Fetzen Seide».[5] Der Basler hatte 1844 gegenüber dem Theatralischen, ja gegenüber jeglichem Theater überhaupt ein recht zwiespältiges Verhältnis. Das Blömleintheater entstand 1830–1831 nach jahrelangen Geburtswehen. Ein Volks- und Sonntagstheater lehnte 1843/44 der mächtige Kirchenrat ab, trotz Bemühungen des Philologen Wilhelm Theodor Streuber, der ein fruchtbarer Schriftsteller auf dem Gebiete der vaterländi-

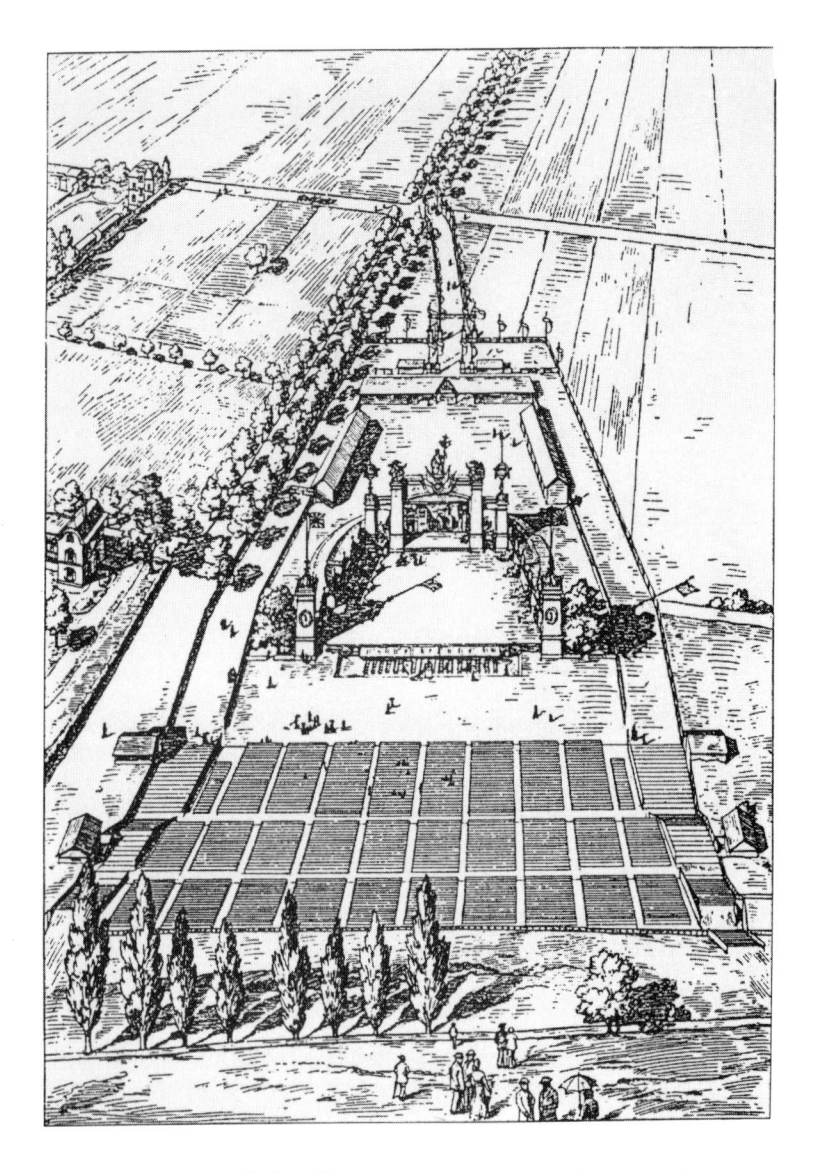

Festspielanlage 1892 und Festbühne. Bildquelle: Offizieller Festbericht, Basler Vereinigungsfeier 1892, Basel 1892.   *Abb. 5+6*

schen Geschichte war. Vergeblich wies auch Jakob Burckhardt darauf hin, wie lehrreich für das Volk, Handwerker, Arbeiter usw. ein Sonntagstheater sein könnte.[6]
Etwa ein halbes Jahrhundert später wurde die Basler Vereinigungsfeier in erster Linie als historisches Festspiel organisiert und erlebt. Man rief 1892 die Vergangenheit durch möglichst naturgetreue Nachbildungen (Dekorationen, Kostüme...) wach. Dem Kostümbildner Emil Beurmann wurde der Antiquar Albert Sattler beigegeben. Der Regisseur Hugo Schwabe hatte den Ehrgeiz, auf der von Architekt Paul Reber gestalteten Festbühne für 1500 Schauspieler, eine imponierende Massenregie zu entfalten (Abb. 6). Die Basler Nachrichten stellten fest, dass die Bühne nach dem Muster und dem Geschmack der Münchner Shakespeare-Aufführungen hergerichtet wurde.[7] Dieser interessante Vergleich führt uns zu Franz Dingelstedt, der sich mit seinen Shakespeare-Aufführungen zum «ersten modernen Massenregisseur» entwickelte.[8] Der gleichen Generation wie Schwabe gehörte Otto Brahm an, der als führender Regisseur des endenden 19. Jahrhunderts auf Berliner Bühnen den Naturalismus Dingelstedts steigerte. Seine Inszenierungen, welche in Regie und Darstellung lebenswahre und kampfgeladene Lebensbilder brach-

Einladungskarte zur Gedenkfeier 1892 im Basler Münster. Entwurf von Hans Sandreuter. Abb. 7

ten, waren dem norddeutschen Schwabe wohl bekannt. Auf das Vorbild Brahms weisen auch seine Naturalismen, mit denen er die Massenszenen in eine Reihe individueller Darstellungen aufzulösen wusste. Bilder der Basler Geschichte: Die Gründung der Stadt, der Bau der alten Rheinbrücke, Rudolf von Habsburg in Kleinbasel und die Schlacht bei Sempach – Text von Rudolf Wackernagel, Musik von Hans Huber – brachten in dieser Vorführungsweise aber nicht nur Stimmen des Lobes. Zeitgenössische Kritiker meinten, dass bei diesem Gepränge das eigentliche Volksschauspiel verloren ginge. Bei der gekünstelten Schau ginge die kostbare Naivität des einstmaligen Volksspiels unter. Im dekorativen Wucher litten die poetischen Effekte.[9] Der Ruf nach Einfachheit wurde laut. Es meldete sich aber bereits eine andere Möglichkeit. Hans Sandreuter war der Erste, welcher auf Einladungs- und Menükarten die realistische Darstellungweise durch skizzenhafte Impressionen mit frischen Farben ersetzte (Abb. 7). Die Zeitschrift «Kunst und Dekoration» würdigte die «mächtige Individualität» des schon 1901 verstorbenen Künstlers, welcher 1892 die Schranken durchbrach und Basel zu einer führenden Stellung der jungen Plakatkunst verhalf.[10]

Sandreuter kündigte einen künstlerischen Umbruch an, der an der Bundesfeier von 1901 eindrücklich zur Geltung kam. Abermals wurde das Festspiel von Rudolf Wackernagel geschrieben und die Musik von Hans Huber komponiert. An Stelle des 1899 verstorbenen Hugo Schwabe übernahm Otto Eppens die Regie. Dieser Basler war im Deutschen Volkstheater von Wien tätig und brachte neue Impulse. Die Bühnenkunst war zur Jahrhundertwende einem grundlegenden Wandel unterworfen, der von zwei Persönlichkeiten angeführt wurde:

Adolphe Appia, der «Rebell» gegen den Naturalismus auf der Bühne, welcher 1899 seine Untersuchung «Die Musik und die Inszenierung» veröffentlicht hatte, begann seine Laufbahn. Er war ein Bewunderer von Jaques-Dalcroze, Vorkämpfer des modernen Tanzes. Mit Bewegung, Licht, Schatten suchte Appia eine immer strengere Einfachheit.

Max Reinhardt stand damals gleichfalls am Anfang seiner Karriere. Während Appia sich von der illusorischen Bühnenmalerei abwendete, machte Reinhardt die Bühne zu einem Forum der bildenden Kunst. Die künstlerische Bühnengestaltung erfasste er als wichtigen Teil der Inszenierung. Zur Entfaltung seiner Ideen suchte er den theatralischen Grossraum.

Wenn wir die Frage stellen, welcher Einfluss in Basel 1901 zur Geltung kam, so weisen alleine schon persönliche Beziehungen auf Reinhardt. Reinhardt errang 1899 bei einem Wiener Gastspiel im Raimund-Theater seine ersten grossen Erfolge. Weiter sei erwähnt, dass Eppens in Wien mit Hermann Bahr zusammen arbeitete, dessen Uraufführung «Wienerinnen» 1900 einen Theaterskandal auslöste. Der berühmte Jugendstil-Architekt Joseph Maria Olbrich entwarf für dieses Stück das Bühnenbild in einem – nach damaligem Geschmack – wilden Sezessionsstil. Wir erinnern uns, dass Olbrich 1897/98 das Wiener Sezessionsgebäude errichtete. Bahr war ausserdem zur gleichen Zeit in Berlin, als sich Reinhardt aus dem Bannkreis Otto Brahms löste und durch eigene Shakespeare-Inszenierungen, welche Brahms Naturalismus überwanden, berühmt wurde.[11]

Dieses Stück Theatergeschichte sei in Kürze umrissen, damit wir die Architektur der Festspiele von 1892 und 1901 besser beurteilen können. Schon 1892 schmiegte sich die ganze Anlage geschickt an den Bruderholz-Hang (Abb. 5). Der Zuschauer überblickte die ganze Stadt-Silhouette. Der Bühnenaufbau minderte jedoch eine Entfaltung, welche das Stadtbild mit einbezog. Der Spielraum war seitlich umschlossen und von einer Guckkastenbühne beherrscht, dessen Segmentbogen an das Eisenbahntor von 1844 erinnerte. Diese Konzeption mit den gemalten Kulissen von Albert Wagen hätte sich auch in einem Gebäude befinden können. Als 1901 die Anlage wieder den Hang nutzte, nun unterhalb des St.-Margreten-Kirchleins, bezogen die Künstler noch bewusster die Stadtsilhouette mit ein (Abb. 10, 11). Der Architekt Emanuel la Roche entwarf einen grossen freistehenden Bogen und die Kulissen des Dekorationsmalers Franz Baur standen gleichfalls frei: «...der Himmel über den einzelnen Bühnenbildern blieb der wirkliche Himmel und wenn er im blauesten Azur strahlte oder wenn Wolken darüber fuhren... so

Basler Herold, Musik, Rauraker, Krieger und Volk.   *Abb. 8*

wandelte er auch die Farben der Dekorationen.»[12] Die Kulissen wurden für fünf Szenen gewechselt und zeigten: Ein offenes Stadttor mit Mauern und Häusern für das Vorspiel, das Kirchlein St. Jakob für den 1. Akt, das bischöfliche Gebäude für den 2. Akt, einen Schützenplatz mit ländlichen Bauten für den 3. Akt und den Basler Marktplatz für den letzten Akt. Das Ganze wurde durch Lieder, «prächtig instrumentierte Tänze» und «herrliche Chöre» bereichert. Die Tänze formten sich zu Gruppen, welche Zeitgenossen «modern» bezeichneten, weil der Maler Burkhard Mangold die «grosse dekorative Wirkung ... künstlerische Gesamtbilder nie aus dem Auge verlor».[13] So kleidete er die Frauen des Festchors weiss mit schwarzen Ornamenten, goldenen Hauben und Kränzen, dazu traten die Männer mit schwarzen Talaren, grünen und blauen Baretten, die Knaben mit roten Mützen ... Bemerkenswert ist, dass Mangold zur Vorbereitung nicht nur historische Kostümwerke im Basler Gewerbemuseum studierte, sondern vor allem von den Wandmalereien Sandreuters wertvolle Impulse gewann.

Versuchen wir nun abschliessend eine Charakterisierung der drei grossen Basler Feste des 19. Jahrhunderts und der Jahrhundertwende. 1844 manifestierte sich eine naive Wirklichkeit. Die Architektur war nach damaligen Begriffen modern. Sie huldigte keinem bestimmten Stil. Die Festbauten beinhalteten, wie schon angedeutet, gotische als auch barocke Elemente. Wenn wir andere Bauten und Feste jener Zeit in Erinnerung rufen, wird uns der Stilpluralismus jener Zeit erst richtig bewusst. Das Empfangsgebäude der 1844 eröffneten Elsässer-Bahn war neubarock und die Fastnacht von

Festalbum 1892 und 1901. Entwurf von Emil Beurmann und Burkhard Mangold. Abb. 9

1844 zeigte den «Einzug des Kaisers Nar-fou-teky» mit japanischen Dekorationen.[14] Die kunstgewerblichen Gegenstände des Gabentempels zeigten Formen verschiedener Epochen. Schliesslich ein Rokoko, welches in einen sogenannten floralen Stil hinüberspielte.
1892 erlebte Basel das eigentliche grosse historische Schauspiel im strengen historischen Gewand. Vielleicht verdeutlicht heute die 1889 entworfene und 1895 vollendete Matthäuskirche an der Feldbergstrasse am besten das Stildenken jener Zeit. Denkmalhaft steht die Kirche da, in einer Grünanlage von den anderen Bauten getrennt. Sie führt ihr Eigenleben wie einst die Bühne von Paul Reber. Es ist seltsam, wie die angestrebte Wirklichkeitstreue, die verschwenderische Stilechtheit, dieser Monumentalrealismus beim Festspiel den Abstand zur Vergangenheit erst richtig bewusst machte. Die Künstler fühlten diese Diskrepanz. Wie weit konnte man auf einer Bühne den Realismus steigern? Verdi soll damals zu seinen Bühnenbildnern und Kostümgestaltern gesagt haben: «Die Wirklichkeit kopieren, kann etwas Gutes sein, aber Wirklichkeit erfinden, ist besser, viel besser!»[15]
Die Basler Bundesfeier von 1901 war weniger ein historisches als ein künstlerisches Erlebnis. Neue Impulse gingen von einer Künstlerschar aus, welche – bei den damaligen Kommunikationsmöglichkeiten – die neuen Bewegungen der Sezession usw. begeistert mittrugen. Man vergleiche nur die Festzugsdarstellung von Emil Beurmann 1892 mit jener von Burkhard Mangold 1901 (Abb. 8, 9). Die naturalistische Komposition bzw. photographische Naturtreue von 1892 wich der stilistischen mit einprägsamer Wirkung, die von

Festspielanlage 1901 und Festbühne. Bildquelle: Offizieller Festbericht der Basler Bundesfeier 1901, Basel 1901. Eugen A. Meier, Basel in der guten alten Zeit, Basel 1980, S. 267. Abb. 10+11

eigenwilligen Gesamtkonzeptionen ausging. Dazu kam wie 1844 eine Ausstellung der Gewerbezweige. Diesmal, ein Jahr nach der Pariser Weltausstellung, in ganz anderen Massstäben. Gerade auf Hinblick der Weltausstellung hörte man die ehrgeizigen Stimmen: Wir wollen zeigen «was Basel zu leisten vermag.»[16] Schliesslich wurde unter den Gewerbezweigen auch auf die junge Chemieindustrie, Anelinfabriken usw. hingewiesen. Auf der Schützenmatte baute der Architekt Josef Meier phantasievolle malerisch gruppierte Pavillons, welche etwas an die Architektur des Kunstpavillons von Paul Bouvier und Emile Reverdin der Genfer Landesausstellung 1896 erinnerten. Dort verursachten die gemalten Pfeilerfiguren von Ferdinand Hodler grosses Aufsehen. In Basel erregte vor allem der Pavillon der «Basler Künstler» von Architekt Adolf Visscher van Gaasbeek die Gemüter. Er wirkte sezessionistisch und die Eingangsfront war der Portalfassade eines Ptolemäer-Tempels nicht ganz unähnlich. Die Aussenwände waren hell gestrichen und innen schwarz. Mit Andacht betrachteten die Besucher die Gemälde von Stückelberg, Mangold, Amiet, Preiswerk usw. Die Bundesfeier von 1901 zeigte mit ihrer gegenwartsbezogenen Repräsentation eine gewisse Verwandtschaft mit der Säkularfeier von 1844. Wie 1844 war die Stadt bemüht, sich in einem neuen Kleid zu zeigen. Gegenwärtige Leistungen der Kunst, Industrie, Gewerbes usw. standen im Vordergrund. Der moderne Geschmack formte sogar die historischen Festspielszenen. Gerade dadurch konnte der ganze Festablauf spontaner und glaubwürdiger vollzogen werden als 1892. Die Geschehnisse der Vergangenheit erlebten eine Aktualität wie 1844. Dabei gab sich der Basler furchtloser als 1844 einer gewissen Romantik hin. Eindrucksvolle Zeugnisse der Architektur entstanden: Die Pauluskirche von Karl Moser, die Rathauserweiterung von Vischer und Fueter, die Mittlere Brücke von Emanuel la Roche... Treffender als die Bezeichnung Jugendstil ist für diese Architektur die Bezeichnung: Nationale Romantik.[17] Diese spiegelte sich auch in den Ausstellungsbauten von Josef Meier. An der Fassade des neuen Rathaussaales malten 1903 Franz Baur und Wilhelm Balmer den Einzug der Eidgenossen in Basel 1501. Dieses Fries zeigt heute noch am klarsten den Glanz der Zentenarfeier von 1901.

Anmerkungen
1 Andreas Heusler, Die Trennung des Kantons Basel, 1. Bd., 1839, S. 5.
2 Werner Kaegi, Jakob Burckhardt, 1. Bd., 1947, S. 208.
3 Illustrierte Zeitung, Leipzig, 3. Bd., (1844), Nr. 53, S. 3, 10.
4 Werner Kaegi, Jakob Burckhardt, 2. Bd., 1950, S. 403.
5 Wie 4, S. 416; Fest- und Schützen-Zeitung, 1844, Nr. 13, S. 50.
6 Eugen Müller, Schweizer Theatergeschichte, 1944, S. 276–277.

7 Basler Nachrichten, 1892, Nr. 184.
8 Heinz Kindermann, Theatergeschichte Europas, 7. Bd. 1965, S. 168.
9 Basler Nachrichten, 1892, Nr. 187, 2. Beilage.
10 Deutsche Kunst und Dekoration, 4. Jg., (1901), S. 486.
11 Manfred Brauneck, Gérard Schneilin, Theater Lexikon, 1986, S. 243; Heinz Kindermann, Theatergeschichte Europas, 8. Bd., 1986, S. 191.
12 Die Schweiz, 5. Bd., (1901), S. 402.
13 Wie 12, S. 404.
14 Theo Gantner, Der Festzug, Katalog, 1970, S. 19.
15 Wie 8, S. 262.
16 Wie 12, S. 353.
17 Othmar Birkner, Bauen und wohnen in der Schweiz 1850–1920, 1975, S. 203.

Musikalische Aspekte des patriotischen Festspiels

Ernst Lichtenhahn

Obwohl die Geschichte der schweizerischen Festspiele in allgemeiner wie besonders auch in musikalischer Hinsicht eine grosse Vielfalt der Gestaltungen aufweist, mithin von einer bestimmten musikdramatischen Gattung hier nicht die Rede sein kann, scheinen sich die Vorstellungen vom «typischen patriotischen Festspiel» doch weithin zu decken, und zwar unabhängig davon, ob dieses typische Festspiel noch als nachahmenswertes Muster angesehen oder als hoffnungslos veraltet verworfen wird. Zu den musikalischen Merkmalen des «typischen Festspiels» gehört etwa, dass in den historischen Szenen alte Lieder, Tänze und Märsche verwendet werden, dass in einer Schlussapotheose die Landeshymne – womöglich vom ganzen Volk gesungen – erklingt und dass der Festspielkomponist selber ein Stück beisteuert, das den Anlass überdauert und Volks- oder wenigstens Männerchorgut wird. Lieder, die ihre Festspiele überlebten, sind Hans Hubers «Wohlauf mit jungem Mute», das noch heute im Singbuch der Basler Schulen steht, besonders aber auch Otto Barblans «Heil dir, mein Schweizerland», das – musikalisch gewiss nicht zu unrecht – als mögliche Landeshymne immer wieder zur Diskussion stand. Hans Hubers Lied stammt aus dem *Festspiel zur Kleinbasler Gedenkfeier* von 1892, Barblans Hymne aus dem Churer *Calvenfestspiel* von 1899. Damit ist ein Hinweis auf den Zeitraum gegeben, dem das «typische Festspiel» angehört: die Zeit um 1900, die in der Tat gekennzeichnet ist durch eine Fülle von Produktionen, wie sie sich in späteren Jahrzehnten nicht mehr findet.

Die Entwicklung musikalischer Festspielformen sei an einigen Beispielen aus jener Frühzeit hier aufgezeigt. Die Vielfalt der Gestaltungen bis in die Gegenwart kann so freilich nicht erfasst werden. Da aber für eine auch nur einigermassen vollständige Geschichte der schweizerischen Festspielmusik nicht nur im vorliegenden Rahmen der Platz, sondern vor allem bis heute die notwendigen Vorarbeiten fehlen[1], drängt sich diese Beschränkung auf. Sie lässt sich immerhin dadurch rechtfertigen, dass aus jener Zeit um 1900 eben die Beispiele stammen, die dem Bild vom «typischen patriotischen Festspiel» zu Grunde liegen. So lässt sich denn gerade von diesen

Beispielen her der Versuch unternehmen, Funktionen der Festspielmusik wie auch – angesichts der Ablehnung des «typischen Festspiels» – Grundfragen der historischen Bedingtheit bestimmter Gestaltungen zu skizzieren.

Edgar Refardt, der das Festspiel für eines der «eigenartigsten Kennzeichen der schweizerischen Musik» hält, nennt als dessen eigentlichen Begründer den Luzerner Musikdirektor Gustav Arnold[2]. Dieser hatte für das Sängerfest des Jahres 1873 eine patriotische Kantate *Siegesfeier der Freiheit* mit dem Untertitel «Winkelriedkantate» geschrieben. Als es darum ging, für 1886 eine Gedenkfeier der Schlacht bei Sempach vorzubereiten, fasste man den Plan, die Kantate wieder aufzuführen und im übrigen einen historischen Umzug zu veranstalten, wie er zehn Jahre zuvor in Murten bei entsprechender Gelegenheit organisiert worden war. Der Gedanke, Umzug und Kantate enger aufeinander zu beziehen und zum Festspiel zu verbinden, ging von Arnold aus und wurde in Zusammenarbeit mit dem Hönggger Pfarrer Heinrich Weber, der später auch in Bern als Festspieldichter in Erscheinung trat, realisiert. Damit war eine erste Form des Festspiels geschaffen, für deren Musik es kennzeichnend ist, dass sie satzweise als Zwischenaktmusik zur szenischen Bilderfolge in Beziehung steht, zugleich aber – ohne eine begleitende dramatische Funktion zu übernehmen – ihre Autonomie des geschlossenen Werks aus dem Konzertsaal bewahrt[3].
Verglichen mit dem Sempacher Fest erfuhr die Schwyzer Bundesfeier von 1891 eine viel weniger auf Selbständigkeit und Geschlossenheit der Musik ausgerichtete Gestaltung. Vor der Bühne, aber ins Bild einbezogen sangen Männerchöre mit Blasmusikbegleitung Lieder, so etwa «Von ferne sei herzlich gegrüsset» als damals bereits etabliertes «Rütlilied»[4], ferner ein Stück aus Arnolds Winkelriedkantate. Zum Bild von der Stanser Tagsatzung erklang sodann der Choral «Nun danket alle Gott» und zum abschliessenden allegorischen «Festakt» in welchem neben der Helvetia personifizierte Schweizer Berge und Flüsse auftraten, «O mein Heimatland» und die Landeshymne[5], «in die», nach einer Bemerkung im Textbuch, «alle Gruppen und wohl auch sämtliche Zuschauer einstimmen» sollten. Vor und zwischen den Bildern erklang ein breites Spektrum an Instrumentalmusik, von Glucks Ouverture zu *Iphigenie in Aulis* in Richard Wagners Bearbeitung über einen Marsch aus Händels *Judas Maccabäus* und einen vom Zürcher Operndirektor Lothar Kempter komponierten «Burgunder Lagertanz» bis hin zu modernen Militärmärschen. Refardt bezeichnet dies als einen Rückschritt gegenüber Sempach[6], und tatsächlich ist die Vielfalt der in Schwyz eingesetzten musikalischen Mittel und Formen sehr disparat. Sie lässt sich aber verstehen als Versuch, das damalige Musikleben in möglichster Breite abzubilden und den von vornherein in der Gemeinschaft funktional fest verankerten Formen – Choral, Marsch

und Vaterlandslied – besonderes Gewicht zu geben. Was gegenüber Sempach einen Verlust an künstlerischer Einheit bedeutet, erscheint zugleich als Zuwachs an Popularität.

Das Sempacher Festspiel bestimmte die weitere Entwicklung stärker als die Schwyzer Feier, mochte diese auch insofern einen Einfluss ausüben, als die Verwendung patriotischer Lieder – wie besonders auch der gemeinsame Gesang der Landeshymne nach einem von allegorischen Figuren beherrschten Schlussakt – bald allgemein üblich wurde.

Gleichzeitig mit Schwyz und in einer gewissen Konkurrenzsituation zur dortigen Feier rüstete Bern 1891 zum doppelten Jubiläum von Stadt und Eidgenossenschaft. Mit der Komposition des von Heinrich Weber verfassten Festspiels wurde der Berner Musikdirektor Carl Munzinger betraut. Er schrieb eine grosse Partitur für volles Orchester, Männerchor, gemischten Chor, Knabenchöre und Solostimmen, die teils das Bühnengeschehen – in der Art des antiken Chors – von aussen betrachtend kommentieren, teils aber auch zu handelnden Personen werden. So singt in der Szene, die den Untergang des alten Bern darstellt, «Berna» selber als allegorische Figur einen arienhaften Trostgesang für den greisen Schultheissen Steiger. Instrumental eingeleitet wird diese Szene von einer kunstvollen kontrapunktischen Verarbeitung des Bernermarsches und der Marseillaise, wobei das Revolutionslied sich zunehmend durchsetzt.

Nicht nur handelt es sich hier um die erste für den Anlass eigens geschriebene Festspielmusik, Munzinger ging auch im Aufwand an Klangmitteln, in der polyphonen Schreibweise und damit in den Anforderungen an die Ausführenden weit über seine Vorgänger hinaus. Da er die Fähigkeiten und Probenmöglichkeiten der einheimischen Musikvereine offenbar überschätzte, erwies es sich als notwendig, auswärtige und sogar ausländische Kräfte beizuziehen. Dies ist bezeichnend für die Tendenz, der dramatischen Ausgestaltung der Partitur, mithin dem musikalischen Kunstanspruch den Vorrang zu geben vor der Zweckbestimmung des Festspiels als eines – zumindest von der Aufführung her gesehen – gemeinsamen Aktes.

Diese Tendenz setzte sich von nun an weithin durch, wenn auch bei späteren Festspielen stärker darauf geachtet wurde, dass die zur Verfügung stehenden Laienkräfte ihre Aufgaben bewältigen konnten. Entweder wurden die musikalischen Ansprüche zurückgenommen zu Gunsten vermehrter Verwendung von Volksliedern und Neukompositionen im Volkston, wie dies etwa bei Wilhelm Deckers Musik zum Festspiel für die *Jahrhundertfeier der Schlacht am Schwaderloh* 1899 oder derjenigen von Edmund Wyss zum Solothurner Festspiel desselben Jahres der Fall ist. Oder aber die Vorbereitungs- und Probenarbeiten wurden so frühzeitig und sorgfältig an die Hand genommen, dass sich auch Partituren hohen

Schwierigkeitsgrades von Laienkräften bewältigen liessen. Ohne Zweifel bildete auch in dieser Hinsicht die Genfer *Fête de juin* von 1914 mit der Musik von Emile Jaques-Dalcroze einen Höhepunkt[7].

Grundsätzlich ähnlich gestaltet wie Munzingers Berner Partitur waren davor schon die beiden Basler Festspiele: die *Kleinbasler Gedenkfeier* von 1892 und *Der Basler Bund 1501* neun Jahre später. Beide Spiele wurden von Rudolf Wackernagel gedichtet und von Hans Huber, einem ehemaligen Schüler Munzingers, in Musik gesetzt. Auch Huber verwendet einen grossen Klangapparat mit Orchester, Solisten und mehreren Chören, wobei sich der Chorsatz häufig von der Homophonie volksliedartiger Gesänge entfernt und zumal die Solopartien mitunter ins musikdramatisch Arienhafte gesteigert sind. So steht etwa in der «Einführung» des Festspiels von 1901 der Gesang der Spinnerin als allegorischer Verkörperung des Schicksals sowohl von der Konzeption der Figur als auch vom Text und von der Musik her in unverkennbarer Beziehung zum Gesang der Nornen am Anfang von Richard Wagners *Götterdämmerung*. Verse wie «Faden rinn'! Faden rinn'! Wehe, wenn die ernste Spinnerin goldnen Glücks- und Lebensfaden bricht!» sind kaum als volkstümliche Dichtung anzusprechen, und ebenso weit ist hier Hubers chromatisch angereicherte und in der Singstimme von emphatischen Wiederholungen und Intervallsprüngen gekennzeichnete Musik von jeder Liedhaftigkeit entfernt. In seiner Studie über Hans Huber hat Ernst Isler[8] denn auch festgehalten, zumal in der Bühnenmusik des Festspiels von 1901 dokumentiere sich «das Verfeinerte der Huberschen Schreibweise», das Kunstvolle also, das «populärer Aufnahme im Wege gestanden» habe. Zu wenig, meint Isler, rechne diese Musik auch «mit dem allein Wirksamen für Aufführungen im Freien, mit einfacher Harmonik und Stimmführung».

Stellt man sich die Frage nach den spezifischen Funktionen der Festspielmusik, so ist selbst angesichts von Gestaltungen wie denen Munzingers und Hubers festzuhalten, dass gegenüber Oper und Musikdrama, bei denen zunehmend Anleihen aufgenommen werden, charakteristische Unterschiede bestehen. Sie zeigen sich zunächst in der Zuordnung des im Festspiel ohnehin meist mit gesprochenem Dialog wechselnden Gesangs zu handelnden Personen. Es sind im Festspiel nicht die historischen Figuren, denen der kunstvolle, ins Arienhafte gesteigerte Sologesang anvertraut wird, sondern die allegorischen. Dies lässt sich verstehen als Rücksichtnahme auf ein Publikum, dem Opernkonventionen fremd sind. Ihm erschiene ein singender Landammann oder Tell als unnatürlich, während es einer ohnehin «unwirklichen» Gestalt wie Munzingers Berna oder Hubers symbolischer Spinnerin die überhöhte, «künstliche» Ausdrucksweise viel eher zuzugestehen bereit ist. Wenn dennoch «wirkliche» Figuren der Handlung im Festspiel singen – eine Fischerin oder ein Hirtenknabe –, so sind es zum einen eher die mehr oder weniger anonymen Vertreter einer Gruppe als die historisch belegten Individuen, und zum andern ist ihre musikalische Ausdrucksform dann meist das einfache Lied.

Darin zeigt sich als weiteres Charakteristikum, dass im Festspiel musikalische Formen und Gattungen – neben dem Volkslied auch der Tanz, der Marsch und der Choral –, deren Funktion im voraus feststeht und dem Publikum wie den Darstellern vertraut ist, besonderes Gewicht haben. Hier, wie oft auch im Chorgesang, vereint sich die Wirklichkeit des Spiels gleichsam mit einer zweiten, der des Gottesdienstes, des Sängerfestes, des Volkstanzanlasses oder des Fasnachtsumzuges. Solche Merkmale sind in besonderer Weise dazu geeignet, Darsteller und Zuschauer zu einer Art gemeinsamen Erlebens und Vollzugs zu vereinen, und unter diesem Aspekt kommt denn auch dem gemeinsamen Gesang der Landeshymne die besondere Funktion zu, den kollektiven Akt zu manifestieren.

Gerade im Rückgriff auf bekanntes Lied- und Melodiengut haben die Festspielkomponisten der Jahrhundertwende aber auch immer wieder besondere Mittel der kunstvollen Überhöhung, mithin der Verfremdung vertrauter Wirklichkeit, eingesetzt. Allerdings weniger ins Opern- als eher ins Oratorienhafte gesteigert erscheint die Verarbeitung populärer Melodien in manchen Schlussakten, so wenn in Hans Hubers *Basler Bund* über einem eigenen Chorsatz als strahlender Cantus Firmus, von Knabenstimmen gesungen, «O mein Heimatland» ertönt oder wenn – im umgekehrten Verfahren – Otto Barblan 1898 im Churer *Calvenfestspiel* den Chor «mit höchster Begeisterung»[9] «Rufst du mein Vaterland» singen lässt und darüber frei komponierte Solostimmen setzt. An musikdramatische Verfahren der Leitmotivtechnik erinnert es schliesslich, wenn Joseph Lauber, der Komponist des Neuenburger Festspiels von 1898, die «Marche des armourins» zum durchgehenden, je nach Handlung und Stimmung veränderten Hauptthema wählt.

Bei aller Tendenz zu opernhafter Durchgestaltung zumal in Schlussapotheosen wie dem «Festakt» von Barblans Calvenmusik bleiben aber eben die Unterschiede bestehen. So hatten denn oft gerade erfolgreiche Festspielkomponisten in ihren Opern keine glückliche Hand. Aufschlussreich ist in dieser Hinsicht die Kritik Joseph Viktor Widmanns an Hans Hubers Oper *Weltfrühling,* deren Text wiederum von Rudolf Wackernagel stammte. In einem Brief an den Zürcher Musikdirektor Friedrich Hegar schreibt Widmann: «Die Kyffhäuser- und die Dornröschensage sind im schwulstigen Pathos ineinandergeschmolzen zu einer Allegorie, welche nur als eine Art Festspielhuldigung für die Thronbesteigung Kaiser Wilhelms II. gelten kann, indem der alte Kaiser aus dem Kyffhäuser das Reichsschwert einem jungen Königssohn übergibt, womit die Oper schliesst. Menschen kommen darin keine vor, sondern nur Figuren, die auch auf dem Programm ohne Namen, nur als Stände: der Kaiser, der Königssohn, der Spielmann, der Hirt usw. aufgeführt sind. ... Alles was ich

Dir da schreibe, habe ich Hans Huber ebenfalls geschrieben und zwar in zwei grösseren Episteln. Er ist natürlich etwas kaput gewesen und giebt nun selbst zu, vermuthlich durch das Basler Festspiel in diese Sackgasse sich verirrt zu haben.»[10]
Was als Schwäche der Oper erscheint, erweist sich als Vorzug des Festspiels, nämlich allegorische Figuren statt handelnder Personen singen zu lassen und überhaupt dem lebenden Bild und der Darstellung einzelner Situationen grösseres Gewicht zu geben als der dramatischen Entwicklung.

Trotz aller spezifischen Unterschiede zwischen Musiktheater und Festspiel stellt sich die Frage, ob nicht die opernhaften Tendenzen, die die Festspielmusik um 1900 weithin erfassten, der Wirkung abträglich waren, das heisst, ob nicht der Einsatz der mit dieser Annäherung verbundenen modernen Kunstmittel letztlich dem Popularitätsanspruch des Festspiels als Werk «vom Volk für das Volk»[11] zuwiderlaufen musste.
Es ist wiederum Joseph Viktor Widmann, der sich zu dieser Frage äusserte. Nach der Calvenfeier schrieb er über den abschliessenden Festakt: «Die Szenen wurden von den Zugereisten als opernhaft empfunden; dem aus Bündens Tälern und Bergen herbeiströmten Volke aber, das noch niemals ein Theater gesehen, und dem daher die Erinnerung den Genuss nicht trüben konnte, ihm machte gerade diese Szene einen überwältigenden Eindruck des Schönen und gewährte ihm einen noch niemals gekosteten grossen Kunstgenuss. Diese Leute hörten hier auch zum erstenmal Wagnersche Musik, da Barblan diese Szenen ganz im Geiste Wagners behandelt hat. Für den, der Wagner kennt, war dies natürlich eine Abschwächung des reinen Genusses, auf die unendliche Mehrzahl der Zuhörer aber musste diese manchmal an die ‹Walküre› anklingende Musik wie eine Offenbarung wirken, die ihnen ein ganz neues Reich der Schönheit erschloss.»[12]
Insofern als Widmann hier einer gemässigten Moderne das Wort redet, die dem Opernkenner wenig zu geben vermag, ihm sogar deplaciert erscheint, die aber für die Bergbevölkerung gerade recht sei, mag das Urteil befremden. Und in der Tat muten manche Passagen in Barblans «Festakt», wie auch die harmonisch überaus befrachteten Sätze zu alten Melodien in den vorangehenden Szenen, heute merkwürdig an. Die von Widmann geschilderte Wirkung der Calvenmusik auf weite Kreise ist jedoch nicht in Zweifel zu ziehen; sie ist – ähnlich wie das insgesamt doch positive breite Echo auf Hubers Musik zu den Basler Festspielen – vielfach belegt. Das Befremden darüber, spätromantische Harmonik und wagnersche Emphase vereint zu sehen mit einfachen Tänzen und Liedern, erwächst eher aus heutiger als aus damaliger Sicht. Damit aber zeigt sich deutlich die historische Bedingtheit jener Gestaltungen aus der Zeit um 1900, die weithin als Inbegriff des patriotischen Festspiels

gelten. In der Verbindung der musikalischen Sprachmittel und Stilschichten spiegelt sich, was als fraglose Überzeugung aus Widmanns Bericht direkt abzulesen ist: der Optimismus, mit dem darauf vertraut wird, dass es nicht nur möglich sei, Popularität und Kunstanspruch zu vereinen, sondern dass darüber hinaus in einem kunsterzieherischen Akt avancierte Tonsprache dem «Volk» als «Offenbarung» und «neues Reich der Schönheit» erschlossen werden könne.

Heute dürfte – wenn vielleicht auch schon nicht mehr mit derselben Apodiktik – eher Arnold Schönbergs Auffassung Geltung haben, dass der goldene Mittelweg, das heisst der Weg, auf dem ein fauler Friede zwischen Avantgarde und Popularität gesucht werde, der einzige sei, der nicht nach Rom führe.[13] Die Verbindung des Kunstvollen mit dem Populären erscheint nicht mehr als taugliches Rezept, um eine allgemeine Wirkung und ein kollektives Gemeinschaftserlebnis zu erzeugen. Mit der Tatsache, dass avancierte Kunst heute weithin nicht mehr den Anspruch erhebt, ein «neues Reich der Schönheit» zu erschliessen, hängt dies ebenso zusammen wie mit den Zweifeln an der Realität des «Volkes», an das sich die Festspiele einst zu richten suchten.

Doch nicht nur die Verbindung des Kunstvollen mit dem Populären erscheint heute prekär; auch was unverstellte «populäre» Musik selber ist, lässt sich nicht mehr bestimmen, geschweige den «von oben» verordnen. Zweifellos kann sich ein Verhältnis zur Heimat – auch wenn es ein anderes ist als das in den grossen Festspielen der Vergangenheit manifestierte – auch heute noch in Musik äussern. Die Gültigkeit der Äusserung aber ist mehr denn je gruppenspezifisch: eine englisch gesungene Rockoper über Wilhelm Tell, wie sie von einer Genfer Gruppe für 1991 projektiert wird, ist ebenso denkbar wie ein Stück avantgardistisches Musiktheater oder eine an der Volksmusik im herkömmlichen Sinne, etwa an der traditionellen «Ranz des vaches»-Szene der *Fêtes des vignerons* orientierte Gestaltung. Will man nicht dem Irrtum verfallen, die Vermischung und Addition solcher Ausdrucksmittel führe wieder zu einem repräsentativen Ganzen, so bleibt als vielleicht einzig mögliche Utopie die Vielzahl der Festspiele «von unten», die nicht den Anspruch erheben, für alle zu sprechen, die zugleich aber über Gruppengrenzen hinaus in der Lage sind, Interesse zu wecken und Auseinandersetzungen zu fördern.

Anmerkungen

1 Am besten orientieren: Edouard Combe: Das Schweizer Festspiel, in: Die Schweiz die singt, Erlenbach 1932, S. 197–235; Edgar Refardt: Die Musik der Schweizerischen Centenarfestspiele, Sonderdruck aus der Schweizerischen Musikzeitung 1920, 26 S; ders.: Das Schweizer Festspiel, in: Musica Aeterna, Zürich 1950, Bd. 2 S. 335–357.

2 Refardt 1950, S. 335.
3 Für Edouard Combe (a.a.O., S. 198) gehört es geradezu zum Inbegriff des Festspiels, dass es eine Verbindung von Umzug und Kantate darstellt.
4 Den Text verfasste der Luzerner Johann Georg Krauer um 1820, die zeitgenössische Melodie stammt vom Rapperswiler Joseph Greith. 1884 wurde den beiden Verfassern auf dem Rütli ein Gedenkstein errichtet – vgl. 73. Neujahrsblatt der allgemeinen Musik-Gesellschaft in Zürich auf das Jahr 1885, S. 21 ff.
5 Ebda, S. 18 f., wird das von Johann Rudolf Wyss 1811 gedichtete «Vaterlandslied für schweizerische Kanoniere» mit dem ursprünglich als Frage formulierten Anfang «Rufst du, mein Vaterland?» als das «älteste und allgemeinste» der Lieder angesprochen, die sich als wirkliche «Vaterlandslieder» bezeichnen lassen. Eine offizielle Landeshymne erhielt die Schweiz erst 1961 mit «Trittst im Morgenrot daher».
6 Refardt 1950, S. 336.
7 Refardt (ebda, S. 340) bemerkt dazu: «Dieses Festspiel . . . bildet nicht nur den Abschluss der bis zum Kriegsjahre 1914 aufgeführten Spiele, sondern, was Ausmass und Aufmachung betrifft, deren Höhepunkt. Weiter zu gehen in Heranziehung von Volksmassen, Darstellern, Sängern, und auch im ganzen technischen Apparat, war nun schlechterdings unmöglich, und erträglich, ja überzeugend und mitreissend war all der Pomp nur, weil im Ausdruck von Szenerie und Musik jene romanische Leichtigkeit und Beweglichkeit vorherrschte, die so manches der früheren und späteren alemannischen Spiele vermissen liess.»
8 111. Neujahrsblatt der allgemeinen Musik-Gesellschaft in Zürich auf das Jahr 1923.
9 so die Angabe in der Partitur.
10 Friedrich Hegar – Sein Leben und Wirken in Briefen, hrsg. v. Fritz Müller, Zürich 1987.
11 Combe, a.a.O., S. 198.
12 zitiert nach Refardt 1920, S. 23 f.
13 vgl. Carl Dahlhaus: Avantgarde und Popularität, in: Avantgarde und Volkstümlichkeit, hrsg. v. Rudolf Stephan, Mainz 1975, S. 9.

«Fest-stiftende» Architektur: Das Hallenstadion Zürich-Oerlikon

Werner Jehle

Zum Festspiel gehören spezielle Orte und Einrichtungen, der Platz vor der Kathedrale, die Arena, das improvisierte Gerüst. Der Wirkung der Gestalt eines modernen Stadions auf den festlichen Anlass möchte ich nachgehen. Mein Beispiel, das Zürcher Hallenstadion, bewährt sich schon seit bald fünfzig Jahren und ist das Werk einer der grossen Persönlichkeiten innerhalb der neueren Schweizer Architekturgeschichte: Karl Egender (1897–1969). Der Nachlass Egenders wird aufbewahrt im Institut für Geschichte und Theorie der Architektur (gta) der ETH in Zürich. Dem Hallenstadion will die Gesellschaft für Schweizerische Kunstgeschichte demnächst einen ihrer Architekturführer widmen.

Hallenstadion Zürich-Oerlikon – ein modernes Amphitheater. Abb. 1

Als ich diesen Bau (Abb. 1) das erste Mal besucht habe und im leeren Oval stand, kamen mir Goethes Bemerkungen zum Amphitheater in Verona in den Sinn: «Das Amphitheater ist also das erste bedeutende Monument der alten Zeit, das ich sehe, und so gut erhalten! Als ich hineintrat, mehr noch aber, als ich oben auf dem Rande umherging, schien es mir seltsam, etwas Grosses und doch eigentlich nichts zu sehen. Auch will es leer nicht gesehen sein, sondern ganz voll von Menschen... Denn eigentlich ist so ein Amphitheater recht gemacht, dem Volk mit sich selbst zu imponieren, das Volk mit sich selbst zum besten zu haben.

Wenn irgend etwas Schauwürdiges auf flacher Erde vorgeht und alles zuläuft, suchen die Hintersten auf alle mögliche Weise sich über die Vordersten zu erheben: man tritt auf Bänke, rollt Fässer herbei, fährt mit Wagen heran, legt Bretter hinüber und herüber, besetzt einen benachbarten Hügel, und es bildet sich in der Geschwindigkeit ein Krater.

Kommt das Schauspiel öfter auf derselben Stelle vor, so baut man leichte Gerüste für die, so bezahlen können, und die übrige Masse behilft sich, wie sie mag. Dieses allgemeine Bedürfnis zu befriedigen, ist hier die Aufgabe des Architekten. Er bereitet einen solchen Krater durch Kunst, so einfach als nur möglich, damit dessen Zierat das Volk selbst werde. Wenn es sich so beisammen sah, musste es über sich selbst erstaunen; denn da es sonst nur gewohnt, sich durcheinander laufen zu sehen, sich in einem Gewühle ohne Ordnung und sonderliche Zucht zu finden, so sieht das vielköpfige, vielsinnige, schwankende, hin und her irrende Tier sich zu einem edlen Körper vereinigt, zu einer Einheit bestimmt, in eine Masse verbunden und befestigt, als *eine* Gestalt, von *einem* Geiste belebt. Die Simplizität des Ovals ist jedem Auge auf die angenehmste Weise fühlbar, und jeder Kopf dient zum Masse, wie ungeheuer das Ganze sei...»[1]

Egenders Hallenstadion ist die zeitgenössische Variante des antiken Kraters, möglichst einfach. Karl Egender entwarf seinen Bau in erster Linie für Radrennen. Für die Projektierung sei «der Einbau der festen Radrennpiste von 250 Meter Länge feste Voraussetzung» gewesen: «Die Sichtlinien auf diese Bahn mit ihren ebenen Geraden und steilen Kurven von allen Plätzen aus, bedingte die Anlage und Form des ganzen Baues... Die Grösse der Bahn und die notwendige Zahl von Zuschauerplätzen bestimmten den Umfang der Anlage...» Der Architekt betont, dass er keine Architektur machen wollte, sondern – in gesperrter Druckschrift – «einen Z w e c k b a u».[2]

Er hatte selber Beziehungen zum Radsport, war in seiner Jugend Steherrennen gefahren. Das mag ausschlaggebend gewesen sein dafür, dass er zum Ideenwettbewerb für das Stadion eingeladen wurde. Er überzeugte die Jury mit seinem Projekt. Egender war sonst umstritten. In Zürich polemisierten seine Gegner gegen seine radikal moderne Gewerbeschule von 1933, in Basel gegen die Johanneskirche von 1937, einen industriellen Stahlbehälter, ausge-

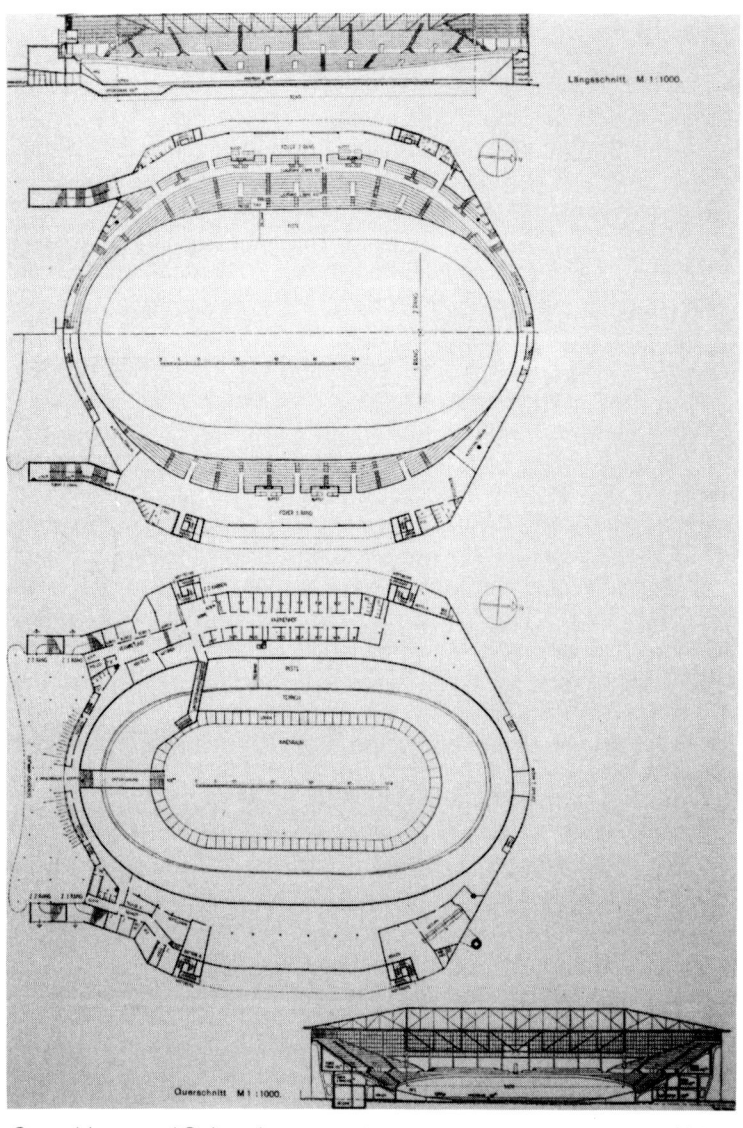

Grundrisse und Seitenrisse. Abb. 2

facht mit «banalen» Glasbausteinen, möbliert mit Kinosesseln. Egender gehörte zu den vehementen Verfechtern des «Neuen Bauens». Die Form einer Konstruktion sollte hervorgehen aus ihrer Funktion. Die Schönheit eines Bauwerkes sollte sich ergeben aus seiner Brauchbarkeit. «neues bauen» wurde klein geschrieben, das Wort Architektur vermieden, der Begriff Baukunst ebenfalls. Das roch nach Akademie, nach historischen Stilen, nach bürgerlicher Repräsentation.

Bei aller programmatischen Nüchternheit dachte Egender allerdings an mehr, als nur das vordergründige Funktionieren der Halle, an die regulär dimensionierte wettersichere Rennpiste und die geforderten elftausend Plätze (Abb. 2). Er verstand seinen Bau nicht nur als Bühne für Sportrituale, als einseitige Angelegenheit für die Darbietenden, sondern auch als Bühne des Volkes. Die Lufträume unter den aufsteigenden Rängen sind lichte Wandelhallen, gross genug, um Restaurants, Buden, Bars, Vitrinen aufzunehmen. An den legendären Zürcher Sechstagerennen, den wichtigsten Anlässen im Hallen-Jahr, die vom Mittag bis zum Morgengrauen des nächsten Tages laufen, sitzen die Zuschauer nicht stundenlang auf ihren numerierten Plätzen, sondern wechseln hin und her zwischen dem inneren Oval und den Foyers mit ihren Nebenschauplätzen und Nebenattraktionen. Interessant ist, wie der Architekt solche Situationen vorausgesehen und grosszügig Verbindungen geschaffen hat zwischen den Zonen. Das ermöglicht jenen, die während der monotonen Partien der Rennen an den Tischen im Aussenkreis sitzen, die Stimmung im Innern weiterhin abzuschätzen und je nach Lust aufzuspringen und teilzunehmen am Hauptspektakel. Die im Gang Promenierenden achten sich in kurzen Abständen auf die Eingänge zu den Tribünen, in denen das Rennen wie auf einem Projektionsfeld erscheint. Der Aussenkreis ist die Bühne des Volkes. «... Denn eigentlich ist so ein Amphitheater recht gemacht, dem Volk mit sich selbst zu imponieren, das Volk mit sich selbst zum besten zu haben.»[3]

Als das Hallenstadion am 4. November 1939, im Jahr der «Landi», kurz nach dem Ausbruch des Zweiten Weltkrieges, eingeweiht wurde, lief vor 9500 Zuschauern ein Programm ab, das fast alle Elemente enthielt, die das weitere Leben der Arena bis heute bestimmten sollten. Nur die Eishockeyspieler und Eiskunstläufer fehlten. Die Kunsteisbahn wurde erst 1950 eingebaut. Heinrich Gretler, als «Wachtmeister Studer» gerade zum populärsten nationalen Filmhelden aufgestiegen, las den vom damaligen Leiter der «Zürcher Illustrierten», Arnold Kübler, verfassten Prolog:
«Seht euch nur um! Vollendet, licht
steht unser Bau und wasserdicht...
Ist einer da, der aufbegehrt,
dass ihm ein Pfahl die Sicht versperrt?
Ist nicht aufs innere Oval
die Sicht, wie man so sagt, total?
Fortan erschreckt kein feuchter Winter
mehr unsre kaltgestellten Sprinter;
nie mehr erzwingt ein kalter Guss
vorzeitig eines Rennens Schluss...»
Danach begannen die Darbietungen der siebenhundert im Programm angekündigten Aktiven: Leichtathleten, Handballer, Rollschuhfahrer, Turner, Fechter, Radballer, Kunstfahrer, Velorennfah-

Eingang mit baldachinartigem Vordach. *Abb. 3*

rer, Handörgeler, Gesangsvereine, das Spiel des Füsilier-Bataillons 98 und die Harmonie Oerlikon-Seebach.
Am nächsten Tag, Sonntag, den 5. November, 14.30 Uhr, waren die Rennfahrer und ihr Publikum dann unter sich: «Grosser Eröffnungspreis: 3×20 km hinter Spezialmotoren... Verfolgungsrennen, Amateuer-Haupt- und Punktefahren.»[4]
Während über dreihundert Tagen im Jahr ist heute das Stadion belegt. Es ist geworden, was Kantonsrat Duttweiler, gleichzeitig Verwaltungsratspräsident der AG Hallenstadion, bei der Eröffnung von ihm erwartet hat: «Zentrum eines gesunden, frohen, aber echt schweizerischen Gesellschaftslebens».[5] Joseph (Sepp) Voegeli – seit 1966 Organisator der Tour de Suisse, Denkmal des schweizerischen Radsports –, hält Egenders Haus immer noch für die schönste und beste Halle weit und breit und beruft sich dabei auf zufriedene Sportler und Zuschauer. Auf dem Rennparkett, das noch nicht aus tropischen Hölzern besteht, werden bis heute Rekorde gefahren. Das Sechstagerennen ist zum Zürcher Volksfest geworden.
Auf Luftaufnahmen gleicht das Hallenstadion einer gigantischen Schildkröte, 120 Meter lang, 106 Meter breit und 26 Meter hoch. Die Besucher erleben das Gebäude zunächst aus der Froschperspek-

tive von der Wallisellenstrasse her, sehen auf die hohe verglaste Front, verziert mit Reklamepaneelen. Jetzt beginnt ein geniales Wegsystem. Unter einem festlich geschwungenen baldachinartigen Vordach gelangen die Leute zu den Kassen (Abb. 3). Dahinter, in den «Schildkrötenarmen» der Vorbauten, führen Treppen zu den Rängen, während der Weg zum Innenraum von der Mitte aus durch einen Tunnel unter der Rennbahnschlaufe hindurch führt. Im Innenraum sind während des Sechstagerennens Tische aufgebaut, an denen man isst und trinkt und sieht und gesehen wird. Die Geladenen und Prominenten dürfen da sogar in erhobener Position, auf einem Poduim essen und trinken. Die skelettartige Bauweise erlaubte es, alle Aussenwände, an denen Treppen und Gänge liegen, zu verglasen. Dies allein fördert die Feststimmung.

Ein anderes Thema, das den Architekten geleitet hat, ist das der «Transparenz». Die vielen Fenster schaffen den Bezug nach aussen. Die Bahnschlaufe bestimmt die Form des Raumganzen. Sie wurde zuerst angelegt, oben begrenzt durch die Balustrade, gegen innen auslaufend in den «Teppich», den flachen Teil des Parketts. Um die Bahn herum steigen die Ränge auf. In die Winkel zwischen den steil ansteigenden Sitzreihen und der Aussenwand, sind die Foyers gepasst. Die Unterzüge des Kesselinnern sind hier sichtbar, alle sieben Meter, und schaffen einen architektonischen Bezug zwischen dem Festbetrieb in den Vorräumen und der Kampfbahn. Der Siebenmeterrhythmus des Betonskeletts durchdringt auch die Aussenwand (Abb. 5). Mit unverputzten Backsteinmauern und Glas ist der Fachwerkraster aus armiertem Beton, das Gitter aus horizontalen Deckenelementen und vertikalen Stützen ausgefacht.

Auch die trichterförmige Anlage von Bahn und Rängen widerspiegelt sich aussen, vor allem in den nach oben auskragenden Trägern der Seiten und in den diagonal aufsteigenden Mauerteilen der Front, die der Tribünenneigung entsprechen.

Die Ordnung der Sitzreihen im Innern – der horizontalen Laufgänge und der vertikalen Erschliessungen – ergibt sich aus der Anlage der im Foyer sichtbaren konstruktiven Teile (Abb. 4). Die Ökonomie des Formalen, die Logik der aufeinander abgestimmten Teile erleichtert dem Benützer der Halle die Orientierung. «Die Simplizität des Ovals ist jedem Auge auf die angenehmste Weise fühlbar, und jeder Kopf dient zum Masse, wie ungeheuer das Ganze sei . . .»[6]

Dass der Bau auch noch nach fünfzig Jahren aufs beste dient und für Funktionen, die von Anfang an nicht einbezogen worden sind, offengeblieben ist, hat mit Egenders Überzeugung zu tun, als Person hinter seine Arbeit zurücktreten zu müssen, nichts aufzuwenden für «Handschrift», «Stil» oder «Repräsentation». Den Bau der Piste mit den eleganten parabolischen Übergangskurven zu den Geraden und einer Querneigung zwischen 24 und 95 Prozent überliess er dem Spezialisten Emil Keller, dem Bauleiter und ersten Verwalter des Hallenstadions. Für die Konstruktion des Dachs

Horizontale Laufgänge mit vertikalen Erschliessungen.   *Abb. 4*

wandte er sich an einen der genialsten Ingenieure von damals, an Robert A. Naef. Von ihm stammt die Idee, das zehntausend Quadratmeter überspannende Dach wie eine Tischfläche auf vier Stützen und zu einem geringen Teil auf das Eisenbetonskelett der Umfassungswände zu setzen. Auf den Stützen liegen die vier Hauptbinder von 92,4 und 56 Meter Spannweite: Dimenisonen aus dem Reich des Brückenbaus. Zwischen die Binder sind in einem Abstand von 11,7 Metern vier weitere, fünf Meter hohe Träger von 69 Meter Spannweite gepasst. Auf diesem Rost ruht das hölzerne Dachgefüge. Den Raum bis zur schildkrötenförmigen Aussenwand überbrücken Fachwerkbinder und Pfetten, was an der Dachtraufe zu erkennen ist.

Aber wer spricht von Architektur und Ingenieurleistung, wenn er zum Eishockey oder Verlorennen geht... allenfalls der, der unzufrieden ist mit seinem Sitzplatz, nichts sieht oder nach der Vorstellung im Gedränge hängen bleibt. Der schimpft dann über die Architekten, denen nichts Nützliches eingefallen sei. Ich bin drei Sechstagenächte im Hallenstadion herumgetigert und habe nichts dergleichen gehört. Die Qualität dieses Stadions ist vordergründig unsichtbar. Der Benutzer nimmt den Bau einfach hin. Auch unter der Bahn, im Kabinenhof, in den Egender 28 Einzelkabinen, sanitäre Anlagen,

Aussenwand mit Fachwerkraster aus armiertem Beton.   Abb. 5

Duschen gebaut hat, dort, wo sich die Rennfahrer vorbereiten, massieren, schmieren, funktioniert er bis heute.
«Als ich hineintrat, mehr noch aber, als ich oben auf dem Rande umherging, schien es mir seltsam, etwas Grosses und doch eigentlich nichts zu sehen. Auch will es leer nicht gesehen sein, sondern ganz voll Menschen...»[7]
«Fest-stiftend» würde ich abschliessend die Architektur von Egenders Hallenstadion nennen.

Anmerkungen
1 Johann Wolfgang Goethe, Italienische Reise in: Goethes Werke Hamburger Ausgabe, Bd. 11, Hamburg 1964. S. 40.
2 Festschrift zur Eröffnung des Hallenstadions, Zürich 4./5. November 1939.
3 Goethe, Italienische Reise, a.a.O. S. 40.
4 Aus Oscar Bonomo, Geschichte des Hallenstadions Zürich-Oerlikon oder Wo ein Wille, da ein Weg, Zürich 1982. S. 48.
5 Bonomo, Geschichte, a.a.O. S. 48.
6 Goethe, Italienische Reise, a.a.O. S. 40.
7 Goethe, Italienische Reise, a.a.O. S. 40.

Pläne
Grundrisse, Längs- und Querschnitte des Zürcher Hallenstadions von Karl Egender. Massstab 1:1000.
Aus: Max Bill, moderne Schweizer Architektur, Zürich 1949.

Fotos
Georg Stärk, Horgen.

Genève – La commémoration du 450ème anniversaire de la Réforme

Béatrice Perregaux

L'événement qu'il s'est agi de commémorer en 1986 à Genève a ceci de particulier qu'il comporte *et* une dimension politique, civique, *et* une dimension confessionnelle, protestante. Or comme c'est l'Eglise Nationale Protestante de Genève (ENPG) qui a présidé à l'organisation des spectacles commémoratifs, la problématique que ces spectacles ont soulevée demeure expressément interne aux milieux protestants.

Le 21 mai 1536

Un bref rappel, tout d'abord, sur ce qu'a été cette Réforme adoptée le 21 mai 1536 par le Conseil Général. Elle a été décidée sous la pression du peuple, non du tout sous la pression des instances dirigeantes. Il s'agit donc d'une *Volksreformation,* et non, comme à Nuremberg par exemple, d'une *Magistratsreformation.* Ensuite – je le rappelle avec insistance, tant l'ignorance est tenace sur ce point –, la Réforme s'est accomplie à Genève *sans* Calvin, lequel n'y est arrivé qu'en juillet de cette année-là. Enfin, elle a porté sur tous les aspects, comme le dit le document historique, du «mode de vivre». Elle comporte:
– *un aspect indissociablement politique et religieux*
Les Genevois ayant aboli la messe en 1535, l'Evêque ne résidant plus à Genève depuis de nombreuses années, le pouvoir s'est trouvé comme vacant. La Commune se réorganise donc et marque son indépendance politique et religieuse en adhérant à la «sainte loi évangélique». L'acte de fondation n'est pas celui d'une nouvelle Eglise, mais celui d'une nouvelle *société,* dont la «sainte loi évangélique et parole de Dieu» assure le fondement, sur lequel s'enracineront désormais les liens entre l'individu, le peuple et un pouvoir représentatif, délégué;
– *des aspects culturels, sociaux et économiques*
A partir de cet acte du 21 mai, toute la Cité repense son fonctionnement: par l'ouverture massive d'écoles, par la création de services hospitaliers, par une rénovation du système pénitentiaire, et par

quantité de mesures concernant le ravitaillement et le contrôle des poids et des prix.

La problématique du projet

Vu cette double dimension, civique et confessionnelle, le Comité d'organisation a décidé de commémorer la date en deux temps:
– premièrement, avec la participation des autorités cantonales et communales, par une vaste fête populaire, à Pentecôte, au cœur de la Vieille Ville; destinée à tenir mémoire de l'événement sous tous les aspects que je viens d'énumérer, et ouverte à l'ensemble de la population genevoise; – deuxièmement, en novembre, par un rassemblement des chrétiens conviés à se réunir, pendant trois jours aussi, à Palexpo, à l'extérieur de la ville; rassemblement œcuménique, significativement intitulé «Chrétiens pour l'an 2000», et qui a bénéficié d'une large participation catholique.
Cette manifestation-là – que je le dise tout de suite – a eu son spectacle: *L'Evangile de Marc* (de très larges extraits du moins, et dans la version en français courant), interprété, joué par le comédien Jean-Luc Bideau, sur un plateau de 20 m de large, devant 6000 spectateurs. Spectacle de tout haut niveau artistique, dont les personnages et les situations étaient rendus présents par le métier, par l'engagement professionnel d'un acteur entièrement au fait des exigences actuelles de l'interlocution et de la communication scène-salle; si exemplaire qu'il a été repris à Lausanne et au Festival d'Avignon.
Quant à la fête de mai, il fut admis très tôt qu'elle comprendrait un vaste spectacle en plein air sur le parvis de la Cathédrale Saint-Pierre: avec jeu théâtral, musique originale, chœurs et danse. Aujourd'hui, cela ne manque pas d'étonner: comment se fait-il que les membres d'un Comité, formé en grande partie de gens marqués par l'idéologie de Mai 68, se soient mis d'accord sans sourciller sur la formule la plus traditionnelle du *Festspiel-Gesamtkunstwerk*? Et qu'aussi peu de précautions aient été prises pour assurer le fonctionnement d'une équipe réelle autour d'un projet pensé, jaugé, délimité et compris par chacun? Facilité? Manque de professionnalisme?...
Les questions à résoudre, en tout cas, n'étaient pas minces: quel exact contenu donner à ce spectacle? Comment célébrer une date indissociablement politique et confessionnelle sous le régime de la sécularisation, et en un lieu où s'est instituée la séparation de l'Eglise et de l'Etat? Quel regard l'Eglise posera-t-elle sur la Réforme d'hier, et cela à l'adresse d'une population multi-confessionnelle et passablement déchristianisée? Ou encore: quelle place assigner aujourd'hui à cette Bible dont la redécouverte, la lecture et l'interprétation ont guidé les hommes d'alors?

Commémorer en vue de demain

A ces questions, l'auteur désigné, Marc Faessler – théologien, pasteur, poète – a répondu sans ambiguïté. Se référant à la plus célèbre des commémorations, à la Sainte Cène, il a vu d'emblée qu'un acte mémorial qui ne serait pas à la fois le retour à ce qui nous fonde, la mise en lumière de notre présent et la définition de nos tâches à venir, serait lettre morte. «Faites ceci en mémoire de moi» (1 Co 11,25): non pas au sens grec de l'expression, non pas «ramener au présent quelque chose qui aurait fui», «se remémorer un événement révolu»; mais au sens juif de la Pâque: «Vivez dans l'instant ce qui était vrai pour vos pères». De plus, la Cène place la créature au sein d'une alliance qui se renouvelle et d'une espérance eschatologique: «... vous annoncez la mort du Seigneur *jusqu'à ce qu'il vienne*» (1 Co 11,26; je souligne).

Marc Faessler s'est fixé trois objectifs. D'abord, un objectif apologétique: étant donné l'image péjorative qu'une opinion hâtive et mal informée se fait de Calvin et du calvinisme, l'occasion s'offrait de remettre en lumière les faits historiques et de lutter par là contre clichés et préjugés (par exemple: «Calvin=Staline»). Ensuite, et plus profondément, l'occasion s'offrait de (re)comprendre comment les Genevois en sont venus jadis à lier indissociablement leur envie d'autonomie communale *et* leur adhésion à la Réforme; comment leur société – multiple comme toute société, engluée dans la finitude et l'ambiguïté de l'histoire – s'est inspirée de la Bible pour s'inventer un tournant décisif. Enfin, La Réforme demeurant constamment à refaire («Ecclesia reformata, semper reformanda»), le texte de Faessler ne cherchait pas à juger les acquis, mais à déclarer que l'Ecriture, qui transcende l'histoire, reste aujourd'hui, «dans sa textualité et dans son ailleurs, une source de sens» (M.F.).

D'un travail d'une année entière, mené dans la solitude – travail de recherches historiques et d'écriture –, il est résulté une œuvre extrêmement forte et dense. Comme d'autres *Festspiele,* elle met en scène diverses strates de personnages: personnages d'aujourd'hui, ceux précisément qui veulent comprendre; personnages historiques; chœurs; et, sortes de voix intérieures, le Visionnaire, qui cherche à déceler le *sens* des événements, et le Guetteur de l'aube, qui formule les *leçons* à en tirer:

La Réforme fut un matin, aube toujours à naître dans les sillons de l'histoire. La Réforme fut un souffle, aurore toujours à croire dans la trace des siècles. La Réforme fut un commencement à toujours recommencer. La Réforme est demain, quand le matin se lève.[1]

Œuvre d'un seul homme, le texte a été jugé trop long, et trop dense, pour servir de livret à un Festspiel. Le compositeur chargé d'écrire la musique a renâclé à la tâche. Voilà pour l'anecdote, à laquelle je ne m'arrête pas. Car s'il n'y eut pas d'«intrigues» (cf. Peter von Matt), il y eut du moins divergences de vues et, je crois, de la part d'un entourage mêlé, la peur devant l'esquisse d'un spectacle aussi résolument historique et théologique, et d'une écriture aussi exigeante. Peur de fournir les apparences du chauvinisme et du triomphalisme? Peur de blesser les non chrétiens? Malaise de voir la Bible placée au cœur du spectacle, de voir l'horizontalité de l'histoire surplombée par la verticalité a-temporelle de la Parole de Dieu?

Le fait est que le Comité n'est pas réellement entré en matière sur ce texte, que Marc Faessler a fini par le retirer, et que tout un ensemble d'attitudes assez confuses semblent avoir convergé vers ce que je résumerais en cette formule: «Commémorons, ...mais sans être dupes».

Commémorer, mais du bout des lèvres

A partir de là, il est difficile de parler d'intentions claires. Un nouvel auteur a été trouvé, Serge Arnauld, philosophe et compositeur. Lequel a dû œuvrer dans la hâte des derniers mois, et composer avec les forces en place. Quelles consignes a-t-il reçues? Lesquelles s'est-il données? ...Le fait est qu'on retrouve dans son texte la convergence des attitudes frileuses que je viens d'énumérer: quelques idées reprises de Faessler (l'évocation des ossements d'Ezéchiel, la Cène), mais traitées à partir de points de vue d'une pluralité déroutante (non maîtrisables, ni à la première lecture, ni surtout au spectacle), en une juxtaposition d'éloges et d'attaques; sans que la situation des locuteurs soit nette; sans contexte historique affirmé: au point que la seule perspective que l'on comprenne est la perspective sociologique proposée jadis par Max Weber: le texte dénonce le capitalisme naissant, la pratique – au XVIe siècle – de l'usure, de l'injustice, de la mise à l'exil, voire de la torture. Avec des allusions aux banques et aux xénophobies d'aujourd'hui. Du XVIe ne subsistent alors, à ras de terre, qu'avantages du moment, cupidité financière, intérêts étroitement politiques. La Réforme, mais dénoncée par le regard horizontal de la sociologie. La Réforme, sans son *inspiration*. Avec de ces regrets qu'on peut comprendre, qui visent l'incarnation des choses, non leur visée:

Le Comédien III (supplicié):
Qui voudrait devenir chrétien? Qui voudrait servir Dieu? Quand on voit que ceux qui ont pouvoir et domination – au nom du Christ – sacrifient chrétiens et serviteurs de Dieu. Quand on voit que ceux qui s'opposent aux puissants sont suppliciés même s'ils crient à tue-tête et au milieu de la flamme qu'ils croient en lui.»[2]

La fin du texte, comme du spectacle, laisse le sentiment d'un profond abandon:

Enfant IV (discipliné):
Alors nos yeux s'ouvrirent et nous Le reconnûmes.
Mais Il disparut soudainement de notre vue.[3]

Suit alors le finale, le Notre Père chanté sur des harmonies qu'André Zumbach a voulues tortueuses, convulsives, et qui se terminent sur un accord en suspens, plus que désolé.

Ce spectacle officiel, monumental de par le lieu et l'ampleur des forces convoquées (cf. le tableau ci-contre), devait atteindre un vaste public, populaire. Or ce public a été frustré: ni le projet lui-même, ni sa réalisation, immaîtrisée, ne lui ont offert cet euphorique et grandiose Festspiel auquel il s'attendait. Quant aux intentions critiques dont j'ai parlé, elles n'étaient pas assez clairement formulées pour diviser les spectateurs ou déclencher un débat. A l'inverse, en reprenant le texte de Faessler dans l'intimité du Temple de la Fusterie et en s'associant cinq exécutants motivés, décidés à le défendre à tout prix, Leyla Aubert a livré un spectacle concentré, d'une haute tenue artistique et dramaturgique. Rassemblant un public certes plus confidentiel, principalement composé de chrétiens et de sympathisants, il a su répondre à l'attente de ce public et en reformuler les espérances.

Notes
1 Marc Faessler, *1536 – La Réforme et l'Esprit de Genève,* Genève, Labor et Fides, 1986, p. 24.
2 Serge Arnauld, *Le Souffle et le soupir,* Paris, L'Avant-Scène Théâtre, No hors série, mai 1986, p. 19.
3 Idem, p. 37. Je souligne.

Genève 1986: Le 450ème anniversaire de la Réforme

Projet initial (1984):
Spectacle commémoratif sur le parvis de la Cathédrale
Auteur: Marc Faessler
Musique: André Zumbach
Mise en scène: Gérard Carrat

Mai 1986, deux réalisations:

Lieu:	**Parvis de la Cathédrale**	**Temple de la Fusterie**
Titre:	Le Souffle et le soupir	1536 – La Réforme et l'Esprit de Genève (version écourtée)
Auteur:	Serge Arnauld	Marc Faessler
Musique:	André Zumbach	René Zosso à la vieille
Direction musicale:	Jean-Marie Auberson	–
Mise en scène:	Jean-Louis Martinoty	Leyla Aubert
Décor:	Valério Adami	–
Chorégraphie:	Oscar Araiz	–
Nombre d'exécutants:	160	6
Budget:	800 000.– (dépassé à plus d'un million)	40 000.–

Die Erfahrungen von «Sempach 1986»

I. Jean Grädel, Regisseur

Sechzehn Monate vor der Premiere wurden Toni Schaller, Gymnasiallehrer für Geschichte aus Sursee als Autor, Dieter E. Neuhaus und ich als Regisseure für das Festspiel engagiert, zusammen mit dem Musiker John Wolf Brennan. Der vorausgegangene Autorenwettbewerb war eingefroren worden, wir wussten nicht warum; uns vorgesetzt war ein Festspieldirektor als künstlerischer Leiter in der Person von Marco Squarise.

Diese Konzeptgruppe hatte den Auftrag, ein Festspiel zu erarbeiten und zu inszenieren zum Thema: 600 Jahre Stadt und Land Luzern, ausgehend von der Schlacht bei Sempach 1386. Besonderes Gewicht wurde dabei dem Gedanken der Versöhnung zwischen Stadt und Land beigemessen. Vorhanden war ein Bühnenbild, auf das das Stück geschrieben werden musste, nicht vorhanden waren die meisten Spieler.

Mein Beitrag wird privater und persönlicher sein, weniger abstrahiert und analysiert als andere Beiträge zu diesem Buch. Das Ganze ist noch zu nah, zu sehr in der Gegenwart, als dass es schon verallgemeinert werden könnte. Über Konzeption, dramaturgische Absichten und Inhalt lässt sich in Programm und Zeitungsberichten genügend nachlesen; ich finde es interessanter, hier von persönlichen Erfahrungen und Motivationen zu berichten.

Wir waren uns zu Beginn unserer Arbeit voll bewusst, was alles ein Festspiel heute leisten müsste. Uns war auch klar, dass es dazu einen Autor von eklatanter Erfahrung und Begabung bräuchte, der ohne die offenbar notorisch zu einem Festspiel gehörenden Intrigen – die auch im Vorfeld von Sempach stattfanden – arbeiten könnte. Ob heute jemand so etwas überhaupt noch schreiben kann, wissen wir bis heute nicht.

Was war meine Motivation, unter den sehr schwierigen Umständen ein Festspiel zu realisieren? Mich interessierte vor allem das Experiment, ob ein Festpiel heute noch möglich sei. Da ich kein Wissenschafter, sondern ein Macher bin, kann ich das nur über das Machen herausfinden. Mich faszinierte das Abenteuer, dramaturgische und

Festspiel Sempach 1986. Inszenierung: Jean Grädel und Dieter E. Neuhaus, Text: Toni Schaller, Musik und musikalische Leitung: John Wolf Brennan, Kostüme: Alex Müller, Gesamtleitung und Bühnengestaltung: Marco Squarise. – Szene aus Tableau I: Der tote Winkelried auf dem Schlachtfeld.

szenische Lösungen zu finden für die Spannung in meinem Bewusstsein zwischen den bereits zur Theatergeschichte gehörenden Festspielen der Schweiz anderseits und dem heutigen Wissen um Theaterformen anderseits. Kann ein solches Spiel geschaffen werden, im Wissen um soziale, politische und kulturelle Zustände der nationalen und globalen Gesellschaft?

Ich hatte Lust, mich mit den Mitteln des Theaters mit Geschichte auseinanderzusetzen. Die Figur Winkelrieds, die Figur des Helden schlechthin, interessierte mich. Mythen und Legenden, die aus dem Volk kommen und mit dem Volk zu tun haben, machen mich neugierig. Mich faszinierte das Abenteuer herauszufinden, wie ich als «heutiger» Regisseur mit modernen Idealen, desillusionierenden Welterfahrungen und modernem dramaturgischem Wissen umgehen kann mit dieser alten Festspieltradition und mit diesen alten Geschichten. Ich war gespannt darauf, wie wir sie auf heute bearbeiten können, so dass man sie auch von heute her ansehen

und zwei Stunden interessiert dabei bleiben kann. Ich finde es spannend, durch den Spass und das Lachen und durch die Einsichten, die wir über den Spass zu vermitteln versuchen, die Leute anzustossen, sich über diese Geschichte und Geschichten eigene Gedanken zu machen, von sich aus, von heute aus.
Wir wollten Volkstheater machen, in dessen Geschichten das Publikum sich selbst gespiegelt sieht. Um das zu ermöglichen, veränderten wir in der Probenzeit zum Teil über Improvisationen, zum Teil über Geschichten, die die Spieler von sich aus einbrachten und erzählten, die Spielvorlage stark und gingen auch sprachlich auf die Spieler ein. Von Anfang an waren im Text ganze Passagen ausgespart und mit der Bemerkung versehen «wird in der Probe durch Improvisation erarbeitet». Ohne die Improvisationsphase mit den Spielern wäre manches, was nachher auf der Bühne zu sehen war, gar nicht geworden. Durch dieses Zusammentragen und Zusammenfügen der Ideen der Konzeptgruppe und der spielerischen wie inhaltlichen Ideen der Spieler entstand ein eigentliches Gemeinschafswerk: Volkstheater vom Volk übers Volk für das Volk. Und wer hier mitgearbeitet hat, wird vom «Volk» *ohne* die in Intellektuellenkreisen oft spürbare Minderachtung oder mindestens Distanziertheit sprechen.
Als ausserordentlich fruchtbar erwies sich die Vorprobenphase, in der wir in theaterpädagogischer Arbeit mit den Spielern einfache Gruppenspiele, Bewegungs- und Stimmimprovisationen, bis hin zu szenischen Improvisationen, ausprobierten. Während drei Monaten versuchten wir so, die Leute kennenzulernen über das Spiel, um besetzen zu können, damit die Mitwirkenden die Angst voreinander und vor uns verloren und mit der Zeit zu einer Gemeinschaft zusammenwachsen konnten, vor den eigentlichen Szenenproben. Ohne ein Gemeinschafsbewusstsein ist so eine Aufgabe nicht zu lösen.
Die Spielersuche erwies sich als sehr schwierig. Die Leute wollten eigentlich gar nicht mitmachen an einem Festspiel. Von kollektivem Bedürfnis oder Spielenwollen keine Spur. In langmonatiger mühsamer Werbungs- und Überzeugungsarbeit mussten Organisatoren und Regisseure Spielgruppen, Theatergesellschaften und verschiedene Dorfvereine von Sempach und Umgebung richtiggehend für die Sache gewinnen. Wenn sie allerdings einmal angefangen hatten, waren sie mit Begeisterung dabei. Sie liessen sich aber ihre Mitarbeit bezahlen, denn es fielen ihre eigenen Abendunterhaltungen in diesem Winter aus, und damit auch ihre gewohnten Einnahmen.
Anfänglich herrschte ein grosses Misstrauen gegenüber uns Intellektuellen und Künstlern, gegenüber Organisatoren und kantonalen Autoritäten. Die Möglichkeit eines Festes von zwei Wochen in den ins Bühnengelände integrierten Festwirtschaften lockte viele mehr als das Mitspielen.
Es war für mich ein ausserordentliches Erlebnis zu sehen, mit welcher Disziplin und Freude, mit welcher Lust und unter welch

grossen persönlichen Opfern vor allem die Spieler der grossen Rollen auf dieses Festspiel hin arbeiteten. Der unbeschreibliche Einsatz beflügelte mich und half mir, unter schwierigsten Umständen durchzuhalten. Viele opferten ihre gesamte Freizeit während sechs bis acht Monaten, kamen um sechs Uhr von der Arbeit nach Hause, waren um sieben Uhr auf der Probe, zum Teil dreimal pro Woche, am Schluss während drei Wochen täglich. Viele opferten ihre Ferien für dieses Spiel. Erstaunlich wenig Neid und Missgunst herrschten, keine persönlichen Intrigen, viel Einverständnis mit dem Spiel; überraschend bewusstes und kritisches Umgehen mit Geschichte und Legenden, und eine durchaus moderne skeptische Haltung gegenüber Strukturen, Autoritäten und Lehrmeinungen prägten das Ensemble. Da war viel Bauernschläue und Widerstandsgeist in diesem Sempachervolk. Vielleicht spielen nur solche Menschen Theater. Ich habe grösste Achtung und Anerkennung für diese Mitwirkenden.

Was hatten sie denn nun davon? Ich glaube, dass für die Spieler die Zeit der Erarbeitung, der Proben, das Gemeinschaftserlebnis überhaupt die grössere Erfahrung und das tiefgreifendere Erlebnis waren als die Aufführung. «Können wir nicht weiterproben?» «Schade, dass wir nun spielen müssen» waren häufige Äusserungen in der Endphase. Das spielerische Lernen über sich und seine Geschichte und das spielerische Umgehen mit Erkenntnissen, Erfahrungen, seinen Mitmenschen und sich selber gegenüber war für die Spieler sicher das Wichtigste.

Vielleicht kann ein Festspiel heute nur noch als Laientheater, als Volkstheater eben, funktionieren, in einer begrenzten Region. Die kritische Auseinandersetzung mit der eigenen Herkunft, das Lernen aus der Geschichte mit den Spielern ist ja eigentlich schon Legitimation genug, vor allem, wenn man das auf eine Weise tut, in der man das Resultat seinen Mitbürgern auch noch zeigen kann. Ein nationales Festspiel allerdings, das ein nationales Thema für eine ganze Nation abhandeln sollte, erachte ich heute auch für unmöglich. Unsere Nation ist derart vielschichtig und durchmischt – wie sollte da ein gemeinsames Thema gefunden werden?

Festspiel aber als regionales Volkstheater, als Bürgerspiel, das unsere historischen und/oder aktuellen Probleme darstellt, sich kritisch mit ihnen auseinandersetzt und vielleicht sogar auf spielerisch dargestellte Konfliktlösungsstrategien kommt, das erachte ich auch heute nicht nur für möglich, sondern sogar für ausserordentlich wichtig. Das wäre ein Weg aus der unverantwortlichen Passivität in die aktive Beteiligung am Leben der Gemeinschaft.

Man darf den Spielern allerdings nichts aufpfropfen, man muss sie und ihre Möglichkeiten miteinbeziehen. Auch wir mussten ausgehen von dem, was spielerisch und musikalisch bei den mitwirkenden Vereinen an Möglichkeiten vorhanden war. Man kann das weitertreiben, wenn man geschickt vorgeht, man kann bewusst machen und ausbilden. Ich bin überzeugt; ein Festspielregisseur darf nicht nur Regisseur sein, er muss auch Theaterpädagoge sein. Wir verwendeten bewusst auch alte Elemente des Volkstheaters, stellten sie aber in einen neuen Kontext: Hanswurstiaden, Stegreif, improvisierte Passagen, Chöre und umzugsähnliche Tableaus.

Den diachronischen Teil – das «so wurden wir» – durch heutige Reflexionen, Ironie und theatermässige Mittel darzustellen, zu brechen, zu hinterfragen, auch in den von uns gewählten drei Segmenten 1386–1586–1886, war gelungen. Das «das wollen wir» zu formulieren waren wir allerdings unfähig. Wir wussten auch keine Antwort. Das gemeinsame Tun um einer gemeinsamen Sache willen funktionierte in dieser Beziehung nicht.

Die Landschaft am See war das eigentliche Bühnenbild, sehr gut ausgewählt. Das berührte, wenn es eindunkelte, weckte Sehnsüchte, Sehnsüchte danach, dass solche Schlachten nie mehr stattfinden, nie mehr stattfinden dürfen, müssen ... vor allem in der Woche nach Tschernobyl, als wir mit der Möglichkeit konfrontiert wurden, dass diese Gegend, dass alles in kürzester Zeit vernichtet sein könnte durch Menschenhand, dass es dazu nicht einmal mehr einen Krieg braucht. Das war eine sehr schwierige Arbeitsphase damals, kurz vor der Premiere, unten am See zu arbeiten an alten Zeiten, an Tableaus längst vergangener Händel unter Menschen, mit dem Bewusstsein des Weltgeschehens im Genick, feststellend, dass alles nur immer noch furchtbarer wurde, dass aus Geschichte nie gelernt wurde ... Zweifel kamen auf, ob wir die fast fertige Arbeit liegenlassen sollten, denn was sollte der Zuschauer aus unserem kritischen Umgang mit Helden der Geschichte und unseren hilflosen Hinweisen darauf, was ein Krieg wirklich bedeuten kann, lernen? Er war ja dem allem genauso ohnmächtig ausgeliefert wie wir. Nächtelange Gespräche mit Mitspielern fanden statt, Möglichkeiten des Protestes wurden diskutiert und Sinn oder Unsinn dieses Festspiels verhandelt. Ein Mitspieler selbst formulierte die entscheidenden Gedanken: «Dieses Spiel ist für uns sinnvoll, also spielen wir es. Tschernobyl ist für uns Unsinn, Wahnsinn, also tun wir etwas gegen Atomkraftwerke. Aber tun wir beides.»

II. Felix Haas, Theatergesellschaft Sempach

Grundsätzlich möchte ich meine Ausführungen in zwei Abschnitte aufteilen:
a) Meine Eindrücke als Mitwirkender beim Festspiel
b) Erfahrungen als Mitverantwortlicher bei der Spieler- und Statistensuche

Meine Eindrücke als Mitwirkender beim Festspiel habe ich bewusst an die erste Stelle gesetzt, da diese in meinen Erinnerungen sehr

Festspiel Sempach 1986. Szene aus Tableau III: Parodie auf die Schlachtfeier von 1886. (Dokumentation Felix Haas)

positiv sind. Anfänglich fragte ich mich, weshalb die 350 Mitwirkenden sich für das Engagement entschliessen konnten. Sicher wurde allgemein in Sempach ein Festspiel anlässlich der 600-Jahr-Feier erwartet. Dann hat aber auch das zu erwartende Erlebnis bei vielen zum Entscheid mitgeholfen. Bereits die ersten Kontakte mit der Regie anlässlich der Vorproben im November 1985 waren für mich überraschend. Die beiden Regisseure Jean Grädel und Dieter E. Neuhaus verstanden es ausgezeichnet, die Mitwirkenden für das sicher nicht risikolose Unternehmen zu motivieren. Diese Motivation reichte hin bis zur totalen Begeisterung für das Festspiel. Erfreulicherweise hatte die Regie auch eine sehr geschickte Rollenverteilung vorgenommen. Die Erfahrung einiger Stammspieler aus den mitwirkenden Theatervereinen kamen ihnen dabei sicher nicht ungelegen. Ich glaube, dass das äusserst geschickte Vorgehen der Regie den Teamgeist im Ensemble geschaffen hat. So war es auch nicht verwunderlich, dass verschiedene Spieler fünfzig bis siebzig Proben in der sehr kurzen Zeit bis zur Premiere nicht scheuten. Der von Anfang an funktionierende Teamgeist, welcher sich vor der Premiere mit der Ablehnung des Winkelried-Denkmals, dem sogenannten «King-Kong», am stärksten manifestierte, unterstützte den Erfolg des Festspiels in Sempach ganz wesentlich. Die Begeisterung für das Festspiel hielt, trotz diverser organisatorischer Pannen, bis zur Dernière.

Ich bin überzeugt, dass bei geschicktem Vorgehen der Verantwortlichen die Mitwirkenden optimal motiviert werden können. Die Sempacher Regie hat dies deutlich bewiesen. Persönlich möchte ich das Erlebnis «Festspiel 600-Jahr-Feier» auf meiner Laienschauspielliste, wenn ich dies so bezeichnen darf, nicht missen und würde mich mit Sicherheit für die Mitwirkung als Spieler wieder zur Verfügung halten.

Dann zu meinen Erfahrungen als Mitverantwortlicher bei der Spieler- und Statistensuche. Ich muss vielleicht vorausschicken, dass die Theatergesellschaft Sempach sich von Anfang an mindestens zu einem Teil für das Zustandekommen des Festspiels mitverantwortlich fühlte. Die Gründe dazu waren verschiedenartig. Bereits mehrmals hat die Theatergesellschaft Sempach in ihrer über 100jährigen Vereinsgeschichte an Festspielen der Schlacht-Jubiläumsfeiern mitgemacht, so auch anlässlich der 500- und der 550-Jahr-Feier. Es war daher nicht erstaunlich, dass für achtzig der neunzig Aktivmitglieder die Mitwirkung selbstverständlich war. Bestimmt trug aber auch die Tradition für uns Sempacher einiges dazu bei.

Die Suche nach den übrigen Mitwirkenden war jedoch äusserst mühsam, da die zeitliche Verzögerung durch den negativen Ausgang des Autorenwettbewerbes ganz eindeutig zu gross geworden war. Hunderte von Vereinen in der Region mussten zur Mitwirkung aufgefordert werden, doch die Jahresprogramme dieser Vereine waren bereits grösstenteils erstellt. Es war beinahe unmöglich, Vereinspräsidenten zur Änderung ihrer Jahresprogramme zu bewegen und am Festspiel mitzumachen. Es fehlte damals auch eine leistungsfähige Administration der Festspielleitung. Hinzu kam die Entschädigungsfrage der Vereine, welche meines Erachtens völlig ungenügend geregelt war. Von den in Sempach mitwirkenden Spielern und Statisten rekrutierten sich schliesslich 270 aus Vereinen und ungefähr 80 aus einzelnen Mitwirkenden. Gross angelegte Aufrufe und Inserate in den Medien blieben praktisch unbeantwortet.

Ich betrachte die Suche der Mitwirkenden als einen der wichtigsten Punkte für das Zustandekommen eines solchen Unternehmens und bin sicher, dass nur mit dem Engagement mehrerer grösserer Vereine ein derartiges Festspiel realisiert werden kann. Auch den Verantwortlichen des Festspiels in Chur, aus Anlass des Eidgenössischen Schützenfestes, wurde dies ganz bestimmt bewusst. Aus reinem Idealismus sind heute jedoch Vereine für ein derartiges Engagement nicht mehr zu motivieren. Dies ist eigentlich schade, aber dieses Problem hätte durch ein grosszügiges Budget der Festspielleitung gelöst werden können. Die Theatergesellschaft

Sempach liess beispielsweise, um am Festspiel mitzuwirken, eine Spielsaison mit einem Budget von ca. Fr. 100'000.– ausfallen und hatte deshalb bestimmt Anrecht auf eine entsprechende Entschädigung. Aber für die Vereinsmitglieder war trotz allem die Mitwirkung erstrangig und nicht die finanzielle Regelung. In Sempach (mit rund 2800 Einwohnern) waren natürlich im Zusammenhang mit den Festivitäten sehr viele Leute anderweitig engagiert und dies erschwerte die Suche nach Mitwirkenden zusätzlich. Schlussendlich konnten dann noch neun Vereine aus der Region und zwei Schulklassen aus Sempach zur Mitwirkung bewogen werden.

Vielleicht noch einige Gedanken zur gesamten Organisation eines Festspiels. Als Spieler und auch bei der Suche nach Mitwirkenden ist mir immer wieder aufgefallen, dass der Festspielleitung eine Person mit grossem Organisationstalent fehlte. Pflichtenheft und Aufgabenzuteilung müssten meines Erachtens mit Erfahrung koordiniert werden. Viel zu viele organisatorische Aufgaben mussten durch die Regie oder die Regieassistentinnen übernommen werden und führten zu einer völligen Überlastung in diesen Bereichen. Ein Festspiel, wie dasjenige von Sempach, kann nur mit einem maximalen Aufwand aller Beteiligten realisiert werden.

Es ist zu hoffen, dass die Erfahrungen von Sempach, wie seinerzeit die Tat Winkelrieds, auf die Geschichte des Kantons Luzern, aber auch auf die kommenden Festspiele Auswirkungen hätten.

Le Festspiel, ou l'art de la prétérition

Jean-Yves Pidoux

«Quienes han explorado la prehistoria del Novísimo Teatro blanden, a guisa de antecedente, dos precursores: el drama de la Pasión, de Oberammergau, actualizado por labriegos bávaros, y aquellas representaciones multitudinarias, auténticamente populares, de *Guillermo Tell,* que se dilatan por cantones y lagos, en el proprio lugar donde se produjo la manoseada fábula histórica».
Jorge Luis Borges y Adolfo Bioy Casares, «El teatro universal», *Crónicas de Bustos Domecq.*

L'auteur a été invité à s'exprimer sur le Festspiel à trois titres: en tant que sociologue, acteur, et suisse romand. Ces trois caractéristiques, apparemment disparates, ont au moins un point commun, qui est de se trouver aux frontières de l'ensemble – logique, esthétique, et politique –, aux confins du contexte sémantique et social que suppose l'existence d'événements culturels comme le Festspiel. Je développerai quelques traits de cette situation marginale: je rappellerai que le Festspiel a – apparemment – un rapport plus distant à la Suisse romande qu'à la Suisse allemande et à l'Allemagne; je dirai pourquoi il n'est pas vraiment destiné à être pris en charge par des professionnels du théâtre; j'illustrerai en quoi il exclut intrinsèquement le questionnement réflexif et critique, et promeut l'intégration, la subordination au collectif. Tout au long de ces réflexions, qui oscilleront délibérément de l'analyse immanente à la mise en situation sociale et culturelle, je soulignerai le caractère paradoxal des aperçus que ces positions excentriques permettent de construire.

Le spectacle de la fête

Lors du colloque consacré au Festspiel, les participants francophones utilisaient – comme je le fais ici – le terme allemand, sans lui chercher d'équivalent français. Trouver celui-ci serait d'ailleurs difficile, à supposer que l'on veuille rendre les connotations, et le caractère très usuel du vocable allemand. Il n'en reste pas moins que pour des oreilles germaniquement naïves, et professionnellement théâtrales, le terme de «Festspiel» résonne de manière étrange: la fête et le jeu sont traditionnellement les concepts polaires entre lesquels s'articulent les définitions du phénomène théâtral. Les analystes qui tiennent à souligner l'aspect collectif, social, civique de l'événement théâtral l'ont rapporté à la fête; le concept de jeu a servi à ceux qui souhaitent mettre en exergue la structure spécifique des représentations, leur contenu esthétique. Il est frappant que ces deux mots soient accolés pour désigner un événement spectaculaire; mais la sémantique ne saurait oublier que le tout est plus que la somme des parties, et surtout que les signifiés ont une histoire, qui dépasse la simple évolution linguistique des signifiants. Dans le Festspiel, le jeu et la fête ne sont pas simplement juxtaposés, mais imbriqués, et surtout hiérarchisés: la fête est le référentiel, et le jeu est instrumentalisé. Le Festspiel, c'est le jeu dans la fête, le spectacle de la fête; mais, au nom de la fête, le spectacle dénie sa spécificité ludique, l'inévitable distance à ce dont il est le simulacre. Pour ce faire, en un véritable poncif du genre, le collectif social figuré est montré le plus souvent comme concluant ses tribulations historiques par des fêtes, de telle sorte que le collectif social participant – figurants et spectateurs – soit, en tant que collectif, incité à communier et à s'auto-célébrer dans une fête civique. Le signe de la fête dans le spectacle veut induire la fête dans la communauté; reste à élucider si la représentation de la fête dans la fiction induit une fête réelle, ou seulement une représentation de la fête dans la réalité; reste à évaluer les correspondances entre la célébration d'une communauté supposée fondatrice et l'auto-célébration d'une collectivité en quête de relations primaires – c'est-à-dire avouant qu'elle n'est plus unie.

L'utilisation du terme allemand signifie en outre que le phénomène trouve son origine historique et son aire de plus grande fréquence dans les contrées germanophones – les dix thèses de Dietz-Rüdiger Moser le démontrent de manière impressionnante. Toutefois les Festspiele qui se sont déroulés et se déroulent en Suisse romande – et plus largement en francophonie – ne sont pas de simples importations, mais des actualisations autochtones caractérisées. Certes les événements culturels francophones à rapporter au Festspiel entretiennent peut-être des rapports plus lâches avec un hypothétique type idéal construit à partir des réalisations germaniques et alémaniques; par exemple la dimension de commémoration d'une organisation officielle – politique ou religieuse – sera un peu estompée dans la Fête des Vignerons de Vevey; les spectacles joués au Théâtre du Jorat à Mézières se distingueront par le fait que la dimension dramatique y est plus prononcée, et en ce que ces spectacles ont lieu dans un théâtre, espace socialement réservé à la production culturelle. Néanmoins, bien des réalisations allemandes ou alémaniques seraient tout autant, et même plus éloignées du type idéal; il est bien certain que ces productions romandes se rapportent, thématiquement et structurellement, au Festspiel – ne serait-ce que parce qu'elles se sédimentent en institutions, qu'elles surviennent périodiquement, et qu'elles sont des célébrations collectives de la collectivité. Les convergences sont bien plus marquées que les divergences; celles-ci permettent d'ailleurs, en bonne méthode dialectique, de mettre en évidence quelques caractéristiques cruciales des événements culturels considérés. L'insertion marginale d'un observateur dans un phénomène, l'appartenance légèrement décentrée d'un phénomène à une catégorie, permettent de construire ce que Kenneth Burke (1965) nommait des «perspectives incongrues» – le malicieux passage de Borges et Bioy Casares cité en épigraphe en est un exemple, qui rappelle en outre que l'humour est heuristique.

La communauté divisée

J'ai participé à la préparation et aux représentations d'un spectacle au Théâtre du Jorat, et je souhaite émettre quelques hypothèses en partant de cette expérience d'interprète (Pidoux, 1987). L'aspect le plus visible du collectif de travail, lors de la préparation d'une telle manifestation, c'est son hétérogénéité et son artificialité: des êtres humains d'horizons sociaux et culturels très différents se trouvent soudain rassemblés en un même lieu; l'unité spatiale leur permet à tous de constater à quel point l'unité sociale fait défaut – un paysan du Jorat, municipal radical de sa petite commune, et chantant dans le chœur, ne se trouvera que peu de points communs avec un acteur genevois plutôt libertaire, qui a trente ans de métier dans des théâtres urbains et vient pour la première fois à Mézières. Plus généralement, les rapports sont problématiques, entre des comédiens professionnels, payés pour exercer à plein temps leur métier d'interprète, et des acteurs amateurs qui viennent répéter après leur travail et souhaitent plutôt se divertir et passer de bons moments en groupe. A ces séparations de fait s'ajoutent des cloisonnements induits par l'organisation du travail: l'équipe technique de conception et de construction des décors n'a que peu de contacts avec les autres participants au spectacle, dont les horaires et les préoccupations sont différents. Et le metteur en scène et ses collaborateurs participent d'une autre réalité que les acteurs et les choristes: ceux-ci sont sur scène, observés par ceux-là qui, placés dans la salle, décident pour les premiers des orientations esthétiques, et de l'aménagement du temps de répétition.
Un psychosociologue ferait sans doute ses délices d'une étude sur les relations au sein des différents groupes formels et informels participant à la préparation d'un Festspiel: des courants centrifuges et centripètes sont constamment à l'œuvre; qui s'insérait hier dans tel collectif s'efforcera aujourd'hui de le faire éclater, et fera demain partie d'une autre constellation avant de retrouver plus tard sa

position initiale. Mais au-delà des variations individuelles, des régularités se remarquent: ainsi, les membres du chœur ont à Mézières procédé avec système à une fermeture de leur groupe sur lui-même, en faisant pression sur leurs pairs pour qu'ils ne se mêlent pas trop aux acteurs et fassent en priorité allégeance à leur collectif d'origine – ces normes étaient nettement perceptibles, et visiblement suivies. Dans cette communauté sociale à constituer, les acteurs professionnels sont un morceau particulièrement coriace à phagocyter. Le Théâtre du Jorat s'enorgueillit de mélanger interprètes amateurs et professionnels; or cette cohabitation est difficile et entre même en contradiction avec la spécificité d'un Festspiel. De manière toute particulière – parente de, mais opposée à celle des choristes –, les acteurs professionnels forment eux-mêmes un clan: à la fois conscients de faire partie d'une corporation dont les membres mènent une vie différente à bien des points de vue de celle du commun des mortels – horaires, insécurité et multiplicité des emplois, pratique professionnelle impliquant un comportement extraverti, métier artistique dans une Romandie calviniste et philistine –; réputés aussi pour leurs caprices et leur propension à susciter des conflits, qui forment un type de relations sociales habituellement vilipendé, en ce pays – inutile de rappeler à ce sujet que les conflits sont en contradiction avec la vision du monde conciliatrice véhiculée par le Festspiel, qui ne tolère les difficultés que dans la mesure où elles sont révolues et en définitive résolues, dissoutes dans l'harmonie finale. Mais il faut noter aussi que la communauté des acteurs est soudée moins que toute autre; ses membres sont jaloux et vindicatifs; des clivages s'expriment sans relâche, formulés par le biais de petites vacheries, de médisances, de mépris envers présents ou absents. Les vieux routiniers pétrifiés infligent aux bleus un savoir supposé; grands seigneurs de paccotille, ils racontent interminablement des histoires de vieux combattants, censées démontrer l'expérience et le prestige acquis, et cantonnent les autres dans des rôles de faire-valoir.
Au-delà de l'anecdote et des idiosyncrasies, des données bien tangibles et matérielles viennent confirmer et alimenter toutes ces séparations. D'abord, le mélange entre acteurs de métier et comédiens amateurs est fonctionnellement pervers – j'y ai fait allusion déjà –: étant donné la différence des compétences, les seconds devraient pouvoir répéter davantage que les premiers. Or, évidemment, leurs activités professionnelles extra-théâtrales pèsent sur leur disponibilité et sur leur assiduité aux répétitions – durant lesquelles ils sont de surcroît plus disposés à anticiper sur la fête qu'à préparer avec zèle le jeu, le spectacle. Ainsi des choristes se sont-ils plaints d'avoir dû répéter trois fois une scène, considérant ce chiffre dérisoire comme exorbitant. Paradoxalement, un des moments les plus importants pour créer un sentiment de communauté, la gratuité du travail fourni, vient s'établir contre la possibilité

d'élaborer artistiquement le spectacle de la communauté: invoquant implicitement qu'ils sont des bénévoles, qui offrent leur temps pour la préparation du spectacle, amateurs et choristes estiment que la mise en scène n'a pas à les chicaner sur la qualité de leurs prestations. Voilà qui renvoie à une donnée qui, pour n'être que peu explicitée, a une grande importance. Bien au-delà de leur connaissance du bien et du mal théâtral, les acteurs professionnels sont confusément perçus comme le ver de la société mercantile dans le fruit de la communauté édénique: ils renvoient à une économie que le Festspiel et ses convaincus voudraient nier – le temps de la célébration culturelle tout au moins –, à de honteuses questions ayant trait à la location d'une force de travail. J'en veux pour preuve un fait apparemment saugrenu: les professionnels sont, en tant que tels, relativement peu payés – encore faudrait-il distinguer, bien sûr, entre les vedettes et les deuxièmes couteaux; les différences de traitement sont d'ailleurs pour quelque chose dans l'éclatement de la corporation des comédiens –; en tous cas leurs salaires sont âprement négociés par leurs employeurs. Par contre ceux-ci, à Mézières, défrayent généreusement les amateurs. Cette donnée troublante signifie probablement que le privilège de représenter le peuple face au peuple, d'incarner la communauté mythique, serait dévolu de préférence à des membres de ce peuple – auquel les comédiens professionnels n'appartiennent pas vraiment, soit qu'on les auréole de prestige, soit qu'on les déprécie comme exclus de la horde. Les amateurs sont, eux, de dignes représentants de la collectivité: respectables, ils travaillent hors la préparation de la fête théâtrale, qui est, pour eux comme pour toute la population, une enclave. Ni troubadours ni bohémiens ni saltimbanques, ils peuvent recevoir des dédommagements, des gains accessoires largement comptés, alors que – et parce que – ils gagnent leur vie par ailleurs. Quant au salarié spécialisé qui exécute un labeur rémunéré, il nie la magie unitaire et extra-économique qu'il est supposé présenter; il se retrouve automatiquement placé hors de ce dont il devrait être l'incarnation. Louant leurs services et leurs compétences, mettant leur corps à disposition de leurs employeurs, les acteurs professionnels ne sont pas réputés être en prise directe avec le projet communautaire intrinsèquement lié au Festspiel. D'où le masque des dons et contre-dons que prennent les échanges économiques, entre les amateurs et les administrateurs: le travail donné est troqué contre des gratifications substantielles, mais celles-ci ne prennent en aucun cas le nom de salaire. Balz Engler a noté que, dans le Festspiel, ceux qui jouent et le public ne se distinguent pas si nettement que dans le théâtre conventionnel. C'est bien là que gît le malaise, structurellement induit, des acteurs de métier, et explique leur extériorité, au moment même où l'on fait appel à leurs services: en tant qu'interprètes, intermédiaires entre l'œuvre et le public, ils sont séparés de l'un et de l'autre. Leur prestation est nécessaire à l'existence matérielle du spectacle, mais elle réfute le voeu que le Festspiel soit le fait de seuls participants immergés, spontanés et sincères.

Aussi n'est-il nullement étonnant de constater que le travail social et relationnel des répétitions soit en grande partie une tentative de regrouper ces individus et ces collectifs, de créer le sentiment d'un nous. Le «Wir-Gefühl» dont il a été question à plusieurs reprises durant le colloque consacré au Festspiel, doit être suscité autant dans le collectif des participants qu'en celui des observateurs. Le processus des répétitions montre que ce sentiment peut être acquis par des êtres tout à fait dissemblables, au sein de groupes hétérogènes. Mais les règles inhérentes au genre, les thèmes que le Festspiel doit nécessairement invoquer, ne facilitent pas la constitution réelle d'une communauté de travail: le contenu du produit n'est pas sans effet sur l'acte de production. Le Festspiel nie fondamentalement que la reconnaissance d'autrui passe par le constat de sa différence, et s'en tient à la thèse implicite que la communauté passe par la fusion et la confusion. Il table sur une identification des humains, laquelle va non seulement au-delà de ce qu'il est socialement nécessaire pour établir une coopération entre eux, mais surtout à fin contraire, en réduisant les citoyens au collectif dans lequel ils étaient censés pouvoir s'épanouir. Comme le disait Beethoven dans un de ses carnets, en une réflexion souvent citée, «l'union parfaite de plusieurs voix empêche, somme toute, le progrès de l'une vers l'autre». Aussi l'analyste considérera-t-il avec réserve les programmes apologétiques qui supposent que dans un Festspiel c'est le peuple qui se parle à lui-même, et qui se contemple particulièrement dans la représentation de ses grands hommes – Dietz-Rüdiger Moser en cite un exemple caractérisé. A la subjectivation du peuple répond bientôt la mise en évidence que quelques grandes figures sont suffisantes pour en témoigner, et que la tutelle des leaders est en réalité nécessaire pour révéler au peuple ce qu'il est.

Cette subsomption des différences sous une autorité unificatrice est une loi du genre, qui opère à tous les niveaux: celui des participants, celui des thèmes, celui des formes. Tout comme le Festspiel procède à l'intégration des diversités sociales – subrepticement hiérarchisées –, de même il rassemble stylistiquement des esthétiques diverses, et dont la compatibilité fait problème. La présentation d'une communauté si fictive doit faire feu de tout bois, et subordonner au contenu tous les procédés formels – ainsi que l'a noté Hellmut Thomke à propos d'une pièce, l'éclectisme stylistique est bel et bien inséparable du Festspiel. Si, comme l'assurait Gramsci (1966, p. 120–121), le peuple est «contenuiste» dans ses choix littéraires, alors le Festspiel est l'emblème d'un art manigancé pour convenir à un public dédaigneux de toute cohérence formelle. Le composite esthétique se conjugue cependant avec un message univoque, dont on peut dire au sens propre qu'il est répété sur tous les tons. La diversité hétéroclite des styles reproduit la multiplicité sociale que voudrait regrouper le contenu des Festspiele; mais on y décèlera un aveu: le contenu est dissocié de son expression, parce que celle-ci, si elle lui était liée, serait pauvre et répétitive. De plus et surtout, l'éclatement formel révèle que la cohérence du message ne correspond pas à une cohésion sociale – celle-ci n'existe ni dans le collectif de préparation du Festspiel ni dans la société, dont cette célébration s'évertue à prétendre être un reflet. L'analyse pourrait tout au contraire mettre en évidence que le Festspiel avoue, à travers un tel bric-à-brac culturel, à travers cette accumulation kitsch, que la communauté sociale qu'il voudrait présenter comme harmonieuse et soudée, est elle-même – autant que l'œuvre qui la présente – traversée d'incohérences, de tensions et de dissonances.

La communauté rancunière

A vrai dire, il arrive que surgisse le sentiment de former une communauté cohérente. Dans la société comme dans le collectif de travail, une telle impression apparaît quand se présentent des circonstances adverses, et surtout quand un adversaire commun peut être inventé, construit et localisé. Lorsque des difficultés majeures viennent menacer l'existence du collectif et la réalisation des buts pour lesquels il avait été réuni, lorsque des tendances menaçantes et méprisantes envers le travail en cours se font jour, alors, momentanément, peut advenir une impression de solidarité – habituellement engouffrée sous les rivalités et les compétitions. Des ennemis, des coupables, des déviants sont stigmatisés. La communauté qui se construit est une communauté-contre; et ce contre quoi elle se constitue peut être assez divers, même si le mécanisme de la constitution semble assez constant. A Mézières par exemple, avec l'approche de la date de présentation publique du spectacle, les sectarismes se sont peu à peu effacés. Les choristes ont renoncé à leur réticence envers les autres groupes, et ont admis que l'image visuelle qu'ils allaient donner avait aussi son importance. On a pu assister, durant toute la période de la fin des répétitions, à un mouvement caractéristique de dilatations et de contractions successives de la solidarité entre les participants: conscience croissante d'être dans le même bateau, qui va jusqu'à la jubilation lorsque des répétitions se déroulent bien; refermeture des clans sur eux-mêmes lorsque le spectacle s'avère n'être pas prêt et qu'il faut essuyer des reproches ou trouver des boucs émissaires. Alors s'impose le sentiment de l'impossible avènement d'une communauté large de travail, auquel s'associent des prémonitions catastrophiques sur ce que sera la confrontation avec le public.

Et pourtant le jour de la première représentation est caractéristique d'un processus que l'on pourrait appeler «intégration en chaîne». A leur arrivée avant le spectacle, les participants se saluent chaleureusement, s'offrent parfois des cadeaux, font des vœux sur le déroulement de la manifestation. Le trac, la perspective d'une audience immense, aux réactions imprévisibles, et qui est à la fois sujet de désir et de hantise, incitent les participants à se serrer les coudes. Puis, avec le spectacle qui commence et se déroule, se produit une extension de la communauté scénique vers la salle; l'ensemble des personnes présentes – ou à peu près – sentent – ou font comme si elles sentaient – qu'elles appartiennent à un même collectif, réuni par un événement artistique. Mais le reste du monde n'est pas encore branché; cette connexion se produit après le spectacle, au moment où se remplissent les verres, s'élancent les orateurs des discours de cantine, et se répand, grâce à l'alcool et à l'idéologie, le sentiment sinon d'une bienveillance universelle, du moins d'une harmonie qui va au-delà des sphères habituelles de l'existence quotidienne.

Sans doute la réconciliation universelle est-elle improbable, et d'ailleurs le Festspiel n'a pas pour but de la rappeler ni de la susciter. Les processus à l'ouvrage au sein de tels produits sont similaires à ceux que j'ai mis en évidence dans ma réflexion sur le groupe de travail. Le but ultime est de resserrer, ou de créer, les liens au sein d'une collectivité sociale large, en lui indiquant au besoin le spectre de l'étranger, de l'autre menaçant. Dans cette perspective, les traits omniprésents de régionalisme et de nationalisme prennent tout leur sens: expression d'une hantise, d'une frayeur et d'une répulsion qui cachent un sentiment d'infériorité. Le populisme participe de la même logique: reconnaissance par prétérition du fait que le peuple pourrait être autre que ce qu'il est devenu, aveu du fait qu'il est devenu ce qu'il ne devrait pas être. A de nombreuses reprises, des acteurs ont demandé, en répétition, des modifications de texte, arguant du fait que le grand public ne comprendrait rien aux subtilités de la réplique; voilà qui démontre non seulement les limites intellectuelles et expressives de ces interprètes, mais aussi leur mépris à l'égard de ce peuple dont ils se prétendent l'émanation et les porte-paroles. Le topos du «y en a point comme nous» sous-entend certes l'existence d'un «eux» hostile, et secrètement ou visiblement puissant, face auquel il serait nécessaire d'adopter une attitude de défiance aggressive; il dissimule aussi la certitude que ce «nous» est constitué d'êtres mineurs et qui le savent, mais se réjouissent ensemble, et vindicativement, d'être ainsi. Le comportement de groupe des choristes à Mézières a obéi à cette logique, à chaque moment de crise: refus arrogant de faire preuve d'une quelconque intelligence, et d'une once de bonne volonté, quasi-jouissance à bloquer toute coopération, utilisation hautaine et systématique de l'attitude du «moi pas comprendre», dénoncée par

Habermas (1969, p. 265) dans sa critique du «Denkverbot» positiviste. La stratégie de stupidité feinte fait la preuve d'un aveuglement bien réel.

Il est nécessaire d'insister sur cette conjonction entre la volonté populiste de vulgariser, et la désignation d'un ennemi commun. Ces deux subterfuges ont sans doute pour but de faire croire à un groupe secondaire qu'il est un groupe primaire – pour reprendre les termes sociologiques utilisés par Peter von Matt –, de faire surgir au sein d'un collectif «sérialisé» une illusion d'être «en fusion» – selon la terminologie, cette fois, de Jean-Paul Sartre dans sa *Critique de la raison dialectique* (1960). La transformation illusoire de la société en communauté – pour citer encore une autre élaboration conceptuelle, celle de Tönnies (1960) –, nous conduit à évaluer la signification et la portée politiques de telles stratégies. A la lumière de la sympathie de Tönnies pour les régimes qui firent usage de ces tactiques, les tendances proto-totalitaires du Festspiel n'apparaissent que trop. La conviction méritoire que des relations humaines plus chaleureuses devraient être instaurées se pervertit en visions égarées quant à la possibilité de faire surgir, au sein d'une société médiatisée, de telles relations primaires, et quant à la nécessité supposée de figures charismatiques pour mener à bien un tel processus de revitalisation de la société. Le Festspiel joue dangereusement avec la constitution de collectivités à réunir, respectivement à supprimer. En ce sens, ses relations avec le nazisme et ses festivités sont thématiques et structurelles: Rémy Charbon relève les motifs similaires – importance des figures de héros salvateurs, accents sur la totalité sociale plutôt que sur la collectivité démocratique en délibération – Dietz-Rüdiger Moser remarque l'importance antithétique du Festspiel sous le nazisme, qui le voyait comme un antidote au théâtre professionnel urbain – encore que les invectives de Brecht (1967, p. 1211) contre le théâtre commis avec le Troisième Reich laissent entrevoir que les collusions avec le régime étaient partout présentes. J'ajouterai que des tendances à la destruction – soit-elle fantasmatique – figurent indéniablement dans les Festspiele; seulement les appétits de génocide se parent des vertus de libération nationale. En Suisse, ce ne sont pas des ennemis intérieurs contemporains aux traits sémites qui seront stigmatisés, mais des Autrichiens du passé, des Habsbourg empêchant la construction d'une Helvétie paradisiaque. Il est à craindre que les processus mentaux à l'œuvre dans de tels mécanismes ne soient dans ces deux cas dangereusement apparentés – toute considération de mise en pratique momentanément écartée. Et si une réponse définitive ne peut être donnée à ce sujet, il est en tous cas patent que la volonté d'exorciser le démon de la non-unité va régulièrement de pair avec des admonestations au sujet d'une mainmise de l'étranger hostile – l'exemple fourni par Rémy Charbon, citant une apparition de Nicolas de Flüe dans le Festspiel de 1941, est topique en ce sens.

La communauté téléguidée

Les intellectuels n'ont pas à s'extasier *a priori* sur des productions culturelles, sous le prétexte qu'elles seraient le fruit d'une créativité extérieure à la sphère artistico-théorique dont ils se sentent coupables de faire partie. «They, the people» (Adorno, 1951, p. 25) sont aussi endommagés que le reste de l'humanité; en outre, même s'il était prouvé que le peuple apprécie le Festspiel, il n'en reste pas moins que celui-ci n'est guère le résultat d'une productivité populaire – il s'avère bien plutôt ciment social parachuté d'en haut, et doit en tous cas être mis en rapport, comme l'a remarqué Dietz-Rüdiger Moser, avec une volonté politique intégratrice et centralisatrice: tentative délibérée d'amener les êtres humains à une idée commune. Les moyens d'expression mis en œuvre le documentent amplement: l'organisation chorale est particulièrement orientée vers la suggestion de masse, tout spécialement si, comme ce fut le cas dans de nombreuses circonstances, l'audience est invitée à entonner elle aussi des chants qui clament la communauté réalisée sous la bannière de chefs héroïques.

Mais il se passe pour les Festspiele ce qui se passe pour les nations. D'une part sans doute, de telles institutions – ou leurs mandataires – procèdent à une auto-légitimation par constat: est juste et bon ce qui existe, semblent-elles proclamer – il s'agit autant du Festspiel que de ce qu'il célèbre. La pérennité est considérée comme une garantie de validité: ce qui est durable est valable, ce qui est valable est durable. Le Festspiel participe à une logique circulaire dans laquelle l'institution est supposée bonne parce qu'institutionnalisée, et avoir été institutionnalisée parce que bonne. D'autre part, c'est ici que se noue un des paradoxes du Festspiel: il a été établi comme un antidote à l'institutionnalisation de la société mais se retrouve sédimenté, solidifié, semblable à ce contre quoi il se regimbait. En termes imagés: le voilà bien plus proche de l'état de droit que de l'idée de nation. Le Festspiel est en effet, comme le montre Georg Kreis, un produit antimoderne de la modernité: résultat typique d'une vision contre-dépendante, il s'établit dans une perception évolutionniste de la société pour en évoquer nostalgiquement les origines supposées. Au niveau social, le processus de dénégation et de prétérition est semblable: le Festspiel avoue tenir d'une société où les relations sont dépersonnalisées, anonymes, soumises à des pouvoirs occultes et arbitraires, alors même qu'il présente la fiction d'une communauté sociale où les relations entre les êtres humains seraient riches, et où les chefs seraient d'admirables *primi inter pares* sortis du rang, et dignes bien sûr d'occuper leur position. Le Festspiel prend acte que la réalité sociale n'est pas telle qu'il la décrit, précisément par la véhémence caricaturale de ses présentations stéréotypées. Et ce qu'il faut souligner de surcroît, c'est que le Festspiel est lui même totalement imprégné par la société opaque qu'il voudrait réfuter: le moindre paradoxe n'est pas qu'il se soit sédimenté en institution, transformé en une structure lourde, enfermée dans des usages et des traditions, alors que le projet qui lui était inhérent et le message qu'il tente de délivrer représente l'inverse: une défense de la communauté, de l'effervescence sociale et de la transparence démocratique. Travailler dans une institution comme le Théâtre du Jorat, c'est se heurter à l'omniprésence de hiérarchies et de délégations, d'influences de couloir et de cooptations, de manœuvres tactiques et économiques: c'est conduire une véritable exploration dans les coulisses anti-démocratiques de la démocratie. Bien des praticiens et des observateurs ont remarqué le fait, de Charles Apothéloz (1980, p. 158), qui en appelait à une «authentique horizontalité des rapports de travail», à Peter von Matt qui mentionne les «pressions venues d'en haut» et les «pénibles intrigues» qui semblent appartenir consubstantiellement au genre tel qu'il est ici réalisé.

Dans le prolongement des réflexions qui précèdent, il faut noter un autre aspect de la prétérition en quoi consiste le Festspiel: s'il annonce quelque réalité sociale, c'est bien plutôt la société de masse que le collectif primaire soudé. Inévitablement, le Festspiel en appelle à la participation d'un collectif très nombreux – il ne viendrait pas à l'idée de qualifier de Festspiel l'événement presque contreculturel décrit par Béatrice Perregaux, et qui, réunissant quelques participants, a été élaboré en réaction et en opposition au syncrétisme de la grande commémoration genevoise de la Réforme. Ainsi donc le Festspiel est écartelé entre le rappel d'une vie communautaire et le projet de répandre la bonne nouvelle dans la société toute entière, de l'y associer dans sa totalité. En ceci également, il est un produit antimoderne de la modernité, et se trouve soumis à un autre paradoxe, à une sorte de «double bind»: il doit maintenir le sentiment d'un collectif fervent et presque organique, mais il a aussi pour visée de montrer combien le «nous» dont il témoigne est énorme, majoritaire. A la fusion vient s'opposer la quantophrénie: il semble capital de démontrer à une masse de spectateurs qu'une masse d'acteurs est là, et les représente en tant que masse; d'où également, quand les conditions le permettent, un usage pléthorique de décors et d'accessoires, qui sont là pour faire colossal. Durant les répétitions à Mézières, un problème crucial était posé par le déplacement de ces masses – figurants nombreux, objets multiples; les premiers avaient sur les seconds l'avantage d'être auto-mobiles, mais l'inconvénient d'être parfois de mauvaise volonté. La meilleure manière de procéder est de scinder le grand groupe choral en plusieurs sous-groupes, mais aussi d'éviter à tout prix de personnaliser les relations – aussi bien, les choristes, dans leur corporatisme, se présentent volontiers comme un groupe compact et semblent se considérer eux-mêmes comme faisant partie d'une masse impersonnelle. Walter Benjamin (1953, p. 63) avait décidément raison de noter qu'à la reproduction en masse répond la reproduction des masses. En tous cas, la qualité du labeur ne peut guère répondre aux idéaux de créativité artistique. Dans un spectacle de masse, la division du travail est indispensable, au vu des innombrables tâches de régie de plateau et de machinerie; aucun participant ne peut conserver une perspective d'ensemble sur l'œuvre gigantesque dans laquelle il n'est plus guère qu'un atome — nouveau paradoxe, dans la mesure où le telos du produit est de refouler le principe social de la division du travail. Quant à l'épanouissement des individus et des collectifs, sa possibilité est pratiquement nulle; dans des conditions si perverses, on ne demande guère aux individus ce qu'ils ont de meilleur, et ils sont enclins à montrer ce qu'ils ont de pire: la préparation des scènes de foule peut conduire le plus bienveillant des metteurs en scène à devenir un misanthrope convaincu, et montre en tous cas que l'individualisme et le collectivisme vont de pair. Un grand groupe en répétition fait penser à un troupeau qui se déplace, s'égaille et se rassemble, et qui serait composé pour moitié de brebis galeuses et pour moitié de moutons de Panurge, tous à la fois serviles et rétifs. De telles aggrégations d'êtres humains semblent donner à chacun l'occasion d'exprimer ses tendances les plus infantiles, de se plier aveuglément aux normes du collectif ou de faire état de caprices proches de la débilité. Dans tous leurs contenus, les Festspiele doivent tenir compte, en tentant de la transsubstantier, de tant de *sancta simplicitas*. C'est à l'étude de quoi sera consacré notre prochain paragraphe.

Mimésis de la fausseté

J'ai rappelé ailleurs en quelles aires, en quelles «topies» l'art s'établissait, dans notre société: reproduction et affirmation «endotopiques», évasion «exotopique», authenticité utopique parfois (Pidoux, 1988). Le Festspiel est un art d'affirmation – tous les participants au colloque se sont accordés sur le fait. Cette confirmation du statu quo se fait par des voies qu'il faut détailler: elle traite ce qui existe comme s'il existait autrement que ce qu'il est. En un mécanisme classique de l'idéologie, le Festspiel embellit la réalité, dans le but d'en prouver la beauté. Mais la définition implicite de ce qui est beau et bon renvoie souvent à un manque de réflexion consternant; en voici un exemple tiré de l'attitude des participants: la pièce *Croix du Sud,* d'Emile Gardaz, montée à Mézières, raconte l'exil au Brésil de Suisses tenaillés par la famine, au siècle dernier; ces compatriotes sont donc pauvres et miséreux. Or les figurants qui présentent la foule des émigrants auraient tous préféré, et de loin, être costumés en bourgeois riches. Leur souhait aurait-il été exaucé que les spectateurs auraient quasiment assisté à une croisière élégante en route pour le carnaval. Il y a donc refus de la réalité des positions sociales, mais ce refus s'est fait au nom du maintien de la hiérarchie – aux échelons supérieurs de laquelle, simplement, se placeraient ceux qui sont aujourd'hui en position moyenne ou subalterne. La fiction souhaitée en l'occurrence n'était guère qu'une modulation à peine décalée de la réalité sociale et des modalités de sa définition.

Un tel processus de simulation d'une réalité améliorée, mais selon des critères simplement extraits de cette réalité, doit être une constante. Il est ce qui permet de construire cette personnalité de base mythique, dont regorgent ces œuvres pétries de bonnes intentions: les suisses y sont décrits comme de nobles personnages, francs et sincères, entiers et pompeux. Sur ce schéma les variations sont innombrables mais leur tonalité est sempiternelle: dans le monde où il est prescrit d'être gentil, les gentils sont gentils, et les méchants méchants – les compatriotes appartiennent nécessairement à la première catégorie, quelques erreurs de la nature mises à part, dont il n'est du reste jamais vraiment sûr qu'elles n'aient pas été influencées – perverties – par l'étranger. Transparaît dans cette vision du monde une conjugaison entre la mièvrerie et le caractère punitif, typique de la personnalité autoritaire décrite par les recherches sur les caractères raciste et anti-démocratique (Adorno et al., 1950) – une relation que l'usage du Festspiel par des régimes totalitaires laissaient prévoir. Les produits eux-mêmes ne sont pas sans comporter des moments proprement sadiques: en témoignent non seulement les apparitions des figures dominatrices entre les mains desquelles le peuple s'abandonne avec enthousiasme, mais également les moments finaux, qui sont souvent des coups de grâce infligés à l'audience; dans ces chœurs conclusifs, c'est la fausse conscience la plus tonitruante qui s'exprime; la réconciliation est proprement assenée au public, qui témoigne avec allégresse de son incapacité à en supporter davantage. Les lois du genre exigent que le final soit triomphaliste, expression véhémente d'une puissance indestructible.

Le rapport des Festspiele avec les rites de passage, indiqué par Balz Engler, est donc complexe; les anthropologues savent que de tels rites comportent des moments répressifs, dont les Festspiele ne sont pas exempts: les spectateurs sont supposés se défaire de tout esprit critique pour participer au bonheur communautaire, qui s'avère douloureux autant qu'heureux. Et, thématiquement, les crises dans la constitution de la communauté politique, que relatent amplement les Festspiele, sont la démonstration de rites de passage éprouvés par la nation – mais ceux-ci sont révolus, ces crises nous sont montrées comme ayant été surmontées; la conclusion implicitement suggérée est que ces difficultés vaincues jadis sont la garantie de la validité de ce qui est établi maintenant, et que les participants d'aujourd'hui devraient rendre hommage à leurs compatriotes d'hier pour avoir dompté une telle adversité et pour avoir légué à la postérité une société mûrie par les épreuves. Les critiques adressées par Brecht (1967, pp. 240–251) et par Boal (1977, pp. 79–122) envers le théâtre aristotélicien trouveraient difficilement terrain plus approprié que le Festspiel – identification aux héros, participation par procuration à la fois à la révolte contre la communauté et à la punition contre cette révolte, purgation cathartique qui résulte de ces processus successifs: tout y est présent de manière quintessenciée; tant dans ses rapports avec la société instituée que dans ses relations avec les réactions subjectives attendues et provoquées dans le public, le Festspiel est un emblème presque parfait du théâtre asservissant que souhaitaient démanteler ces auteurs.

La dimension festive à l'œuvre dans les Festspiele doit encore être réfléchie, dans cette perspective. Comme je l'ai déjà dit, ces célébrations passent obligatoirement par la démonstration de fêtes, avec pour visée probable de susciter de semblables réjouissances au sein de la communauté spectatrice. Il y a plus cependant: les fêtes ne sont pas seulement l'occasion de célébrer des victoires passées, mais le prétexte à se réjouir d'avoir renoncé; les libations promeuvent la résignation. La pièce d'Emile Gardaz montée à Mézières était exemplaire en ce sens: les protagonistes faisaient la fête sitôt une décision prise, sitôt une étape franchie vers l'émigration – mais le plus difficile restait toujours à faire, momentanément évacué dans les réjouissances et la consommation d'alcool. De telles bombances se révèlent être une glorification de la capacité d'oubli d'un peuple toujours misérable, et, en dernière analyse, une justification de la pitoyable situation qu'il réussit à supporter grâce aux vapeurs carnavalesques et éthyliques – la fête aussi a son moment oppressif; mettre en exergue les dimensions festives du Festspiel n'est pas, bien au contraire, en lever les ambiguïtés idéologiques. Cet aspect de jouissance et d'auto-répression était perceptible chez les participants au spectacle du Théâtre du Jorat – non seulement parce qu'ils buvaient et fêtaient comme leurs personnages, mais aussi dans le moment où ils fournissaient une prestation artistique. Il ne fait pas de doute que le plaisir des chanteurs à user de leur voix est réel, et qu'une volupté somatique n'est pas absente du fait de chanter. En ce pays austère, la dimension quasi érotique de la pratique du chant est importante, elle est une sublimation réussie. Cependant cette jouissance indéniable se fait porteuse de significations et de positions totalement hostiles au plaisir. Les chanteurs sont des «Musikanten» au sens où l'entendait Adorno (1976), satisfaits de restituer une musique et des textes formellement et thématiquement réactionnaires; ils sont heureux de s'insérer dans un collectif auquel ils se plient sans réserve, et au sein duquel ils peuvent faire preuve de rustrerie anti-artistique, se glorifiant d'être indifférents à l'événement spectaculaire auquel ils participent, en remettant sur leur mépris à l'égard de tout processus de compréhension et de création: bref, s'identifiant avec l'oppression dont ils sont les victimes. Là encore, le caractère masochiste inhérent à la personnalité autoritaire est visible.

L'évolution historique du Festspiel tend probablement à une accentuation de la composante antimoderne relevée par Georg Kreis, sur le plan esthétique tout au moins. Il est frappant de relever, ainsi que l'a fait Ernst Lichtenhahn, que les Festspiele d'avant-guerre étaient – toutes proportions gardées – des productions artistiques usant de formes d'expression contemporaines; au contraire, les réalisations actuelles sont franchement rétrogrades pour ce qui est de leurs références artistiques. Henri Debluë, librettiste de la Fête des Vignerons de Vevey en 1977 – et peu suspect de modernisme échevelé –, déplorait, dans une conversation, cette marche arrière esthétique: elle va si loin, disait-il, qu'il ne serait même plus possible de monter aujourd'hui le *Roi David* de Honegger au Théâtre du Jorat comme un spectacle populaire offert à tous – ce qu'il avait été à sa création –: la jonction entre le Festspiel et les recherches artistiques – même celles du début du siècle, intégrées à l'époque à de tels événements – est désormais totalement inconcevable.

La paille et la poutre

Si l'historien constate le déclin quantitatif du Festspiel, si le suisse romand se glorifie de la fréquence moindre de telles manifestations dans sa région linguistique et culturelle, ils se garderont d'en tirer des conclusions trop optimistes. Diminution ou rareté d'un phénomène ne signifient pas que ce dont ils témoignent soit en régression – il n'est qu'à penser à l'industrie culturelle pour constater que l'unanimisme standardisateur est toujours présent, même s'il est relayé de manière plus indirecte. Le Festspiel n'est pas le seul moyen de manifester culturellement des prédispositions à l'autoritarisme; sa rareté relative en Suisse romande ne devrait pas inciter à déduire qu'il y règne une conscience congénitalement plus démocratique qu'ailleurs dans le pays.

Les Festspiele les plus caractéristiques se sont sans doute déroulés au début de ce siècle, et en tous cas avant la deuxième guerre mondiale. Le genre a partout traversé avec difficulté l'épreuve qu'a constitué pour lui son utilisation frénétique sous le Troisième Reich. Le souvenir d'une telle pléthore nationale-socialiste a provoqué non seulement une diminution de la fréquence de ces événements, mais aussi, ultérieurement, des tentatives pour dégager le genre de ses visibles parentés avec un régime qui a commis des atrocités dont il faut garder la mémoire. A vrai dire cependant, le verdict de Dietz-Rüdiger Moser, selon lequel il n'est guère possible de concevoir un Festspiel libéré de ses composantes affirmatives et idéologiques, paraît plus fondé que des intentions – certes méritoires – d'envisager un Festspiel libérateur, voire tiers-mondiste: ce projet requiert, comme le montre la contribution de Peter von Matt, une utilisation tout à fait délavée du terme de propagande – comme s'il était loisible d'accepter celle-ci en refoulant son contenu. L'affadissement du concept de propagande va de pair avec l'acceptation de ce pour quoi elle milite. C'est pourquoi les tentatives, sinon de dépolitiser, au moins de désofficialiser le Festspiel, doivent être accueillies avec réserve: elles vont à l'encontre des lois du genre, qui est nécessairement militant et affirmatif. Pour paraphraser les thèses de Walter Benjamin (1966, pp. 95–115) sur «L'auteur comme producteur», est politiquement faux ce qui l'est artistiquement. Dans son analyse de la commémoration de la Réforme à Genève, B. Perregaux a décrit un exemple de cette position auto-dépréciative qui tente de prévenir les critiques en les énonçant comme des aveux; elle a résumé cette attitude dans la formule «commémorons, mais sans être dupes», qui exprime fort bien la duperie et l'auto-duperie effectives en quoi consiste ce souci de lucidité intermittente. Les tentatives modernes de produire un Festspiel plus éclairé ont suscité systématiquement l'insatisfaction, tant auprès des spectateurs critiques qui ont été gênés par la rémanence autoritaire inhérente au genre, que chez les militants du statu quo, qui ne voient pas la nécessité d'introduire une mauvaise conscience dans des produits affirmatifs, serait-ce pour se donner bonne conscience. Le problème est ailleurs: une société harmonieuse n'aurait pas besoin de Festspiel où se donner le spectacle apologétique d'une idylle toujours menacée, et apparemment toujours retrouvée. La démocratie vaut mieux que de telles célébrations; on en viendrait presque à supposer qu'un pays où de tels événements fleurissent n'est pas encore digne d'être appelé démocratie – mais il est vrai que la réalisation de la démocratie authentique est de l'ordre de l'utopie.

Titres cités
Theodor W. Adorno, *Minima Moralia,* 1951, Suhrkamp, Frankfurt.
Theodor W. Adorno, «Kritik des Musikanten», in *Dissonanzen,* 1976, Gesammelte Schriften 14, Suhrkamp, Frankfurt.
Theodor W. Adorno, Else Frenkel Brunswik, Daniel J. Levinson, R. Nevitt Sanford, *The Authoritarian Personality,* 1950, Harper, New York.
Charles Apothéloz, *Travail théâtral populaire,* 1980, Theaterkultur-Verlag, Zürich (Annuaire du Théâtre suisse no 43).
Walter Benjamin, *Das Kunstwerk im Zeitalter seiner Reproduzierbarkeit,* 1963, Suhrkamp, Frankfurt (es 28).

Walter Benjamin, «Der Autor als Produzent», in *Versuche über Brecht,* 1966, Suhrkamp, Frankfurt (es 172).

Augusto Boal, *Théâtre de l'opprimé,* 1977, Paris, Maspero (Malgré tout).

Bertolt Brecht, *Über eine nichtaristotelische Dramatik,* in Gesammelte Werke 15, 1967, Suhrkamp, Frankfurt.

Bertolt Brecht, «Vorwort zum Antigonenmodell 1948», in Gesammelte Werke 17, 1967, Suhrkamp, Frankfurt.

Kenneth Burke, *Permanence and Change,* 1965, Bobbs Merrill, New York.

Antonio Gramsci, «Derivazioni del romanzo d'appendice», in *Letteratura e vita nazionale,* 1966, Einaudi, Torino.

Jürgen Habermas, «Gegen einen positivistisch halbierten Rationalismus», in T.W.-Adorno, K. Popper et al., *Der Positivismusstreit in der deutschen Soziologie,* 1969, Luchterhand, Darmstadt und Neuwied.

Jean-Yves Pidoux, «Esprit du peuple, es-tu là?», in *Mimos,* 2/1987.

Jean-Yves Pidoux, *Scènes en fugue,* 1988, Editions de l'Aire, Lausanne.

Jean-Paul Sartre, *Critique de la raison dialectique,* 1960, Gallimard, Paris.

Ferdinand Tönnies, *Gemeinschaft und Gesellschaft,* 1960, Wissenschaftliche Buchgesellschaft, Darmstadt.

Das Festspiel: Perspektiven

Wer heute über das Festspiel spricht, setzt sich leicht zwischen Stuhl und Bank – zwischen verschiedene Auffassungen des sozialen Lebens und des Theaters, zwischen verschiedene wissenschaftliche Disziplinen. Das Sitzen mag unbequem sein – aber man kann im Lauf des Gesprächs zum Schluss kommen, die Sitzgelegenheiten seien eben falsch verteilt; sie eröffneten nicht nur Perspektiven, sondern verstellten einander auch die Sicht.[1]

Die Berner Festspiel-Tagung konnte nicht – das war von Anfang an klar – zu abschliessenden Resultaten kommen. Man durfte sich dagegen von ihr erhoffen, dass sie interessantes Material zu Tage fördere und andeute, in welche Richtungen eine Auseinandersetzung mit dem Festspiel führen könnte. Die Hoffnung erfüllte sich auch: Das Gespräch warf Fragen auf, zeigte Lücken, machte Widersprüche deutlich. Einige sollen hier, aufgrund von Gedächtnisprotokollen, genannt werden; sie lassen sich einteilen in solche, die das Festspiel als Forschungsgegenstand und solche, die es als ein theatralisches Genre betreffen.

Materialien

Auf den ersten Blick scheint einzuleuchten, welche Art von Materialien zum Festspiel gesammelt werden sollte, nicht nur in Archiven, sondern auch durch die Befragung von Beteiligten. Wir sollten Bestand aufnehmen, wann und an welchem Ort welche Festspiele aufgeführt wurden (Aufgaben dieser Art werden schon heute von der Schweizerischen Theatersammlung in Bern wahrgenommen; aber es ist schwierig für sie, dies systematisch zu tun). Wir können dann feststellen, ob – wie schon ein erster Blick in die Geschichte dies nahelegt – es eine Abfolge von «Festspiel-Konjunkturen» gibt. Wir können Konstanten und Wandlungen feststellen: in der Verwendung von literarischen Formen, von Motiven, von sprachlichen Mitteln (Dialekt, Hochsprache, Mehrsprachigkeit usw.), von Geschichte und (oft geschichtsloser) Allegorie. Schliesslich lassen sich auch die Bedingungen abklären, unter denen Festspiele aufgeführt wurden; es lässt sich Material sammeln darüber, aus welchem Anlass sie aufgeführt, welche Aufträge vergeben, welche Mittel eingesetzt wurden. Es lässt sich feststellen, in welchem gesellschaftlichen Situationskontext Festspiele stattfanden und welche Bedeutung sie neben andern Manifestationen zum gleichen Anlass einnahmen. Das scheinbar einfache Sammeln von Material setzt allerdings voraus, dass wir wissen, was wir suchen wollen; und hier treten grundsätzliche Schwierigkeiten auf – Schwierigkeiten, die auch Chancen für die weitere Auseinandersetzung mit dem Festspiel sind. Sie betreffen die Definition, den Begriff der Gemeinschaft, die Wirkungen, und die interdisziplinäre Forschung.

Was ist ein Festspiel?

Es war bewusst darauf verzichtet worden, der Tagung eine bestimmte Definition des Festspiels zu Grunde zu legen. Ganz einig war man sich wohl nur in einem Negativum: dass damit nicht musikalische Festivals, nicht «Festwochen» gemeint sein könnten. Das Fehlen eines allgemein akzeptierten Begriffs wurde einerseits als Mangel empfunden; andererseits entstanden gerade daraus Fragen, die anregend wirkten. In den Vorträgen liessen sich mindestens vier Begriffe unterscheiden: das Festspiel als Ausdruck des kollektiven Willens; das Festspiel als Instrument der Herrschaft; das Festspiel als sozialer Prozess; und das Festspiel als historisches Drama.[2] Auf den Vergleich mit anderen Genres wurde kaum eingegangen. Parallelen zum Epos (nach Ezra Pound «a poem containing history») und zum höfischen Maskenspiel der Renaissance könnten hier ergiebig sein. Vor allem aber verdient wohl die Bedeutung des attischen Theaters für die Geschichte der Festspiel-Idee weiterverfolgt zu werden (vgl. den Beitrag von Edmund Stadler).
Es stellt sich die Frage, ob das Festspiel ohne Bezug auf seine spezifische Geschichte überhaupt denkbar ist – ob sein Gebrauch für die Bestärkung nationalistischer Ideologie nicht jedes Gespräch darüber bestimmen muss, oder ob es angeht, es aufgrund seiner *möglichen* sozialen Funktion zu definieren. Probleme, die in diesem Zusammenhang aufgeworfen wurden: Kann man sich ein Festspiel ohne Worte vorstellen? (Die Literaturwissenschafter hatten Zweifel; andere konnten sich das eher vorstellen). Und: Wie stellen wir uns zu einem Phänomen wie Woodstock, dem legendären Rock-Festival, das 1969 eine Generation rebellischer junger Amerikaner zusammenbrachte?

Das Wir-Gefühl

Allen Vorstellungen des Festspiels, die vorgebracht wurden, ist gemeinsam, dass sie mit einem «Wir-Gefühl» zu tun haben, einem Begriff, der häufig verwendet wurde, ohne klar umrissen zu werden.

Vermutlich liegen gerade hier die schwierigsten Probleme – jene, die das Festspiel haben kontrovers werden lassen. Was meinen wir, wenn wir «wir», wenn wir «ich» sagen? Das Festspiel als theatralische Form zieht die Vorstellung des autonomen Individuums besonders deutlich in Zweifel; es verlangt, dass wir uns mit der Frage auseinandersetzen, wie denn ein Ich, wie ein Wir (eine Gemeinschaft) erst zustande kommt. Dass beide eine – im Europa des 20. Jahrhunderts zum Teil traumatische – Geschichte haben, wurde deutlich in den gegensätzlichen Voten von Dietz-Rüdiger Moser («Wir brauchen kein neues Wir-Gefühl») und von Schweizer Teilnehmern, die ohne grosse Bedenken mit dem «Wir» umgingen. Eng in Verbindung damit steht das Problem des Mythos, welcher, je nach Auffassung, das Ich bestimmt oder es in seiner Entfaltung einschränkt.

Kaum diskutiert werden konnte die Frage, inwiefern sich das «wir» stets in der Differenz zu andern definiert, zu einem «sie» – was einschliesst, grenzt immer auch aus. Inwiefern ist die Bildung von Gemeinschaft im Festspiel auf (genannte oder ungenannte) Aussenseiter, ja Gegner und Feinde, angewiesen?

Wie wirkt ein Festspiel?

Dies ist ein Problem der Pragmatik, einer Forschungsrichtung, welcher sich etwa die Literaturwissenschaft nur zögernd zuwendet. Besondere Probleme ergeben sich beim Festspiel daraus, dass nicht mit einem einheitlichen Publikum gerechnet werden kann – die Schaffung von Gemeinschaft ist ja gerade eines der Ziele des Unternehmens. Während der Tagung wurde gefragt: Muss das Festspiel den Anforderungen der Intellektuellen oder denen des sogenannten Volks genügen? Kann es ein kritisches, ein «zähneknirschendes» Festspiel geben, oder ist ein Festspiel nicht immer affirmativ? Wie entfaltet ein Festspiel seine Wirkung nicht allein beim Publikum durch die Aufführung, sondern auch bei den Mitwirkenden durch ihre Teilnahme und bei Aussenstehenden, die von seiner Inszenierung bloss erfahren? Und in engem Zusammenhang damit: Inwiefern ist das Festspiel Domäne des Volks-, nicht des Berufstheaters?

Ins Zentrum der Institution Festspiel zielte eine Frage, die mehrmals gestellt wurde: Ist das Festspiel denn eine demokratische oder eine anti-demokratische Form? Einerseits wurde es als eine zentrale Kunstform der Demokratie gefeiert (obwohl zugestanden wurde, dass es oft durch öffentliche Auseinandersetzung verhindert wird). Andrerseits wurde seine demokratische Legitimation bezweifelt. Um ein konkretes Beispiel zu nennen: Ist das gemeinsame Absingen eines Liedes ein demokratischer Akt – wenn das Lied doch zuvor von den Organisatoren des Festspiels bestimmt wurde?

Wie können wir über das Festspiel reden?

Das Festspiel bringt verschiedene Künste zusammen: Musik, Theater, Literatur, Tanz, bildende Kunst usw. – es kann als Gesamtkunstwerk im Wagnerschen Sinne bezeichnet werden. Für die Forschenden stellt sich deshalb das Problem der Interdisziplinarität (Allein unter den Referenten waren Literaturwissenschafter und Historiker, Kunst- und Musikwissenschafter und ein Volkskundler vertreten). Vom Blickpunkt ihrer Disziplinen aus rücken verschiedene Elemente in den Vordergrund: für die Literaturwissenschafter zum Beispiel der Text und seine Interpretation; für die Historiker die Beziehung zwischen dargestellter Geschichte und aktueller historischer Situation; für die Soziologen – sie fehlten unter den Referenten an der Berner Tagung besonders schmerzlich – vor allem soziale Strukturen und ihre Dynamik, im Spiel und im Publikum; für die Kunsthistoriker vor allem die Architektur und das Bühnenbild; für die Musikwissenschafter die Musik im Rahmen der Epoche usw. Und das Bewusstsein, dass nur ein Einzelaspekt des Ganzen in ihren Bereich fällt, und dass sie nur für diesen zuständig sind, schränkt für alle ihr Interesse, aber auch ihre Legitimation ein.

Was uns in der Schweiz fehlt, ist eine Disziplin, die von einer zentralen Position aus die Beiträge anderer Disziplinen koordinieren könnte: die Theaterwissenschaft. Das Festspiel – eine Theaterform, die in der Schweiz eine besonders reiche und eigenständige Tradition hat, zeigt unter diesen Umständen besonders deutlich, wie sehr wir diese Disziplin brauchen könnten.

Schliesslich zeigte sich beim Gespräch auch ein hartnäckiges Problem, das sich als das «Trauma der geistigen Landesverteidigung» bezeichnen liesse. Immer wieder wurde als Modell des Festspiels das nationale Weihespiel vorausgesetzt, ja, noch enger, das der späten Dreissiger- und frühen Vierzigerjahre (vgl. die Diskussionen um das Festspiel zur 650-Jahr-Feier der Eidgenossenschaft). Zum Teil lag das wohl daran, dass die 700-Jahr-Feier der Eidgenossenschaft 1991 bereits ihre Schatten (oder ihr Licht) vorauswirft – Diskussionen um ihre Gestaltung waren kurz vor der Tagung heftig gewesen. Aber es war bedauerlich, dass Hinweise auf andere Verwendungen des Festspiels (zu Friedensschliessungen, Hochzeiten, Feuerwehr-Jubiläen usw.) in der Diskussion kaum aufgenommen wurden.

Das Festspiel als theatralisches Genre

Zu einem guten Teil sind die Probleme der Festspiel-Forschung natürlich die des Festspiels als theatralisches Genre. Zum Schluss stellte sich die Tagung denn auch die Frage: Hat das Festspiel eine Zukunft? Einig war man sich offenbar (auch wenn dies nicht ausführlich diskutiert werden konnte), dass das Aufkommen der elektronischen Massenmedien die Bedingungen für das Festspiel stark verändert hat. In einem Beitrag zur Bundesfeier 1941 wurde darauf hingewiesen, welche Rolle das Radio damals spielte. Es wurde vermutet, dass das Fernsehen heute die Rolle des affirmativen nationalen Mediums übernommen habe. Die Werte-Diskussionen, die im Zusammenhang mit der Programmgestaltung geführt werden, scheinen dies zu bestätigen – sie gleichen jenen, die oft im Vorfeld einer Festspiel-Aufführung stattfinden. Das Festspiel ist deshalb in ein ganz anderes Umfeld geraten – und es feiert deshalb auch immer seine eigene gefährdete Tradition mit.

Einigkeit herrschte weitgehend darüber, dass ein nationales Festspiel nicht mehr zeitgemäss sei.[3] Ob es in kleineren Bereichen, dem Dorf, der Stadt, der Gegend, dem Kanton, noch eine Funktion haben könne, darüber waren die Meinungen geteilt. Erstaunlicherweise bildeten sich hier ganz neue Fronten – zwischen den Wissenschaftern und den Theaterpraktikern. Die Wissenschafter waren aufgrund dessen, was sie über die Tradition des Festspiels wissen, skeptisch. Die Praktiker – obwohl keineswegs Freunde eines staatserhaltenden Theaters – sahen das, aus der Bereitschaft, für Neues offen zu sein, anders: Wenn die Bedingungen stimmten, wäre es einen Versuch wert.

Das Festspiel zum Thema zu machen, nicht das Thema Festspiel erschöpfend zu behandeln – dies war das Ziel der Tagung; dies ist die Absicht des vorliegenden Bandes. Fragen, Probleme, Lücken, Spannungen zeigten sich – Möglichkeiten. Es ist zu hoffen, dass sie wahrgenommen werden, nicht nur, weil damit eine spezifische Form des Theaters deutlicher ins Licht treten könnte, sondern auch, weil die Diskussion über das Theater und seine soziale Bedeutung dadurch bereichert würde. B. E.

Anmerkungen

1. Aus Anlass der Tagung beschloss der Vorstand der SGTK eine Stellungnahme zur Frage eines Festspiels 1991 (s. Anm. 3). Ihre Aufnahme in der Presse war bezeichnend: Sie wurde ignoriert. Dies wohl nicht, weil das Thema nicht interessiert hätte; aber es fiel zwischen Stuhl und Bank. Auf den Feuilleton-Redaktionen (mit Ausnahme der NZZ) fand man offenbar, das Festspiel habe nicht genug mit dem Kulturbegriff zu tun, der dort gepflegt wird; auf den Inland-Redaktionen dagegen war man wohl der Meinung, das Festspiel habe nichts mit Politik zu tun und gehöre deshalb anderswohin.

2. Der Zusammenhang zwischen Festspiel und Freilicht-, bzw. Landschaftstheater, den Edmund Stadler in seinen Büchern zum Festspiel so fruchtbar macht, wurde überraschenderweise kaum zur Sprache gebracht.

3. Aus Anlass der Tagung über das Festspiel verabschiedete der Vorstand der SGTK eine Stellungnahme zur Frage eines Festspiels für 1991:

«Das Festspiel hat in der Schweiz eine grosse Tradition; aber es ist in den vergangenen Jahrzehnten problematisch geworden: An die Stelle einfach überschaubarer und fester Verhältnisse, unter denen Festspiele gedeihen, sind komplexe dynamische Strukturen getreten. Neue Medien haben das öffentliche Leben zudem stark verändert.

Die Schweizerische Gesellschaft für Theaterkultur ist deshalb der Überzeugung: Das Theater als soziale Kunst muss 1991 eine wichtige Rolle spielen. Ein nationales Festspiel an einem zentralen Ort kann aber die heutigen sozialen Strukturen in unserem Land nicht wiederspiegeln. Es gibt heute zudem in den elektronischen Medien andere Möglichkeiten, ein nationales Publikum zu schaffen. Deshalb sollen überall in der Schweiz Inszenierungen ermöglicht werden, die sich zum Ziel setzen, verschiedene soziale und regionale Gruppierungen in der schweizerischen Bevölkerung anzusprechen und zusammenzubringen; Inszenierungen, die zwischen den Sprachregionen ausgetauscht werden können; Inszenierungen, die in künstlerischer und ideologischer Freiheit Utopien für die Schweiz entwerfen.»

Der Inhalt dieser Stellungnahme wurde in wesentlichen Teilen von der vom Bundesrat eingesetzten *Groupe de réflexion* zur 700-Jahr-Feier der Eidgenossenschaft übernommen. Vgl. ihren Bericht vom 23.12.87, S. 19–20.

Materialien
zum Festspiel in der Schweiz

Eine eigentliche Bibliographie zum Festspiel in der Schweiz gibt es nicht. Zur Tagung über das Festspiel legte die Schweizerische Theatersammlung (Schanzenstrasse 15, 3001 Bern) eine kurze Liste ihrer Bestände vor; sie ist für Forscher zum Thema von grossem Interesse, nicht nur wegen der Titel, die sie aufführt, sondern auch vor allem wegen der Ratschläge für Forscher, welche die langjährige Betreuerin der «Bibliographie zum Schweizer Theater», Silvia Maurer, darin gibt. Bei Schriften zum Festspiel handelt es sich meist um lokale Publikationen. Daher wird sich kaum eine Institution finden, welche das gesamte Schrifttum zum Festspiel besitzt. Es muss wohl in den einzelnen Kantons-, Stadt- und Gemeindebibliotheken gesucht werden.

Die Sammelstelle für Helvetica seit 1895 ist die Schweizerische Landesbibliothek Bern, diejenige vor 1895 die alte Bürgerbibliothek Luzern, die als geschlossene Bibliothek einen Teil der heutigen Zentralbibliothek bildet. An diesen beiden Stellen sind Bestände des Schrifttums zum schweizerischen Festspiel vorhanden. Für weitere Dokumentationen (Bildmaterial, Presseausschnitte u. ä.) sind ausser den Bibliotheken vor allem die Kantons-, Stadt- und Gemeindearchive zuständig.

Die Schweizerische Theatersammlung besitzt wahrscheinlich als einzige Institution ausser den mehr als 300 Primärtexten von schweizerischen Festspielen auch (wenig) Material, welches Einblick in die Entstehungsgeschichte eines Festspiels vermitteln kann (Bühnenbildentwürfe und -modelle usw.). Zu einzelnen Aufführungen sind Unterlagen wie Schrifttum, Programmhefte, Bildmaterial, vor allem Aufführungsfotos, in einem Fall ein kleiner Film und zur Rezeption die Presseausschnitte mit den Aufführungsbesprechungen vorhanden. Dieses Material ist nicht zufällig, aber sicherlich auch nicht systematisch gesammelt worden.

Bibliographische Angaben zum Theater in der Schweiz, und damit auch zum Festspiel, von 1925 an, finden sich in Publikationen der Schweizerischen Gesellschaft für Theaterkultur: Berichtszeit 1925–1940 in *Schweizer Theater-Jahrbuch* 1 (1928) bis 13 (1943). Berichtsjahre 1941–46 teils in *Schweizer Theater-Jahrbuch* 14 (1943/44) bis 17 (1948/49) und teils in *Schweizer Theater-Almanach* 1 (1943/44) bis 4 (1946/47), hrsg. von den Theatervereinen der Schweiz. Berichtszeit 1947–70 in *Schweizer Theater-Almanach* 7 bis 19, eingebunden in *Schweizer Theater-Jahrbuch* 19 (1949/50), bis 38/39 (1974/75), ausser 10 (1953), das separat erschien. Die Zeit von 1970–80 ist dokumentiert in *Szene Schweiz* 8 (1980/81), hrsg. von der SGTK, von Berichtszeit 1980/81 an jährlich in *Szene Schweiz* 9 (1981/82) ff.

Register

Aarau 18, 28, 184, 196
Adami, Valerio 245
Adelung, Johann Christoph 51
Adler, Guido 72
Adorno, Theodor W. 263, 266, 270
Aeschylus 75, 101
Ah, Ignaz von 98
Albert, Michael 60
Allmend, N. 208
Altdorf 90, 93, 193, 197
Altstätten 91 f. 104, 118, 197
Altstetten 90
Amiet, Cuno 221
Ammann, Jürg 27
Ammann, Walter Richard 46, 49, 182
Anna Amalia, Herzogin von Sachsen–Weimar–Eisenach 73
Apothéloz, Charles 10, 36, 39, 82, 84, 116, 118, 264, 270
Appel, August 108
Appenzell 107
Appia, Adolphe 104 f., 116, 121, 217
Araiz, Oscar 245
Archinard, Benjamin 83
Aristoteles 54
Arnauld, Serge 243–245
Arndt, Ernst Moritz 62
Arnet, Edwin 18, 20, 22, 26 f., 34, 44–46, 143, 175, 179, 183, 185
Arnim, Achim von 62
Arnold, Armin 27, 163, 181 f.
Arnold, Gustav 98, 224
Arnold, W. 208
Arth 85 f.
Arx, Adrian von 102
Arx, Cäsar von 18, 20, 25, 27, 40, 44–46, 49, 145, 153 f., 163, 169–171, 176, 179, 181–184, 196
Athen 73, 76 f., 82, 101
Auberson, Jean-Marie 245
Aubert, Leyla 244
Auer, Hans Wilhelm 100

Augustin 56
Avenarius, Ferdinand 113
Avignon 241

Bab, Julius 114, 117
Bachmann, Albert 182
Bachmann, Dieter 35
Bacon, Francis 77
Baden 76
Bächtold, Jakob 28
Bähler, E. 116
Bahr, Hermann 217
Balmer, Joseph 110, 124
Balmer, Wilhelm 22, 164
Balthasar, Franz Urs von 76
Barba, Eugenio 32, 35
Barbey, Bernard 172, 183
Barblan, Otto 102, 223, 227 f.
Barraud, Maurice 168
Bartels, Adolf 65
Barth, Karl 177 f., 185
Bartlome, Niklaus 165
Basedow, Johann Bernhard 106, 121
Basel 93 f., 101, 103 f., 120, 154, 193, 196 f., 199, 201, 203, 208–211, 215 f., 219 f., 223, 226 f.
Baud-Bovy, Daniel 102, 104, 121, 132, 141
Baumann, Fritz 120
Baumberger, Georg 104
Baumberger, Otto 173
Baumgartner, Wilhelm 97
Baur, Franz 217, 221
Bausinger, Hermann 69
Bayreuth 64, 73
Beethoven, Ludwig van 259
Beetschen, Alfred 119
Belp 90
Benjamin, Walter 264, 269 f.
Berger, Karl 122
Berlin 57, 66, 114, 122, 196

278

Bern 75, 77, 92, 94–96, 99, 100–102, 112, 119, 120, 130 f., 142, 150, 184, 192 f., 196, 201, 225
Bernoulli, Carl Albrecht 104, 142, 152 f., 155 f., 158 f., 160, 162, 164 f.
Bernsdorf, Wilhelm 26
Berthelier, Philibert 74
Berthoud, Jean 199
Beurmann, Emil 215, 219
Beyer, Paul 55, 66, 72
Biberach 70
Bideau, Jean-Luc 241
Biel 93, 119
Bigler, H. 116
Bill, Max 239
Bion, W. 197
Bioy Casares, Adolfo 254, 256
Birkner, Othmar 11, 209, 222
Bizet, Georges 165
Boal, Augusto 267, 270
Bocion, François 83
Bodelschwingh, Friedrich von 58, 60
Bodmer, G. 118
Bodmer, Hans 161
Bodmer, Johann Jakob 76, 78
Böcklin, Arnold 208
Boepple, Paul 104
Bözingen 86
Boissonnas, Fred 141
Boissy, Gabriel 114, 117
Bommer, Dominik 99
Bonnard, Arnold 121
Bonomo, Oscar 239
Bonstetten, Carl Victor von 79, 195
Borges, Jorge Luis 254, 256
Borgia, Cesare 56
Bornhauser, Thomas 90
Boss, Werner 116
Boswil 86
Bouvier, Paul 221
Brahm, Otto 215, 217
Brandenberger, Hans 168
Brauneck, Manfred 222
Brecht, Bertholt 22, 47, 49, 66, 262, 267, 270
Brennan, John Wolf 246 f.
Brenner, Ernst 200 f., 208
Bresslein, Erwin 184
Bressler, Rainer 27
Bridel, Louis 85
Bridel, Philippe Sirice 79, 81, 86, 116
Bruggmann, Alfred 27
Brunnen 81, 96, 167, 180
Brunner, Emil 177, 185
Budry, Paul 121
Bühler, Michael 102, 120, 162
Bürkli, Karl 207

Burckhardt, Jacob 70, 209, 215, 222
Burckhardt, Max 199
Burckhardt-Finsler, Albert 199, 204
Burgdorf 94
Burke, Kenneth 256, 270
Burnard, Ernst 83
Bussang 114

Calderon 22, 44, 48, 73
Calvin, Jean 240, 242
Canetti, Elias 16
Capitani, François de 184
Carona 169
Carrat, Gérard 245
Chamberlain, Houston Stuart 104
Charbon, Rémy 11, 147, 166, 262
Chausson, Jacques-David 199
Chénier, Marie-Joseph 107
Christ-Kutter, Friederike 28
Christinger, Jakob 102
Chur 120, 135 f., 197, 223, 227 f., 252
Claudel, Paul 20
Clemens V. 70
Clénin, Walter 168
Cline, Ruth Huff 70
Combe, Edouard 121, 229 f.
Constantin, David 83
Corneille, Pierre 75
Crauer, Heinrich 80
Crivelli 98
Cyprian, Ernst Salomon 70

d'Alembert, Jean-Baptiste 74
Dändliker, Karl 200, 207
Dahlhaus, Carl 230
David, Jacques-Louis 107
David, Karl Heinrich 164 f.
de la Motte-Fouqué, Friedrich 108
Deblüe, Henri 268
Decker, Wilhelm 225
Den Haag 75
Devrient, Eduard 62 f., 72, 109
Devrient, Otto 57, 59, 71
Diessenhofen 13, 92
Dingelstedt, Franz 215
Dobai, Johannes 105, 116
Doret, Gustave 83 f.
Dornach 28, 102, 120, 197
Dreier, Martin 7
du Bois, Pierre 185
Dürrenmatt, Friedrich 43
Düsseldorf 72
Dufour, Guillaume Henri 189
Dultz, Michael 184

Dunant, Henri 45, 171, 175, 189
Dustmann, Ursula 69
Duttweiler, Gottlieb 235

Ebel, Johannes Georg 107, 117
Eberle, Ambros 91
Eberle, Oskar 7, 35, 44–49, 119, 121 f.,
 145, 173–175, 183
Egender, Karl 231 f., 235
Ehrismann, Albert 179, 185
Eichberg, Henning 184
Eisenstadt, S. N. 207
Elam, Keir 30, 35
Engler, Balz 10 f., 29, 35, 258, 266, 275
Eppens, Otto 216 f.
Erdmann, Gustav Adolf 71
Escher, Konrad 162
Etter, Philipp 20, 27, 166–172, 174, 178,
 181 f., 185
Ettingen 110
Euripides 75

Fabre d'Eglantine 107
Faesi, Robert 174, 183
Fässler, Erich W. 26 f.
Faessler, Marc 242–245
Favez, Jean-Claude 185
Federer, Heinrich 121
Fehr, Max 122
Feierabend, August M. 87, 91 f., 110,
 116, 118–120, 123
Finsler, Georg 101, 120, 150 f., 161
Fischer, Gottlieb 103
Fischer, X. 118
Fischer-Lichte, Erika 30, 34
Flemming, Willi 71
Flüe, Ignaz von 86
Flüe, Nikodemus von 85
Flüe, Nikolaus von 45, 81, 85, 176, 185,
 190, 262
Forney, J. H. S. 106
Forrer, Ludwig 154
Frankfurt a. Main 63, 65, 72
Frauenfeld 94, 102
Frenzel Herbert A. und Elisabeth 116
Freud, Sigmund 19, 26
Frey, Adolf 20, 24, 27 f., 40, 99
Friedrich Wilhelm III. von Preussen 73
Frisch, Max 12, 21, 27 f., 43
Fritschi, Oskar Felix 183
Früh, Kurt 179, 185
Fuchs, Alois 87, 116
Fürer, Carl Eduard 71
Füssli, Johann Heinrich 85
Fueter, Eduard 221

Gadberg, Glen 184
Gagnebin, Henri 121
Gamm, Hans Jochen 184
Gampel 86
Gantner, Theo 120, 222
Gardaz, Emile 265, 267
Gautier, Théophile 111, 122
Geiger, Ludwig 122
Gelfingen 87
Gémier, Firmin 103
Genève 94, 96, 102, 104, 121, 132, 193,
 226, 229, 240
German, Werth 69
Germann, Georg 184
Gersau 91
Gessler, Albert 120
Gétaz, Emile 118
Gianotti, Gian 199
Gisikon 90 f., 123
Glady, David 83
Glady, Samuel 83
Glarus 93
Glaus, Beat 183
Gleichen-Russwurm, Karl Alexander von
 114, 117
Gleichmann, Johann Zacharias 70
Gluck, Christoph Willibald 224
Glyndburne 73
Godet, Philippe 102, 118, 161
Goebbels, Joseph 61, 72
Göbel, H. 118
Göller, Karl Heinz 70
Görres, Guido 63 f., 72
Goes, Gustav 66
Goethe, Johann Wolfgang 50, 73, 106,
 155–157, 232, 239
Götz, W. 198
Goffman, Erving 30, 34
Grädel, Jean 11, 246 f., 251
Gramsci, Antonio 259, 270
Grast, François 83
Gregori, Ferdinand 113, 117
Greifensee 113
Greith, Joseph 230
Gretler, Heinrich 234
Greyerz, Otto von 160
Grimm, Brüder 51
Grimm, Robert 207
Gromski, I. 26
Grosjean, Georges 182
Gruner, Erich 199
Gubitz, Friedrich Wilhelm 108
Guggenheim, Werner Johannes 179, 185
Guisan, Henri 173, 184
Gutzkow, Karl 109
Gyr, Alois 99
Gyr, S. F. 119

280

Haas, Felix 11, 250 f.
Habermas, Jürgen 262, 270
Haeberli, Wilfried 206 f.
Händel, Georg Friedrich 224
Häne, Rafael 184
Haller, Albrecht von 76
Harden, Maximilian 114
Hart, Julius 113
Haug, Eduard 103, 121, 139
Hauptmann, Gerhart 20, 28
Hefele, Carl Josef 70
Hegar, Friedrich 227, 230
Heidelberg 59, 72
Helbling, C. 119
Helle, Horst-Jürgen 52, 69 f.
Helmer, Heinrich 60, 71
Hengartner, Jakob 169
Herder, Johann Gottfried 60, 62 f., 105
Herkenrath, Erland 185
Herrig, Hans 57, 71
Hersche, Klaus 71, 121
Hertenstein 114
Hess, Günter 198
Heusler, Andreas 204, 209, 213, 222
Heussi, Karl 197
Heyse, Paul 53
Hilber, Johann Baptist 145
Hildesheim 70
Hirtzwig, Heinrich 57
Hirzel, Salomon 76
Hitler, Adolf 65 f.
Hodler, Ferdinand 175 f., 221
Höpfner, Johann Georg Albrecht 80 f., 108
Hofmann, Hans 145, 173, 183
Hofmannsthal, Hugo von 22
Homer 75
Honegger, Arthur 268
Horgen 90
Horner, Johann Jakob 80
Horwarth, Peter 71
Hottinger, J. J. 197
Huber, Albert 199
Huber, Hans 101, 103, 216, 223, 226–228
Huggenberger, Alfred 161
Hugger, P. 133, 136, 139
Huizinga, Johan 51, 69
Hunkeler, Fritz 89
Hunziker Fritz 116
Huonker, Gustav 27
Huttwil 90

Im Hof, Theodor 161
Interlaken 90
Iselin, Isaak 76
Isler, Albert 139
Isler, Ernst 226

Jähn, Max 60, 71
Jäkel, Robert 120
Jahn, Friedrich Ludwig 108, 122
Jaques-Dalcroze, Emile 102–105, 121, 132, 141, 217, 226
Jauslin, Karl 126
Jedlitschka, Hans 27
Jehle, Werner 11, 231
Jenny, Heinrich 119
Joos, Eduard 164
Jost, Peter 27
Junker, Beat 207

Kaegi, Werner 209, 222
Kälin, Johann Baptist 99
Kaiser, Louis 164
Kaiserstuhl 89
Kamber, Urs Viktor 163, 181
Keckeis, Gustav 178
Kellen, Tony 113
Keller, Adolf 113, 117
Keller, Emil 236
Keller, Gottfried 19 f., 28, 41, 65, 89, 96 f., 101, 113, 116, 120, 153, 162
Kempter, Lothar 224
Ketelsen, Uwe-K. 184
Kielmann, Heinrich 57
Kindermann, Heinz 70, 222
Kissling, Richard 176, 184
Klaj, Johann 58, 71, 73
Kleist, Heinrich von 62, 72
Klier, Helmar 44
Klopstock, Friedrich Gottlieb 58, 106, 121
Köhler, Oskar 198
Kölner, Paul 120
König, Nikolaus 94
Körner, Theodor 62
Kohlschmidt, Werner 70, 105, 117
Komorynski, Egon 117, 121
Kosellek, Reinhart 198
Kramer, Heinrich 95
Krauer, Johann Georg 230
Kreis, Georg 11, 149, 183, 186, 208, 263, 268
Krenek, Ernst 66
Kübler, Arnold 234
Küchler, Anton 116
Küssnacht 88, 90, 108, 110, 118 f., 124
Kully, Rolf Max 74, 115
Kutsch, Thomas 198
Kutscher, Arthur 106, 121
Kutschera, Eugen 103

la Caze, Pierre 83
la Roche, Emanuel 217, 221
Lacroix 132

Laflachère, Urbain 80
Landshut 68
Lang Paul 175, 185, 195, 197, 199
Larzac 38
Lauber, Joseph 227
Laupen 197
Lausanne 101, 103, 241
Lenzburg 120
Les Rangiers 169
Lesch, Walter 20, 28
Levade, Louis 82
Lévrier, Amé 74
Lewald, August 109
Lichtenhahn, Ernst 11, 223, 268
Liebermann, Rolf 197
Liehburg, Max Eduard 175 f., 184
Lienhard, Friedrich 65
Limmer, E. 128
Lippuner, Heinz 72
Loderer, Benedikt 27
Löwenstein, Rudolf 196
Lorenz, Rudolf 113
Lorinser, Franz 48
Luck, Georg 102, 153, 162 f.
Lübbe, Hermann 198
Lüthi, Josef 80
Luther, Martin 56–58, 71
Luzern 73, 80, 93 f., 224

Madrid 73
Magdeburg 70
Mai, Ekkehard 198
Malche, Albert 104, 121, 141
Mangold, Burkhard 104, 218 f., 221
Mann, Thomas 42
Marc-Monnier 83
Marchal, Guy P. 197
Marcuard, Georg 100
Marly, Johann Baptist 99
Marquard, Odo 191, 198
Martigny 169
Martinoty, Jean-Louis 245
Matt, Peter von 10, 12, 27, 242, 262, 264, 269
Maurer, Silvia 7, 277
Maync, Harry 161
Meier, Eugen A. 220
Meier, Josef 221
Meilen 90
Meinecke, Friedrich 198
Merian Amadeus 209
Mesmer, Bea 198
Mettler, Heinrich 72
Meyer, Conrad Ferdinand 199
Meyer, Max Eduard 184
Mézières 11, 84, 255–257, 260 f., 264–268

Michelet, Jules 111, 114
Milliet, Edmund 161
Mittenwald 109
Modricky, Pia 121
Moeschlin, Felix 18, 20, 28
Morax, Jean 84
Morax, René 84, 118
Morel, Gall 97
Morgarten 197
Moser, Dietz-Rüdiger 10, 50, 70, 72, 255, 259, 262 f., 268, 273
Moser, Karl 221
Mouron 83
Mozart, Wolfgang Amadeus 106, 158, 165
Müller, Alex 247
Müller, Eugen 222
Müller, Fritz 230
Müller, Heiner 22
Müller, Johannes von 79, 85, 105, 108, 116
Münger, Rudolf 164
Munzinger, Eugen 102
Munzinger, Karl 99, 225 f.
Murten 96, 101, 111, 197, 224

Nadler, Josef 197
Naef, Karl 185
Naef, Louis 10, 35, 40
Naef, Robert A. 237
Napoleon 20, 62, 73, 164
Nater, Hans 137
Naters 84
Neuchâtel 94, 102, 119, 133 f., 227
Neuhaus, Dieter E. 246 f., 251
Neumann, Rolf 71
Nicollier, Jean 118
Niederberger, Josef 181
Nietzsche, Friedrich 152, 198
Nipperdey, Thomas 198
Nobs, Ernst 182

Oberammergau 62–64, 72, 109, 113
Olbrich, Joseph Maria 217
Opfersei 41
Osenbrüggen, Eduard 110, 118
Ostmann, Alexander 70
Ott, Arnold 40, 92, 102, 121, 139, 150, 154, 196
Overbeck, Franz 152

Paldamus, C. F. 109
Paris 37, 77, 107
Paul II. 56
Perregaux, Béatrice 11, 240, 264, 269
Perrot, Adolf 86

Pestalozzi, Heinrich 162, 175, 183, 188 f.
Pfäffikon 93
Pidoux, Jean-Yves 11, 254, 256, 265, 270
Platon 52
Platzhoff-Lejeune, Eduard 119
Pottecher, Maurice 114, 117
Pound, Ezra 272
Preiswerk, Eduard 221
Premier (VD) 86

Rapperswil 91, 119
Reber, Paul 215, 219
Refardt, Edgar 224, 230
Regensburg 106, 121
Reichlin, Paul 181
Reinhardt, Max 217
Reisser, Hermann 121
Reitzenstein, Alexander von 70
Renard, Jules 83
Reverdin, Emile 221
Reynold, Gonzague de 179, 185
Rheinfelden 93
Rheinwald 195, 199
Richterswil 91
Rinckhart, Martin 57
Ris, G. 199
Rist, Johann 58, 71, 73
Robert, Ernst 118
Rochholz, Ernst Ludwig 118
Rod, Edouard 82, 118
Röthlisberger, Rolf 27, 163, 181 f., 196
Rolland, Romain 107, 115, 117, 122
Rom 56, 77
Root 90 f.
Roquette, Otto 110
Rothenberger 208
Rothenberger-Klein, A. 163
Rougemont, Denis de 179, 185
Rousseau, Jean-Jacques 74–77, 79–81, 87, 105–108, 111, 114 f., 122
Rühle, Günther 184
Rüschlikon 91
Rütli 81, 166 f., 175, 179
Ruf, C. 120

Sachseln 84, 86, 116
Sahl, Hans 22, 27 f., 179, 185
Salis, A. von 197
Salzburg 73
Salzmann, Madeleine 26
Sandreuter, Hans 216, 218
Sarnen 19, 86
Sartre, Jean-Paul 262, 270
Sattler, Albert 215
Sauer, Klaus 69

Schaal, Richard 117
Schaffhausen 93, 102
Schalch, Willi 152, 162 f.
Schaller, Toni 28, 246 f.
Schechner, Richard 31 f., 35
Schell, Hermann Ferdinand 169, 181
Schikaneder, Emanuel 106, 117, 121
Schiller, Friedrich 23 f., 26–28, 62, 80, 86–90, 96, 105, 108, 110, 113, 116, 118 f., 122, 124, 139, 154, 156, 166, 174
Schlageter, Albert Leo 66
Schlegel, August Wilhelm 108
Schmid, August 35, 92, 103, 119
Schmid, Egon 119
Schneider, Rolf 35
Schneilin, Gérard 222
Schneiter, Richard 152, 163
Schoeck, Paul 27 f.
Schönberg, Arnold 229
Schöpel, Brigitte 109, 117
Schrader, Willi 164
Schuls-Tarasp 169
Schwabe, Hugo 215 f.
Schwaderloh 120, 137 f., 197, 225
Schwarz, G. 121
Schwarz, Manfred 27
Schweichel, Robert 109
Schweikle, G. und J. 27
Schwyz, 18 f., 28, 91, 99, 101, 120, 128 f., 167 f., 176, 180, 193, 197, 201, 224 f.
Seedorf bei Bern 90, 118
Segesser 98
Sempach 22, 27 f., 35, 81, 98 f., 101 f., 112, 118, 120, 126 f., 197, 224 f., 246 f., 250
Senger, Hugo de 83
Senn, Werner 7
Sevogel, Henman 211 f.
Shakespeare, William 29
Sidler 88
Söhngen, Oskar 60
Solothurn 18, 21, 27 f., 74, 102, 115, 120, 148, 196, 199, 225
Sophokles 75
Späth, Gerold 27
Sparta 76
Speiser, Paul 199
Speyer 57
Spitteler, Carl 28
Splügen 149
Squarise, Marco 246 f.
St. Gallen 73, 102
Stadler, Edmund 7, 9, 11, 35, 73, 115–121, 123–125, 128, 141, 183, 272, 276
Stäfa 90, 118
Staehelin, Felix 198
Stärk, Georg 239

283

Stalder, Franz Josef 79, 86
Stamitz, Johann 197
Stans 81, 96, 98, 119 f., 197
Stanz, Ludwig 95
Stapfer, Philipp Albert 80
Stecker, August 118
Stein am Rhein 149, 195
Steinbrüchel, Franz 185
Steinen 90 f., 118
Steiner, Wilhelm 162 f.
Stern, Martin 9, 71, 121, 184 f., 194–196, 199
Stocker, August 118
Strauss, Richard 165
Streuber, Wilhelm Theodor 214
Strindberg, August 21
Strübin, Philipp 154, 163
Stückelberg, Ernst 221
Sulzer, Johann Georg 77–79, 81, 97, 105 f., 108, 115

Tavel, Rudolf von 196
Teutsch, Traugott 60
Thale 65, 113
Thomke, Hellmut 11, 142, 150, 194, 196, 199, 259
Thürer, Georg 177, 185
Thullner, Ernst 60
Thun 94
Thut, Nikolaus 187, 193
Tönnies, Ferdinand 262, 270
Toggenburg 89
Tolstoi, Leo 205
Tournai 70
Treichler, Hans Peter 27
Troeltsch, Ernst 198
Trümpy, Hans 207
Turner, Victor 30, 32, 34, 35

Utz, Peter 184

van Gennep, Arnold 31
Vancsa, Eckart 198
Vela, Vincenzo 199
Verdi, Giuseppe 219
Vernes, François 81, 118
Vernes-Prescott 118
Verona 73
Vetter, Ferdinand 153
Vevey 36, 81–83, 107, 111 f., 116, 118, 122, 125, 159, 162, 229, 255, 268
Vischer, Eduard 221
Visscher van Gaasbeek, Adolf 221
Vögeli, Andreas 27
Voegeli, Joseph (Sepp) 235

Vögtlin, Adolf 119
Vogel, Friedrich 119
Vogel, Ludwig 86
Vondung, Klaus 71, 184
Vonessen, Franz 70

Wachler, Ernst 65, 113
Wackernagel, Rudolf 101, 103, 207 f., 216, 226, 227
Wackernagel, Wilhelm 208
Wädenswil 90, 93, 119
Wagen, Albert 217
Wagner, Richard 42 f., 48, 64, 72 f., 109, 122, 224, 226, 228, 274
Waldmann 197
Waldmünchen 67 f., 72
Waldvogel, Heinrich 149, 199
Walter, Silja 18, 21, 28, 148 f., 195, 199
Walther, Isaak Gottlieb 76
Weber, Carl Maria von 165
Weber, Heinrich 98 f., 102, 186, 188, 197, 199, 224 f.
Weber, Max 243
Weber, Paul 27
Weber-Kellermann, Ingeborg 72
Wegelin, Jakob 76
Weingartner, Seraphin 98
Weiss, Richard 72
Weissenbach, Johann Caspar 73, 84, 188, 198
Welti, Albert J. 26
Welti, Arthur 169
Wengi, Niklaus 187
Widmann, Josef Victor 100, 116, 120, 227 f.
Widmann, Max 101, 120
Widmann, Victor 101
Wiedikon 94, 139
Wien 106
Wiesinger-Maggi, Inez 27
Wild, P. 121
Wilder, Thornton 22
Wilhelm II. 227
Willisau 40
Wilpert, Gero von 69 f.
Wilson, Bob 22
Windisch 114, 196
Winterthur 96, 119
Wiswede, Günter 198
Woodstock 38, 272
Worms 58
Wullschleger, Eugen 208
Wymetal, Friedrich Dolores von 72
Wymetal, Wilhelm von 72
Wyss, Edmund 102, 225
Wyss, Johann Rudolf 159, 230

Zay, Joseph Karl 85
Zellweger, Laurenz 76
Zimmermann, J. T. 197
Zollinger, Max 119
Zopfi, Emil 27
Zosso, René 245
Zschokke, Heinrich 80, 86
Zürich 14, 19 f., 22, 26–28, 34, 64, 73, 75, 92–94, 96, 102, 109 f., 119, 143, 169, 173, 231
Zug 73, 84, 93, 197
Zumbach, André 244 f.
Zweisimmen 90
Zwingli, Huldrych 187, 197

Publikationen der Schweizerischen Gesellschaft für Theaterkultur

Zu beziehen beim
Theaterkultur-Verlag
Postfach 180
6130 Willisau
oder in Ihrer Buchhandlung.

Szene Schweiz

«"Szene Schweiz" Nr. 15 (1987/88), die von der Schweizerischen Gesellschaft für Theaterkultur herausgegebene jährliche Dokumentation des Theaterlebens in der Schweiz, ist erschienen. Die thematischen Beiträge stehen unter dem Motto "Übergänge, Neuanfänge"... Der Hauptteil des Bandes ermöglicht nach bewährter Weise eine umfassende und aktuelle Übersicht über das schweizerische Theaterschaffen. Einige Stichworte: Kurzdarstellungen aller Theater in der Schweiz; Festspiele, Festivals; Theater und Hörspiele in den SRG-Medien; Ausstellungen; Ausbildungsstätten; Theaterperiodika; Beratungs- und Dokumentationsstellen; Verbände und Organisationen; Bibliographie nach Themen.»
VATERLAND, 18. März 1988

Szene Schweiz. Scène Suisse. Scena Svizzera. Scena Svizra. 16-1989. Eine Dokumentation des Theaterlebens in der Schweiz. Une documentation sur la vie théâtrale en Suisse. Una documentazione sulla vita teatrale in Svizzera. Theaterkultur-Verlag 6130 Willisau. Fr. 25.— (Mitglieder der SGTK: Fr. 21.—.)

Szene Schweiz erscheint jährlich. Szene Schweiz 16-1989 wird im Februar 1989 ausgeliefert.

Jahrbücher

«Der mühevolle Weg zur Sicherung des praktikablen Modells wie die mehr oder minder erfolgversprechenden Beispiele von solcherart geförderter Dramatiker(lern)arbeit dokumentiert das Theaterjahrbuch 1986 der Schweizerischen Gesellschaft für Theaterkultur. Durch Berichte der betroffenen Autoren, der Theater, durch rückblickende wie prospektive Analysen der Förderungsinitianten lässt sich sowohl das Modell nach Sinn und Nutzen diskutieren wie ein Bild darüber erhalten, wie subventionierte und freie Theater hierzulande arbeiten, mit welchen Widrigkeiten kreative Theaterarbeit verbunden ist.»
NEUE ZÜRCHER ZEITUNG, 24. April 1986.

Dramatiker-Förderung/Aide aux auteurs dramatiques. Dokumente zum Schweizer Dramatiker-Förderungsmodell. Redaktion: Verena Hoehne und Christian Jauslin. Jahrbuch 48 der SGTK, 1986. Theaterkultur-Verlag 6130 Willisau. Fr. 30.—.

«Bühnenkünstler mit grosser Vergangenheit, Theaterfreunde und Theaterwissenschafter setzten sich für zwei Tage (am 23. und 24. Juni 1988) im Schauspielhauskeller Zürich zu einem Kolloquium zusammen: "Ausgangspunkt Schweiz – Nachwirkungen des Exiltheaters". Eingeladen hatte die Schweizerische Gesellschaft für Theaterkultur...
Das weitgesteckte Thema der Referate, Diskussionen und "Zeitzeugen-Befragungen" war das Theatergeschehen in den deutschsprachigen Ländern nach 1945. Welche Impulse sind vom Exiltheater in der Schweiz (1933–1945) ausgegangen? Wohin führen die Spuren der Bühnenkünstler, die im Schweizer Exil arbeiteten? Auf welche Situation trafen die Remigranten? Waren sie Willkommene oder Unwillkommene? – Eine Fülle – vielleicht auch eine Überfülle – von Beiträgen: vergegenwärtigte Theatergeschichte (und Theatergeschichten) der Kriegs- und Nachkriegsjahre. Kein einheitlichlückenloses Geschichtsbild sollte entworfen werden –man bemühte sich vielmehr im "Keller" des "verschonten Hauses" zwei Tage lang um Spurensicherung, um das Aufspüren von Zusammenhängen – "erster Versuch einer Bestandesaufnahme".»
NEUE ZÜRCHER ZEITUNG, 27. Juni 1988

Die Referate, Diskussionsbeiträge und die Befragungen der Zeitzeugen werden im 50. Jahrbuch (1989) publiziert:
Ausgangspunkt Schweiz — Auswirkungen des Exiltheaters. Eine Dokumentation des Kolloquiums der SGTK 1988. Jahrbuch 50 der SGTK, Theaterkultur-Verlag 6130 Willisau. Erscheint 1989 (ca. März), ca. Fr. 40.—.

Schriften

«Im Theaterkultur-Verlag sind die ersten zwei von vier Schriften zum Thema "Das Eigene und das Fremde" herausgekommen. Die eine befasst sich mit der Mundart auf dem Berufstheater der deutschen Schweiz, die andere mit dem Theater der Rätoromanen. Je eine Broschüre zum Pâtois-Theater in der Westschweiz und im Tessin sind in Vorbereitung.
Der Schrift über die Mundart auf dem Berufstheater der deutschen Schweiz fehlt der geplante Kernbeitrag – eine grössere historische Darstellung –, weil sich das Material für den Bearbeiter als zu umfangreich und zu schwierig erwies. Doch auch die vier nun publizierten Texte bieten dem an der Frage Interessierten weiterführende Anregungen und Informationen...
Tista Murk und Gian Gianotti informieren in der zweiten Schrift über die Situation des rätoromanischen Theaters, eine erfreuliche (erstmals in deutscher Sprache erfolgte) Leistung.»
VATERLAND, 27. März 1988.

Mundart auf dem Berufstheater der deutschen Schweiz. Mit Beiträgen von Carl Spitteler, Georg Thürer, Ruth Aders, Jean-Paul Anderhub. Hrsg. von Christian Jauslin. Schrift 17 der SGTK. Theaterkultur-Verlag 6130 Willisau, 1987. Fr. 18.—.

Das Theater der rätoromanischen Schweiz. Mit Beiträgen von Tista Murk und Gian Gianotti. Schrift 18 der SGTK. Theaterkultur-Verlag 6130 Willisau, 1987. Fr. 9.—.

«Wir veröffentlichen diesen Vortrag aus zwei Gründen in unserer Reihe der *Schriften:* Im Moment, da in der Schweiz intensiv über ein neues Urheberrechts-Gesetz diskutiert wird, beleuchtet er einen Aspekt des Urheberrechts im Theater und erinnert damit auch an die vielfach übersehenen rechtlichen Komplexitäten auf diesem Gebiet. Gleichzeitig ist der Vortrag auch für alle, denen Theater – die sozialste aller Künste – etwas bedeutet, von Interesse, weil er zwei Bereiche verknüpft, die wir nicht oft zusammensehen: Theater und Recht.»
(Aus dem Vorwort von Balz Engler)

Manfred Rehbinder, Bühnenbild und Urheberrecht. Schrift 19 der SGTK. Theaterkultur-Verlag 6130 Willisau, 1987. Fr. 9.—